Wilhelm Mannhardt

Die Wehrfreiheit der altpreussischen Mennoniten

Wilhelm Mannhardt

Die Wehrfreiheit der altpreussischen Mennoniten

ISBN/EAN: 9783743321083

Hergestellt in Europa, USA, Kanada, Australien, Japan

Cover: Foto ©ninafisch / pixelio.de

Wilhelm Mannhardt

Die Wehrfreiheit der altpreussischen Mennoniten

Die Wehrfreiheit

der

Altpreußischen Mennoniten.

———✦———

Eine geschichtliche Erörterung

von

Dr. W. Mannhardt.

Im Selbstverlage der Altpreußischen Mennonitengemeinden.

Marienburg.

In Commission bei B. Hermann Hemmpels Wwe.

Druck von Edwin Groening in Danzig.

1863.

Vorwort.

Der Neubau des preußischen Staates durch die Verfassung
hat eine alte Frage aufs Neue in Anregung gebracht, deren
Wichtigkeit und zugleich Schwierigkeit schon aus dem Umstande
erhellt, daß sie seit 1850 wiederholt die hohe Staatsregierung
und das Haus der Abgeordneten beschäftigte, ohne zu einer
endgültigen Lösung gelangen zu können. In ihrer gegenwärtigen Form betrifft diese Frage die Ausnahmestellung der
Mennoniten gegenüber den Artikeln 12. 34. 4. der Verfassungsurkunde. Es ist mehrfach beantragt, die Specialgesetze
aufzuheben, welche bisher jene Sonderstellung schützten, und
damit sehen sich Tausende geachteter Staatsbürger in den
Angelegenheiten bedroht, welche ihnen für die heiligsten und
höchsten ihres Lebens gelten. Vor allen die Mennonitengemeinden in Altpreußen (Ost- und Westpreußen und Lithauen)
blicken mit banger Erwartung der Entscheidung ihres Schicksals
entgegen. Denn für den größten Teil ihrer Mitglieder,
verhältnißmäßig wenige Freierdenkende und Gleichgiltige ausgenommen, hieße die Annahme eines Gesetzentwurfes im
Sinne desjenigen, welcher am 28. Januar 1861 im hohen
Hause der Abgeordneten eingebracht wurde, „Gewissenszwang“
oder „Auswanderung von Haus und Hof und aus dem
theuren Vaterlande“, dem sie mit trauerndem Herzen den
Segen ihrer geordneten Betriebsamkeit und die in sittlichem
Wandel wolerworbenen und gesparten Früchte unausgesetzter
Arbeit entziehen müßten. Wenn diese Umstände die Verantwortung der hohen gesetzgebenden Gewalten, von denen im
Verein eine Lösung der Mennonitenfrage ausgehen muß,
um so schwerer erscheinen lassen, so darf erwartet werden,
daß dieselben auf das ernstlichste die (in Form und Absicht

freilich von einander überaus verschiedenen) Wege, auf welchen eine Lösung des Konflikts zwischen den allgemeinen Grundsätzen der Verfassung und der Gewissensfreiheit der Mennoniten möglich ist, prüfen und mit einander vergleichen, vor allen Dingen aber keine Mühe scheuen werden, um sich über die Natur und das Wesen der von ihnen zu ordnenden Verhältnisse gründlich zu unterrichten. Eine in den Hauptsachen genaue und richtige Kenntniß der historischen Grundlagen, auf welchen die in Frage stehenden Glaubensanschauungen und Gerechtsame der Mennoniten beruhen, wird unzweifelhaft jede Erwägung unterstützen müssen, welche zu einem gerechten und wahrhaft staatsmännischen Urteil führen soll, wenn man nicht kurzweg den Boden der Thatsachen verlassen und nach prinzipiellen Voraussetzungen den vorliegenden concreten Fall a priori entscheiden will. Wie sehr immer Prinzipien — und große Prinzipien — die Hauptrolle in der Erörterung über die Mennonitenfrage spielen werden, das historische und statistische Material, mit welchem von hüben und drüben gerechnet wird, muß klar und zuverlässig sein. In diesem Stücke fehlte bisher noch viel. Aus Mangel an Hilfsmitteln und wegen vielfacher Unrichtigkeit und Unvollkommenheit der vorhandenen traten — ohne daß man den Urhebern daraus einen Vorwurf machen könnte — während der Verhandlungen über die Mennonitenfrage vielfach durchaus irrige Behauptungen vor die Oeffentlichkeit und — unwiderlegt, wie sie für den Augenblick blieben — wirkten sie mit, der Discussion nach dieser oder jener Seite hin eine entscheidende Richtung zu geben.

Die altpreußischen Mennonitengemeinden sahen dies mit Schmerz. Offen und wahr wünschten sie mit ihrer Gesinnung, ihren Verhältnissen, ihrer Geschichte vor dem Lande zu stehen und auf Grund dieser Zeugnisse zu bitten: „Laßt uns, König und Mitbürger! laßt uns Gewissensfreiheit!" Sie bauen auf den Sieg ihrer Sache, in welcher Form es auch sei; aber nur dann, wenn ihre Geschichte unverfälscht für sich sprechen könne. So entstand unter ihnen der Wunsch sich selbst, ihren Glaubensgenossen und ihren Mitbürgern ein zuverlässiges historisches und statistisches Material über diejenigen Verhältnisse allgemein zugänglich zu machen, welche mit den Fragen der Wehrlosigkeit und Wehrfreiheit in engerem

Zusammenhange stehen. Von Jugend auf mit den altpreußischen Mennonitengemeinden durch näheren Verkehr unter ihnen bekannt und auch jetzt noch durch mannigfache Verhältnisse mit ihnen verknüpft, glaubte der Verfasser dieses Schriftchens sich nicht weigern zu dürfen, durch treue und quellenmäßige Darlegung historischer Thatsachen den in ihrer Gewissensfreiheit Bedrohten einen Dienst zu leisten. Ausgeschlossen blieb grundsätzlich und auf den ausdrücklichen Wunsch der altpreußischen Mennonitengemeinden von vorne herein jede beurteilende Kritik über den Stand der Mennonitenfrage im gegenwärtigen Augenblick und über ihre möglichen Lösungen in der Zukunft, um so mehr als dabei ein Hereinziehen von subjectiven Ansichten des Verfassers nicht gänzlich hätte vermieden werden können. Wenn solche durch einzelne Ausdrücke und Wendungen auch gegenwärtig hindurchschimmern, so glaubt der Verfasser zunächst — selbst für einen offiziellen Gebrauch, den die Mennoniten etwa von dem Schriftchen machen dürften — nicht erst die Versicherung nötig zu haben, daß er die volle Verantwortlichkeit für die Treue seiner Arbeit übernimmt, während die Mennonitengemeinden keineswegs gebunden sind, in jedem Wort und Ausdruck ihre eigene Anschauung wiederzuerkennen. Sodann läßt sich der philosophische Standpunkt eines Autors bei keiner historischen Betrachtung verläugnen, wie objectiv sie sein möge, somit auch hier nicht; aber er tritt vor der einfachen aktenmäßigen (und darum fast annalistisch gehaltenen) Schilderung der Begebenheiten mehr zurück; denn praktische Rücksichten mehrfacher Art machten in diesem Falle zur Pflicht, von jedem weiteren Raisonnement möglichst abzustehen und sich auf die Hervorhebung und Veranschaulichung gewisser wichtiger Thatsachen zu beschränken. Der Verfasser behält sich vor, seine Ansichten über die praktische Lösung der Mennonitenfrage an einem andern Orte auszusprechen.

Was die Hilfsmittel zur vorliegenden Arbeit betrifft, so ist der Verfasser möglichst überall unmittelbar oder mittelbar auf die ursprünglichen Quellen zurückgegangen. Außer manchem schon gedrucktem Material, welches er einer kritischen Musterung unterwarf, hat er die ungedruckten Schätze des königl. Geh. Staatsarchivs zu Berlin, für dessen liberale Erschließung er E. h. königl. Staatsministerio ehrerbietigst zu danken hat, das städtische Archiv zu Danzig, so wie mehrere mennonitische

Gemeindearchive, zumal die größeren in Danzig und Orlofferfelde für seine Zwecke benutzen dürfen. Die Akten des Geh.
Staatsarchivs liegen vornehmlich der Darstellung der Verhältnisse unter Friedrich I. (S. 111. fgg.) und von 1772
—1803 (123 fgg.) zu Grunde; für die Geschichte der
Freiheitskriege konnte neben den Dokumenten der Gemeindearchive das im Uebrigen unkritische Buch des Regierungsrats
in Marienwerder Freiherrn von Reiswitz „Beiträge zur
Kenntniß der Mennonitengemeinden" in ausgedehnterem Maße
benutzt werden, weil derselbe hier einfache und zuverlässige
Auszüge aus den Originalakten der westpreußischen Regierung
mitteilt. Die statistische Tabelle (S. XC.) ist eine Arbeit des
Dr. jur. Schwabe, Sekretärs im königl. statistischen Büreau
in Berlin.

Den Herren Geheimen Archiv = Director Professor
Dr. von Lancizolle, Geh. Archivrat Friedländer in
Berlin spreche ich meinen ergebensten Dank aus für die
freundliche Teilnahme, mit welcher dieselben mir die Benutzung
des Staatsarchivs zu erleichtern die Güte hatten. Auch sonst
habe ich mich mehrfacher Förderung durch einzelne Nachweise
und Beiträge zu erfreuen gehabt, für welche ich mit den
Lesern dieser Schrift den verehrten Herren Dr. S. Müller
Prof. em. theol. an dem mennonitischen Predigerseminar zu
Amsterdam, Justizrat Friccius in Berlin, Prediger Roosen
in Hamburg, Risser in Sembach und Neufeld in Ibersheim
verpflichtet bin.

In der Hoffnung, daß die vorliegende Schrift — wie
unvollkommen sie auch, zumal durch Schuld einer längeren
Krankheit, welche den Verfasser unter der Arbeit und dem
Drucke hemmte und hinderte, noch geblieben ist — im Stande
sein wird, über das Wesen der mennonitischen Wehrlosigkeit
und Wehrfreiheit eine richtige Anschauung und ein gerechtes
Urteil zu ermöglichen, befiehlt der Autor ihre Wirksamkeit
demjenigen, der die Geschicke wie die Herzen der Völker und
jedes Einzelnen mit ewiger Weisheit lenkt.

Dr. W. Mannhardt,
Privatdocent a. d. Berliner Universität.

I.

Das Dogma von der Wehrlosigkeit.

Die Preußischen Mennoniten haben, wie ihre Glaubensbrüder überhaupt, zu allen Zeiten in dem wolbegründeten Rufe gestanden, fleißige und geachtete Staatsbürger zu sein, die den Anordnungen der Obrigkeit pünktliche Folge leisteten und sich keinen Lasten, Abgaben und Pflichten entzogen, welche das allgemeine Beste erheischte. Nur in einem Punkte nahmen und nehmen sie eine Ausnahmestellung für sich in Anspruch. Sie erklären dem Rufe des Vaterlandes zur gewaffneten Verteidigung desselben kein Gehör geben zu können, weil es gegen Gottes Gebote streite, die Mitmenschen im Kriege zu tödten. Sie erklären die Wehrlosigkeit für einen Fundamentalartikel ihres Glaubens. Wenn der Staat ihnen bisher die Freiheit vom Soldatenstande zugestanden habe, so sei das nicht etwa ein bloß äußeres Vorrecht, das andere beeinträchtige, sondern ein Zugeständniß, welches aus dem Principe der Gewissensfreiheit fließend nicht aufgehoben werden könne, ohne den Bestand ihrer Religion zu gefährden. Mit einem Worte, sie behaupten, daß die Wehrlosigkeit ein unabänder-licher Glaubensartikel ihrer Religion sei, unter die sacra interna derselben gezählt werden müsse.

Hiegegen ist häufig der Einwand erhoben worden, daß es auch Mennoniten gebe, welche kein Bedenken tragen dem Staate die Wehrpflicht zu leisten, ohne daß sie aufhören sich Mennoniten zu nennen und von den wehrlosen Taufgesinnten als Glaubensbrüder betrachtet zu werden. Mithin wohne der mennonitischen Wehrlosig-keit kein unzerstörbarer Charakter ein; sie gehöre unter die adiaphora, und auf einer unbegreiflichen Hartnäckigkeit im Festhalten unwesent-licher Nebendinge, die ein bequemes Privileg mit dem Deckmantel

1

religiöser Heiligkeit schützten, beruhe es, nicht auf wahrem Glaubens-
grunde, wenn die preußischen Mennoniten dem Beispiele anderer
Gemeinden ihres Glaubens in Holland, Rheinpreußen, Baiern und
Baden nicht folgen, wenn sie eine veraltete, mit den Bedürfnissen
des Staates in offenbarem Widerspruch stehende Satzung nicht
aufgeben wollen.

Ein Blick auf die Geschichte der mennonitischen Gemeinschaft
im Ganzen muß jedoch zeigen:

1) daß im innersten Wesen der mennonitischen Anschauung
der Grundsatz von der Wehrlosigkeit begründet und daß derselbe
deshalb in älterer Zeit von der ganzen Sekte für unveräußerlich
gehalten ist;

2) daß diejenigen Mennoniten, welche von jenem Grundsatze
abgegangen sind, den Charakter ihres Glaubensbekenntnisses wesentlich
geändert haben, und um so weniger als Präcedenzfall für die auf dem
alten Dogma Beharrenden aufgestellt werden können, da sie meistens
nur mit Zwang unter entschiedenem Proteste ihrerseits sich der
Wehrpflicht fügten.

Die altpreußischen Mennonitengemeinden betrachten sich als
einen Theil der großen evangelischen Kirchengemeinschaft, mit der
sie sich auf den alleinigen Grund der h. Schrift stellen.*) Im Uebrigen
mehr der reformirten, als der lutherischen Auffassung zugethan,
unterscheiden sie sich durch folgende besondere Glaubenssätze: 1) Das
Sakrament der h. Taufe darf nur den Glaubenden, mithin bei
freier Selbstbestimmung nur im erwachsenen Alter (gewöhnlich
zwischen dem 15ten und 20sten Jahre) ertheilt werden. 2) Der
Christ soll wahr sein in Worten und Werken, sein Eidschwur sei
„Ja" und „Nein". 3) Dem Christen ist es untersagt

---

*) Einzelne Kirchenhistoriker erklären sie geradezu für eine Sekte der
reformirten Kirche. So Guerike Kirchengeschichte. Halle 1838, B. II. 1191.
Andererseits erklärten die lutherischen Prediger des Marienburger Werders in
ihrer 1788 eingereichten Denkschrift die Mennoniten für eine noch nicht aus
dem Parochialverbande geschiedene Sekte ihrer, der lutherischen Kirche.

Rache zu üben und das Schwert gegen die Feinde zu ziehen. 4) Kirchenzucht findet in den urchristlichen Formen statt. 5) Die Lehrer und Religionsbeamten *) werden nach apostolischem Ritus von der Gemeinde gewählt. Nicht mehr als bindende Glaubensnormen werden von der Mehrzahl der Mitglieder daneben folgende Grundsätze festgehalten: a) Während der Obrigkeit und allen Ordnungen des Staates, die nicht dem göttlichen Gebote widerstreiten, Gehorsam zu leisten ist, geziemt es dem wahrhaften Christen nicht, sich für sich selbst um ein richterliches oder obrigkeitliches Amt zu bewerben, denn Gottes Reich ist nicht von dieser Welt und jedes Herschen bringt der Seele Schaden.**) b) Die Predigt des Evangeliums und die Verwaltung der Sakramente ist eine heilige Liebespflicht der dazu berufenen Diener der Gemeinde, es ziemt ihnen nicht, so lange sie das nicht zu beanspruchen nötig haben, dafür einen Lohn in Geld und Gut entgegen zu nehmen. Darum verwalten unbesoldete und ungelehrte Geistliche (Liebesprediger) die Kirchenämter, sie treiben meistentheils nach der nicht abzulehnenden Wahl durch die Gemeinde ihr bisheriges landwirthschaftliches Gewerbe neben ihrem geistlichem Berufe, dem sie sich mit hingebender Aufopferung zu widmen pflegen, fort; nur die Gemeinde in Danzig besoldet einen studirten Prediger. In Betreff der Kirchenverfassung entscheidet eine Brüderversammlung in jeder einzelnen Gemeinde in höchster Instanz über alle Punkte des Kultus und der Lehre. Alle Gemeinden der Provinz Ost- und Westpreußen sind jede für sich autonom, doch stehen sie in einem freiwilligen Verbande unter einander.

---

*) Man unterscheidet 1) Aelteste oder bestätigte Diener des Worts, denen die Verwaltung der Sakramente und des Predigtamts obliegt. 2) Lehrer, Vermahner oder nicht bestätigte Diener. Sie predigen und trauen. 3) Armenpfleger oder Diakonen verwalten das Kirchenvermögen.

**) Das Glaubensbekenntniß der Mennoniten in Preußen, Elbing 1837 drückt sich p. 31 so aus: Ein obrigkeitliches Amt anzunehmen finden wir uns nur dann verpflichtet, wenn dasselbe nicht mit unseren Pflichten gegen Gott und unsere Gemeine in Widerspruch steht, wir überlassen es gerne denen, die in ihrem Gewissen dazu Freiheit haben und wollen nur wie die Geringen im Lande leben.

Nach Bedürfniß berufene Versammlungen der Aeltesten und Lehrer aus verschiedenen Gemeinden, denen sich mitunter einzelne Gemeindeglieder beigesellen, berathen über alle gemeinschaftlichen Angelegenheiten, und fassen Beschlüsse, denen sich die Gesammtheit der Sitte nach freiwillig unterwirft.

In diesen Glaubenssätzen und Verfassungsformen bewahren die altpreußischen Mennoniten, unverändert ein altes Erbgut der schon in den ersten Jahren der Reformation entstandenen taufgesinnten Gemeinden, welche von Anfang an sich von anderen schwärmerischen Wiedertäufern, in dem wesentlichen Glaubenssatz von der Christenpflicht wehrlosen und rachelosen Dulbens unterschieden.

Mitten in der großen Bewegung der Reformation schossen mit einmal auf verschiedenen Punkten, gleichzeitig aber unabhängig von einander mehrere Secten wie aus dem Boden hervor, welche man wegen ihres Lehrsatzes von der alleinigen Berechtigung der Taufe an Erwachsenen unter dem gemeinsamen Namen Wiedertäufer begriff, obgleich die Verwerfung der Kindertaufe keineswages ihr Wesen genügend bezeichnete. Vielmehr muß als ihre Grundtendenz betrachtet werden das reformatorische Princip, die Freiheit und Selbstbestimmung der Gewissen radikal durchzuführen, das apostolische Christentum in erhabenster Reinheit zu erneuern und aus der Tiefe ethischer Mystik hervor „den Gesammtzustand der kirchlichen und bürgerlichen Gesellschaft einer Neubildung zu unterwerfen."*) Die Gemeinde sollte eine Gemeinschaft der Heiligen, aus göttlichem Geiste Wiedergeborenen sein, jedes Glied derselben in der Nachfolge Christi die höchsten sittlichen Gesetze, das Gottesreich in sich zu verwirklichen suchen, ohne Rücksicht auf die augenblicklichen thatsächlichen Verhältnisse in Staat und Gesellschaft. Aus diesem Princip

---

*) Vgl. Erblam, Geschichte der protestantischen Secten im Zeitalter der Reformation. Hamburg 1848, S. 483. C. A. Cornelius, die Geschichte des Münsterschen Aufruhrs, in drei Büchern. Zweites Buch: die Wiedertaufe. Leipzig 1860. S. 10, fgg.

floß die Taufe der Gläubigen und die Verwerfung des Eid=
schwurs hervor, welche so ziemlich allen Wiedertäufern gemeinsam
war, aus diesem Princip die Opposition gegen irdischen Besitz der
Kirche und Bezahlung des Zehnten an die Prädikanten. Auch der
Staat sollte nichts anderes als das Reich Christi auf Erden dar=
stellen, seine Gesetze den Gesetzen Gottes genau entsprechen, nur
wahre Christen in demselben leben, und die heilige Schrift das
einzige Gesetzbuch sein."*) Zur Verwirklichung dieses Ideals schlugen
indeß die verschiedenen täuferischen Parteien verschiedene Wege ein.
Die einen wollten Christo mit Gewalt des Schwertes das Reich
erobern, sie predigten offenen Aufruhr gegen die Obrigkeit und den
bestehenden Staat; die andern (die „stillen Taufgesinnten")
forderten die rücksichtslose Erfüllung der höchsten sittlichen Gesetze
auch in Verzichtleistung auf jede Rache, jeden Gebrauch
des Schwertes. Die wiedergeborene Gemeinde habe das Gottes=
reich in sich darzustellen und sich so lange von der übrigen Gesell=
schaft abzusondern, bis es ihr gelinge, durch friedliche Ausbreitung
die Welt zu erobern, der Staat selbst zu sein. Bis dahin sei die
Gemeinde der weltlichen Obrigkeit als der Stellvertreterin Gottes
Gehorsam zu leisten schuldig, sich selbst aber habe sie von jedem
obrigkeitlichen Amte fern zu halten, denn in dem vollkommenen Reiche
Christi bedürfe es keiner weltlichen Regierung und keiner weltlichen
Gesetze. Mit der unbedingten Freiheit der Gewissen müsse eine strenge
Kirchenzucht Hand in Hand gehen. Ein jeder Mensch dürfe sich
frei entscheiden, welches Glaubens er leben wolle, niemand dürfe
um seiner Ueberzeugung willen verfolgt werden; aber die Gemeinde
bedürfe fester Glaubensnormen, zu denen ihre Mitglieder sich frei
bekennen, sie sind zu finden in den einfachen Buchstaben des Schrift=
wortes. Wer durch Lehre und Wandel dagegen fehle, sei aus der
Gemeinde durch den Bann zu scheiden, da diese nicht eine erziehende
Mutter, sondern eine selbstbewußte Vereinigung der Gläubigen ohne
Flecken und Runzel zu sein bestimmt sei. Diese idealistischen Grund=

---

*) S. Erbkam a. a. o. S. 484.

prinzipien brachten beide Richtungen in einen Conflikt mit dem Staat,
die schwärmerischen Wiedertäufer zu offenem Kampf gegen jede
weltliche Obrigkeit überhaupt, die stillen Taufgesinnten zu einem
passiven Widerstande, in soweit nach ihrem Bewußtsein gewisse
Ordnungen des Staats (der Eidschwur und der Kriegsdienst), den
höchsten sittlichen Gesetzen, den Geboten Gottes widersprechen. Die
letzteren sind unter allen täuferischen Sekten allein zu einer festen
Gemeindeorganisation gelangt, weil sie ihrer Subjectivität gegenüber
die feste Schranke des Bibelbuchstabens aufrichteten, und von Land
zu Land wegen der Wehrlosigkeit verfolgt, haben sie ihrer spiritua-
listischen Weltanschauung gemäß stäts die Auswanderung als eine
religiöse Pflicht betrachtet und sich in fester Ordnung in neuen Wohn-
sitzen niedergelassen, wo ihnen Duldung ihres Glaubens zu Theil wurde.

Die Anfänge der stillen Taufgesinnten fallen mit dem Zürcher
Reformationswerk zusammen. Schon 1521 hatten die Zwickauer
Propheten (M. Storch, M. Cellarius, M. Stübner) in Wittenberg
die Verwerfung der Kindertaufe gepredigt, bald darauf Thomas
Münzer für denselben Lehrsatz „mit dem Schwerte Gideons umgürtet“ in Thüringen und Süddeutschland Anhänger gewonnen.
Aber ganz unabhängig*) von den tumultuarischen Schwarmgeistern,
die darauf ausgingen, „die Gewaltigen von ihren Stühlen zu stoßen
und die Demütigen zu erhöhen und somit die Berechtigung jedes
geistlichen, wie weltlichen Regimentes widerstritten, bildeten sich in
der Schweiz taufgesinnte Gemeinden. Ihre ersten Gründer Konrad
Grebel, Felix Manz und Simon Stumpf nahmen Anfangs lebhaften
an Zwinglis Reformationswerk, die ersteren waren mit ihm nahe
befreundet. Sie wichen jedoch darin von ihm ab, daß sie die Bibel
zur allein und unbedingt gebietenden Richtschnur der Reformation
machen wollten**) und eine gänzliche und augenblickliche Wiederher-

---

*) S. Erbkam a. a. O. 528. Cornelius a. a. O. 15 fgg. Menno-
nitische Blätter, herausgegeben von J. Mannhardt 1854 p. 6 fgg. 1855 p. 61
Heberle, die Anfänge des Anabaptismus in der Schweiz. Jahrb. für histor.
Theol. 1858. p. 225 fgg.
**) S. Cornelius a. a. O. 18, 20.

stellung der apostolischen Kirche als Gemeinde der durch den Glauben und die Gnade Sündlosen forderten. Hiezu rechneten sie die Abschaffung der Kindertaufe. Es gelang ihnen zwischen 1522—23 Zwingli selbst eine Zeit lang dieser letzteren Lehre geneigt zu machen.*) Seit dem zweiten großen Religionsgespräch zu Zürich am 26. October 1523 trat der Gegensatz zwischen Zwingli und der Partei Grebels offen hervor; die letztere tadelte es, daß der erstere darauf ausgehe eine Staatskirche zu gründen und unbiblischer Weise die Entscheidung über die religiösen Angelegenheiten der politischen Gewalt, d. h. dem großen Rat der Zweihundert in die Hand gab, und damit „das Wort Gottes binde und verkehre." „Ihr habt, äußerte Simon Stumpf, des nicht Gewalt, meinen Herrn (den Ratsherrn) das Urteil in die Hand zu geben; das Urteil ist schon gegeben, der Geist Gottes urteilt." Seit dieser Zeit begannen die Grebelschen Freunde im Hause der Manzin, der Mutter von Felix Manz, abgesonderte bibelforschende Versammlungen zu halten und indem sie mit Andacht und Liebe sich in die Anschauung der ersten Christengemeinden, deren Bild die Apostelgeschichte entfaltet, versenkten, von dort die Regeln des eigenen Lebens zu nehmen. Schon damals fanden sie, daß es nach dem Beispiel der ersten Christen auch ihnen unstatthaft sei, ein obrigkeitliches Amt zu führen, oder das Schwert zu gebrauchen; ihre einzige Waffe sei Demut, Geduld und Trübsal. Mit Bewußtsein von Zwingli sich abwendend, der immer conservativer auftrat und die Staatskirche immer fester in den Formen seiner Theologie und Politik ausbildete, versuchten „die wahren Christen" mit Carlstadt und Thomas Münzer anzuknüpfen, welche gleich ihnen in der religiösen Neuerung nicht auf halbem Wege stehen bleiben wollten. Aber schnell wurde der Unterschied zwischen ihrer Anschauung und der Lehre jener Männer offenbar. Umsonst ermahnten sie Thomas Münzer von dem Gebrauch der Waffen abzulassen. In einem Briefe, den

---

*) Zwinglis Werke II. 1. Abth. S. 245. Erblam a. a. O. 536. Mennonitische Blätter 1855, 64.

Konrad Grebel und Genossen am 5. September 1524 an Münzer
absandten, war gesagt:*) „In der Schrift ist Weisheit und Rat
mehr denn genug, wie man alle Stände, alle Menschen lehren,
regieren, weise und fromm machen soll. Wer sich nicht bessern,
nicht glauben will und dem Worte und den Handlungen Gottes
widerstrebt, den soll man, nachdem ihm Christus und sein Wort,
seine Regel geprediget und nachdem er durch drei Zeugen und die
Gemeinde ermahnt ist, nicht etwa tödten, sondern für einen Heiden,
oder Zöllner achten, wie Gottes Wort uns lehrt. Man soll auch
das Evangelium und diejenigen, welche es angenommen haben, n i c h t
m i t d e m S c h w e r t e schirmen, noch sollen sie selbst sich
schirmen, wie du nach dem Berichte unseres Bruders es für
recht hältst und thust. Rechte gläubige Christen sind vielmehr Schafe
mitten unter den Wölfen, Schafe, die zur Schlachtbank geführt
werden, sie müssen in Angst, Not, Trübsal, Verfolgung, Leiden und
Sterben getauft und in dem Feuer erprobt werden und das
Vaterland der ewigen Ruhe nicht mit Erwürgung der leiblichen
Ruhe finden, sondern die geistliche erlangen. S i e b e d i e n e n

---

*) Man sol ouch dasz evangelium und sine annemer n i t s c h i r m e n
m i t d e m s c h w e r t, noch sy sich selbsz, als Wir durch unseren bruder
vernommen hand dich also meinen und halten. Rechte gleubige Christen
sind schaf mitten under den Wölfen, schaf der schlachtung, müssend in angst und
not trübsal ferfolgung liden und sterben getouft werden, in dem für probiert
werden und dasz vatterland der ewigen rüw nit mit erwürgung liplicher
finden, sunder der geistlichen erlangen. S y g e b r ü c h e n d o u c h w e d e r
w e l t l i c h s s c h w e r t, nach krieg, wan by inen ist das tötten gar
a b g e t a n, wol aber wir (!) werend noch desz alten gsalztes, in welchem
ouch (so fer wir unsz bedenkend) der krieg, nach dem sy dasz gelobt land
eroberet hattend nun ein plag gewesen ist. Von dem nit me. Cornelius
a. a. O. 244. — Desz Hulusen bruder schribt, du habest wider die fürsten
gepredigt, dasz man sy mit der fuust angriffen solte. Ist esz war; oder so
du krieg schirmen woltest, die tassen, daz gsang, oder andersz so nit in
clarem wort fundist alsz du disze gemelten stuck nit findest, so erman ich
dich by gemeinem heil unser allen, wellist davoon abstan und allem gut-
dunken letz und hernach, so wirst du gar rein werden, der unsz sunst in
andern artikeln basz gefalst, den keiner in disem tütschen, ouch anderen
länderen. So du dem Luther und hertzogen in die hend kumpst, lasz die
gmelten artikel fallen, und by den andern stand wie ein helde und kempfer
Gottes. Bisz starck! Cornelius a. a. O. 247.

sich auch nicht des weltlichen Schwertes, noch des
Krieges, denn das Tödten ist bei ihnen gar abgethan,
es sei denn daß wir noch unter dem alten Gesetze (des alten
Bundes) lebten, in welchem doch auch, nachdem die Israeliten das
gelobte Land erobert hatten, der Krieg eine Plage gewesen ist." In
einer Nachschrift zu demselben Briefe wird diese Ermahnung noch
einmal wiederholt: Des Huinsen Bruder schreibt, du habest wider
die Fürsten geprebigt, daß man sie mit der Faust angreifen solle.
Ist es wahr? Oder so du den Krieg schirmen wolltest, die Heiligen-
bilder und gebräuchlichen Gesänge oder anderes, so du in dem klaren
Bibelwort nicht findest, wie du denn die genannten Stücke nicht
findest, so ermahne ich dich bei unser aller gemeinem Heil, du wollest
davon abstehn, wie von allem eigenen Gutdünken, jetzt und hernach,
so wirst du uns gar rein werden, der du uns sonst in anderen
Stücken besser gefällst, wie keiner in diesem deutschen und auch
anderen Ländern. So du dem Luther und den Herzogen in die
Hand kommst, laß die genannten Artikel fallen, und bei den anderen
stehe fest wie ein Held und Kämpfer Gottes. Sei stark."

Inzwischen war die Gesellschaft der wahren Christen ansehnlich
gewachsen; ihre Versammlungen, in denen sie „gegen die evangelische
Lauheit und Halbheit Zwinglis" klagten, wurden verboten, aber
noch nicht mit Strenge verhindert. Da sehen sie sich nun, so schil-
dert Cornelius [*]) ihre damalige Stimmung, ein kleines Häuflein der
ganzen feindlichen Welt gegenüber, aber in der Zuversicht die Wahrheit zu besitzen, verachten sie die furchtsamen Ausleger des Wortes
Gottes, die nicht gedenken, daß Gott heute wie gestern sei und
verklären ihre Aussicht auf Angst und Not durch den Hinblick auf
Christus und die Apostel, die auf demselben Weg der Leiden ihnen
zur Herlichkeit vorangegangen. „Es muß erfochten sein", tönt es
aus ihrer Mitte. „O Gott verleihe uns unerschrockene Propheten,
die mit Vertrauen auf dein einig ewig Wort ohn' allen Zusatz ihrer
Vernunft prebigen."

---

*) A. a. O. 24.

Schon wurde der Streit mit Heftigkeit auf den Kanzeln und Straßen öffentlich verhandelt, da sprach Zwingli seine Entrüstung über die, welche nach seiner Meinung Ursach zum Aufruhr gaben, in einer Druckschrift aus und nachdem er durch dieselbe seinen Ansichten in der städtischen Gemeinde einen Anhang gewonnen hatte, ließ er am 18. Januar 1525 eine neue feierliche Disputation veranstalten. Im Wortgefecht wie immer Sieger über Grebel, Manz und deren Freunde, ließ er unmittelbar darauf durch einen Ratsbeschluß das Gebot der Kindertaufe bei Strafe der Landesverweisung aussprechen. Diesem Edikt folgte die Ausführung desselben auf dem Fuße nach. Hervorragende Glieder der taufgesinnten Partei, u. A. Wilhelm Reublin, Pfarrer zu Whytikon, Johann Bröbli (Paniculus), der, ehemals Pfarrer zu Zollikon, sein Amt niederlegte, weil er eine feste Besoldung für Sünde hielt, wurden verbannt. In diesen Tagen der Not, noch ehe die Verbannten abgereist waren, gewann die junge taufgesinnte Gemeinde die Formen, welche sie als eine selbständige und besondere christliche Denomination von allen anderen Confessionen unterschieden und ihr einen äußeren festen Zusammenhalt so wie die Ausbreitung auch in weiteren Kreisen ermöglichten, indem zuerst Jürg Blaurock von Konrad Grebel die Taufe (Wiedertaufe) auf den wahren christlichen Glauben und seine Erkenntniß begehrte; darauf selbst alle übrigen taufte und ihnen den Brauch des Herrn in seinem Nachtmahle (das Brodbrechen) wies. Seit der Zeit wurden Alle zur Gemeinde Tretenden getauft. Durch mehrfache Disputationen versuchte Zwingli die Ausgeschiedenen zur reformirten Landeskirche zurückzuführen. Sie traten nur immer entschiedener mit ihrem abweichenden Dogma hervor. Nunmehr griff die Obrigkeit mit weltlichem Arme ein und verhängte eine Reihe hartnäckiger Verfolgungen über die Dissidenten, durch welche diese mit Tod und Verbannung bedroht wurden. Felix Manz wurde 1527 ertränkt. Trotz erneuter Gespräche erhielten sich die Taufgesinnten in der Schweiz. Durch Bullinger, Zwinglis kräftigen Freund und Nachfolger, besitzen wir eine ausführliche Darlegung, wie der Kern ihrer

Gemeinden dachte.*) Wir finden darin das spätere mennonitische Dogma fast vollständig wieder. Sie ließen nur die Taufe der Erwachsenen auf Grund der Buße gelten, sie verwarfen den Eid und bekräftigten die Wahrheit durch ein einfaches: Ja, ja! nein, nein! Gegenüber der lutherischen Rechtfertigung durch den Glauben betonten sie die Früchte des Glaubens, die Werke der Liebe. Die Gemeinde sei eine Gemeinde der Wiedergebornen, die sich von der Welt absondern müsse. Darum sei jeder Unheilige aus ihr durch den Bann zu entfernen. Die Obrigkeit ist Gottes Ordnung. Da aber Christen um des Glaubens willen sich Leidens zu versehen hätten, dürfe kein wahres Glied der Gemeinde obrigkeitliche Aemter annehmen. Der Christ widerstehe keiner Gewalt, darum dürfe er sich nie mit einer Klage an die Gerichte wenden, er dürfe nicht tödten, Krieg führen, Waffen tragen, noch strafen anders, als mit Ausschließung aus der Gemeinde. Gewissensfreiheit habe jeder zu fordern, niemand dürfe um seines Glaubens willen mit Drang und Zwang genöthigt, noch um desselben willen getödtet werden. Die geistlichen Aemter seien nach apostolischem Ritus (Titus 1. u. 1. Thim. 1, 3) einzurichten. Der Geistliche dürfe weder Besoldung noch Zehnten für die Verkündigung des Schriftwortes fordern.

Neben diesen stillen Taufgesinnten tummelten sich noch 13 kleinere wiedertäuferische Sekten in den Kantonen herum, welche in der Lehre bedeutend abwichen und durch ihr schwärmerisches Treiben vielfach die strengen Maßregeln rechtfertigten, die man, ohne eine gerechte Unterscheidung zu machen, über alle Anabaptisten verhing. Die Gemäßigteren unter ihnen „die abgeschiedenen geistlichen Täufer" stimmten mit „den gemeinen Täufern" in der Wehrlosigkeit überein.

Durch die flüchtigen und vertriebenen Brüder wurde von Zürich aus die Lehre der neuen Gemeinde sowie die Taufe in den ersten Monaten des Jahres 1525 in den umliegenden Landen verbreitet, und da sie einem weitverbreiteten religiösen Bedürfniß

---

*) Der Wiedertäuffern Ursprung, Fürgang, Secten. Zürich bei Froschower. 1560. p. 18 sgg.

entgegenkam, fand dieselbe zumal bei den Armen und Niedrigen bereitwillige Aufnahme. In Waldshut, Hallau, Schaffhausen, St. Gallen feierten die Täufer glänzende Siege. Es war das „ungeschickte Jahr" des Bauernkrieges, in welchem die Ohnmacht der Obrigkeiten die Wirksamkeit der Glaubensapostel bedeutend erleichterte, obgleich beide Bewegungen die politisch-sociale des Bauernaufruhrs und die religiöse der Täuferei ohne bewußten Zusammenhang waren und ganz gesondert von einander bastehen.*) Wiederholt vernehmen wir aus dem Munde der Täufer z. B. in Schaffhausen das Bekenntniß, „der Chrift solle das Schwert nicht gebrauchen", auch kein obrigkeitliches Amt bekleiden. Die an verschiedenen Punkten Mitteldeutschlands und Süddeutschlands im Sommer 1525 erfolgte gewaltsame Unterdrückung der Bauernaufstände wirkte auf die Schweiz zurück, indem sie die Obrigkeiten zu kräftigem Handeln ermutigte. So gelang es Zwinglis Beharrlichkeit seinen Forderungen Eingang und Nachdruck zu verschaffen, wonach man die Täufer bekämpfen und entfernen müsse als Ketzer und Abtrünnige von der Staatskirche, die sich unrechtmäßig anmaßten, eine andere Meinung zu haben, als die Mehrheit, als die gesetzlichen Vertreter des Staates. Nach einander brach in der zweiten Hälfte des Jahres 1525 in St. Gallen, Chur, Schaffhausen, Bern, Waldshut, Hallau eine Verfolgung über die Taufgesinnten aus, welche die Schweizer Gemeinden freilich keineswegs zu vernichten im Stande war, aber doch ihre freie Entwickelung an den Orten ihrer Entstehung hinderte, dagegen durch die Zerstreuung Flüchtiger über die südlichen Landschaften des deutschen Reichs einen kräftigen Anstoß zur weiteren Ausbreitung der neuen Kirche auf neuem Boden gewährte. Während der Jahre 1526 und 1527 spannte sich ein Netz kleiner Täufergemeinden über fast alle Länder oberdeutscher Zunge vom Elsaß bis Schlesien, von Hessen bis Mähren und Tirol hin aus. Ueberall entbrannte hier nach kurzer Ruhe gegen die Wiedertäufer die grausamste Verfolgung, zu welcher sich die katholischen

---

*) S. Cornelius a. a. O. 35.

und protestantischen Stände die Hände reichten; selbst die Refor=
matoren Luther und Melanchthon befürworteten dieselbe und betrieben
sie persönlich. Seit am 4. Jan. 1528 ein kaiserliches Mandat von
Speier aus ermahnt hatte, gegen die Wiedertäufer mit Lebensstrafen
einzuschreiten, wiederholten sich die Edikte, welche die Sektirer ohne
Verhör vor dem geistlichen und weltlichen Richter zum Tode mit
Feuer und Schwert verurteilten. Standhaft und voll von hohem
Glaubensmut bestiegen Tausende von Märtyrern den Scheiterhaufen
und das Schaffot, um unter Lobpreisungen ihre Ueberzeugung mit
dem Tode zu besiegeln. Die Lehrsätze welche die Zürcher Muttergemeinde „in bibelmäßiger Einfachheit, Unschuld und Großartigkeit"
als Normen des christlichen Lebens aufgestellt hatte, unter ihnen
der Grundsatz der Wehrlosigkeit, sind das Panier, um welches
sich die Verfolgten schaaren. Im Jahre 1526 gründete der Kürschner
Jacob Groß aus Waldshut die Gemeinde in Straßburg. Er lehrte
vor allem die Verwerfung der Kindertaufe, des Eidschwurs und des
Kriegsdienstes *) Vor den Rat gefordert, sagte er aus „daß keine
Obrigkeit ihm gebieten könne, jemand zu Tod zu
schlagen." In Waldshut vor zwei Jahren getauft, habe er von dort
fortgehen müssen, weil er nicht zu den aufständischen Bauern nach
Zell habe ziehen wollen. Er erkenne das Recht der Obrigkeit im
Uebrigen vollständig an; so ein Uebelthäter vor die Obrigkeit komme
werde dieselbe ihn wol strafen und wissen wie sie sich zu verhalten
habe. Auch sei er bereit zu halten, was der Obrigkeit zukomme,
und für seine Person sich niemals der Obrigkeit zu widersetzen. Er
werde deshalb auch auf Wache ziehen, hüten, Harnisch anlegen und
den Spieß in die Hand nehmen, dagegen sperre er sich gar nicht,
„aber die leut zu tot zu schlagen, das sei in kein
gebot Gots geschriben."**) In einem späteren Verhör
äußerte er in Gegenwart Martin Butzers auf die Frage, ob er eine
Obrigkeit die das Schwert führe für christlich halte „der Butzer

---

*) S. Erbkam a. a. O. 553.

**) Straßburger Vergichtbücher v. 1526 bei Cornelius a. a. O. 268.

wolle ime die hand im sack wüschen, solchs stand nit by ime,
doch stelt er solche uriel Got dem Herren heim." Er bekenne,
daß der weltlichen Obrigkeit das Schwert gegeben und befohlen sei,
den Bösen zur Strafe, den Guten zur Aufbauung (Erhaltung).
Er für seine Person wolle der Obrigkeit in allen Dingen gehorchen,
ausgenommen, wenn sie ihm gebiete, was wider Gottes Wort sei,
als jemand todt zu schlagen. Auch könne er der Obrigkeit nicht
schwören, da Math. 5 der Eid unbedingt verboten sei.*)

Als Jacob Groß, aus Straßburg verbannt, nach Augsburg
gegangen war, wo die täuferische Bewegung auf kurze Zeit einen
festen Mittelpunkt gewinnen zu sollen schien, trat im Westen der
gelehrte Michael Sattler aus Staufen in der Schweiz in seine
Fußtapfen, der zu St. Peter im Schwarzwald als Mönch gelebt
hatte. „Mit bibelfertiger Beredsamkeit und mit der Andachtsglut
eines todesmutigen Bekenners" wirkte er in Straßburg, am Ober-
rhein und in Schwaben für die täuferische Sache. Am 21. Mai 1527
bestieg er zu Rotenburg am Neckar den Holzstoß, weil er gelehrt
hatte, die Kindlein würden durch die Taufe nicht selig, den Leib
und das Blut Christi empfange man nicht mit dem natürlichen
Munde im Sakrament, man solle nicht schwören, noch Krieg
führen. Unter den 9 Artikeln der gegen ihn aufgesetzten Anklage-
schrift lautete der letzte dahin, er habe gesagt: „Wenn der Türke
ins Land käme, so dürfe man ihm keinen Widerstand leisten, und
falls Krieg erlaubt wäre, so würde er lieber gegen die
Christen ins Feld ziehen, als gegen die Türken." Vor dem Richter
erläuterte Michael Sattler seinen Ausspruch dahin: Käme der Türke,
so dürfe man ihm keinen Widerstand leisten. Denn es steht
geschrieben: „Ihr sollt nicht tödten. Wir sollen uns gegen
die Türken und unsere sonstigen Verfolger nicht wehren, sondern
mit ernsten Gebeten bei Gott darum anhalten, daß er ihnen wehre
und Widerstand leiste. Aber, daß ich gesagt habe, falls Krieg
erlaubt wäre, würde ich lieber gegen die sogenannten Christen ziehen,

---

*) Cornelius a. a. O. 269.

welche die frommen Christen verfolgen, fangen und tödten, denn gegen die Türken, hat folgenden Grund. Der Türke ist ein rechter Türke und weiß nichts vom Christenglauben, er ist ein Türke dem Fleische nach. Aber wir wollen Christen sein und rühmen uns Christi, und doch verfolget ihr die frommen Zeugen Christi und seid Türken nach dem Geist."*) Vergeblich erbot der Angeklagte sich zu widerrufen, falls man ihn aus der Schrift widerlegen könne. Der Stadtschreiber rief: Der Henker soll's dir beweisen und mit dir disputiren, du Erzketzer. Ihm wurde die Zunge abgeschnitten, man zwickte ihn sieben mal mit glühenden Zangen und verbrannte ihn dann zu Asche.**)

In Reutlingen finden wir 1528 stille Taufgesinnte, welche Eidschwur und Waffendienst für Sünde hielten, neben ihnen freilich andere Wiedertäufer von schwärmerischer Richtung, die Mord und Todtschlag predigten.***)

Schon im Jahre 1526 hatte ein Wiedertäufer, Balthasar Hubmaier, im April aus Zürich vertrieben, bei Herrn Lienhart von Lichtenstein zu Nicolsburg in Mähren Schutz vor der Verfolgung gefunden und von hier aus durch Schrift und Predigt gewirkt, ohne jedoch durchaus die Züricher Grundsätze des christlichen Lebens zu vertreten. Schon waren mehrere Gemeinden um Nicolsburg, zu Znaim und Brünn entstanden, als König Ferdinand auch hier

---

*) Tileman van Bragbt. Het bloedig Tooneel of Martelaerspegel der Doopsgezinde of weerelose Christenen. Amsterdam 1685. P. II. 7—9.

**) Die Gegner Sattlers, die Straßburger Prediger stellten ihm nach seinem Tode das ehrendste Zeugniß aus. Butzer nennt ihn einen lieben Freund Gottes, wiewohl er ein Vornehmer im Tauforden gewesen ist, doch viel geschickter und ehrbarlicher, dann etliche andere. Capito schreibt am 31. Mai 1527 an den Rath von Horb: Obwohl Michael Sattler etwas Irrung im Wort gehabt und die Unterweisung der Predikanten zu wenig beherziget, da er bei denen, welche Christen sein wollen, ein ärgerlich Leben befand; so habe er doch allemal einen trefflichen Eifer zur Ehre Gottes und der Gemeine Christi bewiesen, von der er wollte, daß sie fromm und ehrbar, rein von Lastern, unanstößig und den Draußenstehenden ein Vorbild zur Besserung durch gottseligen Wandel sein sollte. S. Cornelius a. a. O. 52 fgg.

***) Gayler, historische Denkwürdigkeiten der ehemaligen freien Reichsstadt Reutlingen. 1840 p. 297 fgg.

das Gebot der Verfolgung ergehen ließ. Hubmaier wurde am
10. März 1528 zu Wien verbrannt, der Profoß zog zur Vertilgung
der Täufer mit Beil und Henkerstricken in Mähren umher. Mehrere
Landherren (Adelige) in Mähren jedoch, welche von den fleißigen
und gehorsamen Leuten in Bebauung ihrer Aecker bedeutende Vortheile genossen hatten, setzten der Verfolgung ein Ziel und boten
den Täufern Rückkehr, Schutz, Land und Wohnstätten an, so daß
auf die Kunde davon aus allen oberdeutschen Gauen, so wie aus
Tirol und der Schweiz Taufgesinnte nach Mähren, wie nach einem
Eldorado zusammenströmten. Unter den neuen Ankömmlingen machte
sogleich eine strengere Partei den Versuch, sich den laxeren Grundsätzen der Hubmaierschen Richtung zu widersetzen und die Züricher
Lehrsätze in aller Strenge wiederherzustellen. Ganz besonders verwarfen diese strengeren Taufgesinnten den Gebrauch
des Schwertes unbedingt und nannten sich daher Stäbler,
während sie ihre Gegner mit dem Namen der Schwertler
belegten. Sie machten es den Herren von Liechtenstein zum Vorwurf,
daß den Brüdern zu Liebe der königliche Profoß mit Gewalt abgewiesen war. Am 22. März 1528 wanderten die Stäbler von
Nickolsburg nach Austerlitz aus, wo sie bei dem Hrn. von Kaunitz
bereitwillige Aufnahme fanden und bald zum Vorort der mährischen
Gemeinden heranwuchsen. Doch auch hier drohte ihnen Spaltung.
Während die einen mit aller Strenge an ihren Glaubensartikeln
festhielten und sich weigerten dem Kaiser Karl V. „das Blutgeld
und die Steuer zum Kriege" zu geben, so daß der Herr
von Austerlitz selbst für die Brüder das Geld aufbrachte, machten
andere milder gesinnte geltend, auch Christus sei Bürger zu Caper-
naum gewesen und Eid und bürgerliche Pflicht sei den Christen
nicht unbedingt verboten, ja die Vorsteher sahen sich der Welt
gegenüber genöthigt in die Gewährung der „ruchlosen Kriegssteuer"
(des bluetgelt) zu willigen. Da trennten sich am 8. Januar 1531
aufs neue die Reinen von den Unreinen und gründeten zu Auspitz
eine neue Gemeinde, auf welche in kurzer Zeit der Vorrang unter
den mährischen Gemeinden überging, den Austerlitz bis dahin

beseffen. *) Auch hier kam man längere Zeit nicht zur Ruhe, bis 1533 Jacob Huter aus dem Pusterthal den Gemeinden eine strenge und geordnete Verfassung gab, in welcher wiederum die Wehrlosigkeit ein Hauptstück ausmachte. In seinem 1535 an die Landherren in Mähren geschriebenen Briefe**) sagt er: „Ehe wir einem Menschen mit Wissen und Willen umb einen Pfennung Unrecht theten, ehe ließen wir uns umb 100 Gulden berauben und Unrecht thun; und ehe wir unseren großen Feinden einen Streich gäben mit einer Hand, geschweige mit Spieß, Schwert und Helmparten, wie die Welt thut; ehe sturben wir und liessen unser Leben ehe nemmen. Wir haben auch keine äusserliche Wehr, weder Spieß noch Büchs, das jedermann wol sieht und am Tag ist. Daß man aber sagt, wir haben uns zu Feld gelegt mit soviel Tausend als wollten wir kriegen und dergleichen; wer solches redt, der redt als ein unnützer, unerfahrener, als ein Lügner und als ein bub. Wir wolten auch, daß alle Welt wer, wie wir, und wir möchten jedermann zu diesem Glauben bringen und bekehren, so wurde alles Kriegen und Ungerechtigkeit ein End haben." Jacob Huter starb als Opfer seiner Ueberzeugung auf dem Scheiterhaufen. Die Gemeinde der Huterischen Brüder befolgte die ursprünglichen Grundsätze der taufgesinnten Genossenschaft in schroffster Form. Sie ging soweit, eine Art von theokratischem Staat unter sich durchzuführen und neben einer gemeinsamen Erziehung der Kinder Gütergemeinschaft zu halten, um so der apostolischen Kirche näher zu kommen. Obrigkeitliches Amt, Eid, Processe zwischen Brüdern***) und Waffengebrauch waren unbedingt verboten. In Betreff des letzteren Punktes führten sie aus, die h. Schrift gedenke nirgend der Waffen, womit dem Christen Gewalt durch Gewalt zu vertreiben gestattet sei. Denn wer das Schwert gebrauche, solle durchs Schwert umkommen. Des Christen Waffe

---

*) Cornelius a. a. O. 72. 257.

**) Abgedruckt bei Ottius, annales anabaptistici. Colon. 1617. p. 75.

***) Streitigkeiten zwischen den Brüdern verglichen die Vorsteher. Mit Fremden, die nicht zur Sekte gehörten traten sie vor dem gesetzmäßigen Richter zusammen.

sei das Gebet, damit müsse er die Feinde unterjochen, Welt und
Satan besiegen. Ihre Strenge in Ansehung des 5ten Gebotes ging
so weit, daß sie erklärten, ein Straßenräuber oder Mörder, der
unschuldiges Blut vergossen, könne nicht selig werden, gleichviel ob
er Buße thue oder nicht.*)

Es konnte in jenen stürmischen Zeiten nicht ausbleiben, daß
den Täufern in Oberdeutschland einzelne Männer sich anschlossen,
welche in diesem oder jenem Punkte von den Lehren der Züricher
Muttergemeinde abwichen und zu Meinungsverschiedenheiten und
Verirrungen in den Gemeinden Anlaß gaben. Besonders der
lebendige Glaube an die unmittelbare Nähe des jüngsten Tages,
welcher damals in den schwer verfolgten Täufergemeinden tiefe
Wurzel geschlagen hatte, regte die Gemüter zu gespanntester Erwartung und vielfach zu schwärmerischer Auslegung der biblischen
Weißagungen auf. War in diesen von dem Kampfe der Gläubigen
mit den Ungläubigen, mit den Scharen des Antichrists und deren
endlicher Niederlage die Rede, so steigerte sich bei manchen die unge-
duldige Sehnsucht zu der Ueberzeugung, daß in kurzen Tagen Gott
durch die Gläubigen die böse Welt strafen und an seine Heiligen
den Ruf zum letzten großen Entscheidungskampfe mit dem Schwerte
in der Hand ergehen lassen werde. Schon 1828 klagte Capito in
Straßburg, daß neben den frömmsten und edelsten Herzen unter
den Täufern sehr viele auftauchten, die an Aufruhr und Wiederherstellung des mosaischen Gesetzes dächten.**) Zwar erfuhren diese

---

*) J. Haft, Geschichte der Wiedertäufer. Münster 1836. S. 206 fgg.
Haft führt aus Florimund an (S. 208), daß einst ein Huterite angeklagt war,
weil er gesagt hatte, man dürfe keine Waffen gebrauchen und Todesstrafe sei
verboten. Der Richter fragte ihn, was er thun würde, wenn ein Dieb bei ihm
einbräche, oder ein Räuber ihn im Walde überfiele, ob er jenem sein Geld,
diesem seinen Nacken so überlassen, oder sich gegen Beides kräftig verwahren
würde. Da antwortete er: „Ich würde zu meiner Verteidigung vielleicht, vielleicht
auch nicht die Waffen ergreifen. Ich weiß, daß alles, was ich bin und habe,
in dem Schutze dessen steht, der die Haare auf meinem Haupte gezählt hat.
Daß sein Wille geschehe, sei mein Gebet.“
**) Cornelius a. a. O. 67. 82. Anm.

und andere Verirrungen unter den Brüdern, so oft eine größere Versammlung derselben zusammentrat, die entschiedenste Mißbilligung. Während aber im ganzen übrigen Oberdeutschland bis auf Mähren die stillen Taufgesinnten der Verfolgung großenteils erlagen, oder durch dieselbe wenigstens in heimliche Schlupfwinkel zurückgedrängt wurden, gewannen schwärmerische Wiedertäufer der oben bezeichneten Art zuerst 1529 in Augsburg, seit 1530 in der mächtigen Reichs-stadt Straßburg Einfluß. Hier hatte um diese Zeit der Kürschner Melchior Hoffmann seinen Sitz aufgeschlagen, der anfangs Luthe-raner, dann Reformirter, sich zuletzt den Täufern anschloß, ohne sich einfach und unbedingt ihrem Dogma zu unterwerfen, und mit der täuferischen Lehre überhaupt den Glauben an seine glühenden Prophezeihungen von dem demnächstigen Anbruch der letzten Tage weithin am Niederrhein und in den Niederlanden verbreitete. So fest übrigens er und die Seinigen von der bevorstehenden Vernichtung der Gottlosen überzeugt waren, eben so fern waren sie noch von der Ansicht, daß Gott ihren Arm dazu fordere. Aus der Mitte der von gespanntester schwärmerischer Erwartung erfüllten melchio-ritischen Gemeinden erstand jedoch 1533 der neue Prophet Jan Mathys (ein Bäcker zu Harlem), der die Zeit der Ernte für erschienen erklärte (und gegen Melchior Hoffmann sowie gegen alle Grund-sätze der alten stillen Taufgesinnten) die Zerstörung und Umwandlung der gegenwärtigen Welt durch ihn und seine Anhänger als Gottes Gebot verkündigte. Jetzt werde der Herr die Heiligen aus dem Drucke befreien und ihnen alle ihre Feinde unterwerfen; die Gottlosen sollen auf dieselbe Weise und mit ebendenselben Mitteln vernichtet werden, wie sie selbst bis dahin das Volk Gottes unterdrückt haben. Dieses müsse die Waffen ergreifen sowol zum Schutze der Heiligen, als zur Vernichtung der Gott-losen, gegen deren Herz das Schwert gewandt werden wird, welches sie selbst gegen die Gläubigen gezogen haben*) Nach Münster in Westphalen wiesen ausgesandte Apostel, als zu dem neuen Jerusalem,

---

*) Cornelius a. a. O. 236.

die Wiedertäufer und hier artete das spiritualiſtiſche Element der
anabaptiſtiſchen Bewegung zur höchſten Schwärmerei aus und führte,
in die furchtbarſten Verirrungen und Schandthaten umſchlagend,
das grauenvolle Drama von der Entſtehung, Aufrichtung und dem
Untergang des geiſtlichen Königreichs Johanns von Leiden herbei.
(1533—12. Januar 1536.) Wie vollſtändig die Wiedertäufer in
Münſter und ihr geſammter Anhang am Rhein und den Niederlanden mit den Grundſätzen der alten Täufer zumal in Betreff
der Wehrloſigkeit gebrochen hatten, zeigt ſehr deutlich das von
ihnen im December 1534 in Münſter während der Belagerung
herausgegebene und in 1000 Exemplaren in der Stadt und der
Nachbarſchaft, in Holland und Friesland verbreitete Buch „van de
wrake" „von der Rache". In dieſem Büchlein war geſagt, die
Rache des Herrn werde von Stund an beginnen, ſie (die Auser-
wählten Gottes) ſollten ein jeglicher das Schwert in die Hand
nehmen und ſich zum neuen Israel aufmachen; ſie ſollten ſich zur
Wehr ſtellen und mit Gewalt zum Erſatz der Stadt herbeikommen."*)
    In dieſer Zeit innerer Gefahr für die geſammte täuferiſche
Gemeinſchaft erſtanden den ſtillen Taufgeſinnten der Niederlande
in Dirk Philipps und Menno Simons die Männer; welche aufs
ſtrengſte die Scheidung von den ſchwärmeriſchen Täuferparteien
durchführten und eine feſte kirchliche Organiſation auf die Dauer
begründeten. In den Niederlanden gab es bereits ſeit mehreren
Jahren Täufergemeinden verſchiedener Richtung. Die Hinrichtung
eines ſtillen Taufgeſinnten Sike Snyder, die am 20. März 1530
zu Leeuwarden geſchah,**) erregte die Aufmerkſamkeit Menno Simons,

---

*) Dair stunt in dat boeksken, dat sik ein ieder solde upmaken und
solde wecken na nige Israel, die vrake des Hern wolde von stunden an
angein un solden sik tho der wer stellen und khomen mit gwalt. So meinde
de koningk (Jan von Leiden) und Stuteubernt sie wolden dat volck so hebben
over ende kregen in der werlt, dat sie die stat entsat hadden. S. Meiſter
Heinrich Gresbecks Bericht von der Wiedertaufe in Münſter bei Cornelius,
Berichte der Augenzeugen über das Münſterſche Wiedertäuferreich. Münſter
1853. p. 124.
    **) S. Blaupot ten Cate Geschiedenis der Doopsgezinden in Friesland.
Leeuwarden 1839. p. 17. 374.

der bis dahin katholischer Kaplan zu Pinningum war. Zweifel an
der Verwandlung des Brodes hatten ihn bereits zu eifrigem Forschen
in der Bibel und den Schriften der Reformatoren geführt und
von der Unrichtigkeit der katholischen Abendmahlslehre überzeugt.
Durch tieferes Eindringen in die Schrift gelangte er nunmehr aus
sich selbst zu der Einsicht von der Verwerflichkeit der Kindertaufe.
Trotzdem blieb er noch längere Zeit in der katholischen Kirche, ja
er übernahm das Priesteramt in Witmarsum, seinem Geburtsort,
aber den Lehren der stillen Taufgesinnten zugeneigt, trat er den
Aposteln der Wiedertäufer aus Münster, welche 1533 ins Nieder-
land kamen mit Ernst entgegen, predigte gegen sie und disputirte
mit ihren Häuptern, um sie zur Umkehr zu bewegen. Erst als es
diesen gelungen war auch in Friesland den Geist des Aufruhrs zu
säen; als im Februar 1535 dreihundert ihrer Anhänger sich im alten
Kloster bei Witmarsum verschanzten und überwältigt wurden, unter
ihnen selbst Mennos eigener Bruder fiel, verkündigte Menno offen
seine Ansichten von der Kanzel herab und verließ am 12. Jan. 1536
die katholische Kirche,*) nachdem er zuvor (December 1535) „an
alle wahren Brüder und Bundesgenossen in der Zerstreuung" eine
Schrift gegen die Blasphemien des Münsterschen Königs Johann
Bockhold von Leyden erlassen und in heiligem Eifer vor den aufrührerischen Sekten gewarnt hatte, die das Schwert führten,
das kein Christ gebrauchen dürfe.**) Bald darauf ließ er sich

---

*) Das erzählt Menno selbst in seiner Schrift: klare Beantwoordinge
van Menno Symons over een Schrift tegen Gellium Faber. 1544. S. Opera
omnia theologica of alle de godtgeleerde werken van Menno Symons. Amsterdam
1681. fol. 256 fgg.

**) Een gantsch duydelyk ende klaer Bewys uyt de heylige Schriftuure,
dat Jesus Christus is de rechte beloofde David in den geest usw. Mennos
Opp. 1681 fol. 619. 629 fgg. Ueber die Abfassungszeit dieses Buches f. Blaupot
ten Cate Geschiedenis der Doopsgezinden in Groningen Overyssel en Ostfriesland
1842 I. p. 243 fgg. Roosen, Menno Symons den evangelischen Mennoniten-
Gemeinden geschildert. Leipzig 1848. p. 11. Menno sagt a. a. O. fol. 621:
So vergessen alle falschen Lehrer das Verbot ihres Gottes, wodurch sie Gott
verpflichtet sind, wie jetzt, leider Gottes, von Vielen geschieht, die bereits
vergessen haben, worauf sie getauft sind, nämlich auf das Kreuz, und wollen

taufen, verheirathete er sich und übernahm auf das bringende
Ansuchen der Brüder das Lehramt unter den zerstreuten taufgesinnten Gemeinden, treu unterstützt von den beiden Brüdern Dirk
und Obbe Philipps *) In kurzer Zeit wird er als der bedeutendste
Lehrer der Taufgesinnten genannt, der durch Schriften, Ansprachen,
öffentliche Gespräche mit reformirten Theologen die Ausbreitung
und feste Organisation der Gemeinden nach Lehre und Verfassung
begründet und förbert. Im Beginne seiner Wirksamkeit steht der
Versuch durch seine Abgesandten, die greisen Lehrer Mathys van
Berlikum und Tjaard van Sneel 1538 auf einer Synode zu Buckholt
in Westphalen die unter Diederich Batenburg gesammelten Reste
der Münsterschen und andere schwärmerische Wiedertäufer zur Ansicht
der stillen (wissentlich, oder unbewußt auf den Grundsätzen der alten Zürin-
cher Täufergemeinde stehenden) Taufgesinnten herüberzuziehen. Obgleich
nun auf den Vorschlag des genialen David Joris aus Delft alle Parteien
gelobten „von der Rache, der angemaßten richterlichen
Gewalt", der „eigenmächtigen Strafe an Leib und Leben"

Schwertes Gebrauch annehmen. fol. 627: Wir wollen unter Gottes
Beistand auch einiges davon schreiben, daß es den Christen nicht erlaubt
ist mit dem Schwerte zu fechten, damit wir einträchtiglich den Harnisch
Davids den fleischlichen Israeliten lassen."

*) Dirk Philipps, 1504 zu Leeuwarden geboren, der gelehrteste unter
den ersten Mennoniten (Ubbo Emmius nennt ihn: „vir latine et graece non vul-
gariter doctus" „comprimis literatus" Rer. Fries. hist. dec. 6 a. p. 235. 258)
und sein Bruder Obbe waren zwischen 1534 — 1536 vom Katholicismus zum
Täufertum übergetreten. Von Aposteln der Münsterschen Wiedertäufer getauft,
hatten sie sich sehr bald von der schwärmerischen Richtung emancipirt und offen
gegen die „falschen Brüder" und „wider den Aufruhr" geprebigt. S. Ubbo
Philipps Bekenntniß u. Aussage bei Jehring (Karl v. Gent) Gründliche Historie von
den Begebenheiten, Streitigkeiten u. Trennungen unter den Taufgesinnten oder Mennonisten. Jena 1720. p. 189 fgg. §. 21—24, §. 34. Dirk Philipps schrieb schon vor 1536
gegen die Münsterschen. Seine Schrift „Stuk van geestelijke Restitution" ist wahrscheinlich die Antwort auf ein 1534 zu Münster gedrucktes Libell Rothmanns
„Eyne Restitution edder eine wedderstellinge rechter unde gesunder Christ-
liker Leer, gelovens unde levens uth Gades genaden durch de gemeynte
Christi tho Münster an den Dag gegeuenn. Einer späteren Schrift Rothmanns
von 1555 setzte Dirk Philipp bann f. „Verklaringe des Tabernakels oste der
Hutten Mosi" entgegen. — S. Blaupot ten Cate Geschiedenis d. Doopsgezinden
in Friesland 376, 377.

abzustehen, war diese Vereinigung doch nur von kurzer Dauer und
führte nur dazu, daß Menno und seine Freunde bald auf das
entschiedenste die Trennung von den Anhängern des D. Batenburg,
die man Zwaardgeesten (Schwertgeister) nannte, wie
David Joris und Melchior Hoffmann aussprachen und in
Schrift und Wort den Gegensatz zu denselben betonten.*) Mit
volkstümlicher Beredsamkeit ausgerüstet wirkte Menno Jahre lang
aufopfernd, furchtlos und unverdrossen als Lehrer in den Niederlanden, bis 1540 die Verfolgungen sich häuften und 1542 Karl V.
einen Preis von 100 Goldgulden auf seinen Kopf setzen ließ. Er
wich nach Emden, auch hier vertrieben lebte er 1544—1546 unter
der milden Regierung des reformatorisch gesinnten Erzbischofs
Hermann zu Köln, in dessen Umgegend schon lange taufgesinnte
Gemeinden bestanden hatten. Nach der Abdankung des Kurfürsten
mußte Menno vor der katholischen Reaction auch von hier weichen
und brachte die nächsten Jahre auf Missionsreisen nach den
Ostseeländern bis nach Liefland hinein zu.**) Erst 1553
nahm er wieder festen Wohnsitz in Wismar, wo 1554 eine Zusammenkunft mehrerer taufgesinnter Lehrer abgehalten wurde, um sich
über verschiedene Punkte der Kirchenzucht zu besprechen, über welche
sich abweichende Meinungen geltend gemacht hatten. Durch ein
Edikt der Hansestädte gegen die Wiedertäufer vom 1. Aug. 1555
aus Wismar abermals verbannt, suchte Menno eine Zuflucht in
Holstein auf dem Gute Fresenburg bei Oldesloe, dessen Besitzer
Graf Bartholomäus von Ahlefeld seit 1543 den flüchtigen Taufgesinnten die Niederlassung sammt freier Religionsübung gestattet
hatte. Hier im Dorfe Wüstenfelde verbrachte Menno seinen Lebens-
abend. Er starb am 13. Januar 1561. Durch eigenes Forschen
in der Bibel war Menno allmählich und schrittweise zu denselben
Grundsätzen gekommen, welche die stillen Taufgesinnten in der

---

*) Blaupot ten Cate Geschiedenis der Doopsgezinden in Friesland
62, 63. Blaupot ten Cate Geschiedenis der Doopsgezinden in Groningen.
p. 44 fgg. Roosen a. a. O. 27.
**) Roosen a. a. O. 51 fgg.

Schweiz und Oberdeutschland vor ihm bekannten. Durch vielfache Schriften und Disputationen (1543 mit Johannes Lasco, reformirtem Superintendenten zu Emden, 1534 zu Wismar mit Martin Mylron, reformirtem Prediger der Londoner Gemeinde) verteidigte er seine Lehre nach außen hin. Im Innern der Gemeinschaft wirkte er zu deren Reinigung durch die Ausschließung solcher Lehrer aus der Brüderschaft, welche in einzelnen Punkten wieder schwärmerische, oder katholische Ansichten aufstellten, so des antitrinitarischen Adam Pastor 1549, des Antonius von Köln und Heinrich von Breen um 1550, zuletzt des katholisirenden Obbe Philipps selbst. Wahrscheinlich um 1551 wurde Menno mit Dirk Philipps und Leonhard Bouwenß zum Oberaufseher oder Aeltesten der ganzen Gemeinschaft gewählt. Um diese Männer schaarten sich die echten Taufgesinnten sowohl in den Niederlanden, wie im Norden Deutschlands und schon seit 1545 beginnt der Name Mennonist oder Mennonit (woneben Anfangs auch Dirkist vorkommt) auf die ganze Gemeinschaft in immer wachsender Ausdehnung, zuletzt auch auf die Oberdeutschen überzugehen.*) Ihre Ansichten wurden von allen Gemeinden im Wesentlichen geteilt. Auch die Taufgesinnten in Oberdeutschland bekannten sich in allen Hauptstücken zu ihren Grundsätzen, sie ehrten und achteten Menno als den bedeutendsten Lehrer, wie aus den Verhandlungen zu Straßburg am 24. August 1555 und ebendaselbst 1557 hervorgeht, bei deren letzterer aus Mähren, Schwaben, Würtemberg, Schweizerland, dem Breisgau, der Pfalz und dem Elsaß funfzig Aelteste und Diener des Wortes als Abgesandte von eben so viel Gemeinden zwischen der Eifel und Mähren erschienen waren. Durch persönliche Abgeordnete und Briefe suchten sie „den lieben Bruder Menno" von seinen strengeren Ansichten in Bezug auf die Kirchenzucht zurückzubringen.**)

---

*) Man siehe die Zeugnisse von 1545 und 1568 bei Blaupot ten Cate, Gesch. d. Doopsg. in Friesland 59. Ein etwas späteres Zeugniß bei Til. v. Braght, looneel 652. Daneben liest man in öffentlichen Urkunden zwischen 1530—40 meist „Dooper" (Täufer) auch später noch, seit 1578 „Doopsgezinde" (Taufgesinnte). S. Harting en Cool, Dopsgezinde bijdragen I 1861, 42. 43.

**) S. Roosen a. a. O. 111 fgg. Blaupot ten Cate Geschiedenis der Doopsgezinden in Groningen 98 fgg. 254—63.

Das taufgesinnte Princip der Gewissensfreiheit und der Selbstbestimmung des Einzelnen führte unbeschadet der Ueberein- stimmung in den Hauptsachen mit Notwendigkeit zu vielerlei kleinen Besonderheiten der einzelnen Gemeinden in Lehre und Verfassung, um so mehr schärfte sich das Bedürfniß nach Reinhaltung der Einzelgemeinde und aus diesem Grunde trat eine strenge Hand- habung des Bannes ein, die zu scharfer Abschließung verschiedener Parteien gegen einander führte, welche sich in Bezug auf unwesentliche Stücke der Kirchenzucht von einander unterschieden. So entstanden noch zu Mennos Zeiten unter den Taufgesinnten Spaltungen und Trennungen, die im einzelnen zu verfolgen hier nicht der Ort ist. Nur das muß bemerkt werden, daß man später zwei Hauptparteien unterschied, eine strengere und eine gelindere. Die erste nannte sich die der Alten Flaminger oder der feinen Mennoniten. Die zweite Partei hieß die der Groben. Sie teilte sich in die Friesen, Fla- minger, Waterländer; Vereinigte Friesen, Flaminger und Water- länder. Eine dritte Teilung wurde durch die „Hochdeutschen" gebildet, welche durch einige aus Oberdeutschland eingewanderte Gemeinden auch in Holland vertreten waren.

Trotz aller Spaltungen betrachteten sich die verschiedenen taufgesinnten Genossenschaften doch als Brüder. Ihr Mittelpunkt blieben die vereinigten Niederlande, wo sie zuerst zu einer freieren und gesicherten Stellung in Staat und Gesellschaft gelangten.

Das Auftreten Mennos und seiner Freunde war von vorne herein hauptsächlich gegen diejenigen Grundsätze der Münsterschen Wiedertäufer gerichtet, welche von dem älteren und reineren Täufer- tum abweichend, den Charakter desselben so zu sagen vollständig vernichtet hatten. Indem die Wiedertäufer zur Verteidigung und Ausbreitung ihres Glaubens das Schwert ergriffen hatten, waren sie dem Grundsatze von der Wehrlosigkeit völlig untreu geworden, welcher ein so notwendiges Glied in der Anschauung der älteren Taufgesinnten bildete, daß ein Aufgeben desselben mit dem Austritt aus der Gemeinschaft gleich bedeutend erscheinen mußte. Ueber die Bedeutung des Dogmas bei den oberdeutschen Taufgesinnten vor Mennos Zeit kann kein Zweifel obwalten. Die Heiligkeit Gottes, welcher der Christ nachstreben soll, schien die Enthaltung von jeder Tödtung zu fordern, deshalb galt für den Christen eine jede kriegerische Gewaltthat als unerlaubt, selbst wenn sie durch obrigkeitlichen Befehl und zum Schutze des Gemeinwesens gefordert wurde. Jacob Groß, wie wir sahen,*) war bereit im Frieden, mit Wehr und Waffen auf die Wache zu ziehen, aber erklärte zugleich, nicht gehorchen zu können, wenn ihm, sei es im Angriff oder in der Verteidigung, die Schädigung eines Menschenlebens zugemuthet werde. Die Betheiligung des Christen am thätlichen Kampfe war somit absolut verboten. Zu einer Zeit, als es den Taufgesinnten vielleicht noch möglich gewesen wäre, durch bewaffnetes Zusammenscharen in den kleinen Gemeinwesen der Schweiz Erfolge zu erringen, sehen wir den absolut aufgestellten Grundsatz der Wehrlosigkeit durch das Verbot, den Glauben und die Gläubigen durch Waffengewalt zu schirmen, in speciellen Anwendung durch die That besiegelt.**) Die Mährischen Taufgesinnten gingen sogar soweit, jede mittelbare Unterstützung des Krieges zu verbieten. War es Mennos Arbeit, die täuferischen Gemeinden von den eingedrungenen unreinen Elementen zu säubern und zu der reinen Lehre der ursprünglichen Taufgesinnten zurückzuführen und auf diesem Grunde weiter zu erbauen, so war ein kräftiges Betonen der Wehrlosigkeit von selbst geboten. In der That finden wir in Mennos Schriften, vom Beginne seines Wirkens an, eine große Reihe von Aussprüchen, in welchen er Krieg und Waffengebrauch unbedingt untersagt, indem er ausführt, daß der Friede, der dem menschlichen Wesen entsprechende Zustand sei. Wenn selbst die reißenden, mit scharfen Waffen ausgerüsteten Thiere unter einander Frieden halten, ein jedes in seinem Geschlechte, so muß die wehrlose Natur des Menschen ihn lehren, daß das Kriegführen einen Gegensatz zu seinem Wesen bildet. Nach einer Aufzählung der Gräuel, welche der Krieg veranlaßt, fragt er, wie sich dieselben mit der Natur schuldloser Kinder, wehrloser Schaafe und einfältiger Tauben reimen, welche wir als Christi Art, Geist und Lehre entsprechend, haben oder anziehen sollen. (S. hinten

---

*) S. o. S. 13.

**) S. o. S. 8.

Beilage S. VIII, IX, X). Die Gemeinde der Heiligen erkennt als ihren König Christum, Christus ist der Fürst des Friedens, sein Reich das Reich des Friedens (S. VII, XV), in demselben sind die Schwerter zu Pflugschaaren gemacht (S. VII, XI), die Waffen der Christen sind nicht fleischlich, sondern geistlich (S. III, IV, XII); jede äußerliche Gegenwehr ist völlig verboten; Petrus wurde gesagt, er solle sein Schwert in die Scheide stecken; allen Christen ist befohlen, die Feinde lieb zu haben u. s. w.; wie sollte der Christ aus der Schrift es rechtfertigen können, daß er Rache übt, Aufruhr erhebt, Krieg führt, haut, schlägt, würgt, mordet, raubt, Brand stiftet und Städte und Länder einnimmt. (Vgl. S. XIV) Den Brüdern mit dem Schwerte zu helfen, ist allen wahren Christen durch Christum verboten; alle Rechtgläubigen müssen geduldig leiden und nicht mit Schwertern und Büchsen fechten und streiten. (S. VI.)

Bei näherer Untersuchung wird man freilich geltend machen können, daß diese und ähnliche Aussprüche Mennos, welche aus tiefem und einheitlichem Principe die Wehrlosigkeit unbedingt und in allen Verhältnissen zu fordern das Ansehn haben, im Zusammenhange des Textes auf ganz specielle Fälle abzuzielen scheinen. Sie finden sich nämlich entweder da, wo Menno den Münsterschen Aufruhr straft, und sich und die Seinigen gegen die Beschuldigung vertheidigt, demselben beigestimmt zu haben, oder wo er zweitens eine jede Verfolgung um des Glaubens willen als unchristlich nachweisen will, drittens in dem Falle, wenn er für die Vertheidiger des eignen Glaubens gegen die Widersacher nur geistliche Waffen anempfiehlt. Nirgend, so viel man sieht, spricht er sich so deutlich und mit derselben Schärfe und Bestimmtheit wie die oberdeutschen Wiedertäufer darüber aus, daß auch im Dienste des Staates auf Befehl der strafenden Obrigkeit oder zur Vertheidigung des Vaterlandes der Gebrauch der Waffen verboten sei. *)

Ist man etwa berechtigt aus diesem Umstande den Schluß zu ziehen, daß Menno überhaupt die Wehrlosigkeit nur in beschränktem Sinne und in den genannten besonderen Fällen geübt wissen wollte, daß er den Glaubenskrieg verwarf, aber den Kampf zur Vertheidigung

---

*) Doch vergl. Beilage S. XIV. F.

des Staates nicht mißbilligte? Gewiß nicht; denn einmal geben
seine Schriften uns keineswegs ein vollständiges Bild, von dem
was er predigte und lehrte. Sie alle haben eine besondere Veranlassung und in Folge dessen eine bestimmte Tendenz. Mit allen
seinen Glaubensgenossen in beständiger Verfolgung lebend, griff
Menno nur zur Feder, um entweder in theologischen Streitschriften
seinen gelehrten Gegnern zu antworten, um seine Verfolger zu
christlicher Toleranz zu ermahnen, um seine Brüder auf das herz-
lichste zu Liebe, Friede und Eintracht, zu geduldigem standhaften
Ausharren beim Evangelium zu ermuntern. Seine Lehrsätze in
ruhig wissenschaftlicher Untersuchung dogmatisch zu begründen und
philosophisch mit allen Consequenzen im einzelnen zu entwickeln,
blieb ihm keine Muße. So mußte denn Alles, was er in seinen
Schriften über die Wehrlosigkeit sagte, in besonderer Beziehung zu
dem Gedanken an die religiöse Verfolgung treten, und hierauf
angewandt werden. Wir lernen also Mennos Ansichten über die
Wehrlosigkeit aus seinen Schriften allein nicht vollständig
kennen und dürfen aus der Nichterwähnung des Soldatendienstes
im Heere des Staates keineswegs schließen, daß er denselben billigte.
Der Glaubenskrieg und die Glaubensverfolgung standen bei Menno
so sehr im Vordergrunde seiner Gedanken, daß auch abgesehen von
der äußeren Veranlassung welche die nächste Bestimmung seiner
Schriften ihm an die Hand gab, unwillkürlich wenn von Kampf,
Streit und Krieg die Rede war, nur jene, nicht ein bürgerlicher
Krieg in gerechter Sache vor seine Seele traten. Wie hätte es
auch anders sein können? Im Innersten durchdrungen von dem
alttäuferischen Satze, daß Gott sich das Gericht über die Gewissen
selbst vorbehalten habe, daß Niemand, sei er Obrigkeit oder Privatmann,
seinen Mitmenschen des Glaubens wegen verfolgen dürfe, und daß
Christi geistliches Reich nur mit geistlichen Waffen verteidigt werden
solle, sah Menno nicht allein sich und die Seinigen fortwährend
der blutigen Verfolgung ausgesetzt und obendrein, gegen jede Wahrheit, des Zusammenhangs mit der schwertführenden Rotte zu Münster
beschuldigt, sondern, wo er nur hinblickte, trugen die Kriege und

Händel der Zeit im Kleinen wie im Großen so sehr den Character
des Glaubenskampfes, im besten Falle mischten sich in ihnen weltliche und geistliche Motive in dem Grade, daß die rein bürgerlichen
Streitigkeiten (wie Carls V. letzte Kämpfe gegen Franz I. — 1544)
dagegen ganz zurücktraten. Die Religionskämpfe zogen des ehrwürdigen Mannes Augen ausschließlich auf sich, denn sie berührten sein
tiefstes und innerstes Lebensinteresse, ja sein einziges; sie hinderten
die Ausbreitung des Reiches Gottes, von ihnen hatte er in seinem
Beruf als Prediger der heiligen Wahrheit alles zu fürchten. In
ihnen sah er vorzugsweise die schreiende Verschuldung des Zeit-
alters. Was dagegen konnte ihn bewegen den politischen Händeln
Aufmerksamkeit zu schenken? Eine Verkürzung bürgerlicher Rechte
gab es für ihn, den Flüchtigen, Verfolgten, nicht, der Pfründe und
Heimat aufgegeben, sich von aller Teilnahme am bürgerlichen
Gemeinwesen losgesagt hatte, um allein ein Bürger des Reiches
Christi zu sein? Was für ein Interesse konnte er da am Staate
als solchem haben, um seinen Angelegenheiten, Bedürfnissen, Kämpfen
nachzudenken? So war es natürlich, daß ihm die Ideen Krieg und
religiöse Verfolgung zusammenflossen und daß ihm, wenn er ganz
allgemein und absolut bewaffnete Gegenwehr verbietet, dabei speciell
Religionskämpfe vor Augen stehen. Die Frage, ob es dem Christen
erlaubt sei, dem Staate in Angelegenheiten rein bürgerlicher Natur
die Wehrpflicht zu leisten, erörterte er nicht, weil für sein subjec-
tives Bewußtsein kein anderer als ein Glaubenskrieg existirte.*) Daß
er aber bei näherem Eingehen auf diese Frage von seinem Stand-
punkte aus dieselbe verneinen mußte, geht deutlich aus dem Principe
hervor, aus welchem er das Verbot des Krieges begründet. Der
unbedingte Friede ist ein Kennzeichen der Gemeinde der Heiligen,
welche die Brüder ohne irgend welche Rücksicht auf äußere Verhältnisse darzustellen bemüht sein sollen. Um uns jedes Zweifels

---

*) Man vgl. die ausführliche Erörterung von Ter Borg: „Heeft
M. Simons eene volstreckt algemeene weerloosheid geprediki?“ in Letteroe-
feningen (Mengelwerk) von 1819 p. 145—166.

zu überheben, steht der Beschluß da, welchen Menno am 23. Febr. 1554 auf der von ihm zu Wismar abgehaltenen Synode im Verein mit mehreren andern Aeltesten traf: „Auf Reisen, welche von Gläu= bigen unternommen werden, einen ehrbaren Stock oder ungefährliches Rapier nach Landes Sitte auf der Schulter zu tragen, können die Aeltesten nicht für bedenklich ansehn, unerlaubt aber soll es sein, tödtliche Waffen auf Befehl der Obrigkeit sehen zu lassen oder zu zeigen." *)

Man sieht hieraus, daß das Bewußtsein in den Gemeinden, sich gegen den Waffengebrauch auf Befehl der Obrigkeit entschieden hatte und Menno damit übereinstimmte.

Bei Gelegenheit der drei großen Religionsgespräche zu Frankenthal, Emden und Leeuwarden tritt die Wehrlosigkeit im Sinne der ältesten Taufgesinnten mit voller Entschiedenheit als Dogma der Mennonitischen Gemeinschaft hervor. Im Frankenthaler Protokoll 1571 (actio 24) heißt es: „daß ein Christ das Amt der Obrigkeit bedienen und mit dem Schwerte Rache üben mag, glauben wir nicht." In dem Protokoll der 1578 vom 27. Febr. bis 17. Mai in 124 Sitzungen zu Emden zwischen mennonitischen und reformirten Theologen gepflogenen Disputationen antworten die Täufer auf die Frage, ob ein Christ das Amt der Obrigkeit mit gutem Gewissen in so weit bedienen darf, daß er Gericht haltend und Urteile vollstreckend mit dem Schwerte die Guten beschirme und die Bösen bestrafe: „Da wir in dem Neuen Testament nicht finden, daß ein Christ, der in der Gemeinde war, das Amt des Schwertes bediente, so dürfen wir nicht Ja sagen (act. 107). In Bezug auf das Kriegführen erklären sie act. 111: „Wir sagen, daß wir während der Zeit, wenn der Feind bei oder vor der Stadt steht, weder selbst mit Kriegsgewehr auf die Wacht zu kommen noch einen Andern an unsrer Statt zu senden wünschen; aber so lange als es keine Noth hat gegen den Feind zu streiten, so beschwert es unser Gewissen nicht, Geld zu geben, damit ein Andrer die Wacht wahrnehme."

---

*) S. Ten Cate Geschiedenis der Doopsgezinden in Groningen I. 254.

Auf der Versammlung zu Leeuwarden 1596 erklärte Peter von Cöln sich durchgängig gegen den gesetzlichen Gebrauch der Waffen (Leeuwarder Protokoll act. 133) und behauptet act. 185 bewiesen zu haben, daß die an Christum Gläubigen mit keinen äußeren Waffen streiten dürfen, sondern nur mit den Waffen des Geistes, d. h. mit Gottes Wort.

Claes Claes äußert in seinen Bekenntnissen, daß es den Gliedern der Kirche nicht erlaubt ist, die Rache Gottes gegen die Uebelthäter auszuführen, indem sie diejenigen tödten, die mit ihrer Bosheit den Tod verdient haben, oder in solchem Stücke der Obrigkeit zu gehorsamen.

Als im Jahre 1572 Prinz Wilhelm I. von Oranien die Freiheit der Niederlande gegen den Herzog von Alba vertheidigte, schrieb er an P. W. Bogaert, Lehrer der waterländischen Menno- niten und bat durch ihn die Taufgesinnten um eine Unterstützung zur Löhnung der Truppen. Bogaert sammelte 1060 Gulden, eine für die damalige Zeit bedeutende Summe, und brachte sie mit Lebens- gefahr dem Prinzen ins Lager nach Hellenrabe bei Roermund als „een assistentie ofte gemeene sake."*) Der Prinz wurde durch das Geschenk so sehr zum Freunde der Mennoniten, daß er fortan auf jede Weise sich ihrer annahm. Als am 7. Mai 1575 durch ein Edikt seines Statthalters Sonoy alle Bewohner von Nordholland aufgerufen wurden auf ihren Dörfern Wacht zu halten „mit Seiten- gewehr und anderen Waffen" mußte hinzugefügt werden: „So einige Mennoniten darunter wären, sollten sie nur einen scharfen Spaten und einen Mann mitbringen." Bald darauf (1588) wurden die Mennoniten in Middelburg wegen Verweigerung des Eides und der Bürgerwehr vor die Obrigkeit gefordert. Sie erklärten daß sie sich gewaffnet nicht einfinden könnten, jedoch willig seien, alle Lasten zu tragen und besoldete wehrhafte Ersatzmänner auf

---

*) S. die Briefe Boegaerts und das Recipisse Wilhelms von Oranien. Blaupot ten Cate Geschiedenis der Doopsgezinden in Holland, Zeeland, Utrecht en Gelderland. Amsterdam 1847 I. 382. Ueber den Hergang s. Brand Historie der Reformatie I. 525.

ihre Kosten zu stellen. Da man dieses Anerbieten zurückwies, trat der Prinz mit nachdrücklichstem Befehle für sie ein, nachdem er schon ein Jahr vorher vor ihrer Bedrückung gewarnt hatte. Man solle ihnen ihre Nahrung lassen und ihre Gewissen nicht beschweren, da sie durch das Tragen von Schatzung, Contribution und anderen Lasten nicht ohne große Gefahr von Leib und Leben die Freiheit hätten gewinnen helfen.*)

Seit dem Ende des 16ten Jahrhunderts beginnen Glaubens-bekenntnisse aufgestellt und durch Beschluß verschiedener Gemeinden, die sich darauf vereinigten, zu einer Art symbolischer Geltung erhoben zu werden. In ihnen pflegt der Artikel von der Rachelosigkeit und Meidung des Schwertes einen integrirenden Theil zu bilden.

Wir haben die bezüglichen Artikel im Anhange in chronolo-gischer Reihenfolge abdrucken lassen. Wenn in einigen Bekenntnissen das Verbot des bewaffneten Widerstandes nicht ausdrücklich hervor-gehoben und formulirt ist, so liegt dies daran, daß man es implicite in dem allgemeinen Verbote der Rache und dem Gebote der Liebe als Kennzeichen der wahren Gemeinde enthalten glaubte. Man ersieht dies u. A. deutlich aus dem 1678 von Georg Hansen, Lehrer der Flaminger Mennoniten zu Danzig, verfaßten Glaubens-bekenntniß. In diesem ist nur von dem Verbot der Rache die Rede, aber aus der breiteren Darstellung seines Glaubens, welche Hansen zum Unterrichte der Jugend herausgab, geht unwiderleglich hervor, daß er und mit ihm die Flämische Gemeinde zu Danzig die Wehr-losigkeit unbedingt und in weitester Ausdehnung unter die Kennzeichen der Gemeinde Gottes rechnete. (S. Anhang S. XXVI fgg.)**) Man muß dabei in Betracht ziehen, daß die Mennoniten, freiheitsgesinnt,

---

*) S. Ten Cate Gesch. d. D. in Holland I. 85 fgg. Ottii annales anabapt. 166. Die Briefe des Prinzen sind abgedruckt bei T. van Braght bl. tooneel II. 747. 749.

**) Hartknoch, Preußische Kirchengeschichte 1686 S. 859 fügt einem Auszuge aus dem Glaubensbekenntniß des Georg Hansen in Betreff der Mennoniten in Danzig hinzu. Sie brauchen keine Waffen, sie haben ihre eigene Obrigkeit nicht, sondern sie sind einer anderen Religion Obrigkeit unterworfen.

wie fie waren, ihren Belenntniffen durchaus nicht den hohen Werth
und die auf die Dauer bindende Kraft beimaßen, welche die Shm-
bole in den beiden großen evangelischen Kirchen erlangt haben. Man
setzte das lebendige Gemeinbebewußtfein über den Buchstaben der
Belenntniffe und sah deshalb nur darauf, daß diese die Fundamen-
talsätze des Glaubens enthielten, ohne zu verlangen, daß alle Confe-
quenzen derselben überall und in logischer Begründung ihren Platz
darin fanden. Keineswegs liegt der Grund für die minder scharfe
und ausdrückliche Hervorhebung des Verbots der Waffenführung
von Seiten einiger Glaubensbelenntniffe in einem dogmatischen Unterschiede, der erst weit später zwischen den Parteien der groben und der
feinen Mennoniten sich hervorthat. Die feinen Mennoniten d. i. die
alten Flaminger hielten mit größter Strenge an dem Verbote der Waffenführung fest. Sie legten sich vorzugsweise den Namen der wehrlosen
Christen bei. Im Jahre 1743 entwirft Rues *) folgende Schilderung
von ihnen: Sie glauben, daß ein Christ sich nicht wider unrechte Gewalt
in Gegenwehr setzen, sondern daß er sein Vermögen, Freiheit und
Leben den Feinden überlaffen muß, wenn er angegriffen wird.
Daher ist es keinem Mitgliede ihrer Kirche vergönnt, einiges Gewehr
zu führen. Ihre Kaufleute dürfen nicht einmal ihre Güter auf
Schiffe bringen, die mit grobem Geschütze besetzt sind. Daher
handeln sie meistens nach der Ost- und Nordsee, nicht aber dahin,
wo man sich entweder zur Wehre setzen muß, oder in Gefahr läuft,
den Räubern in die Hände zu fallen. Indeffen können ihre Fahrzeuge dennoch unter einer Bedeckung von Kriegsschiffen die Fahrt
vornehmen, eben sowohl als sie für sich erlaubt halten in Städten
zu wohnen, wo Kriegsknechte, Befestigungswerle und Kriegsgeräte
unterhalten werden."

Bei den groben Mennoniten dagegen, d. h. den Parteien der
Waterländer, Friesen und vereinigten Flaminger und Waterländer
brach sich eine mildere Auffassung Bahn. Sie erklärten nämlich die

---

*) Aufrichtige Nachrichten von dem gegenwärtigen Zustande der Men-
noniten oder Taufgefinnten, Jena 1743. 26.

Notwehr für erlaubt und zogen daher es vor, sich rachelose (wraklose) Christen zu nennen. Rache und Gewaltthätigkeit, um andere anzugreifen, sei schlechterdings verboten, aber auch dem Christen sei es gestattet, unrechtmäßige Gewaltthätigkeit durch Gegenwehr zu hemmen. Daher fanden sie kein Bedenken dabei, ihre Güter auf bewaffnete Fahrzeuge zu verladen, oder selbst ihre Schiffe mit Geschützen zu versehen. Ja sie selbst trugen außerhalb der Stadt und auf Reisen Gewehr. Indessen blieben sie fest dabei stehen, daß der offensive Krieg, so wie jeder kriegerische Angriff unstatthaft sei, und daß mithin ein Mennonit unter keinen Umständen ohne Gewissensverletzung Soldat sein dürfe,[*] da selbst beim Verteidigungskriege ein angriffsweises Vorgehen nicht verhindert werden könne. Uebrigens hielten es die Waterländer noch 1647 mit der strengen Partei. Denn in diesem Jahre wiederholten sie in ihrer kirchlichen Verhandlung den schon 1619 und 1631 gefaßten Beschluß, alle Mitglieder zu excommuniciren, welche auf Schiffen mit Geschütz als Passagiere, Schiffer oder Bootsleute reisten, sowie daß niemand aus der Gemeinde das Schöppenamt annehmen dürfe, in so weit es das Blut- und Halsrecht angehe und somit gegen Gott und Nächstenliebe streite."[**] Ebenso wurde noch 1716 auf der jähr-lichen Versammlung der friesischen Societät der folgende 1639 festgestellte Artikel vorgelesen und von jeder Gemeinde Bericht erfor-dert, wer dagegen gesündigt habe: „An keinem Schiffe mit Geschütz Anteil zu haben, sondern sobald als möglich sich davon loszumachen, damit durch unsere Güter die Mordwaffen nicht verstärkt und Anderen zur Beschirmung unserer leiblichen Güter Schwerter in die Hand gegeben werden, die wol hundertmal mehr Schaden an unserem Nebenmenschen anrichten, als die zeitlichen Güter wert sind, und so manchem den Weg zur Besserung abschneiden."[***] Die nieder-ländische Geschichte in der letzten Hälfte des 17ten Jahrhunderts

---

[*] Rues a. a. O. 104.
[**] S. Bl. ten Cate Gesch. d. Doopsgezinden in Holland. I. 138.
[***] Bl. ten Cate Gesch. d. Doopsgezinden in Holland. II. 225.

beweist, daß trotz der mangelhaften Formulirung in den Bekenntnissen die Wehrlosigkeit als fester unerschütterlicher Artikel bei allen Mennoniten feststand.

In den Tagen Ludwigs XIV., besonders als dieser König 1672—1679 die Generalstaaten mit Krieg überzog und die äußerste Anstrengung gemacht werden mußte, um die Freiheit der vereinigten Niederlande zu bewahren, kamen die Mennoniten aller Parteien durch bedeutende Leistungen an Geld und Arbeitskraft dem bedrängten Vaterlande zu Hilfe, weigerten sich aber durchaus der persönlichen bewaffneten Teilnahme an der Verteidigung. In der Provinz Friesland brachten sie (bei einer Zahl von 4856 Brüdern), im Jahre 1665 eine Summe von 500,000 Gulden zu 5 pCt., 1672 abermals 400,000 Fl. zu 4 pCt.; und 1676 132,000 Fl., im Ganzen also 1,032,943 Fl. als Vorschuß an den Staat auf, woneben einzelne Gemeinden noch freiwillige Geschenke, z. B. die Hindelooper 3750 Fl. zu Befestigungsmitteln beitrugen. Dafür erhielten sie bereits 1665 die Zusage für sich selbst von dem Gebrauch der Waffen befreit zu bleiben, wenn die Not erheische, daß die Eingesessenen gegen den Feind in ihrem Heimatorte oder zur Verteidigung der Festungen und Grenzplätze aufgeboten würden, und 1672 am 28. Februar deklarirten die Generalstaaten: Ihre Edele Hochvermögende haben für gutgefunden neben der Religionsfreiheit den Mennoniten zu vergönnen, daß sie bei einer allgemeinen Aushebung und beim Aufruf zur Rüstung von den Waffen und Anmarsch befreit sein sollen."*)

In der Provinz Groningen gaben die Taufgesinnten in den Jahren 1661—1673 149,810 Fl. Anleihe her. Daneben bezahlten sie ein Wachtgeld als Ersatz für die Nichtableistung der persönlichen Wacht.**) Als 1671 in Groningen eine allgemeine Bürger-

---

*) Ten Cate Gesch. d. Doopsgezinden in Friesland, 176 fgg.
**) Aus den Stadtrechnungen von Groningen geht hervor, daß 4 verschiedene Mennoniten-Gemeinden in dieser Stadt, darunter Waterländer, wie alte Flaminger das Wachtgeld bezahlten. Ten Cate Gesch. d. Doopsgezinden v. Groningen I. 192 fgg.

bewaffnung anbefohlen wurde, weil der Bischof von Münster und
der Kurfürst von Köln als Verbündete des Franzosenkönigs „zum
Vorteile der römischen Religion" die Stadt bedrohten, nahm man
alle Taufgesinnten und Katholiken davon aus, die letzteren aus
Mißtrauen und forderte von ihnen eine Schatzung zum Ankauf von
Waffen. Das Jahr darauf hatte die Stadt dann wirklich eine
schwere Belagerung von den beiden geistlichen Fürsten auszuhalten.
Während die übrigen Bürger die Wälle verteidigten und mann-
hafte Ausfälle machten, durchzogen die Mennoniten 38 Tage lang
unter einem Regen von glühenden Kugeln, Bomben,*) Granaten
und vergifteten Feuerpfeilen die Straßen, um jeden Brand, so wie
er entstand, zu löschen und die Bomben zu dämpfen.**)

Zur selben Zeit belagerten die Franzosen Aardenburg in
Holland, wurden aber durch tapfere Gegenwehr zurückgeschlagen.
Es hatte sich später ungegründeterweise das Gerücht verbreitet, der
Magistrat habe die Mennoniten genötigt mit gewaffneter Hand zu
streiten. In Folge dessen stellten sich der Stadtrat und die Tauf-
gesinnten im Jahre 1673 gegenseitig einen Revers aus, worin die
Mennonitengemeinde versicherte, nicht zum Waffendienst gezwungen,
sondern nur zur Hilfeleistung, insoweit ihr Gewissen es erlaube,
ermahnt zu sein. Der Magistrat seinerseits bezeugte, daß die
Mennoniten keine Waffen gegen den Feind gebraucht, aber durch
andere Dienste welche nicht ihrem Glaubensbekenntniß widerstritten, die
Verteidigung auf das kräftigste unterstützt hätten.***)

Als 1672 Ludwig XIV. nach der Einnahme von Utrecht auf
Amsterdam marschirte, trugen die Taufgesinnten in Holland ihre Schuld

---

*) In 14 Tagen wurden 5000 Bomben hineingeworfen, darunter
einige von 500 Pfd. Schwere.

**) Blaupot ten Cate Gesch. d. Doopsgezinden in Groningen. II. 49 fgg.

***) In Aardenburg hatte 1637 der Bürgerkapitän Andries Vermeer die
Taufgesinnten zwingen wollen, Gewehre zu kaufen und damit aufzuziehn und zu
marschiren. Sieben Glieder der Gemeinde fielen, da sie sich weigerten, deshalb
in Geldstrafe. Auf die Bitte der Gemeinde beschlossen die Staaten am 28. Aug.
1637, daß dieselbe die dort schon früher beschlossene Freiheit behalten und vom
gewaffneten Dienst ausgenommen sein sollte gegen eine jährlich oder monatlich
zu zahlende Abgabe. Ten Cate Gesch. d. Doopsgez. in Holland. I. 217. 218.

gegen das Vaterland dadurch ab, daß sie mit unermüdetem Eifer mit Graben, Erdaufwerfen und Aufziehung der Schleusen die Verteidigungskraft der Stadt verstärkten. Sie hatten sich dabei in zwei Partien getheilt, deren eine Vormittags, die andere Nachmittags arbeitete. In Nordholland und dem Y gestand·man am 22. Febr. 1672 den Mennoniten die Freiheit vom Waffendienste selbst zu mit der Bedingung, daß sie für jeden Mann, der geschickt sei wehrhaft auszuziehen, 10 Gulden ans Land zahlen und sich selbst mit einem Korb und einem Spaten stellen sollten, um damit auf der Musterung behufs der Wachtdienste zu erscheinen. Allein die Mennoniten hielten selbst dies letztere für einen Widerspruch gegen ihre Grundsätze. Sie erwählten einen Ausschuß, welcher mit dem Lande verhandeln sollte, durch welche andere Leistung sie sich von Gestellung mit Korb und Grabscheid, von Musterung und Wacht befreien könnten. Es wurde ihrer Bitte Gehör gegeben; wogegen z. B. die Gemeinden auf dem platten Lande von Nordholland allein freiwillig 30,000 Fl., 1469 Pyrokken(grobeWollenröcke), 1500Schuhe, 1200Strümpfe, 120Betten, 400Linnen, 500Strohsäcke, 2000Decken, 2000Hemden u. s. w., die Städte bedeutend mehr lieferten.*) Aus den noch erhaltenen Listen bei der Gemeinde zu Zaandam geht hervor, daß alle Denominationen (Friesen, Waterländer, Flamingen, Groningen und alte Flamingen) sich dabei beteiligten. In Folge dessen erließen die Generalstaaten am 10. Mai 1673 ein Ausschreiben, worin sie sich gegen jede Anwendung von Gewalt gegen die Taufgesinnten erklärten, und befahlen, daß man es zu ihrer eigenen Disposition lassen solle, die Pflicht bewaffneten Aufmarsches durch „Liberalitäten" gut zu machen, da es manche Dinge gebe, durch welche sie nach Verhältniß dessen, was sie im vorigen Jahre gethan, ihre Gutwilligkeit beweisen könnten, und durch welche dem Staat ein größerer Dienst geschehe, als wenn sie neben andern Patrioten die Waffen zur Verteidigung des Landes in die Hand nähmen." Hierauf folgte am 15. Mai eine strenge Publikation des Prinzen Wilhelms III. von Oranien daß ein jeder

---

*) In Purmerend kamen die mennonit. Frauen u. Jungfrauen im Predigthaus zusammen, um die Pyrokken u. andere Kleidungsstücke gemeinschaftlich zu verfertigen.

zum Kriegsdienst verpflichtet sein solle, ausgenommen allein die Mennonitischgesinnten, die davon in Folge Beschlusses Ihrer Hoch-vermögenden, der Generalstaaten um ihres Gewissens willen verschont bleiben sollten und in Stelle beß zur Leistung einiger Liebeswerke (werken van charitelten) sollten ermahnt und ermutigt werden, auch wenn sie noch keine 18 Jahre oder mehr als 65 Jahre sollten erreicht haben."*)

_____

Aus den bisher mitgeteilten Thatsachen geht unwiderleglich hervor, daß schon von Anfang an der Grundsatz von der Wehrlosigkeit bei den Mennoniten ein wesentliches Stück des Glaubens gewesen ist, welches mit Consequenz aus dem Grundprinzipe ihrer Confession, die ideale Welt in höchster Reinheit auf Erden zu verwirklichen, floß. Er hängt mit den übrigen Artikeln, z. B. dem vom Eidschwur, auf das engste zusammen. Dieselbe Weltanschauung, welche in älterer Zeit dem Christen sogar den Rechtsgang verbot, welche das Verbot jeder Rache und widerstandlosen Duldens als sittliches Ideal praktisch durchgeführt haben will, dieselbe Weltanschauung muß auch mit Notwendigkeit die Beteiligung am Kriege verdammen und ist in einem wesentlichen Punkte durchlöchert, sobald dieser Artikel aufge-hoben wird.

Diese Auffassung wird mit verschiedenen Gründen bestritten:

1) Die Einen sind der Ansicht, daß die buchstäbliche Befol-gung der Schriftstelle: „Stecke dein Schwert in die Scheide, denn wer das Schwert ziehet, soll durch Schwert umkommen" (Math. 26, 52.) der Anlaß gewesen sei, den Satz von der Wehrlosigkeit aufzustellen. Allein hiegegen spricht der entscheidende Beweis, daß keinesweges darauf die Beweisführung Mennos und der mennonitischen älteren Kirchenlehrer sich stützt, vielmehr begründen sie ihren Satz stäts aus dem Wesen der Gemeinde als einer Genossenschaft der Heiligen, indem bald der Friede, bald die Liebe, bald die Rachelosigkeit als das Motiv hingestellt wird, aus welchem die Wehrlosigkeit hervorgehe. Wenn mithin das Verbot der Waffenführung auf verschiedene Weise

_____

*) Blaupot ten Cate Gesch. d. Doopsgez. in Holland. I. 245 fgg.

dogmatisch zu rechtfertigen versucht wird, aber doch als unumstöß-
liche Thatsache des Gemeindebewußtseins feststeht, kann es nur aus
dem innersten Kerne der confessionellen Anschauung heraus erklärt
werden, es wird ein wesentliches Glied derselben bilden, so lange
diese noch ihre Einheit bewahrt.

2) Von anderer Seite hört man die Behauptung aufstellen,
daß Menno und seine nächsten Nachfolger sich genötigt gesehen
haben gegenüber der falschen Beschuldigung, als gehörten sie der
Sekte der Münsterschen Wiedertäufer an, sich darauf zu berufen,
daß sie der Obrigkeit treu seien und nicht mit Schwertesgewalt,
sondern nur mit geistlichen Waffen ihre religiöse Ueberzeugung
verbreiten, Christo das Reich erobern wollten. Durch Mißverstand
und Gewohnheit sei hieraus die Verweigerung des Soldatendienstes
erwachsen, eine Weigerung, welche für das Bewußtsein der Gemeinde
keine Realität mehr haben könne, seit es niemandem mehr einfalle,
sie des Aufruhrs zu beschuldigen. In diesem Einwande liegt soviel
Wahrheit, daß jene falsche Beschuldigung die älteren Mennoniten
veranlaßte, ihre wehrlose Gesinnung vorzugsweise da hervorzuheben,
wo sie sich vor dem Verdacht Münstscher Wiedertäuferei verwahren
wollten; und mit besonderem Nachdruck den Gehorsam gegen die
Obrigkeit als Glaubensartikel zu betonen, aber die vorstehenden
Ausführungen ergeben genugsam, daß keineswegs die Polemik gegen
jene Schwarmgeister das treibende Princip bei Aufstellung
des Artikels von der Wehrlosigkeit war. Vielmehr sehen wir lange
vor Menno und dem Auftreten der Propheten in Münster diesen
Artikel als charakteristisches Merkmal der stillen Taufgesinnten
erscheinen, deren niederdeutscher Sproß die niederländischen Mennoniten waren.

Könnte noch irgend ein Zweifel obwalten, von welcher Bedeu-
tung der Artikel von der Wehrlosigkeit für die ältere mennonitische
Gemeinschaft war, so würde derselbe aus dem Taufritus der groben
Mennoniten gehoben, von welchem Rues im Jahre 1743 folgendes
berichtet: Vor der Taufe wendet sich der Prediger an die knieenden
Täuflinge und sagt, damit man erkennen möge, ob sie in dem rechten

Gemütszustande sich befinden, wolle er ihnen drei Fragen vorlegen, die sie vor Gott und der Gemeine beantworten sollen: 1) ob sie bekennen, daß ihnen alle ihre Sünden von Herzen leid seien? 2) ob sie glauben an Gott den Vater und an Jesum Christum den Sohn Gottes, die einige Ursache der Seligkeit, wie ihn Petrus, Nathanael, der Mohrische Kämmerer u. A. bekannt haben? 3) Ob sie geloben unter der mitwirkenden Gnade Gottes Jesu Christ als dem Lamme Gottes fortan in rach eloser Leibsamkeit (d. h. ohne irgend welche offensive Gewaltsamkeit; einige sagen: in wehrloser Leib samkeit) alle Tage ihres Lebens nachzufolgen, wohin es sie auch leiten möchte, und ob sie darauf begehren den christlichen Wassertauf zu empfahen? Bei jeder dieser Fragen wird jeder Täufling absonderlich gefragt, was er darauf antworte.*) In diesen drei Fragen allein faßte man kurz das g a n z e Glaubensbekenntniß zusammen.

Einer der gelehrteren mennonitischen Theologen im Anfange des 18ten Jahrhunderts Hermann Schyn hatte daher ein Recht sich über die Bedeutsamkeit des Grundsatzes von der Wehr losigkeit für das mennonitische Dogma, nachdem er zum Belege dafür das Dortrechter Flämische Bekenntniß von 1632 und das Waterländische von Lubbert Gerrits und Hans de Rys**) angeführt hat, folgendermaßen zu äußern: Nicht allein haben die Walderser das Lehrstück, keine Waffen zu führen, vertreten, wie aus ihren Zeugnissen bündig zu sehen ist, aber auch die Mennoniten hatten davor so viele Achtung, daß sie es nicht allein mit goßer Aengst lichkeit beherzigten, sondern daneben auch jeden, der gegen dieses Stück sich vergriff und zuerst mit Worten bestraft, dennoch in seinem Ungehorsam verharrte, von der Kirche absonderten und dadurch bezeugten, daß er zu ihrer brüderlichen Gemeinschaft ferner nicht gehöre; vermittelst dieses Lehrstückes flößen sie ausdrücklich eine rachelose Gelassenheit (wraakelose lydzaamheid) ein und verwerfen ganz und gar jeden Gebrauch von Waffen. Aus welchen Dingen aufs allerdeutlichste zu sehen ist, daß aus

---

*) Rues a. a. O. 134.
**) S. hinten Beilage S. XX. XXII.

dieser Lehre und festen Grundwahrheit des Glaubens nichts weniger denn Aufruhr, Krieg und andere dergleichen schlechte Sachen geboren werden können. Ja in diesem Punkte mögen sich die Menno- niten, die dieses Lehrstück als eine Hauptwahrheit ihres Gottesdienstes und der christlichen Lehre überhaupt festhalten mit Freimut rühmen, daß in der gespaltenen Christen- heit keine Gesinntheit gefunden würde, welche kräftiger das Feuer der Uneinigkeit, Meuterei, Kriege und blutigen Verfolgungen zu dämpfen und auszulöschen trachtet, denn ihre Gesinntheit.[*]

Dieselbe Wichtigkeit, welche die holländischen Mennoniten dem Grundsatz der Wehrlosigkeit beilegten, schrieben auch die oberdeutschen demselben bei. Auch die Mennoniten im Kanton Bern hatten im 17ten Jahrhundert mehrfach heftige Verfolgungen zu erleiden. Im Jahre 1695 wurde von der Berner Regierung aufs neue ein Edikt erlassen, welches die Täufer mit Verbannung, Brandmarkung Galeerenstrafe und Hinrichtung bedrohte und zwar aus folgenden Gründen:

1) wegen ihrer Ansicht über die Obrigkeit,
2) wegen Verweigerung des Eidschwurs,
3) weil sie rund abschlagen im Falle der Not das Vaterland zu beschützen und zu beschirmen.

Die Pfälzer und Elsässer nennen sich 1664 ausdrücklich „waffen- lose Mennoniten."[**] Im Kanton Zürich wurden um 1692, da fast in ganz Europa der Krieg entbrannt war, die Bürger zu den altgebräuchlichen Waffenübungen auf gewissen Sammelplätzen einge- rufen, da die Schweizer gewohnt seien dem herannahenden Feinde niemals Soldtruppen, sondern ihre eigenen Leiber tapfer entgegen- zustellen. Die Täufer weigerten sich deß, und stellten denjenigen, die sich zum Gehorsam anschickten, vor: der Krieg sei als eine gött- liche Züchtigung anzusehn, man müsse den Staat mit einem frommen Leben, nicht mit den Waffen verteidigen. Sie sagten, daß sie

---

*) Herm. Schyn, Geschiedenis der Christenen, welke in de vereenigte Nederlanden onder de Protestanten Mennoniten genaamd worden. Amsterdam 1743. I. 331. 332.
**) S. Beilage S. XXII.

lieber ihr Vaterland, ihre Weiber, ihre Kinder und alle ihre Güter
verlassen, als den gemeinen Feind mit Waffen zurücktreiben würden.*)
Der Rat versuchte Angesichts des drohenden Krieges mit Güte die
Täuffer von ihrer Weigerung abzubringen. Als das nichts half,
ließ man sich herbei, ihren vornehmsten Häuptern zu versichern, daß
man von ihnen keine Eidesleistung nach den gewöhnlichen Formeln
fordern, sondern sich mit ihrem „Ja" und „Nein" begnügen wolle;
daß man es ihnen erlassen wolle Waffen zu tragen, insoferne sie
durch ihr Gebet und andere andächtige Verrichtungen dem allgemeinen Besten zu Hilfe kommen würden; nur sollten sie die Pre-
bigten der reformirten Prediger zu besuchen gehalten sein, mit der
vollen Freiheit hinterher zu mißbilligen, was nach ihrer Ansicht dem
Worte Gottes widerstreite. Als die Täufer hierauf nicht eingingen,
ermahnte man sie, aus dem Lande zu weichen, wogegen man ihnen
erlaubte, soviel von ihrem Vermögen mitzunehmen, als sie zu ihrem
Unterhalte brauchten. Da das auch nichts fruchtete, schritt man zu
Geldbußen und harter Einkerkerung vor. Ueber 30 Jahre dehnte
sich die Verfolgung aus.**) Eine Zeit lang gelinder betrieben wiederholte sie sich 1710 und endete damit schließlich, daß um die

---

*) Klagen gegen die Taufgesinnten in Betreff dieses Punktes waren
schon öfter eingelaufen. In der am 31. Juli 1588 eingereichten Bittschrift des
ländl. und städt· Ministeriums gegen die Täufer ist gesagt, daß sie läugnen,
ein Oberer möge ein Christ sein. „Ferner läugnen sie, daß sie für den von der
Obrigkeit genossenen Schutz herwiderumb pflichtig und schuldig seien nach göttlichem und natürlichem Rechte sie, die Obrigkeiten, by ihrem von Gott gegebenen
Gewalt, Authorität, Rechten, Ansehen, Ehren, Leib bud Gut zu haubhaben, vnd
zu schirmen bnd wo es die Noth erforderte vnd sie das gebiethen würden, mit
Wehr vnd Waffen zu retten vnd Leib vnd Gut für sie darzusetzen vnd willig
zu wagen." S. Ottius Annales Anabapt. 183. Im Jahre 1614 wird auf
einer Synode zu Zürich gesagt: „Sie (die Täufer) wöllend aufheben den weltlichen Stand vnd Gewalt, das Schwert vnd was daran hanget. Dörfen wol
die Heiden namsen, welche das Schwert brauchend." Ottius a. a. O. 255.
— Im Jahre 1639 äußerte ein gefänglich eingezogener Täufer: daß er unter
dem blutigen Banner Christi fürterhin, geb was ihme drüber begegnen solt,
gottselig vnd beständig wandlen vnd biß ins End leben wolle. Ottius a. a. O. 279.
**) S. d. Brief von J. Breitinger Superintendent zu Zürich an D. Gottfr.
Hotton Pastor an d. franz. Kirche zu Amsterdam vom 21. August 1642 bei
Ottius a. a. O. 288 fgg.

Wehrlosigkeit zu behaupten, 1711 sämmtliche Berner Mennoniten ihr Vaterland verließen und nach Holland und Preußen auswanderten.

Daß die preußischen Mennoniten das Verbot des Krieges, von Anfang an als Glaubenssatz festgehalten haben, geht schon aus der engen Verbindung ihrer Gemeinden mit den Glaubensgenossen in den Niederlanden, und zwar der alten Flaminge mit den Flamingen, der Friesen mit den Friesen, der Groninger mit den Groningern, hervor. Mehrere Gemeinden der alten Flaminger in Holland hatten sich mit der flämischen Gemeinde in Danzig im Anfange des 17ten Jahrhunderts zu einer engeren Vereinigung zusammengeschlossen und den Namen Danziger angenommen. Im Jahre 1730 erklärten die Danziger in Holland und die sämmtlichen Gemeinden der alten Flaminger in Preußen ihre Uebereinstimmung in Lehre und Glauben. Von den Danzigern in den Niederlanden aber wissen wir bestimmt, daß sie die Wehrlosigkeit für ein Hauptstück ihres Glaubens ansahen;*) sie gehörten überhaupt zu den strengsten unter allen Mennoniten und gingen noch 1743 so weit in der Anschauung vom buldsamen Leben des Christen, daß sie es nicht einmal für erlaubt hielten, den Schutz der Obrigkeit anzurufen und sich über erlittenes Unrecht oder vorenthaltenes Recht zu beklagen.**) Scharf und deutlich drückte sich die Confession, welche 1730 die Grundlage der Vereinigung bildete (Beil. XLVII.) über die Wehrlosigkeit aus, und von beiden Seiten erhalten wir die Versicherung, daß mehr als 100 Jahre die Gemeinden ebenso geglaubt hatten. Der in der Beilage mitgeteilte Glaubensbericht des Flämischen Lehrers Georg Hansen zu Danzig von 1671***) spricht sich ebenfalls mit vollkommener Deutlichkeit über das Verbot des Waffendienstes aus.****) Unter allen mennonitischen Glaubensbekenntnissen aber

---

*) Rues a. a. O. 30.
**) Rues a. a. O. 26.
***) S. XXVII. Vgl. oben S. 32.
****) Die sorgfältig und gewissenhaft zwischen 1772—1804 gearbeitete handschriftliche Chronik von H. Donner im Kirchenbuch der Orlasserfelder Gemeinde gewährt aus unbekanter Quelle einen interessanten Beleg für die Anschauung der

drückt kaum eines mit solcher Entschiedenheit und Bestimmtheit die
wehrlose Gesinnung der mennonitischen Gemeinschaft aus, wie das des
Cornelis Ris. (Beil. LII.) Dasselbe ist mehrfach offiziell von den Aeltesten
der Preußischen Mennonitengemeinden für ein symbolisches Buch
ihrer Kirche, d. h. als übereinstimmend mit dem religiösen Bewußtsein ihrer Gemeinden erklärt worden. In dieser Eigenschaft findet
es sich u. A. in der Vorrede zu dem „Glaubensbekenntniß der Mennoniten in Preußen, Elbing 1837", p. IV. aufgeführt. Im Jahre 1817
bei Gelegenheit des gleich nachher anzuführenden Processes in Sachen
des D... v. R...., reichten die Aeltesten der Westpreußischen Gemeinden
dem Gerichte dieses Glaubensbekenntniß als Ausdruck ihres gemeinsamen Bewußtseins ein.*) In der im Jahre 1841 vom Vorstande
entworfenen, von der Brüderschaft berathenen und genehmigten und
am 22. November 1841 in Gegenwart eines Notarii publici und
zweier Instrumentszeugen von sämmtlichen stimmfähigen Mitgliedern
unterzeichneten Gemeindeordnung der Mennonitengemeinde zu Danzig
ist (Einl. §. 6) der Lehrbegriff des Menno Simons, wie er in dem
Glaubensbekenntniß von Cornelis Ris dargestellt ist, für die innere
Ueberzeugung der Gemeinde erklärt.   Innere Streitigkeiten zwischen
der Königsberger Mennonitengemeinde und den übrigen Schwestergemeinden in Betreff der Lehre und Verfassung hatten im Jahre

---

älteren Mennoniten in Preußen über den Kriegsdienst. Sie erzählt, daß 1703,
als Karl XII. Thorn belagerte, ein Lehrer der Culmischen Mennonitengemeinde
Stephan Funk mit einer Zufuhr von Lebensmitteln ins Lager kam und einer
Predigt des Feldprobstes zuhörte. Es fiel dem Könige auf; daß er sich die
angeführten Schriftstellen aufzeichnete, „um zu sehen, ob sie richtig appliciret
seien." Um seinen Namen und Stand befragt, erhielt er Befehl vor dem
König und seinen Generalen eine Predigt zu halten. Er that das unter Zusicherung königl. Schutzes nach 14tägiger Vorbereitung. Seine Rede suchte die
Wehrlosigkeit aus der h. Schrift bündig zu begründen, und als
der König ihn hinterher unter vier Augen fragte, ob er denn meine, daß der
Christ gar keine Erlaubniß zum Kriege habe, gab er nur zögernd zu: Wenn
etwas erlaubt sein möchte, so müßte es sein, daß ein König sich vertheidigen
könnte, wenn er in seinem eigenen Reiche angegriffen wird, aber daß er in ein
anderes Reich zieht, um dasselbe zu erobern und zu verheeren; dazu ist keine Freiheit in der h. Schrift, sondern es streitet ganz und gar wider die Lehre Jesu.

*) S. das Erkenntniß des Kammergerichts bei Wabzeck und Reiswitz,
Beiträge zur Kenntniß der Mennonitengemeinden. Berlin 1821. I. 289.

1852 zur Folge, daß auf einer Synode in kurzen Sätzen eine Norm des Glaubens und der Kirchenordnungen schriftlich formulirt wurde. Von den Vorständen sämmtlicher Gemeinden unterschrieben wurde diese durchaus freiwillige und durch keine äußere Nötigung hervorgerufene Willensäußerung den Königsbergern mit der Anfrage zugeschickt, ob sie sich fernerhin damit einverstanden erklären wollten. Die §§. 5 und 6 dieses Schriftstückes lauten folgendermaßen:

§. 5. Was diejenigen Glaubens- und Lehrpunkte betrifft, die ohne den Grund der Seligkeit umzustoßen eine verschiedene Auffassung zulassen, so folgen sie (die preuß. Gemeinden) ihrer inneren Ueberzeugung nach derjenigen Auslegung derselben, wie sie unsere Väter nach dem Lehrbegriff des Menno Simons sich angeeignet und festgehalten haben und wie sie in der Hauptsache im Glaubensbekenntniß von Cornelis Ris ausgesprochen ist.

§. 6. Als solche unterscheidende, von uns nach unserer Erkenntniß der Schriftwahrheit festgehaltene Glaubens- und Lehrpunkte gelten uns insonderheit:

a) die Darreichung der Taufe nur an Erwachsene und zwar solche, die nach abgelegtem Bekenntniß des christlichen Glaubens freithätig dieselbe begehren,

b) die Pflicht der Wehrlosigkeit und darum die Unstatthaftigkeit des Kriegsdienstes,

c) die Unzulässigkeit jeglichen Eidschwurs[*])

Ebenso nachdrücklich ist in den Glaubensbekenntnissen von G. Wiebe 1792 und dem „Königsberger christlichen Unterricht" 1799 die Wehrlosigkeit hervorgehoben. Von jeher ist in allen preußischen Gemeinden die Uebernahme des Kriegsdienstes für eine bannmäßige Sünde, d. h. für ein Unrecht betrachtet worden, durch welches der Thäter sich von selbst aus der Gemeinde ausscheide. In älteren Zeiten wurden einzelne Gemeindeglieder, welche durch gezwungene Werbung den Krieg mitgemacht hatten, wieder aufgenommen, wenn sie nicht mehr in der Uebertretung standen und Buße thaten. Später aber, seit die einmalige Ableistung der Wehrpflicht dauernd zum Militär verpflichtete, blieb die Ausschließung unwiderruflich.

---

[*]) S. Mennonitische Blätter 1859, S. 39.

Als im Jahre 1815 ein Mennonit aus Elbing, D...
von R.... sich am Feldzuge gegen Napoleon betheiligt hatte und
deshalb von der Gemeinde als ausgetreten betrachtet wurde, versuchte er 1816 durch die Staatsbehörden die Wiederaufnahme in
dieselbe durchzusetzen. In Folge dessen erklärten die Aeltesten und
Lehrer der Elbinger Mennoniten-Gemeinde am 27. Juni 1816 vor
dem Stadtpräsidenten:

„daß, da es bekanntlich in der mennonitischen Religion ein
wesentlicher, unabänderlicher Glaubensgrundsatz
sei, durchaus keinen persönlichen Kriegsdienst zu thun und da
dieser Grundsatz, so wie alle übrige Glaubenslehren von ihren
Mitgliedern nur dann angenommen werden könnte, wenn sie die
gesetzlichen Erkenntniß- und Ueberzeugungsjahre erreicht hätten,
da dessen ungeachtet aber der D... von R.... nun noch bei
reiferem Alter nicht allein das Bekenntniß, welches er beim Empfange der Taufe mit gebogenen Knieen vor Gott geleistet durch
freiwillige Annahme und Beiwohnung des Kriegsdienstes offenbar
gebrochen, sondern sogar auch jetzt, (in seiner Beschwerde) noch
erkläre, daß er mit dem Kriegsdienste nach dem Triebe seines
Herzens einer heiligeren Pflicht, als seine Glaubensgrundsätze ihm
wären, gefolgt sei; da dies Betragen und seine Erklärungen
endlich offenbar bezeugten, daß er ganz irrige Ansichten von den
mennonitischen Glaubensgrundsätzen hege, und durch keine Liebe
und Werthschätzung derselben, sondern bloß durch zeitlichen Vortheil
sich gedrungen fühle seiner früher verläugneten und jetzt noch von
ihm verachteten Religion wiederum beizutreten, so erlaube es die
mennonitische Glaubenslehre durchaus nicht, diesen freiwillig aus der Gemeinde Ausgetretenen wieder aufzunehmen."*)

Hierauf erging unter dem 1. März 1817 ein Befehl der
vereinigten Ministerien der Justiz und des Innern an die Vorsteher

---

**) S. das Erkenntniß des Kriminalsenats des Kammergerichts vom
24. Juni 1818 bei Reiswitz und Wadzeck, Beiträge zur Kenntniß der
Mennonitengemeinden. Berlin 1821. I. S. 268.

und Aeltesten der Mennonitengemeinde zu Elbing, den D . . .
von R . . . . . ohne weiteres bei sich wieder aufzunehmen.

Am 4. Mai suchten die sämmtlichen Preußischen Mennonitengemeinden durch ihre Aeltesten vermöge einer Vorstellung an das
Ministerium des Innern, die Zurücknahme jener Verfügung zu
erwirken. In Folge dessen wurde auf Befehl des Justizministerii
eine gerichtliche Anklage wider die unterzeichneten Aeltesten wegen
Ungehorsams gegen Anordnungen des Staats erhoben, auf welche
jedoch unter dem 24. Jan. 1818 die völlige Freisprechung durch das
Kammergericht erfolgte. In dem Erkenntniß wurde ausdrücklich
als erwiesen angenommen, daß der D. v. R . . . . in der Leistung
der Wehrpflicht einen w e s e n t l i c h e n und u n a b ä n d e r l i c h e n
G l a u b e n s g r u n d s a t z der mennonitischen Religion verletzt habe,
eine Verletzung, die um so eher zur Ausschließung berechtigte, als
nach §. 54, Th. 2, Tit. 11 des Allgem. Landrechts schon öffentliche
Handlungen, welche eine Verachtung des Gottesdienstes und der
Religionsgebräuche, die nur zu den adiaphora gehören, einer Kirchen-
gesellschaft das Recht erteilen, dem Mitgliede den Zutritt in ihre
Versammlungen zn versagen.

Auch die Gemeinde zu Königsberg erklärte am 22. Juli 1817
zu Protokoll:

. „Ihre Religion und Glaubenslehren wären in ihrer ursprünglichen Reinheit unverändert geblieben, weil es ein w e s e n t l i c h e r
A r t i k e l i h r e s G l a u b e n s sei, sich zu K r i e g s d i e n s t e n
n i c h t z u v e r p f l i c h t e n und e i n j e d e r M e n n o n i t, d e r
d i e s e n G r u n d s ä t z e n e n t g e g e n h a n d e l t i n d e m A u g e n-
b l i c k a u f h ö r e e i n M e n n o n i t z u s e i n. Er scheidet sich
selbst freiwillig von der Gemeinde, so daß hier von keiner Ausschließung von Seiten der Gemeinde die Rede sein kann.“*)

Eine andere Handlung, durch welche die Mennoniten bezeugen,
daß ihnen die Wehrlosigkeit für ein wesentliches Stück ihres Glaubens gilt, ist die wenigstens in einigen Gemeinden mit
der Taufe verbundene Abnahme des ausdrücklichen Gelöbnisses

---

*) Wadzeck und Reiswitz a. a. O. I. 236.

keinen Kriegsdienst zu leisten, ein Gelöbniß, dessen Bruch dem eines Eides für gleichbedeutend angesehen wird.*)

Auch noch ein weiterer Religionsgebrauch bezeugt, welch hohen Werth die preußischen Mennoniten der Wehrlosigkeit beilegen. Das Tragen jedes militärischen Abzeichens, z. B. eines Schnurrbartes wird unter den Landgemeinden mit Kirchenstrafen geahndet.

Nehmen wir alle diejenigen Akte hinzu, welche wir erst bei der Darstellung des Verhältnisses der altpreußischen Mennoniten zum Staat besprechen werden, ziehen wir in Betracht, daß schon bei der geringsten Andeutung, als könnte die bis dahin gesetzliche Wehrfreiheit den preußischen Mennoniten entzogen werden, Hunderte das Vaterland verlassen und nach Gegenden auswandern, wo ihnen Duldung in diesem Stücke zu Theil wird, so werden wir nicht umhin können zu gestehen,

daß die ost- und westpreußischen Taufgesinnten auf jede nur mögliche Weise kundgegeben haben und kundgeben, daß ihnen in Uebereinstimmung mit einer dreihundertjährigen Geschichte ihrer Gemeinschaft die Wehrlosigkeit ein wirklicher, innerlicher und hauptsächlicher Glaubenssatz sei.

Der Verfasser dieses Schriftchens kennt die preußischen Mennonitengemeinden aus eigener Anschauung und näherem Umgange genau. Er kann versichern, daß er sehr viele Männer kennt, welchen die Pflicht christlicher Geduld in altmennonitischem Sinne tiefste Herzenssache ist und aus der Einheit idealistischer Weltanschauung fließt. Obwohl nicht durch schriftliche Zeugnisse verbürgt, drückt

---

*) In der oben erwähnten Eingabe der Preuß. Mennonitengemeinden an das K. Ministerium des Innern vom 4. Mai 1817 heißt es u. A.: „Die strengste Untersuchung kann nur die Reinheit uhsrer Absicht ermitteln und Em. Excellenz die Ueberzeugung bringen, daß es durchaus wesentlicher Religionsgrundsatz bei uns sei, einen Mann nicht in unserer Mitte zu dulden, der den als Genosse unseres Glaubens öffentlich, feierlich und freiwillig abgelegten Eid, nie persönliche Kriegsdienste zu üben, ebenso freiwillig wie willkürlich gebrochen und so durch eine öffentliche Handlung die Verachtung unseres Religionsgrundsatzes unwiderleglich erwiesen hat. Jede unserer gottesdienstlichen Handlungen würde durch seinen Eintritt als Mitglied unterbrochen, die Andacht jedes Einzelnen gestört werden.

die folgende in mündlicher Tradition erhaltene Begebenheit vollständig dasjenige aus, was noch heute die Anschauung eines großen Theiles der jetzigen Mennoniten ist und es ist kein Zweifel, daß mancher von ihnen noch ebenso handeln würde, wie jener Mann von altem Schlage, dessen wehrlose Gesinnung mutwillige Buben auf die Probe stellen wollten. Sie stiegen eines Morgens auf das Strohdach seines Hauses nnd fingen an dasselbe abzudecken. Der Hofbesitzer bemerkte dies Treiben, bestellte bei seiner Frau ein gutes Frühstück und trat dann mit den Worten: „Seid willkommen, liebe Freunde, Ihr habt ja schon früh euer Tagewerk begonnen, und wurdet gewiß dabei müde und hungrig. Kommt herein und stärkt euch durch einen Imbiß." Neugierig folgte die wilde Schaar der Einladung. Der Hausvater aber nahm vor dem Frühstück seine Mütze ab und betete laut und inbrünstig für sich und seine Nachbarn. Dann nötigte er freundlich zum Zugreifen und erinnerte endlich seine Gäste daran, ihr begonnenes Werk fortzusetzen. Beschämt schlichen sie hinaus und stellten wieder her, was sie vorhin zerstört hatten.

Es ist freilich nicht zu läugnen, daß auch unter den Preußischen Mennonitengemeinden verschiedene Mitglieder gegen den alten Glaubensgrundsatz ihrer Väter gleichgiltig geworden sind und die Befreiung vom Waffendienste nur für ein Recht ansehen, welches sie in die glückliche Lage versetzt, an den Gräueln des von jedem Christen und humanen Menschen als ein trauriges Uebel empfundenen Krieges nicht teilnehmen zu dürfen. In Anderen hat sich die Ueberzeugung von der Unrichtigkeit jenes Glaubenssatzes Bahn gebrochen. Eine in neuerer Zeit erschienene, mit Wärme den alt-mennonitischen Standpunkt vertretende Schrift*) klagt S. 2: „Hat uns in jüngst verlebter Zeit manche Besorgniß gedrückt wegen der über uns schwebenden Gefahr unsere bisher genossene Glaubens- und Gewissensfreiheit zu verlieren, so ist unser Kummer noch ver-

---

*) Liebreiche Ermahnung an die mennonitischen Glaubensgenossen in Hinsicht des Artikels von der Wehrlosigkeit. In Einfalt, aber aus Liebe und guter Absicht mitgetheilt von Peter Fröse, Aeltestem der Mennonitengemeinde zu Orlofferfelde. Tigerwelde b. Tiegenhof in Westpreußen im Jahre des Herrn 1850.

mehrt worden durch die Wahrnehmung, daß einige unserer Mitglieder sich geäußert „„„die Wehrpflicht sei eine notwendige, die auch wir erfüllen müssen,"""" andere aber lüstern nach dem Genuß aller bürgerlichen Freiheiten, gern darum ihr bisheriges religiöses Verhältniß ändern möchten."

Diese Ansicht Einzelner kann jedoch selbstverständlich keinen Grund abgeben, der größeren Mehrheit der Mitglieder und der Gemeinschaft im Ganzen den Vorwurf zu machen, daß ihnen die Wehrlosigkeit keine Glaubens = und Gewissenssache sei. Vielmehr werden dieselben sich mit vollstem Rechte auf die Geschichte ihrer Kirche, ihre Glaubensbekenntnisse und vielfache Willensäußerungen als Ausbruck der inneren Ueberzeugung der Gesammtheit so lange berufen können, als nicht jene einzelnen Dissidirenden öffentlich mit ihrer Ansicht hervorgetreten sind und es vermocht haben, die Gemeinschaft zu einer Reform in ihrem Sinne zu bestimmen.

Ebensowenig darf aus der abweichenden Anschauung fremder Mennonitengemeinden in Betreff der Wehrlosigkeit die Folgerung gezogen werden, daß die mennonitische Confession sehr wohl den Kriegsdienst erlaube, mithin nur ein hartnäckiges Vorurteil ohne religiösen Grund die Preußischen Mennoniten zum Festhalten an alter Satzung bewege. Denn es ist klar, daß jene mit dem Aufgeben der Wehrlosigkeit ihr Glaubensbekenntniß wesentlich geändert haben, von dem Principe, eine Gemeinde der Heiligen zu bilden, gewichen sind. In dem Gebote der Liebe gegen die Feinde, in der Pflicht der Sanftmut, in der Verdammung des Krieges als eines Uebels stimmen alle christlichen Confessionen überein, die ganze Christenheit strebt dahin, den Krieg aus der Welt verschwinden zu machen, die Besonderheit der altmennonitischen Lehre geht dahin, das höchste sittliche Ziel, welches die anderen nur allmählich durch fortschreitende Vertiefung und Verbreitung des sittlichen Bewußtseins in der Menschheit verwirklichen zu können meinen, mit einem male durch rücksichtslose persönliche Durchführung der moralischen Gesetze in die Erscheinung setzen zu wollen. Der wesentlichste Ausfluß dieses altmennonitischen Princips ist die Wehrlosigkeit. Mit ihr brechen heißt das Grundprincip des confessionellen Bekenntnisses in hohem Grade abschwächen.

Um so weniger aber dürfen die auswärtigen, Kriegsdienste leistenden Mennoniten zu einem Einwande gegen den Charakter der Wehrlosigkeit als Glaubenssatz dienen, als dieselben nur durch äußeren Zwang, keineswegs durch freiwilligen Entschluß zur Aufgabe ihres altmennonitischen Grundsatzes gebracht worden sind.

In den unglücklichen Parteikämpfen, welche die vereinigten Niederlande im 18ten Jahrhundert zerwühlten, hatte ein großer Teil der Mennoniten in Folge des Freiheitsgeistes, der die Gemeinden in Bezug auf ihre eigene Verfassung beseelte, sich auf die Seite der Patrioten oder Republikaner geschlagen, denen sie sich an vielen Orten sehr verpflichtet fühlen mußten. Erfüllt von allen Consequenzen der Zeitbildung begannen manche Mitglieder die Pflicht gegen das Vaterland über die Grundsätze ihrer Väter zu stellen. Im Jahre 1785 und 1787 strömten bei Gelegenheit allgemeiner Bürgerbewaffnung in Nordholland und auf dem Lande um Zaandam auch Taufgesinnte freiwillig zu den Waffen, einige wurden selbst Offiziere. Allein dieser Schritt fand bei der Masse der Gemeinden die größte Mißbilligung, zumal als im Jahre 1787 ein Brief der Mennonitengemeinde zu Hamburg = Altona die niederländischen Glaubensbrüder auf das dringendste ermahnte, ihre warme und löbliche Vaterlandsliebe dem Glauben der Väter gemäß nur durch wehrlose Unterstützung zu bethätigen. Die taufgesinnte Societät zur Sonne in Amsterdam strafte hierauf im Namen sämmtlicher zu ihr gehöriger Gemeinden das Waffentragen öffentlich als eine Abweichung vom Bekenntnisse der Väter. Wer Soldat werde, sei nicht für einen wahren Taufgesinnten zu erachten. Auch anderswo geschah Aehnliches. Noch 1793 wurde zu Texel ein Mitglied gebannt, welches auf einem Kriegsschiffe Dienste genommen hatte. So war um diese Zeit die Einigkeit in den taufgesinnten Gemeinden in Bezug auf die Wehrlosigkeit völlig wieder hergestellt.

Inzwischen war die französische Revolution ausgebrochen. Eine allgemeine Nationalbewaffnung bedrohte die wenigen und

zerstreut lebenden französischen Mennoniten mit dem Zwange zum
Kriege. Allein aus Rücksicht auf die Gewissensbedenken dreier in
dem Departement Meurthe vomPrinzen vonCondé angesiedelterGemein-
den sprach man 1791 dieselben vom Kriegsdienste frei.*) Selbst der
Wohlfahrtsausschuß entschied auf die dringenden Reklamationen der
Täufer und auf ihre Versicherung, daß ein jeder von ihnen bei der
Taufe versprechen müsse, niemals die Waffen zu tragen, am
18. August 1793, daß die Conscribirten der Anabaptisten nur in
das Fuhrwerks = und Schanzgräberbataillon aufgenommen werden
sollten. Das Direktorium erhielt diesen Beschluß in Kraft.**)

Die Fortschritte der republikanischen Armee Frankreichs im
Jahre 1794 hatten die Gründung der batavischen Republik auf
demokratischer Grundlage zur Folge. Auch in ihr suchte man
Freiheit, Gleichheit und Menschenrechte bis aufs äußerste durchzuführen. Im Jahre 1796 verhandelte man die Verpflichtung zu
allgemeiner Wehrpflicht und brachte dabei zur Sprache, ob auch die
Mennoniten ferner vom Waffendienste befreit bleiben sollten. Auf
die Vorstellung des (späteren Rathspensionairs) Schimmelpennink,
der von Vaterseite von Mennoniten, von Mutterseite von Reformirten abstammte, wurde jedoch zu Gunsten der Mennoniten
beschlossen, „daß man die Befreiung vom Kriegsdienste nur den religiösen Genossenschaften vergönnen wolle, welche dagegen Gewissensbedenken hegen und schon von Alters her bestanden haben und noch
im Vaterland ansässig sind.‟

Im Jahre 1798 wurde die Verfassung der batavischen Republik
abermals geändert und in ihr ein Directorium nach dem Muster des
französischen errichtet. Da Frankreich außer großen Hilfsgeldern
bedeutende Subsidien an Truppen forderte, wurde jetzt bei der
Landesversammlung ein neues Bürgerbewaffnungsrecht beraten,
und diesmal hob man, dem Notstande der Zeit nachgebend, die

.*) Ipey en Dermout Geschiedenis van de Hervomde Christel. Kerk in
Nederland IX. 102.

**) S. Mennonitische Blätter 1855, 33 nach einer französ. Zeitschrift.
— Staatszeitung 1819, März 24., nach der Chronique religieuse.

Ausnahmestellung der Mennoniten auf. Alle Proteste der Gemeinden, alle Bemühungen Schimmelpenninks und Anderer fruchteten nichts dagegen, doch kam der neue Wehrplan nur in wenigen Orten zur Ausführung. Während der Regierung König Ludwigs 1806—1810 machten mehrere Mennonitengemeinden einen neuen Versuch, ihre verlorene Wehrfreiheit wieder zu erhalten. Am 18. December 1806 erhielten die Gemeinden von Haarlem und Rotterdam die günstige Antwort, daß Se. Majestät keine andere Intention habe, als die Taufgesinnten ungestört ihre Freiheiten und Rechte in Anbetracht des Waffendienstes genießen zu lassen, welche sie hier zu Lande beständig gehabt hätten.

Die gänzliche Autonomie und Unabhängigkeit der mennonitischen Gemeinden von einander, der Mangel einer einheitlichen kirchlichen Oberleitung verhinderten es, daß durch die am 27. März 1809 vom Könige einberufene, aus hervorragenden Taufgesinnten bestehende Commission eine feste Regelung des Verhältnisses der Mennoniten zum Kriegsdienst geschaffen wurde und schon ein Jahr später zog Napoleon das Land ein und vereinigte es mit dem Kaiserreich.

Mit der Einverleibung der batavischen Republik in Frankreich war jeder Widerspruch gegen die Einreihung in die Regimenter unmöglich gemacht und Zwang trat an die Stelle der früheren Freiheit. *) Nach den napoleonischen Kriegen kehrten die holländischen Mennoniten in ihrer Gesammtheit nicht wieder in den alten Zustand zurück, die Wehrlosigkeit fiel als Glaubensartikel und an ihre Stelle trat im Dogma die Verpflichtung zur „christlichen Sanftmut (Lijdzamheid)" welche sich äußere in der Verträglichkeit, Rachelosigkeit und Liebe zu den Feinden.**) Aber manch einer fühlte sich noch lange nachher im Gewissen über die Verpflichtung zum Kriegsdienste beunruhigt. Noch im Jahre 1853 verließen zwei Lehrer der alten Taufgesinnten zu Balk, R. J. Smit und R. J. Sij-

*) S. Ten Cate Gesch. d. Doopsgez. in Holland II. 8—20.
**) S. D. S. Gorter Godsdienstige lectuur voor Doopsgezinden. Sneek 1854 I. 26.

mensma mit ihrer Familie und andern Gemeindegliedern, die sich
an sie anschlossen, aus Glaubensrücksichten ihr Vaterland und
wanderten nach Amerika aus, um dort Freiheit vom Kriegsdienst
zu genießen. Sie haben sich im Staate Indiana angesiedelt. *)
    Wie die holländischen Mennoniten erst durch Napoleon zum
Kriegsdienst ge zwu ng en wurden, so auch die deutschen Gemeinden
am Rhein. Unter verschiedenen Obrigkeiten hatten dieselben ihre
Wehrfreiheit bis dahin behauptet. Am 24. April 1764 schreibt der
Aelteste Martin Möllinger zu Mannheim an Hans van Steen,
Aeltesten in Danzig: „Die Einschränkung betreffend, so erleiden wir
keinen Zwang wider Gottes Gebot zu leben. Ja die Obrigkeit und
die Herren (Edelleute) vermögen die Unsrigen sehr wohl, sonderbar
die Temporabestandesgüter zu verlehnen. Dabei haben die Unsrigen
öffters den Vorzug für andern. Anbei tragen wir herrschaftliche
Beschwerden gleich andern, außer ein Mann giebt 6 Fl. Schutzgeld,
eine Wittib aber 3 Fl. Dagegen sind wir frei, wenn Milizen
gezogen werden."
    Der Aelteste Lorenz Friedenreich zu Neuwied meldet im
April 1769 an Hans van Steen: „Nach diesen Glaubensgründen
(nämlich dem Glaubensbekenntniß von G. Roosen 1702) dürfen wir
uns allhier unter dem Schutz und gnädigen Beystand Gottes halten
und richten sowohl in We h r l o s h e i t, als auch Eyd = Schweren
und bejahrte Tauff, 'gleich auch E. L. von Ihren Gemeinden sich
rühmen können, haben auch unsern öffentlichen Gottesdienst und
Religionsexercitien, darin wir bis hieher noch nicht gestöret worden."
Zunächst nach dem Reichsdeputations = Hauptschluß freilich verfuhr
man noch schonend. Es wurde befohlen, daß ein jeder Mennonit
entweder persönlich die Militärpflicht leiste oder 300 — 400 Fl.
Befreiungsgeld zahle; weiche er aus dem Lande, so sollten seine
Güter eingezogen werden. Einige Männer scheinen dem Gebote
gefolgt zu sein. Der mennonitische Aelteste Peter Weber zu Neu-

---

*) S. Gorter a. a. O. 1. Lgg. 274 Lgg.
*) Aus einem von Hans v. Steen angelegten Copiebuch von gemeind-
lichen Correspondenzen im Archiv der Danziger Mennonitengemeinde.

wird klagt 1804 in einem Schreiben an Anton Wölke in Elbing, die jungen Leute wollten mit dem Schwert umgürtet ihrem jungen Landesfürsten gleich anderen Bürgerssöhnen entgegenreiten. Um dem Glaubensverderb entgegenzusteuern berief deshalb Peter Weber in Verbindung mit dem Aeltesten Valentin Dahlem aus Moosbach zum 5. Juni 1803 nach dem Ibersheimer Hof die Aeltesten und Lehrer von 21 Gemeinden jenseits des Rheines und richtete die Kirchenzucht neu ein.*) Sonntag nach Pfingsten 1804 fand darauf eine neue Versammlung zum Beitritt der an den Nebenflüssen des Rheins ansäßigen Mennoniten statt**) Auf der Ibersheimer Versammlung wurde u. A. der folgende Beschluß gefaßt:***)

Art. 14. Gewehr tragen

Ist der Lehre Jesu und dem Bekenntniß unseres Glaubens entgegen, weil nach derselben die Gläubigen einander in Liebe begegnen, aller Rache entsagen und Gott, dem dieselbe eigentlich gebühret, überlassen sollen. Daher ist und bleibt auch bei uns der Gewehrstand verboten; daß alle, welche freiwillig das Gewehr ergreifen, in unsere Kirchenstrafe fallen, keine geistliche Gemeinschaft mit uns haben, sondern ausgeschlossen werden sollen, bis sie davon abtreten und sich wieder mit der Gemeinde versöhnen.

Die Ibersheimer Versammlung bezeichnete das Abendrot am Himmel des altgläubigen Mennonitentums in den Rheinlanden. Nach der Stiftung des Rheinbundes wurde auf Napoleons Befehl im Jahre 1806 die Konscription aller 21jährigen, für tauglich befundenen Jünglinge ohne Rücksicht auf Stand und Confession in den mit ihm verbündeten Gebieten durchgesetzt. Zwar war es gestattet Ersatzmänner zu stellen, aber ein solcher kostete durchschnittlich bis 2000 Fl. Die Pfälzer Mennoniten sandten den Prediger Möllinger aus Ruchheim nach Paris, um Schonung zu

---

*) Brief des Peter Weber an Anton Wölke im mennonit. Gemeindearchiv zu Orloff.

**) Die 21 Gemeinden, welche diesen Beschluß unterzeichnet haben, wohnen nach heutiger Territorialeinteilung in Rheinpreußen, Rheinpfalz, Rheinhessen und dem Elsaß.

***) Nach beglaubigter Abschrift der Ibersheimer Beschlüsse im Gemeindearchiv zu Danzig.

erbitten. Ihre Bitte fand kein Gehör. In Folge dessen blieb nichts
übrig, als sich der Notwendigkeit und dem Zwange zu fügen. Wer
irgend es vermochte brachte die Mittel für einen Ersatzmann auf.
Für die Unbemittelten schossen anfangs die Gemeinden das Geld
zusammen. Bald jedoch zwang der hohe Preis der Ersatzmänner
davon Abstand zu nehmen, so daß die Aermeren wirklich zu den
Waffen greifen mußten. Doch betraf dies nur Wenige, beispiels-
weise aus der großen und reichen Gemeinde Ibersheim einen
Einzigen. Die meisten Unbemittelten entzogen sich dem Gewissenszwange durch die Flucht oder Auswanderung. Nach dem Kriege
wurden durch die Gesetzgebung die in der Zeit des Rheinbundes
entstandenen Verhältnisse sanktionirt.*) Die Verfassungsurkunde des
Großherzogtums Hessen vom 17. Decbr. 1820 §. 28. 29. bestimmte:
„Jeder Hesse ist verpflichtet an der ordentlichen Kriegsdienstpflicht
Anteil zu nehmen. Stellvertretung ist gestattet." — Ebenso setzte
die Verfassungsurkunde des Großherzogtums Baden v. 22. Aug. 1818
fest, „daß Unterschied der Religion keine Ausnahme in der Militärdienstpflicht begründe." Für die Bairischen Lande war schon im
Militär-Cantonsreglement vom 7. Jan. 1805 der Grundsatz ausgesprochen: „Keine Glaubensconfession kann einen Unterthan von der
Militärdienstpflicht befreien. Daher sind auch Mennonisten und
Juden derselben unterworfen. Doch gestatten wir in Rücksicht ihrer
religiösen Meinungen, daß ihre Familie in einem Rekrutirungs-
distrikt für die treffende Zahl der Mannschaft per Kopf 185 Fl.
an die Militärkasse bezahle, wofür durch freiwillige Anwerbungen
die von ihnen zu stellen gewesene Mannschaft bei den einschlägigen
Regimentern oder Bataillonen zum Besten der übrigen Familien
ersetzt wird."

In gleiche Rechte mit allen übrigen Staatsbürgern einge-
treten, machten die rheinischen Mennoniten später keine ernstlichen
Anstrengungen, das verlorene Recht der Wehrlosigkeit, mit dessen
Wiedereinführung die älteren Beschränkungen wiedergekommen wären,

---

*) Nach Mitteilungen der Prediger Neufeld in Ibersheim (Rheinhessen)
und Risser in Sembach (Rheinpfalz).

zurückzugewinnen, zumal da den Gewiſſen der Ausweg eines Erſatzmannes geſetzlich geſtattet war und bis auf die heutige Zeit geſtattet
iſt. Durch einen kirchlichen Beſchluß iſt das alte Dogma niemals
aufgehoben worden, vielmehr überließ man die Sache fortan ſtill-
ſchweigend der individuellen Ueberzeugung. Während auf dieſe
Weiſe die Wehrloſigkeit für die Gemeinden im weſtlichen Deutſchland
von ſelbſt aufgehört hat die Geltung eines die Gemeinſchaft bindenden
Dogmas zu behaupten, entzieht ſich faktiſch noch heute ein jeder
Mennonit, der nur irgend die Koſten der Stellvertretung auftreiben
kann, dem Militärdienſt, ſei es aus Pietät gegen den altmenno-
nitiſchen Lehrſatz, ſei es aus Abneigung gegen das gegenwärtige
Soldatenweſen, und nur ganz vereinzelt treten taufgeſinnte Jünglinge
in die Regimenter ein. So findet ſich z. B. gegenwärtig in der großen
Gemeinde Ibersheim in Rheinheſſen nur ein Mann, welcher
den Soldatenrock getragen hat, der uneheliche Sohn einer mennonitiſchen Mutter. Auch die beiden (einzigen) Mennonitengemeinden
in Schleswig-Holſtein zu Hamburg-Altona und Friedrichſtadt a. d. Eider
haben tapfer für die Erhaltung ihrer Gewiſſensfreiheit gegen däniſche
Willkür kämpfen zu müſſen geglaubt. Der erſteren war im Jahre
1601 vom Herzoge Ernſt, Grafen von Schaumburg das liberum
exercitium religionis durch ein Privileg verliehen worden, welches
1641 von Chriſtian IV. von Dänemark und ſeitdem von allen
däniſchen Königen immer von neuem beſtätigt wurde. Es wurde
ſtäts angenommen, daß dieſes freie Religionsexercitium die Befreiung
von der Wehrpflichtigkeit in ſich ſchließe; namentlich wurde der
Gemeinde in Altona die Befreiung von der Bürgerbewaffnung
ausdrücklich bewilligt. Als Hamburg 1686 vom Dänenkönige
Chriſtian V. belagert wurde, erhielten die mennonitiſchen Einwohner
die Erlaubniß vom Waffendienſt frei zu bleiben, dagegen den Auftrag,
ſich auf dem Thurm der Stadtmauer auf dem Schweinemarkt zu
verſammeln und mit den ihnen zugewieſenen Leuten, meiſt Matroſen,
die durch Bomben etwa entſtehende Feuersbrunſt zu löſchen. (Menn.
Bl. 1854, 12.) Nach der Julirevolution wurden dieſe Rechte
zuerſt von dem Hamburger Freiſtaate angegriffen. Aller Gegen-

bemühungen ungeachtet hob man dieselben auf und verpflichtete die
Mennoniten im regulären Militär zu dienen, eximirte sie dagegen
vom Bürgermilitär, in das alle anderen Einwohner vom 25. Jahre
an eintreten müssen. Erst als der Senat mit steckbrieflicher Verfolgung der von der Session Ausgebliebenen drohte, fügte man sich
und erschien zur Musterung. Da aber in der Hamburger Militär-
verfassung persönlicher Dienst nicht gefordert wird, leistet kein
Mennonit solchen ab, die Wohlhabenden bezahlen für ihre Söhne,
die Gemeindekasse für ärmere Mitglieder einen Stellvertreter. —
In den Jahren 1844—1846 ging die Regierung damit um, in
Schleswig-Holstein die allgemeine Wehrpflicht einzuführen. In den
Entwürfen dazu war die Befreiung der Mennoniten ausdrücklich
anerkannt.*) In dem nach Anhörung der Stände 1846 einge-
brachten schließlichen Königlichen Entwurf, betreffend die Einführung
allgemeiner Wehrpflicht für die Herzogtümer Schleswig und Holstein,
hieß es §. 7:

Die Mitglieder der Mennonistengemeinden in Friedrichstadt und
Altona sollen zur Vermeidung eines Gewissenszwanges
von der Erfüllung der Wehrpflicht befreit sein. Die genannten
Gemeinden haben dagegen für jedes ihrer Mitglieder männlichen
Geschlechts in dem Alter von 22—38 Jahren jährlich eine Recog-
nition von 10 Rthlrn. oder 6 ℳ 12 ß. Cour. an das
Christianspflegehaus in Eckernförde zu entrichten.**)

Das Gesetz trat nicht ins Leben. Während der Erhebungs-
jahre von 1848 bis 1850 und des ganzen Schleswig-Holsteinischen
Krieges wurden die Mitglieder der Mennonitengemeinde von der
damals wirklich eingeführten allgemeinen Wehrpflicht ausgenommen;
ein junger Mann aus Altona, der den Feldzug mitgemacht hatte,
aus der Gemeinde ausgeschlossen. Auch noch in dem provisorischen
Wehrpflichtsgesetz, welches die dänische Regierung 1852 den holst.
Ständen vorlegte, war die Befreiung der Mennoniten aufrecht

        *) Beilagen zur Zeitung für die Verhandlungen der 5 ten Holstein.
Ständeversammlung. Heft I. p. 182. II. 308. 449.
        **) Holsteinische Ständezeitung 1846. Beilage Heft I. p. 538. 539.

erhalten. Durch das definitive Geſetz vom 16. März 1854 wurde
dieſelbe jedoch aufgehoben, nachdem im Jahre 1853 die Stände
mit nur 24 gegen 19 Stimmen von der irrtümlichen Annahme
ausgehend, daß die waffenloſe Gelaſſenheit kein eigentlicher Glau-
bensſatz bei den Mennoniten ſei, ſich für Streichung der Exemtion
erklärt hatten.*) Längere Zeit jedoch verſtrich, ehe die Behörden
zur Ausführung dieſes Geſetzes, ſoweit es die Mennoniten betrifft,
Anſtalt machten. Da wandte ſich die Altonaer Gemeinde zu ver-
ſchiedenen Malen bittſchriftlich an den König, ſo wie zuletzt auch
an die wieder zuſammenberufene Holſteiniſche Provinzialſtände-
Verſammlung um einfache Wiederherſtellung des früheren
Verhältniſſes. Letztere nahm die Petition an, machte ſie zur Privat-
propoſition und verwandte ſich ſchließlich für die Befreiung der
Glieder der Gemeinde beim Könige. Von der däniſchen Regierung
iſt jedoch noch keine Rückantwort erfolgt. Bis dieſelbe in zuſtim-
mender Weiſe geſchehen iſt, bleibt der Altonaer Gemeinde nur der
Ausweg durch Geſtellung eines Erſatzmannes, welche auch nach dem
Wehrpflichtgeſetze vom 16. März 1854 geſtattet iſt, ihre Gewiſſensfreiheit zu bewahren.

Im Herzogtum Schleswig war den Mennoniten in der
Landſchaft Eiderſtedt und Friedrichſtadt am 13. Febr. 1623 vom
Herzog Friedrich von Gottorp ein Privileg ertheilt, in welchem die
Beſtimmung Platz hatte: „daß ſie, weil ſie ſich darüber ein Gewiſſen
machten, Wehr und Waffen zu gebrauchen, nie zur Wacht und
Defenſion, die mit Wehr und Waffen geſchehe, aufgeboten und
genötigt werden ſollten."**) Die däniſche Willkür welche ſeit dem

---

*) Zeitung für die Verhandlungen der ſiebenten Holſtein. Ständever-
ſammlung. Beilagenh. II. 573.
**) S. Mennonit. Blätter 1858 p. 36: „Und nachdem die Mennoniſten
insgemein ſich darüber ein Gewiſſen machen, daß ſie Eide leiſten, officia publica
verwalten oder Wehr und Waffen gebrauchen ſollen, ſo wollen wir ihnen allen
und ſämmtlich alſo nicht allein denen, welche in Unſerer Friedrichſtadt ſich
begeben werden, ſondern auch den andern, ſo in unſerm Lande Eyderſtedt ſich
bereits häuſlich niedergeſetzt, mit Ackerbau und Viehzucht umgeben, oder ſonſten
ihr Domicilium von dannen in die Friedrichſtadt nicht füglich transferiren

letzten Kriege im Herzogtum Schleswig ein Regiment ohne Recht und Gesetze führt, hat sich auch in diesem Falle geltend gemacht. Der Mennonitengemeinde zu Friedrichstadt ist bis dato ihr Privilegium nicht zurückgestellt und die darin zugesicherte Militärfreiheit ohne vorherige Anfrage entzogen worden. Bis jetzt haben jedoch noch alle Ausgehobenen durch Stellvertreter sich dem Wehrdienst entzogen bis auf ein ärmeres Mitglied der Gemeinde. Dieser Jüngling erklärte offen und mutig, wie einst Jacob Groß (S. o. S. 13.) im Frieden die Muskete gehorsam tragen zu wollen, doch werde ihn keine Gewalt der Erde zwingen dieselbe im Kriege auf einen seiner Nebenmenschen abzufeuern.

In Amerika haben die Mennoniten ebenfalls den Kampf um ihre Gewissensfreiheit geführt und siegreich bestanden. . Ihre Anzahl in diesem Weltteil ist nicht genau anzugeben, sie beträgt aber nach sehr geringer Schätzung 120,000. Zunächst hatten sich i. J. 1700 einige holländische Mennonitengemeinden in Pensylvanien niedergelassen, benen sich mehrere aus verschiedenen Gegenden Deutschlands anschlossen. Im Jahre 1709 eröffnete William Penn vertriebenen Schweizern (S. o. S. 42.) ein Asyl in seinem Lande. Durch weitere Zuzüge breiteten sich die Mennoniten von Pensylvanien nach den

---

können, diese Gnade, inmaßen Darum bey Uns gleichfalls unterthänige Ansuchung gethan, bezeiget haben, daß sie zur Eidesleistung nicht gezwungen, noch auch mit einigem munere publico oder gemeinem Amt belegt, weniger zur Wacht und Defension, die mit Wehr und Waffen geschiehet, aufgeboten oder genöthiget, sondern wann von Andern, deren Religion die Eidschwüre nicht zuwider, purgationis, judicialia, malitiae, caluonniae oder appellationis juramenta geleistet werden müssen, sie mit ihrem aufrechten „Ja und Nein" gehöret und darüber nicht beschweret werden sollen; doch daß, welche hernach befunden würden, daß ihr Ja und Nein unrichtig, die Strafe, so auf die Meineidigen gesetzet, ausstehen, und sie von benjenigen, die vermeynen, daß sie mit gutem Gewissen schwören, in officio publico seyn und sich Wehr und Waffen gebrauchen können, . nicht verspottet werden; und daß sie, die Mennonisten sonsten jedes Orts nach gesetzter Obrigkeit gegen Erlassung der Wacht und des Gebrauchs von Wehr und Waffen zur Defension eine ziemliche Darlage, so zum gemeinen Besten anzuwenden entrichten." — In Friedrichstadt und Eiderstedt bestanden um 1623 drei Gemeinden: 1) die der Hochdeutschen, 2) die der Friesen, 3) die der Flaminger. Man sieht auch hieraus, wie alle diese Parteien in der Verwerfung des Kriegsdienstes übereinstimmten.

Staaten Maryland, Ohio, Indiana und Newyork aus. Ueberall
wurde ihnen volle Gewissensfreiheit zu Theil. Als sich die brit-
tischen Provinzen im Unabhängigkeitskriege von Großbrittannien
losrissen, waren die Mennoniten jedoch in Gefahr, das Recht der
Wehrfreiheit, oder das Bürgerrecht zu verlieren. Da wandten sie
sich am 7. November 1775 an das Haus der General-Assembly und
baten um Schonung. Ihrer Bitte wurde Gehör gegeben und ihnen
das Recht der Wehrfreiheit ohne Verkürzung des vollen Bürger-
rechtes gestattet, ein Recht, welches sie noch heute genießen. Neuerdings sind eine Anzahl neuer Gemeinden, besonders im Staate Jowa
durch pfälzische und bairische Einwanderer entstanden. Diese
Gemeinden halten die Wehrlosigkeit nur insofern fest, als sie zu den
Regimentern sich nicht anwerben lassen, dagegen sind sie verpflichtet
und auch gewillt, sobald ihr Heimatort angegriffen wird, in der
Bürgermiliz zur Verteidigung desselben mitzuwirken. Sie brachten
schon aus der alten Heimat die Gleichgiltigkeit gegen die Wehrlosigkeit mit. Die Mennoniten in Kanada, welche 1776—1784 in
dem Unabhängigkeitskriege aus Pensylvanien nach Kanada auswanderten, weil sie den Krieg als einen Aufruhr gegen die rechtmäßige
brittische Obrigkeit mißbilligten, und später durch deutsche Zuzügler
aus der Schweiz, Elsaß, Baden, Rheinbaiern u. s. w. sich bedeutend
verstärkten, genießen ihrem Glaubensbekenntniß gemäß (es ist das
Dordrechter von 1632, s. hinten Beil. XXII.) volle Befreiung vom
Kriegsdienst. Dafür zahlt ein jeder, welcher sonst fähig wäre der
Wehrlosigkeit zu genügen, jährlich 4 Dollar an die Regierung.*)

Wenn somit festfteht, daß selbst diejenigen Mennoniten, welche
den Grundsatz von der Wehrlosigkeit fallen ließen, dies, sei es mit
größerem, sei es mit geringerem Widerstreben, nur unter dem Drucke
äußeren Zwanges thaten, so ist schließlich auch der Einwand gegen
den Glauben der preußischen Mennoniten unbegründet, daß auf
Seite der kriegspflichtigen Taufgesinnten die Majorität, auf Seite

---

*) S. Mennonitische Blätter 1854, 27. nach Benjamin Eby. Kurz-
gefaßte Kirchengeschichte und Glaubenslehre der taufgesinnten Christen oder
Mennoniten. Canada 1841 und nach einem Briefe des Eby vom Jahre 1889.

der Wehrlosen die Minderzahl stehe. Denn wenn auch bei einem Schisma eine überwiegende Majorität, der eine verschwindende Minorität zur Seite geht, den meisten Anspruch auf Anerkennung ihrer Rechtgläubigkeit erheben darf, so leidet dieser Grundsatz doch auf die Mennoniten keine Anwendung, da ein Schisma eine einheitliche Kirche zur Voraussetzung hat, in welcher Spaltungen entstehen, die Mennoniten aber von jeher nur eine freiwillige, zeitweilige Vereinigung autonomer Gemeinden anerkannt haben. Zudem überwiegt die Zahl der altgläubigen diejenige der anderen um eine nicht unbedeutende Zahl, so weit sich das Verhältniß annähernd mit einiger Sicherheit bestimmen läßt. Man muß heutzutage 3 Klassen von Mennoniten unterscheiden:

1) diejenigen, welche unter keiner Bedingung Kriegsdienste leisten und den Grundsatz der unbewaffneten Gelassenheit als bindende Norm bewahren;

2) diejenigen, welche es dem Gewissen des Einzelnen überlassen der Wehrpflicht nachzukommen, oder nur bei Verteidigung des eigenen Hauses und Heerdes zur Waffe zu greifen;

3) diejenigen, welche persönlichen Kriegsdienst verrichten.

I. Zur ersten Klasse gehören, d. h. durchaus wehrlos sind:

die Mennoniten in Rußland 30,000

„   „   „ Galizien . . . .   400 *)

„   „   „ Ost- und Westpreußen . 12,500

„   „   „ Hamburg-Altona   200
_____
43,100.

Hiezu die Mennoniten in Amerika . . . . circa 80,000
_____
123,100.

_____

*) Ueber die Mennoniten in Galizien ist Folgendes zu bemerken. Im Jahre 1780 erließ Kaiser Joseph ein Patent, welches deutsche Familien zur Ansiedelung in Ungarn und Galizien aufforderte. Hierauf zogen 1784—1785 aus verschiedenen Gegenden des deutschen Reichs und der Schweiz 28 Familien in die Nähe von Lemberg, welche sich im Laufe der Zeit bis auf 80 Familien mit 400 Seelen vermehrt haben. In dem k. k. Hofkanzleidekret an das Gubernium von Galizien vom July 1789 wurde ihnen Wehrfreiheit zugestanden:

„ad. 3. erklären Se. Majestät die der Zeit dort angestellten Mennonitenfamilien und ihre Nachkömmlinge, so lange sie sich zu dieser Religion

II. Zur zweiten Klasse sind zu rechnen:

die Mennoniten in der Rheinprovinz 1,317

„ „ „ Baden

„ „ „ Pfalz

„ „ „ Rheinhessen ... circa 5,000

„ „ „ Baiern

6,317

Hiezu in Amerika . . . . circa 40,000

46,317.

III. Persönlichen Kriegsdienst leisten:

die Mennoniten in Holland . . . . 39,000.

Somit stehen sich in Europa etwa 43,000 wehrlose, altgläubige, 6000 in Betreff der Waffenlosigkeit schwankende und 39,000 schwertführende Mennoniten gegenüber; während die Majorität der Wehrlosen noch bedeutend wächst, wenn wir die amerikanischen Taufgesinnten mit in Betracht ziehen.

bekennen, von der Rekrutirung frei, befehlen aber auch zugleich, daß in Zukunft den Einwanderern dieser Sekte keine weitere Aufnahme erteilt noch gestattet werden solle."

Für die Befreiung von der Wehrpflicht bezahlte jede mennonitische Familie ein Milizgeld von jährlich 14 Kreuzern. Kaiser Franz hob es zwischen 1820—1830 bei Gelegenheit eines Besuches auf. Mehrmale in den Jahren 1812, 1828, 1832, 1848 wurde die Wehrfreiheit der Gemeinde von den Unterbeamten an einzelnen Mitgliedern angegriffen, aber jedesmal von den oberen Behörden beschützt und bestätigt. (Mennonit. Blätter 1858 p. 51. 52.)

II.

Die Mennoniten in Preußen und ihr Verhältniß zum Staat bis auf Friedrich den Großen.

Während die fanatischen Wiedertäufer in Träumen vom tausend-
jährigen Reiche befangen den weltlichen Staat als solchen verneinten,
erkannten die Mennoniten im Gegensatz zu denselben und von ihnen
gehaßt*) die Notwendigkeit seines Bestehens ausdrücklich an, wie
aus der scharfen Hervorhebung des Gehorsams gegen die Obrigkeit, welche ihre Glaubensbekenntnisse vor denen aller christlichen
Confessionen von Anfang an auszeichnet, hervorgeht. Freilich
hielten die älteren Mennoniten den bestehenden Staat noch nicht
für den zu erstrebenden idealen Staat der Zukunft, der sich durch
innere Entwickelung nur aus der Gemeinde der Heiligen hervorbilden
könne. Je mehr daher ihr gesteigertes sittliches Bewußtsein besonders in Betreff des Eidschwurs und Kriegsdienstes von der im
Staatsleben allgemein verwirklichten Stufe der Sittlichkeit abstach;
waren sie freilich genötigt sich von der Welt abzusondern, um die
Reinheit des Glaubens unter sich zu erhalten. Je weniger sie Aussicht hatten, sobald auf dem Wege freier Ueberzeugung die anderen

---

*) Ein genau unterrichteter Zeitgenosse Mennos, N. Blesbyk der
Schwiegersohn des David Joris (f. o. S. 22) bezeugt in seiner 1560 geschriebenen
Historia Davidis Georgii ed a Jac. Revio Dav. 1642, p. 8: Ubbiiae, qui
Mennonitae hodie vocantur, docebant nullum alium regni Christi
statum in hisce terris esse exspectandum, quam qui hodie in omnium con-
spectu versaretur, obnoxium videlicet persecutioni p. 6: Quibus (Ubboni et
Theodorico Philippi f. o. S. 22) tandem accessit Menno Simonis sed hi suis
hisce de Monasteriensium negotio querelis adeo nihil effecerunt, quamdiu
Monasteriensium res essent salvae, ut multorum in se odia concitarent
et pro regni Christi hostibus haberentur a plerisque.

Staatsgenossen zu bekehren, musten sie den Zustand des Leibens und Duldens für den normalmäßigen des wahren Christen ansehen und zumal, da der Schwerpunkt ihres Bewußtseins in der Religion, nicht im Staatsleben lag, sich in stiller Passivität von aller Politik zurückzuziehen suchen. Sie fühlten sich mehr als Bürger einer künftigen Welt, wie als Bürger der jetzigen und betrachteten daher die irdischen Händel mit Gleichgiltigkeit. Aber keineswegs sollte die durch die Natur der Sache gebotene Absonderung von dem öffentlichen und politischen Leben der sie umgebenden Welt so verstanden werden, wie wenn die Taufgesinnten sich dadurch für die praktischen Zwecke des Lebens selbst hätten unbrauchbar machen und den bürgerlichen Pflichten entziehen wollen. In Handel und Wandel, in Verkehr und Gewerbsleben fühlten sie sich eins mit den übrigen Staatsbürgern als Teil eines großen gleiche Interessen verfolgenden Ganzen, ja die Innerlichkeit ihres ganzen Lebens, verbunden mit der Gewissenhaftigkeit und Mäßigkeit, zu der ihre religiösen Grundsätze sie verpflichteten, erlaubte ihnen sich auf die engeren praktischen Aufgaben des Handels, Handwerks und Landbaus zu concentriren und durch anerkennenswerte Leistungen dem Staate zu nützen. Sie wollten nur mitten in der laxeren Gesellschaft und mitten inne im bestehenden Staat für sich eine auf consequentester Durchführung der sittlichen Gesetze beruhende Gemeinschaft ausmachen, ohne darum irgend wie den Bestand des Staates in Frage zu stellen, dessen Forderungen sie pünktlich erfüllten mit dem alleinigen Anspruch, diejenigen bürgerlichen Leistungen, welche gegen ihr Gewissen stritten, durch andere Leistungen auszugleichen, oder in einer ihrem Glauben nicht widersprechenden Form abtragen zu dürfen. Als die Verfolgung gegen sie im Laufe der Zeit aufhörte, als sie sich immer mehr überzeugen musten, daß eine allgemeine Annahme ihrer Grundsätze mindestens in sehr ferne Zukunft hinausgerückt sei, daß die Anhänger der anderen Confessionen und der Staat selbst, bei immerhin verschiedener Auffassung doch im tiefsten Grunde auf demselben sittlichen Boden stehe, führte die Solidarität der materiellen und geistigen Interessen, in der sie mit den übrigen Staatsbürgern standen, die

5

Mennoniten dahin auch den hohen Werth des irdischen Vaterlandes sich zum Bewußtsein zu bringen, und in hingebender Liebe und Aufopferung freudig die Interessen desselben nach Maßgabe ihres Vermögens und ihrer Ueberzeugung zu fördern. Es bestand und besteht mithin kein unlöslicher Conflict zwischen dem mennonitischen Bekenntniß und dem Staate, sobald der letztere davon absieht, alle bürgerlichen Leistungen von Allen in derselben Form zu fordern. In dem alten feudalen Staate, welcher Ungleichheit der Rechte und Pflichten unter den verschiedenen Bürgerklassen sanktionirte und eine Anzahl korporativer Gemeinwesen mit verschiedenen Gebräuchen in ein gemeinsames Band zusammenfaßte, konnte den Mennoniten daher für die Dauer die Anerkennung nicht entgehen, als man sich erst einmal von ihrer dem Gesammtwohl unschädlichen Tendenz, ja von dem Nutzen überzeugt hatte, den sie durch treue, fleißige Arbeit und Betriebsamkeit und durch das Muster stillen sittlichen Lebens dem Ganzen brachten. So gelangten sie im Laufe der Zeit zu bestimmten Zugeständnissen und wohlerworbenen Rechten, welche nur durch einen Akt der Gewalt von Seiten des Staates, oder durch freiwillige Aufgabe ihrerseits verloren gehen konnten oder können.

Dieser Entwickelungsgang, den die Geschichte der Mennoniten auswärts genommen hat, wiederholt sich in Preußen. Aus den Spanischen Niederlanden in der Mitte des 16. Jahrhunderts vor der Inquisition hieher geflüchtet, unterlagen sie anfangs in dem herzoglichen sowol, wie im polnischen Landesanteil der Verfolgung, weil man einmal die Einheit der Religion, hier der lutherischen dort der katholischen durchsetzen wollte, andererseits weil man aus Verwechselung mit den fanatischen Wiedertäufern staatsgefährliche Tendenzen bei ihnen voraussetzte. Man suchte sie zu vertreiben oder untersagte ihnen die freie Ausübung ihrer Religion. Der große Nutzen, den sie als Gewerbtreibende und Ackerbauer dem Lande gewährten, bewog jedoch mehrere geistliche, wie weltliche Vasallen sie zu dulden, ja sie mit der bestimmten Zusicherung ungehinderter, wenn auch noch nicht öffentlicher Religionsübung in ihre Gebiete zu berufen, und für die mit ihnen abgeschlossenen

Contracte die Sanktion des Hofes zu erwirken. Mit der Zeit konnten auch den Spitzen des Staates die Früchte ihrer Lehre nicht verborgen bleiben, welche in stillem gottseligen Wandel und auch äußerlich in fruchtbarer Gewerbthätigkeit und Colonisationsarbeit zu Tage traten. Die wirklichen Verdienste, die sie sich um das Land erworben, lagen offen vor Augen. Um des Nutzens willen, aus politischen Grunde also, fanden sich die polnischen Könige bereit, ihnen öffentlich das liberum exercitium religionis durch besondere Schutzbriefe zu gewähren und damit diejenigen Ausnahmen zu gestatten, welche sie von den allgemeinen Bürgerpflichten auf Grund ihrer Religion beanspruchten. Länger dauerten die Verfolgungen in Ostpreußen, aber die Provinzialbehörden waren es, welche sich nach und nach im Interesse des Staatswohls der Mennoniten annahmen und ihnen Duldung verschafften. König Friedrich I. berief mit ausdrücklicher Gewährung der Wehrfreiheit fremde Mennoniten ins Land, welche aus ihrer Heimat um des Grundsatzes der unbewaffneten Gelassenheit willen vertrieben worden waren. So hatte der Staat in beiden Landesteilen um seines eigenen Vorteils willen den Mennoniten die Existenz nach ihrem ganzen Glaubensbekenntniß gewährleistet, sie zu seinen Mitbürgern gemacht und ihnen wolerworbene Rechte verliehen. Sie waren nicht mehr Fremde, sie waren seit Jahrhunderten Landeskinder, mit Staat und Boden verwachsen, als Friedrich II. der Einzige das ganze altpreußische Gebiet mit Ausnahme Danzigs wieder unter seinem Scepter vereinte.

Die folgende Darstellung wird diese Behauptungen des näheren zu erweisen haben. Im Ganzen sich ähnlich, war das Schicksal der mennonitischen Gemeinden, jedoch im Einzelnen verschieden nach den verschiedenen Gebieten in welchen sie sich niederließen. Wir müssen als solche unterscheiden. 1) Das Stadtgebiet von Elbing, 2) die beiden Marienburger Werder und die Niederungen Culm, Schwetz, Graudenz, 3) das Stadtgebiet von Danzig, 4) das ostpreußische Fürstentum.

Schon frühe, bald nach dem ersten Beginne der täuferischen Bewegung sehen wir dieselbe nach Preußen verpflanzt. Zunächst kamen auch hieher Wiedertäufer fanatischer Richtungen, so erschien schon 1525 Martin Cellarius in Königsberg, um in seinem Sinne zu wühlen und 1528 klagt Paul Speratus über solche, welche es mit den Anabaptisten halten. Unter den Großen des Herzogtums Preußen war Friedrich von Heydeck, Markgraf Albrechts bewährter Freund und Diener dem schlesischen Wiedertäufer Schwenkfeld nicht abgeneigt. Er stand mit demselben 1527—1528 in brieflichem Verkehr und gab dessen Anhängern Peter Zenker und Fabian Ekel Pfarrstellen auf seinen Gütern um Johannisburg. Zu einer Disputation mit diesen Männern berief der Bischof von Pomesanien, Paul Speratus, im Jahre 1531 eine Synode nach Rastenburg, deren Erfolg gewesen zu sein scheint, daß jene beiden Prediger und ihr Anhang das Land räumen mußten.*) Bis dahin findet sich keine Spur von den stillen Taufgesinnten. Einige von solchen mögen in den nächsten Jahren mit den holländischen Reformirten ins Land gekommen sein, welche in ihrer Heimat verfolgt sich nach Preußen wandten und bei Preuß. Holland, einer ursprünglich Holländischen Kolonie am Draufensee, niederließen. Gegen sie schrieb Speratus 1534 eine Schrift „ad Batavos vagantes" und von Anfang an sind Leute unter ihnen nachweisbar, welche die Kindertaufe verwarfen und deshalb (z. B. durch ein Edikt an den Hauptmann von Mohrungen Peter von Dohna vom 23. Octbr. 1535) mit einer Strafe an Leib und Leben bedroht wurden.**) Die Holländer zu Vordehnen im Pr. Holländer Kreise supplicirten 1536, man möge sie nicht mit den Wiedertäufern verwechseln, welche sich leider unter ihnen niedergelassen hätten und verweigerten, ihre Kinder taufen zu lassen.***) Es erging ferner am 13. Febr. 1543 auf eine Supplikation der Holländer um Preuß. Holland in den Dörfern

---

*) S. Cosak, Paulus Speratus Leben und Lieder. Braunschweig 1861 p. 119. 134. Historiae Anabaptistarum et Sacramentariorum in Prussia e documentis adhuc incognitis adumbratae initia. Regiomonti MDCCCXXXIV. p. 6 sq. De primis sacrorum reformatoribus in Prussia. Regiomonti MDCCCXXX. p. 5 sq.

**) Cosak a. a. O. 163.

***) Cosak a. a. O. 199.

Vordein (Vordehnen) und Schöneberg der Bescheid: „dieweil Seine Fürstl. Durchlaucht alsoviel bemerkten, daß die dortigen Holländer auf ihren Opinionen verharren, desgleichen von den heiligen Sakramenten der Taufe und des Altars nichts hielten, so befehle I. F. D., daß sie bis Pfingsten ihre Güter mit Leuten gesunder reiner Lehre besetzen und bis dahin keine Zusammenkunft, ihre Irrtümer auszubreiten, halten sollten*) Da die stillen Taufgesinnten in den Niederlanden vor 1536 nur mehr vereinzelt vorkommen und die Verachtung des Abendmahls nicht zu den Beschuldigungen gehört, welche man ihnen zu machen pflegte, so ist es nicht wahrscheinlich, daß Anfangs viele der Ihrigen unter jenen Holländern am Draufensee sich befunden haben, und ebenso werden unter den Wiedertäufern, welche M. Fr. Staphylus nach Hartknoch zwischen 1545—50 in Danzig, Elbing und Königsberg antraf, noch nicht durchaus Mennoniten zu verstehen sein. Jedenfalls aber bot die Holländische Kolonie der Thätigkeit des Menno Simons ein fruchtbares Feld, als dieser zwischen 1546 — 1553 in den Ländern an der Ostsee missionirte und als der einzige Aelteste in diesen Gegenden die Taufe verrichtete. Am 7. October 1549 schrieb er einen Brief an die Gemeinde in Preußen. Flüchtlinge aus der Zahl der Seinigen werden ihm vorangegangen sein und seinen Besuch in Preußen veranlaßt haben.

A.   Die Mennoniten im Elbinger Territorium.

Mit größerer Bestimmtheit dürfen wir Mennoniten in den „Holländern und Wiedertäufern" vermuten, welche sich 1550 in der Stadtfreiheit zu Elbing niederließen und dadurch zu einer Klage an den polnischen König Sigismund Anlaß gaben, daß sie den Bürgern das Brod wegnähmen. Der König rescribirte, daß sie in 14 Tagen die Stadt verlassen sollten. Sie zogen auch aus der Stadt, viele unter den Bürgern wiesen ihnen jedoch Wohnsitze auf ihren Landgütern an und bedienten sich ihrer als 1565 der Eller-

---

*) Cosal a. a. O. 134.

wald bei Elbing den Häusern der Stadt zugeteilt wurde, um ihn urbar zu machen. Die Anfechtungen, welche die lutherische Bürgerschaft Elbings selbst auf den Landtagen von 1554 und 1555 durch den Hof der Religionsveränderung wegen erfuhr, mögen sie zur Milde gegen die Taufgesinnten gestimmt haben. In Polen wurde dieses Verfahren von Seiten der Elbinger sehr übel vermerkt und hatte zur Folge, daß 1556 an die zu Marienburg versammelten Landstände durch den Elbingischen Kastellan ein Mandat erging, in welchem König Sigismund August erklärte „daß er vernommen, wie an einigen Orten in Preußen den Wiedertäufern, Pikardern und anderen Ketzern den hierin ergangenen k. Befehlen zuwider ein freier Aufenthalt verstattet würde, welches einige Obrigkeiten nicht nur zuließen, sondern sogar beförderten, die doch nach allem Vermögen dahin trachten sollten, daß solche Verderber gemeinen Wesens keinen Eingang fänden. Dieses nähmen Se. Majestät ungnädig auf, zumalen, da man Dero Namen mißbrauche, als wenn solches mit Dero gutem Willen geschähe. Weil nun dergleichen Ketzer nicht nur die wahre Religion, sondern auch wol eingerichtete Polizehen, ja ganze Länder und Königreiche in eine große Verwirrung und dem Untergange nahezusetzen pflegten, welches sowol in alten als jetzigen Zeiten an einigen Völkern und Reichen bemerkt worden, als trügen Se. Majestät den Räten auf, der Sachen sich genau zu erkundigen, gehörige Mittel auszufinden und selbige Se. Königl. Majestät zu eröffnen, wodurch dergleichen ketzerische und unruhige Leute gezähmet oder gänzlich aus dem Lande vertrieben werden könnten, damit nicht die andern Einwohner durch ihre falsche Lehre verleitet, vielmehr die Provinz Preußen bei der alten Lehre erhalten und selbige auf die Nachkommen fortgepflanzet würde."[*]) Die Elbinger gaben dem Mandat keine Folge, wie man daraus ersieht, daß 1571 der Prediger an der St. Marienkirche Sebastian Neogeorgius gegen die Duldung der Mennoniten auf den Landgütern eiferte und mit Hilfe

---

[*]) Lengnich, Geschichte der Preußischen Lande Polnischen Anteils II. 131 Docum. p. 38.

einer Vorstellung der Erbzünfte und Gewerke am 24. October einen
Ratsbeschluß erwirkte, daß die Fremden bis Ostern 1572 das Gebiet
der Stadt räumen sollten. Da aber ihre Grundherrn sie ungern
ziehen ließen und manche die Mennonisten auf ihren Landgütern
behielten, so wurde trotz eines wiederholten Gesuches der Zünfte
und Gewerke um ihre Vertreibung der Abzugstermin zuerst bis zum
Herbst 1572 „bis die Mennonisten ihr Korn eingeärntet hätten",
dann bis heil. drei Könige 1575 verlängert, später geriet derselbe
gänzlich in Vergessenheit. Die Mennoniten blieben auf den Landgütern, wo sie einige Proselyten gemacht zu haben scheinen, und
fanden bald auch wieder den Weg in die Stadt. Schon 1585
erlangten einige von ihnen (Jost von Kampen und Hans von Köln)
das Bürgerrecht und Annahme als Seidenkrämer. Auf einem dem
Jost von Kampen gehörigen Grundstück wurde 1590 ein Mennoniten-
bethaus in Elbing gebaut. *) Einmal geduldet nahmen die Mennoniten alsbald besondere Rechte stillschweigend für sich in Anspruch.
Deßhalb beschwerte sich der Rat beim Könige Sigismund III. „daß
die Mennoniten unter sich ohne Vorwissen der Obrigkeit Ehe schlieben
(d. h. die Meidung der Ehegatten aussprachen) einander freiten
und nach ihrem Gefallen Teilung thäten." Ein königl. Rescript
untersagte nunmehr bei 100 Ungarischen Gulden Buße den Mennoniten, ohne Vorwissen der Obrigkeit zu freien, damit man sehe ob
auch zu nahe in die Verwandschaft geheiratet werde und ob auch
die Personen der Stadt angenehm seien, item sollten die Kinder
mit tüchtigen Vormündern versorgt und den Holländern nicht in
diesem und jenem stillschweigend ein besonderes Recht zugestanden
werden." Gleichwol verlangten die Mennoniten Freiheit von allen
bürgerlichen Beschwerden, wozu selbstverständlich die Bürgerbewaffnung vor allen Dingen gehörte, so wie von den Gerichtseiden.
Der König Sigismund III. rescribirte am 26. April 1615: „Die
Mennoniten, welche von allen bürgerlichen Beschwerden

---

*) S. M. Fuchs Beschreibung der Stadt Elbing und ihres Gebietes.
Elbing 1821 II. 302 fgg. Hartwich Beschreibung der drei Werder p. 277. §. 1.

frei sein und doch bürgerliche Nahrung treiben wollten, sollten so
wie Andere vermöge Rechtens ihre Pflicht thun, welches E. E. Rat
bald exequiren sollte." Dieser k. Verordnung scheint kein Gehör
gegeben zu sein, denn am 26. April 1635 gab Sigismund III. abermals von Warschau aus den Befehl an den Magistrat der Stadt
Elbing, daß, weil er gehört, sie hätten Anabaptisten und Mennoniten aufgenommen und ihnen Freiheiten gegeben, so daß sie, ohne
ihm und der Stadt zu schwören, Handlung und Handwerk trieben,
Häuser kauften, den Bürgern die Nahrung vorentrissen und von
allen Auflagen, die sonst die Bürger übernehmen
müßten, freigebuldet, und was nicht das geringste sei,
ihre vor Gericht abgelegten Zeugnisse so gut und giltig als Eide
gehalten würden, welches alles den öffentlichen und besonderen
Rechten ganz zuwider sei und sein königliches Ansehen gar sehr
kränke und zuletzt Gefahr und Schaden anzurichten drohe, diese
Menschen zu eidlichen Verpflichtungen gegen den König und die
Stadt und zur Uebernahme aller bürgerlichen Lasten sollten angehalten werden. Er werde darauf Acht haben und gegen die Uebertreter dieser Verordnung gerichtlich verfahren lassen."*) Doch auch
dieses Edikt änderte nichts in der Sache. Die Mennoniten wurden
zu Bürgern angenommen, in ihrer Religion gebuldet**) und von
allem ihrem Gewissen zuwiderlaufenden Leistungen verschont. Bei
Ablegung des Bürgereides mit der Formel „Ja" und „Nein"
wurden sie angehalten die Hand auf die Brust zu legen; für die
Wehrfreiheit bezahlten sie ein Schutzgeld, sie mochten Einheimische
oder Fremde sein und nur in Betreff unbedeutender Punkte stellte
sie der Rat in Kauf und Handel durch die Recesse von 1614, 1681,
1741 den Lutheranern nach.

---

*) Crichton, Zur Geschichte der Mennoniten. Königsberg 1786. p. 23.
**) Als 1700 ein zu den Mennoniten übergegangener Lutheraner von
seinen Feinden deshalb verklagt wurde, erging das Conclusum des Magistrats:
Non sunt auditi, quia Mennonitae habent tolerantiam religionis et nostra non
est praedominans.

B. Die Mennoniten in den Werdern.

Die Erfahrung, welche die Bürger von Elbing um das Jahr 1550—65 machten, daß die eingewanderten holländischen Flüchtlinge als Pächter und Bebauer der Landgüter, als Urbarmacher und Entwässerer wildliegender und sumpfiger Landstriche durch ihre aus der Heimat mitgebrachten höheren Kenntnisse von ganz vorzüglichem Nutzen seien, scheint um das Jahr 1562 die mächtigen Kronvasallen, Herrn Hans und Simon von Loysen oder Loytzen, Besitzer von Tiegenhof, dazu veranlaßt zu haben, sich um mennonitische Pächter zu bemühen.*) In der Chronik der mennonitischen Gemeinde zu Orlofferfeld (s. o. S. 43 Anm.) findet sich darüber die folgende alte Nachricht. Dieselbe ist einer älteren, jetzt verlorenen Handschrift des dortigen Gemeindearchivs entlehnt, welche nach dem Donnerschen Cataloge noch im Ausgang des 18. Jahrhunderts vorhanden war.

„Tigenhoff und dessen Gebiet als ein ansehnlicher Theil des großen Marienburger Werders war in vormaligen Zeiten, ehe es von Mennoniten bewohnt wurde, mehrentheils eine sumpfige unbrauchbare, mit Rohr und Strauch bewachsene Gegend, welche den Gebrüdern Herren Hans, Simon und Steffen Loysen vom polnischen Könige verliehen war.**) Diese Herren wünschten ihre unbrauchbare Gegend in besseren Zustand versetzt zu sehen und hiezu achteten sie die holländischen Mennoniten am fähigsten, solches zu bewerkstelligen; denn die Mennoniten aus Deutschland hatten schon ehedem diese Gegend bereiset, um sich hier niederzulassen, da sie aber nicht Kenntniß hatten mittelst Kanälen, Dämmen und Mühlen Abwässerung zu bewerkstelligen, so gaben sie ihr Vorhaben auf; deshalb wandten sich die bemeldten Herren an die Mennoniten in Holland.

---

*) Ueber ihre Genealogie s. Hartwich Beschreibung der drei Werder p. 23, 24. Aus Stettin nach Danzig eingewandert war Michael Loytzen, Hans Loysens Vater, gleich seinem Bruder Simon hier zu großem Ansehen und Vermögen gelangt und spielte als Fugger des Nordens eine große Rolle.

**) Tiegenhof war Königliches Tafelgut und wahrscheinlich durch bedeutende Geldvorschüsse waren Michael und Simon Loysen in den Besitz desselben als Tenutaril gelangt. Vergl. Hartwich a. a. O.

Im Jahre 1562 berief Simon und Steffen Loyſen*) nebſt ſeiner Frau Eſther von Baaſen**) die Mennoniten aus Holland und anderen Orten anhero und dieſe machten die Niederungen des großen und kleinen Werders urbar, denn ſie ſchütteten die Dämme am Haff, Drauſenſee und unterwärts an der Weichſel und Nogat und die an der Tiege, ſie erbauten Waſſermühlen und gruben Abwäſſerungs-kanäle und machten dergeſtalt die ſumpfigte, unbrauchbare Niederung urbar. Anno 1578 hat Hans Loyſen der Jüngere das Gut Tiegenhoff erblich beſeſſen, und alſo vermuthlich, weil die ausgebungenen Frei-jahre verſtrichen, den eingerufenen Mennoniten das brauchbar gemachte Land auf Zinſen ausgethan und zwar auf 30 Jahre mieths-weiſe, ſie haben müſſen geben jährlich 52 Gulden pro Hufe und 13 Hühner. Laut dieſem Contrakt haben die Mennoniten die Länder des Tiegenhöfiſchen Gebiets ruhig beſeſſen, aber nur bis ungefähr 1581 Ernſt Weiher Kaſtellan von Elbing***) und Staroſt von Watechi****) dem Hans Loyſen das Gebiet wegen gewiſſer Schuld-

---

*) Michael Loyſen war 1561 geſtorben. Hartwich a. a. O.

**) Nach Hartwich war Hans von Loyſen mit einer Tochter des Hans von Baysen, wol einer Enkelin des 1546 verſtorbenen Woywoden von Marien-burg Georg von Baysen (ſ. Lengnich I. 281) vermählt.

***) Dies iſt nicht richtig. Denn 1571—1585 war Adam Walewski Elbingiſcher Kaſtellan. Ernſt Weiher, der Vater, iſt hier mit Johann Weiher dem Sohne verwechſelt.

****) Der berühmte Oberſt Ernſt von Weiher wurde 1584 Staroſt von Putzig und ſtarb nach Lengnich IV. 309 Anm. im Jahre 1598. Nach E. Raczynski's Zuſätzen zu Albertrandis Geſchichte Heinrichs v. Valois und Stephan Batori's (Panowanie Henryka Walezyusza i Stefana Batorego królów polskich. Zrękopismów Albertrandego podług wydania Ż. Onacewicza z dołączeniem pamiętników historyi Stefana Batorego dotyczących. w. Krakowie 1849.) S. 367 bei Hoburg: Die Belagerung von Danzig im Jahre 1577 S. 24 Anm. *) wäre Ernſt Weiher ſchon 1585 als Woywode von Kulm geſtorben. Das muß jedoch ein Irrtum ſein, da die Kulmer Woywodſchaft ſeit 1551—1583 Johann v. Dzialin, von 1584—1604 ſein Sohn Niclas Dzialin inne hatte. Lengnich a. a. O. II. 135. III. 430., 440. IV. 351. Dagegen lernen wir aus Raczynski a. a. O., daß Ernſt Weiher mit Anna von Mortangen (Anna Mortanska) ver-mählt war und von ihr 6 Söhne und 5 Töchter hinterließ. Sein Sohn Johann folgte ihm in der Putziger Staroſtei und wurde 1605 Kulmiſcher Unterkämmerer, 1613—1615 Kaſtellan von Elbing, 1615—1617 Woywode von Marien-burg, 1617 Woywode von Kulm. (Lengnich IV. 309. 331. 363.) Nach Hartwich

forderungen abgenommen hat. Er soll auch das Schloß, welches Lohsen angefangen zu bauen, vollendet haben. Vorbenannter Herr Weiher hat das Erbrecht auf Tiegenhoff fahren lassen, damit er es nach polnischen Rechten desto sicherer besitzen könnte, (vermutlich ist es auch nachher nach seinem Namen Weihershoff genannt worden). Die Contracte von denen Lohsen hat er aufgehoben und an dessen Stelle den Mennoniten neue Contrakte auf 20 Jahre unter seiner Hand und Siegel gegeben. Anno 1601 hat die nachgelassene Wittwe des verstorbenen Weiher Frau Anna von Martangen (l. Mortangen) die Contracte denen Mennoniten auf 40 Jahre (also bis 1641) erneuert. Dieses ist Einmiethe genannt worden und hat bisweilen 600 bis 800 Fl., an einigen Orten auch wol bis 1000 Fl. à Hube gekostet. Die Contracte der Anna von Martangen sind auch von dem Könige von Polen confirmirt worden. Nach Verlauf dieser 40 Jahre ist ein Herr Abraham Gehema*) gewesen. Derselbe hat (1641) die Contracte der Mennoniten wieder auf 40 Jahre erneuert. Vermöge aller erwähnten Contracte sind die Mennonisten im Tiegenhöfischen Gebiete (Niederung) von allen anderen Abgaben, welche Angarien genannt, auch von Scharwerken, von Dammarbeiten (ohne den Tiegedamm in ihren Grenzen) Einquartierungen, Podwobben (Spannbiensten) u. dgl. frei gewesen und haben auch sehr ruhig im Lande gewohnt und sind niemals wegen ihrer Religion beunruhigt worden."

Trotz einiger Irrtümer und Verwechselungen in den Namen, wie sie dem Gedächtnisse eines späteren, aber den besprochenen

p. 24 waren um 1610 Melchior und Ludwig Weiher Administratoren des Gebietes von Tiegenhof und zugleich Oberökonomen von Marienburg; (nach Lengnich folgte Ludwig Weiher 1612 dem Ludwig von Mortangen in der Administration der Marienburger Oeconomie und 1618 wurde Melchior Weiher Oeconomus. Auf dem Reichstage 1649 erklärte Jacob Weiher, Woywode von Marienburg (1643—1658) seine Vorfahren hätten Tiegenhof lange als eine Starostei besessen und davon die Quarte gezogen. Lengnich VII. 57.

*) Dem Abraham von Gehema, ehemals Jacobson geheißen, einem Danziger Bürger, der die königl. Münze zu Tiegenhof gepachtet, wurde 1625 die Tenute „berarrenbiret." Lengnich a. a. O. V. 177 Im Jahre 1634 mußte er diesen Besitz wieder herausgeben. Lengnich VII. 19. 44. fgg. 57. 118. 197. 201.

Ereignissen noch nahestehenden Mannes im 17. Jahrhundert wol mit unterlaufen konnten, trägt dieser Bericht in sich den Stempel der Glaubwürdigkeit. Man wird schwerlich fehl gehen, wenn man sich den Hergang so denkt, daß Hans und Simon von Lohsen aus den Gegenden am Drausensee und um Elbing Mennonitische Pächter zu erlangen suchten, aber einige Zeit warten musten, da die dortigen Besitzer ihre Pächter festhielten. Endlich kam neuer Zuzug von Flüchtlingen aus den spanischen Niederlanden; vielleicht auch wandte man sich durch ab- und zureisende Taufgesinnte an ihre Glaubensbrüder in den Niederlanden mit dem Anerbieten der Duldung. Viermal wurden mit den Ankömmlingen Contracte auf Zeitpacht abgeschlossen, zuerst von den Herrn von Lohsen (zwischen 1562—72, von Ernst von Weiher 1581, von Anna von Mortangen 1601, von Abraham von Gehema 1641. Diese Contracte wurden durch die Könige Sigismund August (1548—1572), Stephan Batori (1576—1585), Sigismund III. (1585—1632) bestätigt. Anfangs nur im Gebiete von Tiegenhof angesiedelt, mögen die Mennoniten durch die Herren von Weiher weiterhin im großen Marienburger Werder und im kleinen Werder auch außerhalb des Territoriums der Stadt Elbing zu gleichem Rechte seßhaft gemacht sein. An die Stelle der Zeitpacht trat im Laufe der Jahre die Erbpacht. Wird diese Auffassung einerseits unterstützt durch das nachher zu erwähnende Privilegium Wladislaws IV. von 1642, durch welches die Thatsache der Berufung mennonitischer Landleute durch die Herrn von Lohsen außer Zweifel gesetzt wird, so dürfen andererseits mit großer Wahrscheinlichkeit als die ursprünglichen mennonitischen Urbarmachungen die sogenannten „holländischen Hufen" in den beiden Marienburger Werdern angesehen werden, da dieselben sich nicht allein vorzugsweise in denjenigen Dörfern finden, wo seit Alters und auch meistens heute noch Mennoniten wohnten, sondern da ihre Zahl (528½) mit dem aus dem Jahre 1642 urkundlich feststehenden Umfang mennonitischen Grundbesitzes (430 Hufen) nahezu übereinstimmt.*)

---

*) Nach der Willkür der beiden Werder von 1676 und anderen Quellen folgt hier eine Zusammenstellung der holländischen Hufen:

Auf diese ursprünglichen Urbarmachungen im Betrage von ca. 530 Hufen blieben die Mennoniten im großen und kleinen Marienburger Werder bis in die zweite Hälfte des 17. Jahrhunderts beschränkt. Um des Nutzens willen berufen, hatten sie sich ihrerseits bestimmte Rechte gesichert,*) zu denen die **Freiheit von Ein-quartirung** gehörte. Hätten sie nicht schweigende Duldung ihrer

A. Gebiet von Tiegenhof:

	Holländ. Zinshufen.	Morg.	Ruth.
Dorf Platenhof	11	22	—
„ Tiegenhagen	50	4	—
„ Tiegerweide	14	5	—
„ Reimerswalde	14	22	177
„ Orlofferfeld	23	23	—
„ Pletzgendorf	8	27	87
„ Orloff	4	—	—
„ Pietzgendorf	7	12	—
„ Petershagenerfeld	6¼	8¼	12¼

B. Großer Marienburger Werder:

Dorf Heubuden	26	22	—
„ Gurken	28	25	—
„ Herrenhagen	10	24	—

C. Kleiner Werder:

Dorf Kampenau	46	29	—
„ Schwansdorf	38	—	—
„ Hohenwalde	34	—	—
„ Tiensdorf	9	17	—
„ Balau	10	—	—
„ Marcushof	60	—	—
„ Wengeln	19	15	—
„ Eschenhorst	27	—	—
„ Alt Rosengart	21	—	—
„ Rosenort	10	—	—
„ Reichshorst	6	—	—
„ Sorgenhorst	5	19	—
„ Kukuk	4	15	—
„ Kronsnest	20	—	—
„ Sparrau	8	—	—
„ Schönwiese	3	15	—

Als genaue Summe sämmtlicher holländischen Hufen in den genannten Landschaften wird 528 Huf. 5 M. 276¼ Ruth. übereinstimmend angegeben.

*) Wladislaw IV. sagt 1642: „(Mennonitas) ob certas libertates, jura et immunitates concessas evocatos ad deserta loca venisse."

Religion und wenigstens thatsächliche Freiheit von dem (übrigens
selten, nur bei Kriegen innerhalb der Landesgrenzen) eintretenden
Aufgebot erlangt, so würden sie ihren Grundsätzen gemäß auf
die Pachtverträge nicht eingegangen sein, sondern ihren Wanderstab
weiter gesetzt haben. Und gesetzt, sie hätten Kriegsdienste leisten
müssen, so würde sich der Grundsatz der Wehrlosigkeit, der einen
wesentlichen Artikel ihres Bekenntnisses ausmachte, nicht in ihren
Gemeinden erhalten haben. Wahrscheinlich begnügte man sich, die
allgemeinen vom Landtag bewilligten Geldsteuern zum Kriege (die
Poborren) auch von ihnen einzutreiben.

Durch die 1585 während des Interregnums von den preußischen Ständen angenommene „Warschauische Conföderation", welche
König Sigismund III. bestätigte, hatten die Preußen sich verpflichtet:
„wir versprechen uns einander für uns und unsere Nachkommen
auf ewig unter dem Eide bei unserer Treue, Ehre und Gewissen,
daß wir, die wir in der Religion von einander abweichen, Friede
unter einander halten und wegen des verschiedenen Glaubens und
der Aenderung in den Kirchen, kein Blut vergießen auch Niemanden
mit Einziehung der Güter, Kränkung an Ehre, Gefängniß und
Landesverweisung strafen oder einer Obrigkeit und Amte zu vergleichen etwas auf einige Art behilflich sein wollen u. s. w.

Dieser Religionsfriede kam den Mennoniten zu Gute, denn
die Lutheraner nahmen sie, eifersüchtig auf die von katholischer Seite
noch wiederholt angegriffenen Rechte der Dissidenten, in ihren Schutz.
Auf dem Landtage zu Graudenz im December 1608 beklagte sich
der Culmische Bischof, wahrscheinlich ermutigt durch das Auftreten
des Marienburger Oeconomus George Kostka, der um diese Zeit
auf Anbringen der katholischen Plebane den Teichgrafen und
Geschwornen wiederholt befahl, alle evangelischen Prediger aus den
Werdern abzuschaffen, gegen den ausdrücklichen Wortlaut des Privilegs
vom 17. April 1569,[*]) daß gotteslästerliche Ketzerei überhand
nehme; der Marienburger Werder wäre mit Wiedertäufern und

---

[*]) Hartwich a. a. O. 75 fgg.

Samosatenern angefüllt. Da erklärten die Danziger, anstatt, daß man die Nichtkatholischen kränkte, würde es besser sein, wenn ein jeder bei seinem Glauben unbehindert bleiben könne. Die von Thorn fügten hinzu, sie wünschten, daß nur eine Religion sein möchte, da aber aus göttlicher Zulassung verschiedene wären, müsse man sie alle bis auf jene große Ernte dulden. Nur den Römisch-Katholischen und Augsburgischen Confessionsverwandten die Gewissensfreiheit verstatten zu wollen, sei wider die polnische Religionsverbindung."

Mehrere Jahrzehnte scheinen in Ruhe verflossen zu sein, aber 1642 fanden die Stände aufs neue Gelegenheit ihre Stimme für die Mennoniten zu erheben. Der Hof- und Kammerherr Wilbald von Haxberg hatte in diesem Jahre ein Patent von dem mit der Sachlage durchaus unbekannten Könige Wladislaw IV. erschlichen. „Da die Sekte der Wiedertäufer, bisweilen Ministen genannt, im Lande heftig einschleiche und ohne Handhabung seiner Bewilligung seinen Unterthanen große Verhinderungen im Handel zugefüget werden, so sollen deren Güter, sowol die Güter der Ministen betreffend als auch solcher Sekten Fortpflanzer und Abhärenten, wie viel und an welchem Orte sie mögen gefunden werden, sonderlich in den Städten zu Danzig und Elbing, alle ihre beweglichen und unbeweglichen Güter, Synagogen und Häuser, worin sie ihre Procession machen, Sekten und Zusammenkünfte bisher zu üben gepflegt und noch zu üben pflegen, dem Fiskus zugeeignet werden." Der König schenkt diese Güter seinem Kammerherrn Wilbald Haxberg. Herr Haxberg benutzte diese Schenkung zu starken Gelderpressungen, zunächst bei den Mennoniten im Werder. Da sie sich zu zahlen weigerten und ihre Contracte vorschützten, belegte er sie mit militärischer Execution und erpreßte dadurch von jeder Hufe 50 Thlr. (150 Fl.) im Ganzen 80,000 Fl.*) Gegen das Versprechen den Mennoniten ein königl. Privileg auszuwirken nahm er ihnen noch

---

*) Mithin zahlten 533⅓ Hufen. Man sieht daraus, daß die Mennoniten in den Werdern damals ihren ursprünglichen, durch Uebermachung gewonnenen Landbesitz von 528 Huben noch erst um ein weniges überschritten hatten.

1000 Fl. ab, that darum jedoch keine Schritte dieser Verpflichtung nachzukommen. Die Preußischen Landstände legten sich ins Mittel. Auf dem am 12. Mai 1642 in Marienburg zusammengetretenen Conventus postcomitialis, zu dem die kleinen Städte und viele vom Landadel nicht erschienen waren, verfaßten sie eine Klageschrift an den König,*) es sei den Ständen hinterbracht, daß Wilbald Haxberg ohne irgend ein Recht die Unterthanen Sr. Majestät (in der Tiegenhöfischen Domäne) und andere Werderaner mit verschiedener Erpressung belästigte, sie bäten demütig, Se. Majestät wolle geruhen diese unrechtmäßigen Eintreibungen ernstlich zu hindern. In Folge dieser Vorstellung fanden die Mennoniten, als sie sich mit einer Darlegung ihrer bisherigen Rechte und Verhältnisse an den König wandten und, wie es scheint, zugleich eine Summe Geldes zu seiner Verfügung stellten, geneigtes Gehör. Sie erhielten unter dem 22. December 1642 das folgende Privilegium, dessen Original in dem Gemeinbearchiv zu Orlofferfelde noch vorhanden ist:

Wir, Wladislaw IV

Von Gottes Gnaden König von Polen, Großfürst in Littauen, Reußen, Preußen, Masau, Samohten, Liessland, Smolensk und Czernichow, wie auch der Schweden, Gothen und Wenden Erbkönig: Thun kund, durch gegenwertigen Unsern Brief allen und jeden, denen daran gelegen. Demnach aller Fleiß und Bemühung, so zum gemeinen Nutzen gereichet, Fürstlicher Gnade und Schutzleistung billig mehrt zu schätzen. Und Uns wol bekannt ist, welcher Gestalt die Vorfahren der Mennonistischen Einwohner in Unserm Marien-burgischen sowol großen als kleinen Werder, so von denen Lohstiis mit Einwilligung und vorbewust des weiland Durchlauchtigsten Sigismundi Augusti Unseres Vorfahren und Großvaters wegen gewisser ihnen

---

*) Lengnich VI. 196. Doc. p. 105. Delatum tandem est Statibus et ordinibus, Wichboldum Haxberg nullo prorsus jure subditos Sacrae Reglae Majestatis Vestrae aliosque Insulanos varia exactione infestare; cujus coepta, cum in summum eorundem redundent damnum et incommodum, humillime S. R. Majestati Vestrae supplicant iidem Status et Ordines, ut solita sua vigilantia ejusmodi angariis tempestive accurrere atque exactiones istas indebitas serio coërcere dignetur.

verliehener Freyheiten, Rechte und Gerechtigkeiten berufen worden,
damals an wüste, sumpfige und unbrauchbare Oerter in selbigen
Werdern gekommen und selbige durch viel Arbeit und große Unkosten,
so theils in Ausrottung des Gesträuchs, theils in Aufbauung noth-
wendiger Mühlen umb das Wasser aus denen sumpfigen und über-
schwommenen Oertern abzuführen, theils auch auf die Dämme,
welche sie die Ergießungen aus der Weichsel, Nogat, Drusen, Haff
und Tüge und anderen Strömen abzuhalten gebauet, angewandt
worden, nutzbar und fruchtbar gemachet und ihren Nachkömmlingen
hieburch Exempel sonderbaren Fleißes, Arbeit und Kosten dergleichen
zu thun hinterlaffen haben: Alß haben wir auf unterthänigstes
Ansuchen vorbesagter Einwohner Unserer Marienburgischen Werder
alle und jede Rechte, Privilegien, Freiheiten und Gerechtigkeiten,
so von dem Durchlauchtigsten Sigismundo Augusto Unserem Groß-
vater verliehen und von denen Durchlauchtigsten Stephano,
Sigismundo III. Unfern Königlichen Vorfahren bestätigt worden,
kraft unserer Königlichen Autorität, alle und jede gedachte Privilegien, Rechte, Gerechtigkeiten, Freyheiten und Gewohnheiten, deren
sie sich bishero gebrauchet, keine im geringsten nicht ausgenommen,
approbiren und gedachte Einwohner babei vollkommen erhalten und
schützen wollen, wie Wir durch gegenwärtigen Unseren Brief dieselbe
approbiren, sie babei erhalten und schützen wollende, daß dieselbe
sambt und sonders ihre immerwehrende Kraft behalten sollen. Weil
sie auch als getreue Unterthanen ihren Gehorsam in Darreichung
einer gewissen Summe Geldes zu Unserm Gebrauch bezeuget, so
quittiren Wir sie nicht allein wegen Empfang dieser Summe durch
gegenwärtigen Unsern Brief, sondern versprechen auch vor Uns und
Unsere Durchlauchtigste Nachfolger baß Wir und Unsere Durchlauchtigste Nachfolger vorgedachte Einwohner beyder Unserer Marienburgischen Werder von bergleichen Auflagen hinfüro und zu ewigen
Zeiten befreyen, auch nicht zugeben wollen, baß bergleichen etwas
burch jemand von ihnen geforbert werbe. Zu Urkund dessen haben
wir gegenwärtiges eigenhändig unterschrieben und mit dem Reichssiegel befestigen lassen. Warschau den 22. December im Jahr 1642.

Unserer Reiche des Polnischen im 10ten, des Schwedischen im 11ten Jahr.   Vladislaus, König.*)

. Dieses Privilegium sagt den Mennoniten der Werber die bis dahin genossenen Rechte aufs neue feierlich zu, weil sie darauf hin berufen seien und bestätigt auf ewige Zeit „omnia et singula privi-legia jura et Immunitates liberlatesque et consuetudines, quibus hucusque usi sunt." Da nun unzweifelhaft zu den „consue-tudines" der Mennoniten die Nichtübung des Waffendienstes gehörte, so wird diese — wenn sie auch nicht ausdrücklich erwähnt wird — in den zugesicherten Rechten mit einbegriffen gewesen sein. Außerdem werden die Mennoniten durch das königl. Mandat von der Zahlung jeder außergewöhnlichen Abgabe für immer freige-sprochen. In dieser Beziehung war jedoch schon 8 Jahre später ein neuer königl. Schutzbrief für sie erforderlich, Johann Casimir bekräftigt ihnen in demselben wiederholt den ungestörten Fortbesitz ihrer alten Gewohnheiten.

Johannes Kasimir, von Gottes Gnaden König von Polen, Großfürst von Litthauen, Reußen, Preußen, Masuren, Samogitien, Liefland, Smolensko und Czernichow, wie auch der Schweden, Gothen und Wenden Erbkönig &c.:

Thun kund durch unsern gegenwärtigen Brief allen und jeden, denen daran gelegen, daß an uns im Namen der Holländer in Tiegenhof, Bärwalde und aller andern in unsrer Oeconomie befind-lichen Unterthanen supplicirt worden, daß wir dieselben in unsern Schutz und Königl. Protection nehmen, und sie von allen unge-wöhnlichen und extraordinären Contributionen, damit sie durch unter-schiedene Personen öfters beschweret zu sein sich beklagen, insonderheit aber, daß sie von dem Edlen Wilbald Harberg nicht allein in vorigen Jahren mannigfaltig turbiret und eine große Post Geldes aufzubringen gezwungen worden, sondern auch in diesem jetzigen Jahre erfahren müssen, daß sie durch neue Citationes die unser Assessoral-Gericht wegen Zahlung zweier Floren Ungarisch von jeder Hube (da sie doch vorhin von dem Durchl. Vladislav IV., Unserm

---

*) Diese u. die folgende Urkunde (deren Original hinten LX—LXII) sind nach der amtlichen Uebersetzung des Danz. Scheppenstuhls aus dem Jahre 1605 hier abgedruckt.

geliebten König-Bruder bereits durch gewisse Universales befreiet
worden) ausgeladen worden, befreien, frei- und lossprechen möchten.
Wenn wir dann diese Supplication, als in der Billigkeit bestehende,
gnädig ansehn und wegen des unverdrossenen Fleißes, welchen sie
so lange Jahre hero darin bewiesen, daß sie die unfruchtbaren
Aecker in unsrer vorgedachten Marienburgischen Oeconomie gebaut
und urbar gemacht, selbigen unsern Unterthanen unsre Königl.
Gnade spüren lassen wollen: als cassiren und annulliren wir alle
Citationes- und Universal-Briefe, unter was Schein und Vorwand
selbige von unsern durchlauchtigen Vorfahren, oder auch von uns,
auf üblen Bericht, wieder ausgebracht sein mögen, und wollen nicht,
daß dieselben unterm Vorwande Mennonitischer Religion oder irgend
einer Prätension halber hinfüro mit dergleichen Geld-Auspressung
sollen beschwert werden, sprechen sie auch von Zahlung der 2 Floren
Ungarisch von jeder Hube frei und ledig und conserviren dieselben
völlig bei dem Besitz der Güter, ihren Rechten, Privilegien, Gerechtigkeiten und alten Gewohnheiten.
Diejenigen aber, so diesen Privilegien zuwider leben, wollen wir
mit harter Strafe belegen. —

Zu Urkund dessen haben wir Gegenwärtiges eigenhändig unterschrieben und mit dem Reichs-Insiegel befestigen lassen. Gegeben
in Warschau den 16ten Monatstag Juni im Jahr 1650. Unserer
Reiche des Polnischen und des Schwedischen im 2ten Jahr.

Casimirus, König.   Albr. Radsielowski.

(L. S.)   Königl. Maj. Secretarius.

Bald darauf drohte den Mennoniten eine neue Gefahr. Das
Ueberhandnehmen der Socinianer oder Arianer, zu deren Ansichten
sich viele bedeutende und einflußreiche Männer bekannten, erregte
Besorgniß und rief im polnischen Reiche strenge Gesetze gegen sie
ins Leben. Von verschiedenen Seiten machte man den Versuch die
Mennoniten mit ihnen in eine Klasse zu stellen. Bereits auf dem
Landtage zu Marienburg den 11. Sept. 1648, hatte der Ermländische
Bischof gefordert, daß man die Religionsfreiheit nicht auf alle
Glaubensverwandten ausdehnen möge, da die königl. Religionsprivi-

legten sich nur auf die Anhänger der Augsburgischen Confession
bezögen, nicht aber auf die Arianer und Mennoniften.*) Im Jahre
1658 wurden die Arianer in Warschau der alten Verordnung
Königs Wladislaw Jagellos gegen die Ketzer unterworfen, und in
Folge deſſen des Lebens, der Ehre, und der Güter verluſtig erklärt.
Aus besonderer königl. Gnade stellte man ihnen eine Frist von
3 Jahren, innerhalb welcher sie für ihre Person Sicherheit genießen
und Erlaubniß haben sollten, ihre Güter zu verkaufen und Schulden
einzutreiben, des Gottesdienstes aber und der Ausübung öffentlicher
Aemter sich enthalten sollten.**) Eifrige Beamte und selbstsüchtige
Große waren schnell bei der Hand, mit diesen Gesetzen auch die
Mennoniten zu bedrohen, doch der eigene Vorteil bewog König
Johann Casimir sehr bald diesem Verfahren Einhalt zu gebieten:

Wir Johann Casimir von Gottes Gnaden, König von Polen
u. s. w. tun kund durch unsern gegenwärtigen Brief allen und
jeden, so daran gelegen. Beständig geschieht es, daß eine unbillige
und unzeitige Auslegung der Gesetze sehr viele Leute dazu antreibt,
einen leichtsinnigen Angriff auf die Rechte und Güter Anderer und
die Sicherheit der öffentlichen Ruhe zu machen und Unschuldige in
große Streithändel zu verwickeln. Da wir nun den bedrohlichen
Verlusten zuvorkommen wollen, welche wir durch dergleichen Unfug
von Privatleuten gar leicht an unsern Gütern in der Oekonomie
Tiegenhof und Bärwalde und an unsern Einkünften zu erleiden
haben würden, welche vorzüglich in den Besitzungen der
Unterthanen Mennonitischen Glaubens bestehen,***) und
da wir auch den Wunsch hegen das verwegene Unterfangen der
ungestümen Leute zu hindern, welche etwa unter dem Vorwande des
Eifers für das Gemeinwol mit Anführung einer Novelle
zu den alten Gesetzen über die Arianer jene Männisten beun-
ruhigen, dadurch Gelegenheit zu äußerster Entvölkerung
geben, und unsern Einkünften eine nicht geringe Einbuße

---

*) Lengnich VII. 19.
**) Lengnich VII. 199.
***) Der König zog aus der Tenute Tiegenhof jährlich 20,000 Fl.
Lengnich VII. 118.

und Verkürzung bereiten möchten, also um berlei Nach-
teilen und Unzuträglichkeiten entgegenzutreten und für Unsere und
Unserer genannten Unterthanen in Tiegenhof Schablosigkeit Fürsorge
zu treffen, haben Wir gemeint, ebendieselben in Unsere Protektion
und Unsern Königl. Schutz aufnehmen zu müssen, wie Wir sie denn
durch dieses Unser gegenwärtiges Diplom aufnehmen. Und weil die
Gefahr und alle Furcht aus dem Gesetze entsprießt, so erklären Wir
jenes Gesetz über die Arianer, welches auf dem allgemeinen Reichstage 1658 sanktionirt und 1659 mit Willen der Republik wiederholt
wurde, dahin, daß vorbesagtes Gesetz auf Alle, welche ablügen oder
bürgerlichen Standes sind (vor welchen die Republik in Folge der
Prärogative ihrer Freiheiten oder Würden eine ewig gleiche Furcht
als vor Personen einer berüchtigten Sekte haben kann) ausgedehnt,
von ihnen verstanden, auf sie angewandt, gedeutet und an ihnen
gehandhabt werden soll, daß Wir und die Stände der Republik
ebendasselbe jedoch keineswegs und ganz und gar nicht von den
vorbenannten Menschen zu fürchten haben, die Ackerbauer sind und
keine freien Künste treiben, deren Gottesdienst nicht öffentlich, sondern nur von der Art ist, wie er ihnen durch die Nachsicht
und Toleranz der geistlichen Würdenträger zugestanden wird. Durch
diese Unsere vorangeschickte Deklaration heben Wir auf und annulliren
Wir alle jene Privilegien, welche nur immer heimlich erschlichen oder
auf ungünstigen Bericht hin gegen die Mennoniten und ohne Unsern
Willen und Unsere Zustimmung von irgend jemand, sei es wer es
sei und wes Standes und welcher Würde er wolle, erlangt und
aus Unserer Kanzlei herausgekommen sind, und ohne ein Fundament
zu haben unter dem Deckmantel des Gesetzes dem Recht zuwider
laufen. Wir erklären, daß sie keine Kraft und Wirkung haben sollen,
und wenn irgend andere Privilegien der Art (aus Unserer Kanzlei)
herauskommen sollten, so wollen Wir, daß dieselben null und nichtig
sein, und dafür gehalten werden sollen; so daß jetzt in Zukunft
niemand die Macht und die Kühnheit habe, auf Grund der Constitution über die Arianer irgend welche Schenkungen und Privilegien
von Unsrer Seite, welcher Art sie seien, gegen vorbesagte Männisten

in Thgenhoff zu erhalten und zu genießen. Wir versprechen für Uns und Unsre Durchlauchtigsten Nachfolger, daß Wir dieselben Unterthanen und Männisten in Thgenhoff sammt ihren Nachkommen bei der Freiheit gegenwärtigen Diploms erhalten wollen und daß Unsere Durchlauchtigsten Nachfolger sie dabei erhalten werden. Indem Wir dies zur Nachricht für alle Beamte, Palatinal-, Land-, Burg- und Stadtgerichte in Preußischen Landen auch an anderen Orten des Reichs und Unserer Herrschaften vortragen, befehlen Wir, daß sie benannte Männisten laut Inhalts gegenwärtigen Briefes schützen und dafür sorgen, daß sie von Anderen geschützt werden, und daß sie sie bei der Sicherheit, die Wir ihnen in Unserm Specialrescript, Warschau den 16. November 1650 vorsorglich erteilt haben, vollständig erhalten. Zu Urkund dessen haben wir gegenwärtigen Brief mit eigener Hand unterzeichnet und Unser Siegel darunter setzen lassen.

Gegeben zu Krakau am 20. November 1660 Unserer Reiche, des polnischen im zwölften, des schwedischen aber im dreizehnten Jahre.

Johann Casimir, König.　　Ignaz Bałowski,

(L. S. M. C.)　　Kulmischer Unterkämmerer m. p.

Auf dem Landtage zu Marienburg 1676 trat der Woywode von Pommerellen gegen die Duldung der Mennoniten auf und beschuldigte die Danziger „als das rechte Rest" dieser Sekte, deren wegen Gott wahrscheinlich Polen so hart strafe, da die Dämme der Weichsel und Nogat so oft ausrissen und das umliegende Land überschwemmt würde. Der Adel war im Begriff seinem Antrage auf die Vertreibung der Taufgesinnten beizutreten. Der Deconomus von Marienburg jedoch Kitnowski und ein anderer Landbote aus dem Marienburgischen, Wladislaw Los, nahmen sich der Mennoniten kräftig an. Sie sagten, die Mennoniten seien fleißige Wirte, hielten ihre Häuser und Aecker in gutem Stande, thäten bei den Ausbrüchen, bei Besserung der alten und Aufführung der neuen Dämme die größten Dienste, schafften überhaupt dem Lande, besonders den Werdern vielen Nutzen und man könne leicht

merken, wo ein fauler versoffener Bauer, oder ein
arbeitsamer und der Nüchternheit beflissener Mennonit
wohne. Sie wollten deshalb in den wider die Mennoniten entworfenen Artikel nicht willigen und rieten immer mehr Leute
der Art ins Land zu bringen, statt die vorhandenen
abzuschaffen. Auch die Abgeordneten der größeren Städte traten
mit solchem Nachdruck dem Ansinnen des Wohwoden und des Adels
entgegen, daß auf dem Landtage nichts gegen die Mennoniten
beschlossen wurde.*) Auf dem bald darauf gehaltenen Reichstage
suchte zwar der pommerellische Wohwode von neuem die Vertreibung
der Mennoniten zu erwirken, aber der Lauenburgische Landrichter
Prebendau trat für sie in die Schranken, ging zum königlichen Thron
und legte dem Herscher dar, welchen Schaden die Marienburgische Oeconomie von der Vertreibung dieser Leute
haben würde; wie dagegen der Wohwode als Landesschatzmeister
für sich durch Einziehung ihrer Güter persönlichen Vorteil zu
gewinnen hoffe. Der König (Johann III. Sobieski) befahl die schon
wider die Mennoniten gemachte Constitution zu zerreißen**) und
nahm dieselben durch ein besonderes Rescript 1678 in Schutz.***)
Diese Vorgänge hatten zur Folge, daß durch den Administrator der
Tiegenhöfischen Oeconomie, Johann Isebrand, mit Bestätigung des
Königes den Mennoniten außer ihrem ursprünglichen Grundbesitz
neue Ländereien ausgethan wurden.****) Ja Johann III. erteilte ihnen
1694 aufs neue eine Confirmation aller Rechte, in welcher zuerst
ausdrücklich erklärt wird, daß die von den früheren Königen gegebenen Privilegien auf die ganze Gemeinschaft (Communitas) der in
den Werdern ansässigen Mennoniten als solche bezüglich seien.

    Wir Johann III. von Gottes Gnaden König von Polen u. s. w.
thun kund und zu wissen durch gegenwärtigen Brief allen und jeden,
denen daran gelegen, daß es Unseres Königlichen Amtes und Berufes
eigenste Sorge und beständige Bemühung ist, die Rechte und Privi-

---

*) Lengnich, Geschichte der Preuß.Lande Poln Anteils. B. VIII. p.126. 127.
**) Crichton a. a. O. 25—27.
***) Lengnich a. a. O. 134. 137.
****) Crichton a. a.O. 28 nach einem Dokument in der Ramsey'schen Sammlung.

legien, welche von Alters von Unsern Erlauchten Vorfahren, den Königen von Polen den Einwohnern Unseres Reichs und der Preußischen Lande gnädig erteilt sind, nicht nur unverletzt zu erhalten, sondern auch ihr von Tag zu Tag größeres Wachstum zu befördern. Und da nun unter den übrigen Einwohnern des Landes Preußen auch die Einwohner des Elbingischen Territoriums, der Schloßjurisdiction, des Marienburger Werders, Unserer beiden Marienburger Oeconomien, Unserer Güter zu Tiegenhoff und Bärwalde, welche Mennoniten und Werderaner genannt werden, großen Eifer gezeigt haben, sich um Uns wol verdient zu machen, so haben Wir es für würdig und geziemend erachtet, dieselben bei allen Rechten, Privilegien, Gewohnheiten, welche vorerwähnten Mennonistischen Einwohnern, sowol des Elbinger als des Marienburger, Tiegenhöfer und Bärwalder Landes durch Uns und Unsere Durchlauchtigsten Vorfahren gnädigst zugestanden sind, zu erhalten und zu schützen.

Da Uns aber in ihrem Namen unterthänigst vorgestellt ist, daß man die meisten Rechte, Privilegien und Befreiungen von öffentlichen Leistungen, welche der Gemeinde besagter Einwohner zustehen, schmälere und sie in der Religionsübung störe, den Rechten, welche ihnen persönlich zukommen, entgegenhandele und sie dadurch persönlich in Elend und Verlust bringe, so haben Wir, um einer solchen Schmälerung ihrer persönlichen Rechte vorzusehen, alle und jede Privilegien, Rechte, Befreiungen von öffentlichen Leistungen, auch insofern dieselben in Rücksicht der Religion ihnen dienlich sind, und alle Gewohnheiten, die ihrer Gemeinschaft gnädig nachgesehen werden, approbiren und bestätigen und sie bei denselben erhalten und schützen zu sollen geglaubt, wie Wir denn durch diesen Unsern gegenwärtigen Brief, dieselben approbiren, bestätigen, aufrecht erhalten und schützen, und jeden Verlust und Abbruch an den Rechten, insoweit solcher eingetreten ist, aus höchster königlicher Machtvollkommenheit wieder ergänzen, ihnen ihre Rechte wiederherstellen und das freie Exercitium der mennonitischen Religion, so wie sie es früher hatten, gestatten und nachgeben, und von Niemandem bekämpft wissen wollen, sie in Unsern königlichen Schutz aufnehmen und sie von jeder Störung und Belästigung durch beliebige Persönlichkeiten, unter welchem Schein und Vorwand es auch geschehe, befreien und losmachen. Dies haben Wir zur Nachricht für alle und jeden, die es angeht, zumal aber für den Elbinger Magistrat, die Oeconomieabministra-tionen von Marienburg und Tiegenhoff, die Besitzer der Güter von Bärwalde, die jetzt und künftig im Amte sind, darzuthun befohlen, damit sie, ein jeder in seiner Jurisdiction, die vorerwähnten Mennonistischen Einwohner bei den Rechten, Privilegien, Befreiungen von öffentlichen Leistungen, und Gewohn-heiten, welche ihnen von Unsern Durchlauchtigsten Vorfahren und Uns selbst gestattet sind, erhalten und erhalten lassen, ihren Rechten nicht Abbruch thun, oder in den Weg treten, sondern sie dieselben in Freiheit, ohne Beschwer, Störung, Verkürzung und Belästigung genießen lassen, sie vor allen und jeden, welche sie stören und belä-stigen wollten, vertheidigen, schützen und decken, bei Unserer königlichen Gnade, jedoch unbeschadet Unserer königlichen Regalien und der Rechte der Republik. Zur Beglaubigung haben Wir Gegenwärtiges mit Unserer Hand unterschrieben und mit dem Reichssiegel bestätigen lassen.

Gegeben zu Warschau am 22. August 1694, Unseres Reiches im 21 sten Jahre.

Johann, König.   Albert Franz Paßynski,
(L. S. M. C. R.)   S. R. M. Secr. mpr.

Auf dem Landtage zu Marienburg 1696 forderte der Erm-ländische Bischof zu neuen Gewaltmaßregeln gegen die Mennoniten auf, welche von den Rechten der Dissidenten auszuschließen und den Juden und Arianern beizugesellen seien. Aber seine Anträge gingen nicht durch und in Betreff der Mennoniten wurde von den Ständen nachdrücklich der Religionsfriede aufrecht erhalten. *)

Nachdem König August II. bei seinem Regierungsantritt am 20. Sept. 1697 zu Krakau alle früheren Privilegien der Menno-

---

*) Lengnich. B. IX. p. 13. 14.

niten bestätigt hatte, erhob sich auf dem Landtage der Jahre 1699 und 1700 zum letzten Male noch einmal gegen sie ein Sturm, indem man wieder die Gesetze gegen die Arianer auf sie anzuwenden drohte, allein die angebrohten Gewaltmaßregeln unterblieben.

Nach Beendigung des dritten Schwedenkrieges ließ August II. den Mennoniten ein neues Privilegium ausfertigen.

Wir August II, von Gottes Gnaden, u. s. w. thun kund durch gegenwärtigen Unsern Brief allen und jeden, die es an‑ geht. Wie Wir bei Unserer glücklichen Thronbesteigung zu Krakau am 20. September 1697 den Mennonisten, (die Unsere Erlauchtesten Vorfahren aus Holland berufen haben und deren Mühe und Fleiß sie in den Marienburger Werdern zur Urbar‑ machung der Ländereien, Aecker und Wiesen und zur Erbauung von Wassermühlen gebraucht haben und welche selbst diese Mühen und Ausgaben zum öffentlichen Nutzen Unserer Oeconomien sich zu machen nicht aufhörten) wie Wir besagten Mennonisten also zu ihrer eigenen Erhaltung und Beschützung in dieser die Oeconomie betref‑ fenden Angelegenheit alle ihre Rechte, Privilegien und Befreiungen von öffentlichen Leistungen, die ihnen von Unsern Erlauchten Vor‑ fahren geschenkt sind, approbirt und bestätigt haben; so haben Wir gemeint, ihnen gegenwärtig nicht allein diese Privilegien Unserer Erlauchtesten Vorfahren sondern auch alle geistlichen Concessionen, Commissionen und Ordinationen bestätigen zu müssen, welche von den Ordinarlis loci, besonders von den hochwürdigen Vätern in Christo, Casimir Johann Opalinski, dem Kardinal Michael Rad‑ ziejowski, Theodor Potocki, Felix Ignaz Kretkowski und neuerdings dem hochwürdigen Vater in Christo Czapski, Bischof von Culm, ihnen gewährt sind, insoweit sie das freie Exercitium ihrer Religion und die gewohnte Gottesverehrung in Privathäusern, Schulen und an den alten Stätten, die Verrichtung der Taufe und des Abend‑ mahls, der Eheschließung, des Begräbnisses der Leichen auch der Unerwachsenen (d. h. noch nicht Getauften) auf Kirchhöfen, des Unterrichts der Kinder durch eigene Schulmeister an einem gemein‑ samen Orte oder in ihrem gewohnten Schulhause und andere geist‑

liche Befugnisse, die ihnen zugestanden sind, betreffen. Wie Wir sie denn bestätigen und bei allen jenen weltlichen, wie geistlichen Erlaubnissen und Freiheiten die in Preußen bleibenden Mennoniten erhalten, und damit sie nicht in diesen Rechten und Freiheiten und der Ausübung ihrer Religion, dem freien Begräbniß ihrer Leichen, auch derer der Minorennen, am Unterrichte ihrer Jugend durch eigene Schulmeister an den ihnen gut scheinenden und gewohnten Orten durch die verwegene Quälerei und ungebührliche und unerlaubte Uebervorteilung von Seiten einiger Privatleute gestört werden, so hemmen und untersagen wir selbige unter der gegen die Verletzer Unserer Privilegien festgesetzten Strafe. Indem Wir dies zur Nachricht aller derjenigen, die es angeht, zumal aber der hohen Woiwoden und Starosten der Preußischen Länder, des hochedeln Oekonomus, Viceökonomus und der Administratoren und anderer Beamten Unserer Marienburger Oeconomie, darthun, befehlen Wir ihnen, daß sie dieselben bei vorbenannten Rechten, Privilegien, Befreiungen, die ihnen sowol in weltlichen, wie in geistlichen Dingen zugestanden sind, soweit das Rechtens ist, erhalten und schützen und sie von Allen schützen und erhalten lassen bei Unserer Gnade und ihrer Amtspflicht, jedoch unbeschadet Unserer Regalien und der Rechte der Republik, wie der römisch-katholischen Kirche. Zur Beglaubigung haben Wir Gegenwärtiges eigenhändig unterschrieben und mit dem Reichssiegel bekräftigen lassen.

Gegeben zu Warschau am 12. October 1732, Unseres Reiches im 36 sten Jahre.

August, König.   Andreas Skwarczynski,

(L. S.)   Königl. Sekr.

Alle früheren Privilegien wurden von August III. zu Warschau am 16. April 1736, von Stanislaus August zu Warschau am 20. December 1764 aufs neue „den Elbinger, Marienburger, Bärwalder, Tiegenhöfer Mennoniten" confirmirt.

Von teilweise anderem Ursprung, als die Mennoniten in den Marienburger Werdern waren mehrere Gemeinden in der Schwetzer, Culmer und Graudenzer Niederung. Einige waren ebenfalls hollän-

difcher Abkunft,*) andere hochdeutsche Mennoniten, welche wahr-
scheinlich nach den Verfolgungen aus Mähren dorthin, vorzüglich
in die Culmer Niederung gekommen waren. Diese Culmischen
Mennoniten bewahrten noch bis in die letzten Jahrzehnte die alte
oberdeutsche Bauerntracht eines Rockes mit Haken und Oesen.
Schon im Jahre 1586 besaßen die Mennoniten in Montau in der
Graudenzer Niederung ein eigenes Bethaus. Um das Jahr 1586
hielten die Gemeinden zu Thorn und Montau mit drei Werderschen
Gemeinden (Marienburg, dem kleinen Werder und wahrscheinlich
Orlofferfeld — Elbing) eine Zusammenkunft, auf welcher eine engere
Verbindung der „friesischen Gemeinden" unter sich gestiftet wurde
und wenige Jahre später nahmen sie jene „Hochdeutschen" in ihre
Vereinigung auf. Neben den Friesen in der Culmischen Niederung,
zu Montau in der Graudenzer Niederung und zu Nischewski bei
Thorn, bestanden im Culmischen und in der Schwetzer Niederung
noch zwei Gemeinden von der strengsten Richtung der alten Flaminger,
den Groningern. Diese Mennoniten scheinen unter ähnlichen Ver-
hältnissen und zu ähnlichen Rechten angesiedelt zu sein, wie ihre
Mitbrüder in den Werdern. Unter der Jurisdiktion der Culmischen
Bischöfe und einiger Edelleute genossen sie ziemlich ausgedehnte
Freiheiten. So erteilte ihnen der Bischof Casimir Opalinski am
17. Juni 1689 ein Privileg über die Freiheit und Duldung ihrer
Religion. Im Jahre 1708 wurde verboten von den in der Starostei
Schwetz wohnenden Mennonisten mehr zu fordern, als von benen
in der Starostei Graudenz und 1728 nahm sie der Bischof von
Culm gegen die Bedrängungen der Geistlichen in Schutz und ließ
ihnen eine Versicherungsschrift darüber ausfertigen. Am 16. Juni
und 9. Juli 1732 freilich ergingen Urteile des bischöflichen Gerichts
welches die Vertreibung der Mennoniten aus dem Gebiete der Stadt
Culm verordnete, weil sie einige lutherische und katholische Proselyten, nachdem diese in Lithauen zur mennonitischen Confession

---

*) S. Hartknoch, Preußische Kirchengeschichte, II. cap. 2. §. 18. Unter
den Holländern (im Culmischen) sollen auch etliche Mennonisten oder Wiedertäufer sein.

übergetreten waren, bei sich aufgenommen hatten. Allein schon am 16. April 1733 wurden diese Verfügungen zurückgenommen, nachdem man die Gelegenheit benutzt, von den guten Leuten viel Geld zu erpressen. Die Groninger Mennoniten (wahrscheinlich in der Schwetzer Niederung) blieben auch davon verschont; da sie unter der Jurisdiktion einer vornehmen adeligen Dame wohnten, welche vor der bischöflichen Commission für sie auftrat, und ihren Mennoniten das Zeugniß gab, daß sie redliche Leute wären, die Niemanden etwas Leides thäten. Deshalb wolle sie keinesweges zulassen, daß ihnen etwas Böses geschehe.

Im Jahre 1750 dehnte König August III. die Privilegien der Werberschen Mennoniten auf die Taufgesinnten der Graudenzer, Culmer und Schwetzer Niederung aus, indem er stillschweigend annahm, daß jene Edikte für alle Mennoniten in Polnisch-Preußen gegeben seien und demnach nur in etwas bestimmteren Ausdrücken den Inhalt der oben mitgeteilten Verfügungen von Johann Casimir, Johann Sobieski und August II. wiederholte und confirmirte.

Wir August der Dritte von Gottes Gnaden König von Polen, Großherzog von Lithauen, Reußen, Preußen, Masovien, Samogitien, Kyovien, Volhynien, Podolien, Poblachien, Liefland, Smolensk, Severien, Czernichovien, ingleichen Erbherzog zu Sachsen u. Churfürst:

Thun hiemit allen und jeden, so daran gelegen, kund und zu wissen; welcher gestalt sich vor Uns die mennonistischen Einsassen aus Unseren Starosteien Graudenz, Schwetz, Stuhm, Neuenburg, und die, welche an andern Orten in Preußen und in denen Wohwobschaften Pommerellen und Culm, ingleichen zu Santzkau und Montau wohnen, beschweret haben, daß sie mancherlei Unrecht und Beeinträchtigung in Ansehung ihrer mennonistischen Religion zuwider ihren ihnen von Unsern Durchlauchtigsten Vorfahren ertheilten Rechten und Privilegien leiden und Wir Namens dieser Mennoniten allerunterthänigst ersuchet worden, daß Wir dieselben in Unseren Königl. Schutz aufzunehmen und ihnen alle ihre Rechte und Privilegien zu confirmiren, zu ratifiziren und zu erneuern geruhen möchten.

Wenn Wir nun ihrem billigen Gesuch gnädigst gewillfahret, so haben Wir gedachte Mennoniten in Unfern Königl. Schutz an- und aufzunehmen für gut gefunden, sowie Wir dieselbe hiemit und Kraft dieses wirklich an- und aufnehmen und denenselben alle und jede Rechte, Privilegia, Freiheiten und Gewohnheiten, welche ihnen in Ansehung ihrer mennonitischen Religion ertheilt worden, und ihnen dienlich sind, besonders die Privilegia, welche ihnen von Unseren Durchlauchtigsten Vorfahren dem Könige Johanne Casimiro ertheilt und vom Könige Johanne dem Dritten und Augusto dem Anderen confirmirt worden sind, in welchen Privilegien sie von allen Abgaben, Zahlungen und Collecten in Rücksicht ihrer Mennonistischen Religion, oder in Betracht irgend anderer dazumal gewöhnlichen Abgaben diese Mennonistische Einsassen im Lande Preußen frei und ledig geblieben, maßen sie von Unseren Durchlauchtigsten Vorfahren zur Räumung und Urbarmachung der Gründe, Aecker und Wiesen und zum Bau der Mühlen, ingleichen zur Schlagung der Dämme und Hemmung des Wassers aus Holland ins Land gerufen sind und diese Arbeiten und Kosten durch ihre Mühe und Fleiß zum allgemeinen Nutzen im Lande Preußen und in gedachten Unfern Starosteien willig übernommen und diese Abgaben und Zahlungen, als denen Gesetzen und der Billigkeit zuwider abgeschafft worden, in allen Punkten, Clauseln, Artikeln und Bedingungen, erneuern, approbiren, confirmiren und genehmigen und diese Mennoniten bei ihren alten und gewöhnlichen Religionsgebräuchen schützen und erhalten und ernstlich untersagen und verbieten, daß dieselben in ihren Rechten und Freiheiten und Ausübung ihrer Religion durch keine verwegene Beunruhigungen von Privatpersonen oder unbillige und unerlaubte Auslegungen gestöret werden, so daß dieselben ohne Beunruhigungen und Verhinderungen irgend einiger Personen ihre gewöhnliche Andacht sowohl in ihren Häusern, als auch in ihren Privatschulen nach altem Gebrauch verrichten, Taufen, Trauen und das Abendmahl des Herrn halten, ihre Todten, auch der Minderjährigen, auf ihren Kirchhöfen begraben, ihre Jugend durch ihre Schullehrer an einem gemeinschaftlichen Orte und in ihren Häusern unterrichten lassen und andere ihnen erlaubten Handlungen frei ausüben können und dürfen. Wir befehlen demnach, daß dieses allen, so daran gelegen, vornemlich denen Hochwol- und Wolgebornen, Woiwoden, Kastellanen und Starosten Unserer Lande Preußen bekannt gemacht werde, damit sie vorbenannte Mennonisten bei obigen Rechten, Privilegien und Freiheiten, sowol was ihnen in weltlichen als geistlichen Sachen nachgegeben ist, insoweit es Rechtens ist und der Gebrauch beobachtet wird, erhalten und schützen und dafür sorgen, daß sie dabey erhalten und geschützt werden bey Unserer Königl. Gnade und Kraft, welche auf die Verletzer Unserer Privilegien in den Reichsgesetzen. verordnet sind. Zu dessen Beglaubigung haben Wir dieses eigenhändig unterschrieben und mit dem Reichs-Insiegel bedrucken lassen.

Gegeben Warschau 19. September im Jahr des Herrn 1750. Unserer Regierung aber im 17 ten Jahre.

(L. S.)   August, König.

Johann Klossowski, Domdechant zu Przempl und des Reichs-Insiegels-Secretarius mpr.

Vidimirte Uebersetzung, Graudenz, 27. Januar 1801.

Schmidt, Rathsverwandter und Stadtsekretair.

Unterwerfen wir nunmehr die ganze Geschichte der Mennoniten im Polnischen Preußen mit Ausnahme des Danziger Territoriums einer rückblickenden Betrachtung, so ergiebt sich, daß sie ihrer Hauptmasse nach zuerst in das Gebiet von Tiegenhof berufen wurden und bestimmte Rechte erlangten, wie das Privileg Wladislaws IV., der über die älteren Urkunden seiner Vorgänger Sigismund August, Stephan Batory und Sigismund III. mindestens amtliche Berichte vor sich hatte, ausdrücklich bezeugt, nachher bis um die Mitte des 17 ten Jahrhunderts zu gleichem Rechte sich über den großen und kleinen Marienburger Werder ausbreiteten. Ihr ursprünglicher durch Urbarmachung gewonnener Grundbesitz betrug nach 1642 530 Hufen. Seit dieser Zeit aber erwarben sie in so bedeutender Ausdehnung auch altbebautes zu kölmischem Rechte besessenes Land, daß im Jahre 1772 nach der von König Friedrich II. angeordneten Zählung

die Zahl der in jenen Gegenden vorhandenen mennonitischen
Besitzungen sich verdreifacht hatte.

Die Mennoniten besaßen:

	Hufen.	M.	R.	Seelen.
Im Marienburger großen Werder				
und Heububen	446	27	52	1766
⸱ Marienburger kleinen Werder . .	307	4	150	1739
⸱ Tiegenhöfischen	445	12	—	2497
⸱ Elbinger Quartier	132	13	—	1715
⸱ Bärwaldischen	136	15	29	603

Innerhalb gewisser gesetzlicher Schranken — denn es war
ihnen nur gestattet Landbau zu treiben und Hakenbuden zu halten
— hatten die Mennoniten somit in diesen Gegenden allmählich
bürgerliche Existenz erlangt. Schon ihre ursprünglichen Rechte,
Privilegien und Freiheiten müssen Bestimmungen enthalten haben,
welche nicht allein an den Besitz der holländischen Hufen gebunden
waren, denn dieselben wurden später auf alle Mennoniten in den
Marienburger Werdern, sowie auf die im Elbinger Quartier, endlich
auf die Gemeinden bei Culm, Graudenz und Schwetz ausgedehnt,
welche ihre Güter nach kölmischem Rechte besaßen, so daß nunmehr
in Betreff der allgemeinen Verhältnisse zu Staat und Kirche ein
gemeinsames Provinzialrecht existirte. Gleich von Anfang an hatten
sich die Mennoniten Dulbung ihrer Religion, welche die öffentliche
Ausübung derselben in selbstgebauten Bethäusern anfangs noch nicht
in sich schloß, ausbebungen und durch staatsrechtliche Akte vor ihnen
dieselbe gewährleistet; der eigene Nutzen der polnischen Herrscher
erhielt sie babei ungekränkt. Daß im Wesen des alten Feubal-
staates überhaupt und in den Verhältnissen des polnischen Reiches
insbesondere die Möglichkeit eines oftmaligen Rechtsbruches durch
Privatleute oder die Uebergriffe der Geistlichkeit gesetzt war, daß
die Könige selbst — unbekannt mit den Verhältnissen — sich vorübergehend zur Anordnung rechtswidriger Maßregeln überreden
ließen, hebt die staatsrechtliche Giltigkeit ihrer Versicherungsschriften

nicht auf, noch erhalten die von ihnen erteilten Privilegien etwa
durch den Umstand, daß sie in den meisten Fällen bei Gelegenheit
willkürlicher Bedrückungen zur Wiederherstelluug des beschädigten
Rechtes gegeben sind, den Charakter vorübergehender, nur Gewalt-
akte abwendender Bestimmungen, sondern sie gehen von der Absicht
aus, den normalen, in einzelnen Stücken verletzten Rechtszustand
wiederherzustellen.

In allen diesen polnischeu Privilegien wird den Mennoniten
die Aufrechterhaltung ihrer alten Gewohnheiten verbürgt. König
Wladislaw IV. confirmirt 1642 den Mennoniten „omnia et singula
privilegia jura et immunitates libertates ac consuetudines,
quibus adhuc usi sunt;" Johann III. 1693 omnia et singula
jura privilegia immunitates etiam in respectu religionis ipsis
servientes; omnesque consuetudines communitati ipsorum clementer concessas, August III. alle und jede Rechte,
Privilegien, Freiheiten und Gewohnheiten, welche ihnen in
Ansehung der Religion erteilt worden und dienlich sind (servientes)."
Die nähere Begrenzung, was zu diesen staatsrechtlich garantirten
Sitten zu rechnen sei, war offenbar dem Gewohnheitsrechte vorbehalten (quantum juris est et usus eorum habetur). Dieses aber
entschied sich zu Gunsten der Befreiung der Mennoniten vom Eidschwur und Kriegsdienst, deren Nichtableistung entschieden und
unzweifelhaft zu ihren alten Gewohnheiten gehörte. Zwar fehlt es
an älteren Zeugnissen, welche uns dies Verhältniß der alten Mennoniten zur Wehrverfassung des Landes klar erkennen ließen, daß sie
aber keine Kriegsdienste geleistet haben, geht zur Genüge aus folgenden Gründen hervor:

1) Die Eid- und Wehrlosigkeit war ein ausdrücklicher Artikel
ihres Glaubensbekenntnisses. Wären sie verhindert gewesen, diesem
Glaubenssatze nachzuleben, so hätte sich derselbe nicht 200 Jahre
lang unter ihnen erhalten können und weder die beiden Danziger, welche Wehrfreiheit gegen die Entrichtung eines Schirmgeldes
besaßen, noch die holländischen Gemeinden hätten mit ihnen eine
enge religiöse Gemeinschaft unterhalten.

7

2) Sie würden sich in jedem Falle nur der Gewalt gefügt haben. Von dauernden oder wiederholten Gewaltthätigkeiten aber, welche wegen Nichtableistung des Eides und Kriegsdienstes gegen die Mennoniten in den Werdern und Niederungen begangen wären, hat sich keine Kunde erhalten. Wenn Hartwich, Pastor zu Baren-hof im Marienburger Werder im Jahre 1719 berichtet: „daß sie zum Eide auch alsdann nicht können gebracht werden, wenn sie von der Obrigkeit dazu erfordert werden, es sei denn gezwungen, lehrt die Erfahrung," so setzt dies den Eideszwang als einen unzweifelhaft dem Gewohnheitsrechte widersprechenden Ausnahmezustand voraus. Noch weniger aber ist je von einem Zwange zum Kriegsdienste die Rede. Alle Verfolgungen und Bedrückungen, welche in diesen Landestheilen die Mennoniten trafen, hatten vielmehr die Einheit der Religion zum Princip, oder zum Vorwand, niemals stützen sie sich auf die Verweigerung der staatlichen Leistung des Kriegsdienstes. Kein Schrift-steller giebt davon Bericht, daß eine solche jemals eingetreten; hätte eine solche stattgefunden, so würde das der Erwähnung nicht ent-gangen sein, und doch ist nichts gewisser, als daß die Mennoniten sich geweigert hätten, falls eine gezwungene Werbung stattfand.

3) Die Mennoniten würden so tief ihr Gewissen verletzende Gewaltmaßregeln, wie die gezwungene Werbung oder Heranziehung zum Aufgebot gewesen sein müßte, nicht vergessen haben. Aber unter allen Aufzeichnungen, welche sie aus älterer Zeit in ihren Gemeindearchiven erhalten haben, wird niemals eine Klage über die Heranziehung ihrer Söhne zum Waffendienste laut. Vielmehr wird noch heute eine gewisse Familie, deren Mitglieder sich durch ihre Körpergröße auszeichnen, als besonders denkwürdig betrachtet, weil ihr Ahn einst vor der preußischen Zeit von Werbern gewaltsam fortgeschleppt und gezwungen war, lange Jahre den Krieg mitzu-machen. Als er wiederkam wurde er, weil er nicht freiwillig so gehandelt, nach Erklärung seiner Reue wieder in die Gemeine auf-genommen. Die Werber waren vielleicht nicht einmal einheimische, sondern preußische, welche oftmals weit über die Grenzen nach großen Rekruten streiften. Jedesfalls hätte jener Fall nicht als

besondere Merkwürdigkeit sich so lange im Gedächtniß erhalten
können, wenn er nicht ganz vereinzelt dagestanden hätte. Als im
Jahre 1768 der Aelteste der Flaminger Gemeinde in Danzig, Hans
van Steen, mit mehreren holländischen und süddeutschen Aeltesten
in Briefwechsel über den Zustand der Gemeinschaft trat, rühmte
er die Freiheiten, welche die großen Gemeinden im Werder in Folge
ihrer Privilegien von den polnischen Königen gegenüber den Beschränkungen der Danziger besaßen, die ein hohes Schirmgeld für die
Wehrfreiheit zahlen mußten; er hätte gewiß nicht unterlassen es
klagend zu bemerken, wenn die Werdergemeinden der Vergünstigung
waffenlosen Lebens beraubt gewesen wären.

4) Die Wehrverfassung des preußischen Landes ließ für die
Wehrfreiheit der Mennoniten einen so großen Spielraum, daß die
ihnen gewährte Vergünstigung durchaus nicht in die Augen fallend
war. Für gewöhnlich kriegte man mit Söldnern, zu deren Unterhalt die Landstände der Krone eine Steuer unter verschiedenen
Namen Poborren, Horngeld u. s. w. bewilligten. Nur bei ganz
außerordentlichen Gelegenheiten wurde die Ritterschaft und das
Landvolk aufgeboten. Wie es dabei zuging, mag man aus den
Rüstungen zum schwedischen Kriege 1655 ersehen. Die Stände
beschlossen, daß die Marienburgische Ritterschaft sich auf dem roten
Hofe am 24. Mai mustern sollte. Den Starosten und Inhabern
königlicher Güter wurde auferlegt von 20 Hufen ohne die
wüstliegenden einen Fußgänger in gehöriger Rüstung, einträchtiger
teutscher Kleidung (und zwar die Marienburgischen in blau und
rotem Unterfutter) mit 5 Pfund Pulver, 60 Klafter Lunten und
zweihundert Kugeln unter der Fahne ihrer Wojwodschaft an den
zur Musterung der Ritterschaft benannten Ort zum 24. Mai zu
liefern, ihn der ferneren Verordnung des Wojwoden zu überlassen
und die ersten zwei Monate selbst zu bezahlen, nach welcher Zeit
die Mannschaft ihren Sold aus dem Landesschatz und zwar ein
jeder der gemeinen Krieger monatlich 8 Gulden empfangen würde.
Außerdem hatten die Schulzen, privilegirten Landkrüger und Lehn-
männer (Lenmanni) zu gleicher Zeit entweder sich selbst persönlich,

7 *

ober an ihrer Stelle einen tüchtigen Mann zu stellen und sich so
lange auf eigene Kosten im Lager aufzuhalten, als das Aufgebot
des Adels dauern würde. Die Aufgebote aus allen Wohwodschaften
sollten gemeinsam ein Lager beziehen und dort die beständig in Sold
gehaltenen Fußsoldaten, Wybranci, zu ihnen stoßen; endlich Wohwoden
und Ritterschaft nach gemeinsamer Verabredung noch so viele Reiter
und Fußgänger anwerben, als die auf dem Landtage bewilligte
Steuer reichen möchte."*) Die Auswahl der unter die Fahne
gestellten Mannschaft hing mithin von dem königlichen Oeconomus
oder Tenutarius respective dem Edelmann ab, und schon der eigene
Vorteil riet an, dabei das Gewissen der Mennoniten zu schonen.

5) Ein ausdrückliches Zeugniß ·für die Wehrfreiheit der
Mennoniten in den Werbern unter der polnischen Herrschaft liefern
die uns erhaltenen Akten einer Begebenheit aus dem Jahre 1746.

Elbing, mit seinem Territorium befand sich seit 1698 in
preußischem Pfandbesitze, stand aber unter polnischen Reichsgesetzen,
wie u. A. schon daraus zu ersehen ist, daß die letzten Könige von
Polen ihre Versicherungsbriefe den nunmehr unter dem preu=
ßischen Herscher wohnenden Mennoniten des Elbinger Territoriums
mit erteilten. Unter Friedrich Wilhelm I. hielt der Generallieutenant
Graf von Geßler in Elbing „eine heftige und starke Werbung" und
ließ einige Mennoniten trotz der Berufung auf ihre Privilegien
„mit Gewalt wegnehmen, dabey viele Tausende von Trähnen
sind vergossen worden, und hat er zu oftermalen in solchem trüben
Wasser gefischet, daß Ihm auch vor einen Mann Contant ein Tau=
send Reichsthaler sind bezahlt worden." Da sahen sich die Menno=
niten „wegen solchen Zwangnissen genöthigt" an den König zu suppli=
ciren und sind sie „allergnädigst erhöret und vor solchen Gewalt=
thätigkeiten in Fried und Ruh gesetzt worden." Im Jahre 1746
schlug der Graf von Geßler abermals sein Werbebüreau in Elbing
auf, und suchte sein früheres Verfahren zu wiederholen. Umsonst
suchten die Bedrängten beim Hofrat Pöhling Hilfe. Da wandten

---

*) Lengnich a. a. O. VII. 126.

die „sämmtlichen treugehorsamsten Mennoniten aus dem Elbinger Territorio" sich bittend um Abhülfe an den „Allergnädigsten König und Pfandesherrn." In ihrer Bittschrift vom 3. Juni 1747 finden sich folgende Stellen:

„Zu Ewer Königl. Majestät nehmen wir arme und aller= betrübteste Unterthanen im Elbingschen Territorio, Mennonisten genannt, unsere allerunterthänigste Zuflucht, vor Dero Füßen nieder= fallende und weh= und allerbemüthigst klagende beybringend, welcher= gestalt wir von dem hoch= und wohlgebornen Herrn Generallieutenant von Jeßler Excellenz durch den von ihm gesandten Rittmeister von Pflanz, welchergestalt hart vermeldet hat, daß zwischen dem 1sten und 15ten Juni wir unsere Kinder sollen ein Rolliren lassen, auch dabey anbefohlen, gewisse Mannschaft anzuwerben und wofern wir solches nicht thun würden, uns beim Kopf nehmen zu lassen. Darzu sollen der Königl. Majestät Ungnade zu erwarten haben. Solche harte Ordre ist noch niemalen weder an unsere Väter, viel weniger an uns geschehen, so lange die Mennoniten hier in das Königl. Preuß. Pohlen gewesen und von denen nunmehro in Gott ruhenden Königen von Polen glorwürdigsten Andenkens und mit Bewilligung der Respublik anhero aus Holland berufen worden."

Nach einer ausführlichen Berufung auf die Verdienste der Mennoniten um Urbarmachung des Landes werden die polnischen Privilegien erwähnt: „Dahero ihnen (Unsern Vorfahren) denn auch vor solche erwiesene treue Dienste und Fleiß mit königl. Contrakten und Privilegien absonderlich die Religionsfreiheit von allen Beschwer= nissen und Kränkungen ohne Jemandes Verhinderung unter der Respublik der Krohn Polen ertheilet ist. Wobey wir nahe zwei= hundert Jahr in solcher Freiheit sind höchstgnädigst geschützet und erhalten worden. — Was mehrgedachten Hochgebornen Herrn General von Jeßler Exc. betrifft mit seiner harten und festgestellten Ordre an uns, vor ihm Recrutten anzuwerben und unsere Kinder einrolliren zu lassen, können wir unmöglich gehorsamen, noch viel

weniger willfährtigen, die weilen es wider die Lehre Unseres Heilandes
und Erlösers Jesu Christi ist, indem wir uns ergeben haben, in ihm
zu leben und zu sterben, auch aller Rache und dem Uebel zu widerstehen abgesaget, und wir einfältig und geringe Nachfolger als
waffen- und wehrlose Christen zu sein mit Ew. Majestät hoher
Gnade und Schutz gern verbleiben wollen."

In einem kürzeren, wie es scheint, von Deputirten der
Gemeinden am 17. Juni 1746 zu Berlin eingereichten Bittschreiben
wird gesagt:

„Solchergestalt haben wir in dem Elbingschen Territorio uns
eingefunden und diejenige Religionsfreiheit, so uns wegen des Fleißes,
welchen wir bei urbarer Mühung derer sümpfigten und morastigen
Oerter angewand, gegeben ist, geruhig genossen. Anjetzo aber ist wider alles
Vermuthen durch den von dem Herrn General-Lieutenant Grafen
von Gesler an uns geschickten Rittmeister von Flans uns angekündigt
worden, daß wir zwischen dem 15ten dieses nicht allein unsere
Kinder enrolliren lassen, sondern auch gewisse Mannschaft anwerben,
widrigenfalls beim Kopf genommen werden sollen. Wir können mit
Worten nicht ausdrücken, in wie große Aengstigung wir durch diese
Ordre versetzet sind, denn nach den Grundsätzen unserer Religion
ist uns nicht erlaubt Waffen zu tragen, und dem Kriege nach zu
folgen. Unsere Söhne und Knechte werden also weit lieber in andere
Lande gehen, als ihr Gewissen fesseln lassen."*)

Auf diese Bittschreiben hin erfolgten am 25. Juni zwei Kabi-
netsordres des Königs:

1) An den Hofrath Pöhling.

Mein Lieber!

Nachdem mir die sämmtliche Mennoniten aus dem Elbingschen
Territorio geklaget, daß ihnen der General-Lieutenant Graf von Gesler
habe ankündigen lassen, daß sie zwischen dato und dem 15ten dieses

---

*) In der Bittschrift vom 8. Juni heißt es: Für das erste, so gehen
unsere Söhne und Knechte weg in andere „Jurisdiktionen", d. h. nach
den angrenzenden Werbern in Polnisch Preußen, wo sie mithin von Werbung
frei gewesen sein müssen.

Monats, nicht allein ihre Kinder enrolliren laffen, sondern auch gewiffe Mannschaft anwerben sollen. Ich aber diese Leute bei ihren Privilegien und besonders bei ihrer Religions-freiheit völlig geschützet haben will, daher auch an den General-Lieutenant Graf von Geßler eine solche Ordre, wie der Copialein-schluß des mehreren zeiget, habe ergehen laffen, daß Er und sein Regiment gleich allen andern nicht nur alles enrolliren der Menno-nisten und ihrer Kinder gänzlich enthalten, sondern auch mit der verlangten Werbung ganz und gar verschonen und sie in Ruhe laffen soll. Als befehle ich auch hiedurch zugleich dahin zu sehen, die gehörige Verfügung zu thun, damit sothaner meiner Ordre und Intention von Niemand zuwider gehandelt werde. *)

Ich bin u. s. w.

Potsdam, den 25. Juny 1746.

Friedrich.

2) An den General-Lieutenant Grafen von Geßler.

Mein lieber General-Lieutenant, Graf von Geßler!

Es haben sämmtliche Mennonisten aus dem Elbingischen Territorio an mich immediate alleruntertänigst geklaget, wie daß ihnen durch den von Euch an sie abgeschickten Rittmeister von Flanß angekündigt worden, daß sie zwischen dem 1sten und 15ten dieses Monats nicht allein ihre Kinder enrolliren laffen, sondern auch gewiffe Mannschaft anwerben, wobei sie gleich gebeten, sie mit der Werbung zu verschonen. Da nun diese Leute nach den Grundsätzen ihrer Religion nicht Soldaten sein und in dem Kriege bienen können, und ich sie nach denen von mir denselben ertheilten Privilegiums,**) wie überhaupt, so insbesondere bei ihrer Religion und Gewiffens-Freiheit geschützt und erhalten wiffen will, so befehle ich hiedurch auf das ernstlichste, daß Ihr und Euer Regiment sich gleich allen andern alles Enrolliren berer Mennonisten und ihrer Kinder nicht nur gänzlich enthalten, sondern sie auch mit der verlangten Werbung.

---

*) Vorstehende Akten nach Copien des Danziger Gemeindearchivs.

**) Der König bezieht sich hier auf seine für die Ostpreußischen Menno-niten gegebene Kabinetsordre von 1740.

ganz und gar verschonen und sie in Ruhe und Frieden lassen sollet.
Es ist dies meine strikte Ordre, wornach Ihr Euch gehörig zu
achten habt. Ich bin u. s. w.

Potsdam, 25. Juni 1740.   Friedrich.*)

Nach vorstehenden Erwägungen und Zeugnissen wird man es
als unzweifelhaft betrachten müssen, daß den Mennoniten in den
Werbern und Niederungen in ihren Privilegien, auch wenn dies nicht
ausdrücklich gesagt ist, die Wehr- und Werbungsfreiheit
mit verbürgt war.

C. In Danzig und seiner Umgegend.

In Danzig und seiner Umgegend ließen sich die Mennoniten in
größerer Anzahl zuerst um das Jahr 1567 nieder, als Herzog
Alba in den Niederlanden durch seine Blutbefehle massenhafte Auswanderungen veranlaßte.**) Reformirte und taufgesinnte Flüchtlinge
fanden sich damals teils in der Stadt selbst, teils auf den geistlichen
Gründen vor den Thoren ein. Besonders in Schottland, einer
Besitzung des Bischofs von Cujavien und im Dorfe Schidlitz nahmen
sie mit Weib und Kind ihren Aufenthalt. Diese unmittelbar vor
den Thoren Danzigs gelegenen Ortschaften sind bis zu dem napoleonischen Kriege Hauptsitze der Mennoniten geblieben. Als der
erste Aelteste der neugebildeten Mennonitengemeinde in Danzig fun-
girte Dirk Philipps,***) der treue Freund und Genosse des Menno
Simons. Doch schon 1568 oder 1569 begab er sich mit Hans Sikten
und einigen Anderen nach Emden, um die dort ausgebrochenen
Streitigkeiten zwischen den Flamingern und Friesen über den Bann
zu schlichten, auf welcher Reise er 1570 starb. Ueber die ersten
Schicksale der Gemeinde in der Stadt Danzig berichtet Hartknoch:
„Anfangs verhielten sie sich sehr still, allein mit der Zeit fingen sie
nicht allein an der Bürgerschaft schädlich in der Handlung zu fallen,
sondern sie äußerten sich auch der Religion wegen und brachten ihre

---

*) Copie des Orlofferfelder Gemeindearchivs.
**) S. Ten Cate. Geschiedenis der Doopsgezinden in Holland I. a. m. O.
***) S. o. S. 22. 64.

Irrthümer unter die Leute. Als dieses der Magiſtrat und die Bürgerſchaft wahrgenommen, wollten ſie dieſem Uebel bei Zeiten vorkommen, deshalb ward ein Edikt wider ſie angeſchlagen, daß die Wiedertäufer, Sakramentirer und anderer Sekten Leute nicht ſollten geduldet werden. Aber dieſes erſte Edikt kam nicht zur Exekution, ſondern es blieb bei dem vorigen. Hernach iſt 1573 aus Schluß aller Ordnungen das vorige Edikt vor die Hand genommen, verbeſſert und an den Artushof den 26., 27. u. 28. April angeſchlagen worden, darum allen Fremden in der Stadt auch der-ſelben Botmäßigkeit Haus und eigen Rauch zu halten verboten und zwiſchen derſelben Zeit und nächſtkommendem Pfingſten zu räumen anbefohlen worden. Item es ward geboten, daß alle Wirthe, welche fremde Leute beherbergen, bei ihrer bürgerlichen Pflicht auf ihre Gäſte der Religion halber fleißig Aufſicht haben ſollten, daß kein Wiedertäufer, Sakramentirer, Schwärmer in der Stadt und ſoweit ſich deren Gebiet erſtreckt, ſoll gehegt und geduldet werden."*) Aus dem Gebiete der Stadt ſelbſt vertrieben fanden die Mennoniten in Schiblitz und Schottland Schutz. Die Motive ihrer Vertreibung aus Danzig waren einerſeits Brodneid von Seiten der Bürger, welche von den gewerbfleißigen Niederländern eine gefährliche Con-kurrenz zu befürchten hatten, andererſeits orthodox lutheriſcher Glaubenseifer geweſen; wogegen die Biſchöfe von Cujavien, um ihr Schottland zum Nachteil der benachbarten Handelsſtadt zu heben, die Anſiedelung der Fremden gerne ſahen. Dieſelben erhielten deshalb hier ſehr bald Privilegien. Ein ſolches wurde am 20. October 1623 von König Sigismund III. den Bortenwirkern in Schottland ausgeſtellt und am 30. Decbr. 1634 von Wladislaus IV., am 22. Juni 1649 von Johann Caſimir beſtätigt, und durch ein Decretum Contumaciale gegen die Bürgerſchaft von Danzig 1681 auf die in der Stadt wohnenden Mennoniten ausgedehnt. Rückſichtlich der Religion wurde der Gemeinde völlige Duldung zu Theil und nur ſelten durch rechtloſe Uebergriffe von geiſtlichen oder weltlichen

---

*) Hartknoch Preuß. Kirchengeſchichte. B. III. Cap. 3 §. 6. S. 717. 718.

Behörden und Privatpersonen angegriffen und vorübergehend geschmälert. Am 26. September 1684 wegen einer alten Verordnung des
Bischofs Alpert, daß sie binnen 8 Tagen ihre Kinder taufen lassen
oder aus Schottland weichen sollten, vor den bischöflichen Investi-
gator gefordert, erklärten die Vorsteher der Gemeinde, daß jenes
Edikt niemals ausgeführt sei, daß sie vielmehr stäts beim friedlichen
Genuß ihrer Religion geblieben seien, und baten, im Besitze und
bei den Gebräuchen und Gewohnheiten ihrer Väter ruhig verbleiben
zu dürfen (seque circa possessionem usum et et consuetudinem
patrum suorum conservari et manutenert humiliter postulabant).
Es erfolgte darauf auch ihre Freisprechung. Als im Jahre 1720
Privatleute unter dem Vorwande, an einzelne Mennoniten Schuld-
forderungen zu haben, sich Erpressungen gegen die Gemeinde erlaubten,
nimmt sie der Bischof Constantin Felician Szaniawski unterm
3. April aufs nachdrücklichste in Schutz und bestätigt ihr alle
Privilegien seiner Vorgänger, zumal auch den ruhigen Besuch
ihres Gotteshauses. Dieses Gotteshaus stand im Stadtgebiet
auf städtischem Grunde und die Mitglieder der Gemeinde wohnten
damals teils in der Stadt unter der Jurisdiction des Magistrats,
teils auf bischöflichem Gebiete. Daß unter jenen Gebräuchen, deren
ruhiger Fortbesitz den Schottländern verstattet wurde, die Wehrfreiheit sich befand, scheint aus einem Schreiben des Aeltesten dieser
Gemeinde Hans von Steen an Dr. Johann Cüperus in Utrecht
vom 3. Januar 1772 deutlich hervorzuleuchten. Nachdem er soeben geklagt, daß die auf städtischem Boden seßhaften Mennoniten
in- und außerhalb der Mauer für die Wehrfreiheit ein Schirmgeld
bezahlen müssen, fährt er fort. „Sie werden sich wundern, daß ich
oben gesagt habe, daß wenig Unterschied zwischen den Protestanten
und Katholiken zu machen sei. Das geschah nicht allein aus dem
Grunde, daß jene mit den Römischen übereinkommen in der Kindertaufe, dem Schwertführen, und Eidschwören, sondern auch
weil sie sich hier zu Lande unmanierlicher betragen als in den
Niederlanden. Denn unser Volk (natie) hat hier zu Lande die meiste
Bedrückung von den Protestanten zu leiden, wogegen es unter der

römischen Regierung die meiste Freiheit der Religion und des
Nährstandes genießt. Denn weder in Danzig noch in irgend-
einer andern Stadt in Polnisch-Preußen *) genießen sie bürgerliche
Freiheit, ja zu Marienburg, Thorn u. s. w. mögen sie unter der
lutherischen Regierung nicht einmal wohnen. Dagegen bei Danzig,
auf Schottland und den umliegenden Gründen unter der **römischen
und bischöflichen Regierung sie Freiheit von allem
genießen**, wo denn auch der größte Theil der Taufgesinnten wohnt;
und im Werber, wo die großen Gemeinden sind, werden sie unter
der römischen Regierung den Protestanten sogar vorgezogen." **).

Auf städtischem Gebiete fanden die Mennoniten bald nach
1573 aufs Neue Eingang. Im Jahre 1606 wurde ein Ratschluß
gefaßt, den Mennoniten hinfort keinen Ankauf von Grundbesitz im
Danziger Werber zu gestatten; doch nahmen sich 1608 die Danziger
auf dem Landtage der Taufgesinnten an. (S. o. S. 78.)

Als im Januar 1656 die Bürger von Danzig ihre Vorstädte
in Brand steckten, um sich in besseren Vertheidigungszustand gegen
die Schweden zu setzen, und dabei auch die geistlichen Güter Schottland und Schidlitz in Feuer aufgingen, verloren viele Mennoniten
ihr Eigentum. Da erlaubte der Rat 21 Familien sich in der
Stadt niederzulassen. Nach und nach vermehrte sich die Zahl der
Ansässigen, sie erhielten Handelsconcessionen, durften unter gewissen
Bedingungen Grundeigentum erwerben und sogar zwei Bethäuser
auf städtischem Grunde erbauen. Doch wurden die Mennoniten nie
zum vollen Bürgerrecht zugelassen, ja bei den Streitigkeiten, welche
1750 zwischen dem Rat und den Gewerken ausbrachen, erging auf
Ansuchen der letzteren, trotz entschiedenen Einspruchs des niederländischen Gesandten, ein Rescript des Königs August III., daß die
Mennoniten fortan nicht mehr Handwerk und Handel zugleich treiben,
die Materialien zu ihren Fabrikaten von Bürgern kaufen, die fer-

---

*) An Elbing denkt er nicht (s. S. 72.) weil dieses damals Preußischer
Pfandbesitz war. (s. S. 100.)
**) Das holländ. Original dieses Briefes befindet sich im Copiebuch
des Hans van Steen (s. o. S. 54).

tigen Produkte nicht feilbieten, sondern nur an Bürger verkaufen,
und keine weiteren Grundstücke erwerben sollten. Seit der Zeit
blieben den Mennoniten eine lange Zeit keine andern Gewerbe
erlaubt, als der Seidenkram, die Branntweinbestillation und die
Färberei. In Betreff ihrer Religion waren sie jedoch unbelästigt,
seitdem mehrere auf die Anklage arianischer Grundsätze hin angestellte Untersuchungen in den Jahren 1767—1772 einen für die
Mennoniten günstigen Ausgang genommen hatten. Bei dieser Gelegenheit hatte der Aelteste Georg Hansen der vom Bischof Sarnowski
niedergesetzten Commission das o. S. 32. 43. XXII. erwähnte Glaubensbekenntniß eingereicht. Ohne eine besondere Abgabe genossen die
Mennoniten Befreiung vom Wehr- und Waffendienst. In Kriegs-
zeiten waren sie verpflichtet Stellvertreter zu bezahlen. So heißt
es in der, Angesichts der drohenden Belagerung erlassenen „Revi-
birten Wachordnung der Stadt Danzig 1733“: „Die Mennonisten
sollen zweene wehrhafte Männer, die nicht Bürger und Einwohner
sind (als welche ohnedieß aufzuziehen schuldig) und den Eyd bei
den verordneten Wachtherren vorgängig abgeleistet haben, für jede
Person an ihre Stelle schicken.“ *)
      Während der russischen Belagerung Danzigs 1734 löschten
die Mennoniten, die „besonders in solchem Falle dazu verordnet
waren, weil sie keine Kriegsdienste verrichten dürfen“. die durch
Bomben entstandenen Brände so gut, „daß der Feind seinen Willen
zu starkem Brande in der Stadt niemals bringen können.“ **) Als
aber König August am 9. August 1749 den Danziger Bürgern die
bisherigen Abgaben ermäßigte und dafür einige andere neue Steuern
einführte, fand er es für gut, den Mennoniten eine jährliche Zahlung von 5000 Fl. Schirmgeld für die Befreiung vom Wehrdienste
aufzuerlegen. Dieses Schirmgeld wurde 1759 durch Schluß sämmtlicher Ordnungen auf 2000 Fl. herabgesetzt. Hans van Steen
berichtet in einem Briefe (de dato Danzig 1768) an Martin Möl-

---

*) Accurate Nachricht von der Russisch- und Sächsischen Belager- und
Bombardirung der Stadt Danzig. Köln 1735. p. 235.
**) Accurate Nachricht S. 74.

linger in Mannheim: Um daß wir nicht mit zu Waffen greiffen, noch Eyd schweren 2c., müssen unsere Freunde, nur allein die so in der Stadt innerhalb Wall und Mauer wohnen, welches doch nur der kleinste Theil der Gemeinde ist, jährlich 2000 Fl. Schirmgeld und von jedem Ohm oder Tonne Brandtwein 3½ Fl. Schoß geben, welches noch wohl dreimal soviel betrifft. Die andern wohnen vor und um Danzig auf römisch-katholischem Gebiet, da sie mehr Freiheit genießen, auch alle Handthierungen treiben mögen, was Menschenwitz erfinden kann." Am 3. Jan. 1772 schreibt derselbe Hans van Steen an Dr. Cüper in Utrecht: Bei aller dieser Bedrängniß müssen unsere Freunde, die in der Stadt und innerhalb der Thore wohnen, jährlich 2000 Fl. poln. Schirmgeld bezahlen, wovon die Waterländer (Friesen) nur 600 Fl., wir (Flaminger) 1400 erlegen. Andererseits sind wir bei friedlicher Zeit vom Waffenhandel zwar frei, aber bei Unfrieden und wann die Bürger auf die Wälle müssen, müssen unsere Freunde die Wachen an den Kapitän bezahlen."

Am 28. März 1774 erging folgender Schluß der Ordnungen:

E. Gericht R. H. und Breiten Quartiers haben den supplicando beigekommenen Mennonisten soweit fügen zu wollen sich erkläret, daß während dem Aufziehen der Bürgerfahnen sie 500 Fl. weniger an dem ihnen auferlegten jährlichen Schirmgelde zahlen mögen,*) wonächst E. Gericht R. und H. Quartiers zufrieden sein, daß sie folglich auch für daß vorige 1773 Jahr anstatt der sonst zu zahlenden 2000 Fl. nur 1500 Fl. an Schirmgeld entrichten dürfen. Solches gedeiht aus E. Raths Beifall zum Schluß.

Wiederum im Jahre 1782 baten die Mennoniten um Erlassung des seit dreißig Jahren ihnen auferlegten und vor diesem ganz unbekannten Schirmgeldes wegen der nahrlosen Zeiten, und mancherlei Bedrückungen und besonders da alle ihre Handthierungen

---

**) Weil sie dann für persönliche Stellvertretung an den Kapitän das Wachtgeld zu bezahlen hatten.

äußerst eingeschränkt und mit schweren Abgaben belegt seien. Der Rat und die Ordnungen setzten demnach auch am 15. März 1782 das jährliche Schirmgeld auf 1200 Fl. herab.

D. Die Mennoniten in Ostpreußen.

Traten im polnischen Preußen vorzüglich die Bischöfe als Ankläger der Mennoniten auf, so war die lutherische Landesklerisei im Herzogtum in noch höherem Grade darauf bedacht, um der Religionseinheit willen die fremden andersglaubenden Gäste fern zu halten. In Folge dessen wurde es ihnen anfangs weit schwerer gemacht, hier zu festen Ansiedelungen zu kommen, als in den übrigen Landesteilen. Im Jahre 1579 reichten die Mennoniten dem Markgrafen Georg Friedrich eine Supplik ein, worin sie um das Recht freier Niederlassung in Königsberg und anderen Städten und Orten baten. Zugleich übergaben sie eine Confession, worin sie einige der vornehmsten Artikel ihres Glaubens erklärten. Aber am 8. Januar desselben Jahres erhielten sie die Antwort, der Markgraf habe freilich Zeit seiner Regierung keinem Fremdlinge gewehrt, in seinem Gebiete seine häusliche Nahrung zu suchen und sonsten Handtirung zu treiben und wäre solches im Herzogthum Preußen also auch anitzo zu halten geneigt. Es gebühre ihm aber als christlicher Obrigkeit und sei für ihn eine Gewissenssache darauf zu sehen, daß bei seinen Unterthanen ein einhelliger Consens und Gleichförmigkeit in der Religion christlichen Glaubens und Bekenntnisses erhalten werde, wie solches schon die Landeskonstitution und Privilegia mit sich brächten. Die von Ihnen übergebene Confession zeige aber, daß sie in vielen Punkten den wahren christlichen Glauben nicht hätten und auch in Betreff der Polizei und des Hausstandes mit der Augsburgischen Confession und dem Preußischen Corpus doctrinae nicht überein lehrten, und lebten, zuvörderst von dem heiligen Sakrament der Kindertaufe gar ärgerlich und spöttlich hielten. Mithin könne der Landesfürst ihrer Bitte nicht nachgeben, vielmehr sollten alle Wiedertäufer bis zum ersten Mal das Land räumen."*) Die Austreibung scheint indessen weder ernstlich betrieben, noch von dauernder Wirkung gewesen zu sein, denn 1585, 1586, 1661, 1679, 1680 wurden die Ausweisungsedikte erneuert und man erfährt, daß die Mennoniten zwischenein sogar liegendes Eigentum erworben hatten.**) Weit günstigere Verhältnisse traten für die Taufgesinnten mit dem Beginne des 18ten Jahrhunderts ein. König Friedrich I. eröffnete im Jahre 1710 den in Bern wegen Verweigerung des Eidschwures und Kriegsdienstes verfolgten Taufgesinnten eine neue Heimat in seinem Königreich, mit Zusicherung voller Wehrfreiheit. Aus den im I. geh. Staatsarchiv zu Berlin aufbewahrten Akten ersieht man, wie sehr der Regierung daran gelegen war, die fremden Ansiedler ins Land zu ziehen. Auf das Ansuchen der holländischen Mennoniten hatten die Generalstaaten bereits am 15. März 1710 ein kräftiges Intercessionalschreiben zu Gunsten der Verfolgten erlassen. Wenige Tage darauf wandte sich der Berner Gesandte Herr v. Sapperlin an die Generalstaaten mit der Bitte 50 Schweizer Mennoniten, die zur Deportation nach Westindien unter Aufsicht eines auswandernden Privatmannes, Namens Ritter, verurteilt waren, durch ihr Land passiren zu lassen. In Folge dessen berief der Magistrat von Amsterdam zum 22. März drei als Deputirte ihrer Brüder angekommene Verbannte (Benedikt Bengtbühl, Hans Burchi und Melchior Zaler) vor sich und stellte mit ihnen ein Verhör über die drei von Seiten der Berner Regierung aufgeführten Anklagepunkte an. In Betreff der Beschuldigung, daß sie nicht willig seien ihr Vaterland zu vertheidigen, erklärten sie, sie seien bereit der Obrigkeit für ihre Beschirmung Geld zu geben, soviel von ihren Mitgliedern nach Vermögen gefordert werden möchte, und sie aufbringen könnten, und daß sie, falls die Not es erheischen sollte, bereit wären, anstatt die Waffen zu gebrauchen, soviel als thunlich an den Befestigungswerken zu arbeiten.***) Man fand sie unschuldig. Noch denselben Tag

---

*) Hartknoch, Preuß. Kirchengeschichte S. 497.
**) Hartknoch a. a. O. 498
***) Das Protokoll dieser Verhandlung ist bei Hermann Schyn Geschiedenis der Mennoniten I. 345 fgg. abgedruckt. Vergl. o. S. 41.

(März 22.) faßten die Generalstaaten den Beschluß, Herrn von Saphorin den Durchgangspaß für die Verbannten zu verweigern, da es den Prinzipien der reformirten Religion zuwiderlaufe, die Gewissensfreiheit zu beschränken und das Verfahren der Berner Regierung den katholischen Staaten ein gefährliches Beispiel geben könne. Ratlos, was jetzt mit den Verbannten anzufangen sei, ließen ihre Begleiter dieselben auf dem Wege nach Holland teils bei Köln, teils bei Nimwegen entwischen, worauf sie sich zu ihren Glaubensbrüdern in der Pfalz flüchteten. Inzwischen schmachteten in Bern noch viele Täufer gefangen im Spital und die übrigen wagten aus Furcht vor der Verfolgung nicht offen hervorzutreten. Bei dieser Sachlage wandte sich der Vorstand der Hamburg-Altonaer Mennonitengemeinde, von Holland aus dazu ermuntert, an den Königl. Preuß. Geschäftsträger, Hofrat Burchardi in Hamburg, mit der Bitte, von Seiten seines hohen Souveräns ebenfalls ein Intercessionalschreiben an den Kanton Bern zu vermitteln und zugleich anzufragen, ob eventuell Hoffnung da sei, daß der König ihren Glaubensgenossen eine Retirade, Schutz und Zuflucht in seinem Lande Valengin und Neufchatel, oder in andern Provinzen anweisen werde. Unter dem 25. April 1710 befürwortete Burchardi diese Bitte lebhaft und stellte Se. Majestät anheim, der Berner Regierung bemerkbar zu machen, daß die Mennoniten ja fast Reformirte seien und daß die von ihr geübte Verfolgung die Katholiken leicht zu Gewaltmaßregeln gegen die Reformirten ermuntern könne. König Friedrich I. griff den Vorschlag Burchardis mit Lebhaftigkeit auf und schon am 3ten Mai befahl er dem Geheimrat Bonbeli in Bern dahin zu wirken, daß die Mennoniten ferner geduldet würden; falls dies dem Kanton nicht anstehe, sei er entschlossen, sie bei sich selbst zu etabliren. Er werde dies der dortigen Regierung bekannt machen und bitte um eine Liste über die Personen und Mittel der Auswanderer, wenn man mit seinem Vorschlage zufrieden sei. Zwei Tage später (Altlandsberg 5. Mai) erhielt Burchardi die Weisung, den Entschluß des Königs denjenigen bekannt zu machen, welche sich für die Verfolgten interessirten und sich bestens zu bemühen, damit

dieselben diese Vorschläge goutiren und ihre Glaubensgenossen in der Schweiz dazu disponiren möchten.
Die Berner Regierung protestirte gegen die Anschuldigung des
Gewissenszwanges, nur aus staatlichen Rücksichten sei sie genötigt
gegen die Täufer, welche Waffendienst und Eidschwur verweigerten,
einzuschreiten. Sie wolle daher alle täuferisch gesinnten Personen
nach Preußen abziehen lassen, sobald erst eine Gewähr dafür vorhanden sei, daß sie nicht wieder ins Land kämen. Der König müsse
sich demnach verpflichten, sie ohne Unterschied, ob bemittelt oder unbe-
mittelt, bei sich aufzunehmen und sie nicht in der Nachbarschaft, in
Ballenglu und Neuschatel, sondern im Brandenburgischen oder
Preußischen anzusiedeln (Juni 10.). Kurz vorher war ein neues
Plakat gegen die Taufgesinnten ergangen und ihrer 20 wurden ein-
gekerkert. Wer von den 50 Abgeführten zurückkehre, solle mit dem
Schwert gerichtet, wer einen von ihnen beherberge, mit Ruten
gestrichen werden. So war den Vertriebenen jede Verbindung mit
den in Bern zurückgebliebenen Ihrigen abgeschnitten und diese durften
nicht öffentlich mit dem Bekenntniß ihrer Religion hervortreten. Als
daher die Anerbietungen des Königs an die Amsterdamer Gemeinde
und durch diese an die in der Pfalz zerstreuten Schweizer Verbannten gelangten, wagten diese nicht bindende Zusagen in Betreff
ihrer Verwandten und Freunde in der Heimat zu geben. Der
König erteilte deshalb dem Baron von Schmettau, seinem Geschäftsträger im Haag, den Auftrag sich mit den Mennonitengemeinden in
Amsterdam und Haag, in direkte Unterhandlung wegen des Etablissements der Schweizer zu setzen und ließ ihm zu dem Ende Abschrift
des ganzen bisherigen Schriftwechsels zukommen. Zugleich machte
er (Juli 22.) auf Burcardis Rath den Vorschlag, die drei Schweizer
Deputirten Hans Burchi, Benedikt Bergtbühl und Melchior Zaler,
welche sich damals in Mannheim aufhielten, sollten nach Berlin
kommen und mit Se. Majestät wegen der Uebersiedelung verhandeln,
der eine von ihnen solle mit dem Entwurf des Vertrages nach Bern
reisen und mit der Ratifikation von Seiten der dortigen Mennoniten zurückkommen. Am nämlichen Tage erhält aber auch Bonbelt den

Auftrag, auszuwirken, daß direkt aus der Schweitz Deputirte zu ihm reisen dürfen, um zu unterhandeln. Indem dies am 29. Juli Burchardi angezeigt wird, erhält er die Mitteilung, Se. Majestät hoffe den guten Leuten vollkommene Abzugsfreiheit und Beneficien von Bern zu erwirken, sobald sie sich nur zur Acceptirung des in Preußen ihnen offerirten Etablissements resolviren.

Obgleich schon im Jahre 1707 und 1708 William Penn im Namen des Königs von England an die vereinigte Amsterdamer Gemeine Einladungsschreiben zur Herüberkunft deutscher Mennoniten nach Pensylvanien gesandt und neuerdings auch der holländische Ministerresident Runkel zu Schaffhausen im Auftrage der Prinzessin von Nassau-Friesland und des Grafen von Wied für die Berner Mennoniten die Retirade und das exercitium religionis im Dietzischen und Wiedschen Gebiete angeboten hatte, rieten die Amsterdamer (18. Juli) den 3 Schweitzer Deputirten ernstlich an, sich ungesäumt im Verein mit einigen Mitgliedern der Hamburger Gemeinde, mit denen sie in Magdeburg zusammentreffen würden, an das Hoflager des Königs von Preußen zu begeben, um dort, wozu der König sich erbiete, in Form eines Traktates eine Uebereinkunft wegen vollkommener Religionsfreiheit zu treffen.

Baron von Schmettau war, durch einen reichen mennonitischen Rheder und Holzhändler zu Zaardam, Corn. Mich. Kalf, einen Freund Peters des Großen, den auch der preußische Kronprinz bei seinem Besuch in Holland ausgezeichnet hatte, persönlich für die Angelegenheit interessirt. Als er die Befehle seiner Regierung empfangen hatte, suchte er diesen Mann dafür zu gewinnen, daß die Holländischen Mennoniten für die Reise und die Ansiedelung ihrer Glaubensbrüder eine namhafte Beihilfe geben möchten, und zugleich setzte er sich mit Herrn von Saphorin in Verbindung, um ihn den Wünschen des Königs günstig zu stimmen. Letzterer reiste am 20. August nach Bern, nachdem ihn die Generalstaaten offiziell ersucht hatten, sich bei seiner Regierung um einen Termin zur freien Auswanderung der Taufgesinnten zu verwenden. Da mittler-

weile auch ein Intercessionalschreiben der Königin von England ein=
gelaufen war, fand sich die Berner Kanzlei endlich bewogen auf
das Verlangen des Königs am 26. September folgende Bewilli=
gungen zu machen:

1) Die Täufer sollten ungehindert abziehen und frei über ihre
Güter disponiren dürfen gegen Zahlung eines Abzugsgeldes
von 10 pCt. und Mitnahme des Land = und Mannsrechts
(d. i. Aufgabe der Heimatberechtigung.)

2) Bern werde die Leute auf seine Kosten bis an die Grenze
schaffen und die Armen von da bis Frankfurt beköstigen.

3) Eine Deputation an den König zu erlauben sei nicht thunlich.
Erst wenn die Täufer sämmtlich das Land geräumt hätten,
dürften sie mit dem König unterhandeln.

Die Hamburger und Amsterdamer Mennoniten hatten sich
erboten, die Reise der unbemittelten Schweizer von Frankfurt bis
an die preußische Grenze zu bezahlen und Geld zum Etablissement
derselben zusammenzuschießen. Als nun dieser Sache willen am
5. November zu Amsterdam eine allgemeine Synode gehalten wurde,
machte sich die Besorgniß geltend, daß die Nachricht von der in
Preußen grassirenden Pest die Schweizer, welche jetzt von dem
Anerbieten des Königes noch nichts wußten, abschrecken und gegen
die ohne ihre Einwilligung geschehenen Verabredungen einnehmen
könnte. Es wurde deshalb zwar eine allgemeine Collecte für die
Verfolgten beschlossen, zugleich aber vorgeschlagen, dieselben im
Gröninger Lande zu placiren. Doch entschied sich die Mehrheit
dafür, ihnen die Uebersiedelung nach Preußen in ihrer Gesammtheit
dringend anzuraten, und um sie desto gewisser gutwillig dazu zu
bereden und ihnen die Freiheit der Entschließung zu bewahren, setzte
man fest, daß sie auf einem holländischen Schiffe von Basel rhein=
abwärts zuerst nach Holland gebracht werden und von dort aus mit
der preußischen Regierung unterhandeln, die ganze Reise aber auf
Kosten der Gemeinden machen sollten. Der König zeigte sich besorgt,
daß man nun in Holland die Bemittelten behalten, ihm nur die
Armen schicken werde. Doch ließ er in seinen Bemühungen nicht .

ab und setzte es durch, daß am 11. Februar 1711 Schultheiß, Rat und Bürger der Stadt Bern ein Amnestieedikt erließen, worin unter der Bedingung der Auswanderung nunmehr allen Taufgesinnten erlaubt wurde, sich öffentlich zu ihrer Religion zu bekennen. Jetzt erst erfuhren dieselben von den seit lange ihretwegen gepflogenen Unterhandlungen. Nachdem die preußische Regierung den Auswanderern freien Durchzug und Pässe von Kurmainz, Kurtrier, Kurpfalz, dem Landgrafentum Hessen-Cassel und dem Domkapitel zu Köln erbeten und erwirkt hatte, ließ der König mit Zuschickung der Pässe durch den Gesandten im Haag am 10. April 1711 noch einmal s. königl. Gnade, insonderheit die Belassung einer ungekränkten Gewissensfreiheit versichern. Endlich langten am 7. Juli 1711 drei Deputirte der Schweitzer in Hamburg an und wurden von Burchardi mit Pässen versehen, um in Gesellschaft mehrerer Danziger Mennoniten das vom Könige in Lithauen angewiesene Land in Augenschein zu nehmen. Wie sehr dieses auch ihren Erwartungen entsprach, waren die vertriebenen Schweitzer unter einander nicht einig, manche von ihnen blieben in der Pfalz, wo sich schon 1671 viele von den Ihrigen niedergelassen hatten. Gegen 60 Familien, welche im November 1711 nach Amsterdam gekommen waren, blieben allem Zureden zum Trotz noch in und bei Deventer zusammen. Sie erhielten von den Staaten von Groningen und Binnenlanden Erlaubniß dazubleiben und ließen sich in Groningen, Sappemeer, Kampen nieder *) Noch andere gingen nach Pensylvanien und nur ein Teil nahm schließlich das Anerbieten des Königs von Preußen an und ließ sich 1711 in Littauen nieder, wo der Generallieutenant Graf Dönhof und der Königsbergische Hofgerichtsrat von Reuter den Auftrag hatten, ihre Ansiedelung mit allem Ernst zu fördern, weil Se. Majestät Ursache habe zu wünschen, daß dieses Etablissement zum Besten der Mennoniten einen guten Erfolg gewinne.

Die Pest hatte im Jahre 1711 „das Brandenburgische Preußen hin und wieder sehr von Bauern entlediget." Es wurde deshalb

---

*) S. Blaupot ten Cate Geschiedenis d. Doopsgezinden in Groningen, in Ostfriesland. I. 132. 133.

von allen Kanzeln im Elbingischen Gebiet bekannt gemacht, daß alle
diejenigen, welche sich in das Brandenburgische Preußen mit Geld
begeben würden, 6 Jahre, diejenigen aber, denen der König zu ihrer
Nahrung Geld und Besaß vorschießen würde, nur ein Jahr von
Onerlbus. frei sein sollten. Den Mennoniten, welche sich in Preußisch
Lithauen ansiedeln wollten, wurde volle Gewissens- und Werbungs-
Freiheit versprochen. Der polnische Landesteil litt damals
schon Jahre lang unter den schweren Bedrängnissen des schwedischen
Krieges, so daß eine große Bereitwilligkeit da war, der Einladung
Folge zu leisten. Mehrere Mennonitenfamilien aus dem Culmischen
meldeten sich zur Uebernahme dreier Vorwerke im Kammeramt
Kukernese (Alt- und Neu-Schöppen und Neusorge sammt den dazu
gehörigen Scharwerksdörfern.) Sie wurden ihnen auf dreißig Jahre
verpachtet, mit der Zusage, daß ihre Contrakte nach Ablauf dieser
Frist ohne Schwierigkeit erneuert werden sollten. In der zu Königsberg am 1. März 1713 in duplo ausgefertigten, vom Kammer-
Präsidenten einerseits und den Deputirten der Mennoniten andererseits unterschriebenen „Punktation der Königl. Preuß. Regierung
über den mit den Mennonisten getroffenen Accord"*) heißt es:

ad 1. Was das freie Religionsexercitium betrifft und
daß ihnen öffentliche Zusammenkünfte, ihren Gottesdienst zu
halten und dazu einen bequemen Ort zu wählen, oder zu bauen
möge verstattet werden, so soll dieserhalben an Se. Königl.
Majestät referirt werden und zweifelt man nicht, daß solches
ihnen allergnädigst accordirt werden wird.

ad 2. Wegen Befreiung von allen Werbungen
und Einquartirung, sowohl vor ihre Personen als auch
Kinder und Gesinde und daß selbige auf keine Weise
zu Kriegsdiensten mögen gezwungen werden, wird
die Kammer ebenfalls an Se. Königl. Majestät berichten, und
zweifelt man nicht, daß ihnen solches, weilen es ihrer
Religion conform ebenfalls zugestanden werden wird.

---

*) Abschrift im Archiv der Danziger Mennonitengemeinde.

Die königliche Bestätigung erfolgte; im folgenden Jahr nach der inzwischen erfolgten Thronbesteigung Friedrich Wilhelms I. 1714 wurde wieder ein fast gleichlautender Contract mit Mennoniten aus dem Polnischen Preußen wegen Uebernahme des Vorwerks Calben im Amte Tilsit geschlossen, und am 4. December 1721 wurde noch einmal von Berlin aus eine Einladung zur Niederlassung von Mennoniten erlassen.

Hierauf hin hatte sich auch in und bei Königsberg eine kleine taufgesinnte Gemeinde gebildet. Dieselbe erhielt auf ihre Bitte um völlige Gewissensfreiheit nach Einreichung ihres Glaubensbekenntnisses am 21. April 1722 das Privileg der Duldung und die Vergünstigung in einem Privathause Gottesdienst zu halten, wogegen sie außer sonstigen Unkosten der Preuß. Rekrutenkasse zweihundert Thaler entrichten muste. *)

Vor den Werbern Friedrich Wilhelms I. war kein großer Mann sicher, für sie existirte kein Vorrecht und Gewissensbedenken. In der Nacht vom 14. zum 15. September 1723 brachen einige Soldaten gewaltsamer Weise in die Wohnungen der Mennoniten in Lithauen und ergriffen junge, große Männer, um sie gewaltsam zu werben. Sie verübten dabei vielen Unfug, schlugen die Männer, rieben ihnen Tabak in die Nase, bliesen ihnen den Rauch in den Hals, so daß das Blut herausstürzte und wollten Frau und Magd Gewalt anthun. Zwei von den Leuten, Paul Johns und Georg Grubert, wurden nach Königsberg mitgeschleppt und auf die Reiterwache festgesetzt, um durch Hunger und Durst bis zur Ohnmacht kirre gemacht zu werden. Ein ähnliches Loos traf mehrere andere mennonitische Männer. Die lithauischen Gemeinden beschwerten sich hierauf bei dem Könige und baten um Aufhebung ihrer Contracte und freien Abzug, falls ihnen die Werbefreiheit nicht gehalten werde. In Folge dessen wurden einige der Uebelthäter gestraft, von den gewaltsam Fortgeschleppten aber sechs der größten nach Potsdam gebracht, worunter auch Georg Grubert sich befand. Dort wurden

---

*) Bericht der Kr.- und Dom.-Kammer zu Königsberg v. 24. März 1832. (Reiswitz I. 191 fgg.) S. hinten LXXIV.

sie in harte Zucht genommen, um sie zum Soldatenstande zu zwingen. Da sie aber standhaft blieben und alle Mißhandlungen ruhig über sich ergehen ließen, so siegte in dem Könige das Gerechtigkeitsgefühl und sie alle wurden freigegeben.*) Nur von einem Mennoniten erzählt Faßmann, der unter Friedrich Wilhelm durch Werber mit Gewalt zur Potsdamer Garde fortgeschleppt, anfangs, auf seinen Glauben sich stützend, sich sträubte, später darin wankend gemacht mit Stolz und Lust die Waffen trug.**) Uebrigens nahm der König die Aufkündigung des Landes von Seiten der Mennoniten, in der Tilsiter Niederung so übel auf, daß er ihnen befahl, das Land zu räumen, worauf sie 1724 größtenteils nach dem polnischen Preußen zurückgingen. Dieser Befehl ließ die übrigen, namentlich die in den Städten wohnenden Mennoniten jedoch unberührt. Als aber 1730 Untersuchungen gegen die Unitarier eingeleitet wurden, hatte das Samländische Censistorium auch einen nachteiligen Bericht gegen die Mennoniten eingereicht; in Folge davon erschien eine gedruckte Verordnung de dato Berlin 22. Februar 1732, daß die Mennoniten innerhalb drei Monaten das Land räumen, oder wenn sie sich nach Ablauf dieser Frist noch im Lande betreffen ließen, zur Narrenstrafe verurteilt sein sollten, statt ihrer aber sollten andere Christen, die den Soldatenstand nicht für verboten hielten, angesiedelt werden. Den nächsten Anlaß hiezu soll die Aufnahme der vertriebenen Salzburger gegeben haben, welche auf das Beispiel der Mennoniten sich berufend, Wehrfreiheit gefordert, aber nicht erhalten hatten. Ein Hauptgrund des königl. Erlasses scheint jedoch in dem Umstande zu liegen, daß man sich damals mit genauerer Bestimmung und allgemeiner Erweiterung der Wehrpflicht des Landes beschäftigte, Erwägungen, welche zur Einrichtung der Kantonverfassung durch die beiden Kabinetsorbres vom 1. und 18. Mai und durch das Kantonreglement vom 15. Sept. 1733 führten.***) Gegen jenes Edikt reichte jedoch

---

*) J. v. Dühren, Geschichte der Märtyrer oder kurze histor. Nachricht von den Verfolgungen der Mennonisten. Königsberg 1787. p. 167. und die handschriftliche Chronik v. H. Donner.

**) Faßmann, Leben und Thaten des Allerdurchlauchtesten u. s. w. Friedrichs Wilhelms. Berlin und Breslau, 1735, I. 604.

***) Geschichte der Märtyrer a. a. O.

die königl. Kriegs- und Domänenkammer zu Königsberg unter dem 24. März 1732 dem Könige eine Vorstellung ein, worin sie ausführte, daß durch Ausführung desselben Se. Majestät bei Dero Königsbergischen Accisekasse und an Dero sonstigem Interesse einen evidenten und erklecklichen Schaden erleiden würden, da die Mennoniten sowol als Industrielle, wie als Ackerbauer dem Lande den größten Nutzen und der königl. Kasse bedeutende Einkünfte gewährten. Uebrigens seien diese Leute, die doch durch vorher versprochene Freiheiten und Toleranz ins Land gelocket worden, und namentlich erst in Folge des Patents vom 4. December 1721 bewogen worden, sich in Königsberg niederzulassen, durchaus nicht zahlreich und ihre Befreiung vom Wehrdienste bringe dem Kanton keinen, oder nur unwesentlichen Schaden."*) Dieser Bericht der Kriegs- und Domänenkammer bewirkte, daß der König (wie es scheint unter dem 22. September 1732) zur Rückantwort gab, die Mennoniten in Königsberg sollten connivendo geduldet werden und des obrigkeitlichen Schutzes versichert sein, unter der Bedingung, daß sie Woll- und Zeugfabriken anlegten. Die meisten kehrten hierauf nach Königsberg zurück.

III.
Die Mennoniten in Preußen
seit dem Regierungsantritt Friedrichs II.

Seit der Thronbesteigung Friedrichs des Großen beseelte ein ganz neues Princip das Staatswesen, das Princip der religiösen Toleranz. Hatten die Mennoniten bisher sowol im polnischen wie brandenburgischen Preußen Verfolgungen und bürgerliche Beschränkungen erlitten, weil ihr Bekenntniß von dem katholischen Dogma und der Augsburgischen Confession abwich und nur aus politischen

---

*) S. unten S. LXX. fgg. Reiswitz I. 191—98.

Gründen Duldung gefunden, wobei lange Zeit die Nichtableistung der Wehrpflicht gar nicht in Betracht kam, weil dieselbe überhaupt nicht allgemein war, so stellte Friedrich II. die Schonung der Gewissen als einen der obersten Grundsätze seiner erleuchteten Regierung auf und verbürgte um dieserwillen den Mennoniten - die Wehrfreiheit. Für diese war, trotzdem in Preußen der Character des Militärstaates auf das schärffte sich ausprägte, in den damaligen Staatsverhältnissen ein hinreichender Spielraum gelassen, da selbst die Kabinetsorbres vom 1. und 13. Mai und das Kantonreglement vom 15. September 1733 zahlreiche Befreiungen ganzer Stände und Gemeinden von der Wehrpflicht bestehen ließen, und die Königl. Heere zum größten Teile noch durch Werbung ergänzt wurden. Schon am 14. August 1740 erließ der König eine Deklaration des Patentes vom 22. Februar 1732, wonach im ganzen Königreich Preußen alle Mennonisten soviel ihrer sich daselbst ansetzen und niederlassen wollen, wieder aufgenommen und gleich allen andern Dero getreuen und sich redlich nährenden Unterthanen in Städten und auf dem Lande geduldet werden sollten."*) Der König sorgte dafür, daß diese Deklaration an den Hauptsitzen der Mennoniten außerhalb seiner Staaten bekannt gemacht werde, und wurde sie zu diesem Ende dem Geh. Rat Färber in Danzig und dem Geh. Rath von Raesfeld im Haag, seinen Geschäftsträgern mitgeteilt. Sie schloß implicite die Werbungsfreiheit in sich, wie man u. A. aus einer Stelle der vorhin (S. 101) angeführten Petition der Elbinger Mennoniten vom 3. Juni 1746 ersieht, worin gesagt wird: „Ja auch von Ihnen, Ihnen selbst als jetzt regierender Königlicher Majestät vermöge Dero ausgegebenen Patents, so im Druck an uns ergangen, allerhöchst gedachte königliche hochlöbliche Hulde in allen Religionspunkten und Freiheit allergnädigst beklarirt ist; de dato Berlin den 14. August 1740, worauf dann viele von den unsrigen Blutsverwandten, und mehr denn 60 Hausgesind hinter Königsberg in Preußen gezogen und auf solche allergnädigst verliehene Freiheit sich da niedergelassen haben, welche noch bis

*) S. unten LXXVI.

dato von keiner solchen schweren Drangsal und Gewissensbedrückung der Werberei betroffen und so befohlen sind, als wir jetzunder befohlen werden." Nach Erlaß der Kabinets-Ordre machte schon am 25. August 1741 J. A. Wagenfeldt in Danzig bekannt, daß er, nachdem Se. Königl. Majestät in Preußen denen in Dero Lande sich Niedersetzenden verschiedene Vorrechte und Freiheiten allerhöchst accordiret von den Märkischen und Pommerschen Kammern bevollmächtigt sei unter Zusicherung voller Religionsfreiheit nach Cüstrin, Crossen, Landsberg, Driesen mennonitische Ledergerber, nach den Aemtern Königswalde, Holland, Friedrichswalde, Jasenitz und Stapenitz Landleute zur Einwanderung einzuladen.

Durch mehrere Königliche Verordnungen von 1741 — 1744 wurde den Mennoniten die Erwerbung des vollen Bürgerrechts zu Königsberg verstattet, und ihnen erlaubt, den Huldigungseid nach den Grundsätzen ihrer Confession mit einfachem „Ja" abzuleisten. Dieselbe Duldsamkeit zeigte König Friedrich II., als er im Jahre 1745 in Folge alten Erbvertrages mit dem Fürstentum Ostfriesland belehnt wurde, indem er gegen die früher üblichen Recognitionsgelder den Mennoniten daselbst den Schutzbrief wieder erneuerte, in welchem ihnen die Wehrlosigkeit zugesichert war. *)

Im Jahre 1765 nahm der König 34 Familien der Groninger Mennoniten, welche bis dahin in Preußisch-Polen zu Kleinsee bei Culm gewohnt hatten, damals aber von ihrem Edelmann vertrieben wurden, auf und siedelte sie ebenfalls mit voller Wehrfreiheit in der Neumark zu Franzthal und Brenkenhofswalde unweit Driesen an.

---

*) S. Publicandum d. „Koninklyk Pruissische en Vorstelyk Ostfriesche Krijgs en Domeinenkamer v. 4. Jan. 1745." (Blaupot ten Cate Gesch. d. Doopsgez. in Ostfriesland II. 106.) Im letzten Schutzbrief von Carl Edzard 1738 hieß es: Wir haben auch mehrbesagte alte Flaminger von denen Schatzungen, welche sie vor diesem an die Hauptleute und Wachtmeistern zu Norden, Aurich und Lehr, oder sonsten jemand unserer Diener und Offizier jährlich geben müssen, hiemit befreyen wollen, dahero dieselbe diese unsere Verordnung befolgen und niemand von dieser Gesinntheit darwider beschweren, noch sie nöthigen oder zwingen soll, die Waffen zur Hand zu nehmen, oder wider ihren Willen ins Gewehr zu treten, viel weniger ihnen deswegen einige Schatzung aufzubringen bey Vermeydung unserer Ungnade und arbitrairer Strafe. (S. Blaupot ten Cate a. a. O. 217.)

Nur kleine zerstreute mennonitische Kolonien saßen bisher unter Preußischer Herrschaft, die erste Teilung Polens im J. 1772 verleibte die großen und reichen Gemeinden im Werder unserem Staate ein; nur die Danziger Stadtgemeinden und die Mennoniten bei Thorn blieben noch der polnischen Herrschaft unterworfen. Am 13. Septbr. 1772 nahm Friedrich II. das westpreußische Land in Besitz und am 28. September erklärte er in einem Notifikationspatent an alle Eingesessenen der Provinz, „daß alle Handlungen, Verträge, Verabredungen u. dergl., welche bis zum Tage der Publikation dieses errichtet und zur wirklichen Perfektion schon gebracht worden, lediglich nach den vorigen, bisher üblichen Gesetzen und Gewohnheiten entschieden werden müssen."

Unzweifelhaft war hiemit auch den Mennoniten der Werder das auf alten Verträgen beruhende, in der Gewohnheit feststehende Recht der Wehrfreiheit von vorneherein gewährleistet und sowohl die Gemeinden, wie die Regierung gingen von dieser Auffassung aus. Bei der am 27. Sept. 1772 stattfindenden Huldigung, *) erschienen Deputirte der Mennonitengemeinden als einer besonderen, privilegirten Corporation und reichten ihre alten polnischen Privilegien mit dem Ersuchen ein, ihnen auf Grund derselben die Fortdauer der Religionsfreiheit und zugleich die Befreiung von aller Werbung und naturellen Enrollirung zuzusichern. Hierauf erfolgte die nachstehende Resolution:

„Se. Königl. Majestät lassen der Mennonistengemeine in Pohlnisch Preußen das mittelst Vorstellung vom 27. v. Mts. bei der Krieges- und Domainenkammer eingegebene Privilegium hieneben in Gnaden remittiren und zugleich zur Resolution ertheilen, daß sie unter höchst deroSchutz für allen Beeinträchtigungen in Ansehung ihrer Religionsübung gesichert sein und was die Enrollirung ihrer selbst und ihrer Kinder zu denen Soldaten an die Regimenter betrifft in Kurzem zu ihrer Zufriedenheit beschieden werden soll, und wird ihnen schon zum Voraus versichert, daß sie von der naturellen Enrol-

*) Zur Huldigungsmahlzeit lieferten die Gemeinden 2 fette Ochsen, 400 Pfund Butter, 20 Käse, 50 Paar Hühner und 50 Paar Enten.

lirung zwar frei, aber an Gelde der Billigkeit nach dafür jährlich
einen Beytrag werden thun müssen und alsdann ohne Störung ihrem
Gewerbe nachgehen können.

Signatum Marienwerder d. 6. October 1772.
Königl. Preuß. Marienwerdersche Krieges- u. Domainenkammer.
L. B. v. Below. Scheffner. Gaubi. Menger.
Resolution für die Mennonistengemeine.

Große Besorgniß entstand, als im October der Gouverneur
von Stutterheim einen Befehl an sämmtliche Mennonitengemeinden
in der Culmischen, Elbingischen und Marienburger Wohwodschaft
erließ, ein Verzeichniß sämmtlicher Mitglieder (der Wirte, Frauen,
Kinder, Knechte und Dienstjungen) und des von ihnen besessenen
Landeigenthumes einzureichen, und man beruhigte sich erst, als der
Intendant in Marienburg erklärte, daß Herr von Stutterheim nur
die Cantons oder Werbeplätze einteilen, und die Mennonistenhufen
herausziehen wolle."*) Neue Befürchtungen erhoben sich, als im
Mai 1773 an mehreren Orten die Mennoniten aufgefordert wurden
am bestimmten Tage mit andern Rekruten zur Messung zu erscheinen,
„welches — so schreibt Hans van Steen — bei unsern Glaubensgenossen und Freunden einen ziemlichen Schreck giebet.**) Die
Montauischen hatten den mit der Messung beauftragten Offizier
umsonst um Erlaß oder Aufschub gebeten, erhielten jedoch noch recht-
zeitig eine Verfügung der Kriegs- und Domainenkammer, welche sie
von der Gestellung befreite. Auch an anderen Stellen erwies sich
die Maßregel als ein Irrtum, oder eine Willkür der Unterbeamten,
da im Gegenteil die Offiziere bestimmten Befehl erhielten, die
Mennoniten nicht dem Maß zu unterwerfen, sondern nur ihre Anzahl
in jedem Dorfe aufzuschreiben.***) Indeß trugen diese Vorgänge

*) Schreiben des Aeltesten von Heubuden Cornelis Regier an Hans
van Steen in Danzig, Münsterbergerfelde d. 22. Octbr. 1772. Die Liste ergab
im Ganzen 13,051 mennonitische Seelen mit 2038 Hufen, 106 Ruten Grundbesitz in ganz Westpreußen mit Einschluß der Stadt Elbing, der Niederungen
von Graudenz, Culm, Schwetz, und der Distrikte von Dirschau, Stuhm, Danzig.
Dagegen mit Ausschluß der Stadt Danzig und des ihr verbleibenden Territoriums. C. Regier an Hans van Steen, Münsterbergerfelde 14. Decbr. 1772.
**) Schreiben des Hans van Steen an den Aeltesten C. Regier.
Danzig 3. Mai 1773.
***) Cornelis Regier an Hans van Steen. Münsterbergerfelde 5. Mai 1773.

nicht wenig dazu bei, den lebhaften Wunſch nach einer königlichen in bindender Form ausgeſtellten Verſicherungsſchrift bei den Gemeinden auf das lebhafteſte rege zu machen. Schon Ausgangs October 1772 hatten zwei Deputirte (der Aelteſte Jacob Siebert aus Tiensdorf und Franz von Rieſen aus Marienwerder) den Kammerpräſidenten von Below daran erinnert, er hatte geſagt, daß ſie das königliche Privilegium mit Se. Majeſtät Hand und Siegel unfehlbar erhalten ſollten, doch möchten ſie warten, bis die Sachen ein wenig zur Ruhe gekommen wären.*) Nachdem ſie noch mehrere Male wegen der vielen bringenden Geſchäfte vertröſtet worden waren, reiſten im Mai 1773 abermals Deputirte nach Königsberg zum Gouverneur von Stutterheim und dem Oberkammerpräſidenten von Domhard, um ihnen ein Verzeichniß der Punkte zu übergeben, welche man in dem Königl. Privilegium namhaft gemacht zu haben wünſchte. Man bat um die ausdrückliche Beſtätigung folgender Rechte:

1) „Die freie Religionsübung laut der mennonitiſchen Confeſſion; an allen Orten, wo es die Notwendigkeit erfordert, gottesdienſtliche Verſammlungen zu halten, zu predigen, zu taufen, das Abendmahl zu halten und Kirchenzucht zu üben.

2) Die anjetzo in Gebrauch habenden Bethäuſer nicht nur ungehindert zu repariren, ſondern wo es die Notwendigkeit erfordert, neue zu bauen.

3) Die Kinder von eigenen Schulmeiſtern lehren oder nach Belieben zu andern Schulmeiſtern ſchicken zu dürfen.

4) Nachdem auf königl. allergnädigſte Verordnung die andern Religionen, die katholiſchen von den lutheriſchen, die Lutheraner von den Katholiſchen in Betreff der Unterhaltung der Kirchen und Prediger von einander los ſind, und vor ſich ſtehen, auch gleich den andern Religionen befreit zu ſein.

5) Von aller Werbung und Einrollirung für ſich und ſeine Kinder anjetzo und künftig befreyet zu ſein.

6) Mit keinem körperlichen Eidſchwur über ein gewiſſenhaftes Ja und Nein beſchwäret zu werden.

---

*) C. Regier an Hans van Steen. 30. Octbr. 1772.

7) Die Nahrungsgeschäfte und Hantirungen in den Städten und
auf dem Lande gleich andern sich redlich nährenden Untersaffen
betreiben zu dürfen.

8) Die liegenden Güter und Gründe an andere Religionsverwandte
verkaufen auch von denselben wieder Güter kaufen und dieselben
mit der Freiheit, wie die bisher in Besitz gehaltenen Güter,
besitzen und gebrauchen zu dürfen.

9) Bei Todesfällen die Leichen sowohl erwachsene wie minder-
jährige auf den Kirchhöfen zu begraben.*)"

Der Gouverneur und der Kammerpräsident gaben die besten
Versicherungen und rieten den Deputirten an nach Graudenz zu
kommen, wenn der König selbst dort sein würde.

Am 7. Juni überreichten sie des Königes eigner Person ein
jene Punkte enthaltendes Bittschreiben, worauf am 14. Juni 1773
auf Allerhöchsten Specialbefehl „die ganze Mennonitengemeine in
Westpreußen" durch die Kriegs- und Domänenkammer dahin beschieden
wurde: „So wie es in Absicht der naturellen Enrollirung bei den
von Se. Majestät bereits huldreich gethanen Aeußerungen sein
Bewenden habe, denen zu Folge sie davon dispensiret bleiben sollen,
so sollten sie auch nicht zu den lutherischen und katholischen Kirchen
und Schulen beitragen, wo sie eigene Kirchen und Schulen hätten;
wo sie aber mit Lutheranern gemeinschaftliche Schulen hätten und
ihre Kinder in lutherische Schulen schickten, müßten sie auch zu
deren Unterhaltung beitragen. Ihre Leichen könnten sie auf eigenen
Kirchhöfen beerbigen. Ihre Häuser und Hufen an andere Religionsverwandten zu verkaufen werde ihnen indistinctement freigegeben, in Betreff des Ankaufes von Grundstücken jedoch
müsse jedesmal vorher der Kriegs- und Domänenkammer Anzeige gemacht werden; welche den Umständen
nach die Conceffion zu ertelen ermächtigt sei. Ihre
Nahrung und Gewerbe könnten sie sowohl auf dem Lande, als in
den Städten ungehindert treiben. Zum körperlichen Eibe sollten

---

*) Corn. Regier an Hans van Steen. Münsterbergerfelde Mai 5. 1773.

sie nicht gezwungen werden, der Bruch ihres Gelöbnisses mit „Ja und Nein" aber als Meineid bestraft werden. *)

In diesem Erlasse war den Mennoniten die Bewilligung aller ihrer Wünsche zugesagt, nur in einem Stücke hatte das Staatsinteresse eine Beschränkung erfordert. Gestand man den Gemeinden aus Toleranz die Wehrfreiheit zu, so mußte man andererseits doch darauf sehen, daß durch dieses Zugeständniß die Wehrkraft des Landes nicht geschmälert werde. Da nun die preußische Heerverfaffung nach dem Kantonreglement von 1733 die Verpflichtung zum Kriegsdienste auf den Grundbesitz basirte, erschien eine Ausbreitung der Mennoniten über kantonpflichtige Grundstücke gefährlich und aus diesem Grunde wurde der Ankauf nichtmennonitischen Eigentums durch Mennoniten von der vorherigen Erlaubniß der Verwaltungsbehörden abhängig gemacht. Durch eine Kabinetsordre vom 11. Mai 1774 wies der König die Kammer in Marienwerder an, daß zwar denen Mennoniſten hin und wieder sich anſäſſig zu machen, nachgegeben werden könne, solches jedoch allerdings mit vieler Vorsicht und Einschränkung geschehen müsse, weil sonst die Cantons zu sehr darunter leiden müssen." In Folge dieser Verfügung nahm die Kriegs- und Domainenkammer den Grundsatz an,

„daß den Mennoniten keine Gewerbe zu verstatten seien, die sie nicht schon gehabt, und daß sie keine neue Besitzungen erwerben sollten, als wenn der Käufer sich noch einen Teil seiner Besitzungen vorbehalten habe, mithin darauf eine dienstfähige Familie etablirt bleibe, oder wenn durch den vorteilhaftesten Verkauf ein verschuldeter Besitzer sich und seine Gläubiger von dem gänzlichen Ruin und Verlust seines und ihres Vermögens retten könne."

Bisher hatte es sich wesentlich nur um die westpreußischen Mennoniten gehandelt, jetzt dachte man ernstlich daran, die Mennoniten der ganzen altpreußischen Provinz zu gleichem Rechte zu setzen. Im Beginn des Jahres 1774 ließ der Kammerpräsident Domhard

---

*) Signatum Marienwerder d. 14. Juni 1773. Domhard, Borhaft, v. Gaudi, Babize, Scheffner. Valentin.

aufs Neue eine Seelen- und Hufenliste anfertigen, welche sich diesmal zugleich auf alle Gemeinden in Ostpreußen und Lithauen mit-
erstreckte; sie ergab die Zahl von 13,495 Seelen und 2177 Hufen.
Hierauf wurde am 20. Juni 1774 ein Mandat erlassen, daß die
Mennoniten in Westpreußen und Lithauen alljährlich, vom 1. Juni
1773 an gerechnet, für die Befreiung vom Wehrdienst zum Besten der
einzurichtenden Kabettenschule zu Culm 5000 Thlr. erlegen sollten.

Um diese Summe auf die Gemeinden zu repartiren, hielten
diese am 22. August 1774 eine Zusammenkunft in Heububen. Bei
Abtragung des Schutzgeldes im Jahre 1775 sagte der Kammer-
Präsident Domhard zu den Deputirten Joh. Sperber und Cornelis
Willems: „Es ist gut Kinder, ihr werdet nun wol auch eine Versicherung vom Könige haben wollen." Sie antworteten „Ja, das
sei ihr sehnlichster Wunsch," worauf sie ihm noch einmal die Punkte
aufzeigen musten, welche sie unterschrieben wissen wollten. Der
Präsident riet ihnen ihren Entwurf sauber auszuarbeiten und dem-
nächst dem Könige persönlich zu überreichen. Dies geschah zu
Graudenz in der ersten Hälfte des Juni, Domhard befürwortete
ihr Anliegen und versicherte, der König habe es wohl aufgenommen.*)
Da das Privilegium noch immer auf sich warten ließ, schickten die
Gemeinden am 8. Juli eine Deputation nach Berlin,**) welche
um Ausfertigung der Versicherungsschrift bat und den allerhöchsten
gnädigen Bescheid empfing, daß der Minister von Massow das
Privilegium bald überschicken werde. Allein noch einmal verstrich
für die Mennoniten eine Zeit schmerzlichen Harrens. Am 26. August
1777 ging deshalb aufs Neue eine Deputation nach der Hauptstadt,
welche wieder gute Versicherung, doch nicht das Privilegium erhielt.

---

*) Corn. Regier an Hans van Steen, 12. Juni 1775.
**) Am 27. Juni 1775 war diesen Deputirten (Heinrich Donner und
Peter Regier) von den Aeltesten und Lehrern der Westpreußischen Mennonitengemeinde eine (bei den Akten in Berlin befindliche) Vollmacht ausgestellt „daß
sie von uns für unsere Gevollmächtigste constituirt, dergestalt, daß sie in unserem
Namen nach Berlin reisen und vor Ihro königliche Majestät und dessen hohen
Räthen unser Anliegen kund thun und der Sachen Nothdurft beobachten, so wie
sie es gehörigen Ortes vor gut befinden." Sie baten um ein besonderes Privilegium und um die Aufhebung des Decems und der Kalende.

Inzwiſchen hatte die weſtpreußiſche Kriegs = und Domainenkammer am 7. Mai 1777 das Projekt zum Gnadenprivilegium für
die Mennoniſtengemeine dem Generaldirektorium eingereicht. Hier
ſtieß der Entwurf auf ernſte Bedenken, welche am 19. Juli 1777 in
einem Gutachten niedergelegt wurden. „Es iſt gewiß und aus-
gemacht, heißt es darin, daß denen voritzo in vorbenannten
Provintzien befindlichen Mennoniſtengemeinden die Toleranz und Religionsfreyheit, ingleichen die Befreyung
von aller Werbung und Enrollirung bereits durch die
von der Kgl. Kammer den 14. Juni 1773 ihnen ertheilte
Reſolution und durch die auf vorhergegangene Approbation Se. Majeſtät des Königes von dem Herrn Ober-
Präſidenten von Domhard unterzeichnete Verſicherung
de dato Marienwerder den 20. Juni 1774 verſprochen
und zugeſtanden worden, allein da eben die Mennoniſtengemeinden nachhero noch um ein beſonderes Gnadenprivilegium und
eine Verſicherungsſchrift, daß ſie in Betracht der von ihnen jährlich
zu zahlen übernommenen 5000 Thlr. zum Behuf einer Cadettenſchule
zu Culm von der Enrollirung und dem naturellen Militärdienſt
immerdar befreit bleiben, und bey dem Genuß ihrer Gewerbe,
Nahrung und Glaubensfreiheit geſchützet werden, angeſuchet haben,
ſo erfordert es auch die Nothwendigkeit, daß dagegen mit darauf
Bedacht genommen werde, wie nicht allein der Verbreitung und
Vermehrung der anitzo befindlichen Mennoniſten-Etabliſſements und
Acquiſitionen vorgebeuget, ſondern auch wie der gar zu ſtarke Anwachs
der Mennoniſten in Anſehung ihrer Perſonenzahl ſelbſt, als woraus
der königlichen Armee und dem Cantonweſen, ſowie den übrigen
königlichen Unterthanen nur Nachtheil erwachſen würde, verhindert
und erſchweret werde. Nun kann denen in den Special-
conſignationen aufgeführten Perſonen und deren
Deſcendenten, inſoweit letztere ſich unter einander
verheyrathen und alſo von Vater und Mutter Seite
von denen bereits recipirten und in Schutz genommenen
Mennoniſten abſtammen, die ihnen einmal zugeſtan-

9

bene Toleranz und Religions- oder Glaubensfreyheit nicht streitig gemacht, noch ihre Vermehrung gehindert werden. Allein es ist die Frage, ob denen in Schutz stehenden Mennoniten und deren Kindern beiderlei Geschlechts indistinkte zu erlauben sei, durch Heirathen auch Fremde von ihren Glaubensgenossen ins Land zu ziehen und sie solchergestalt des Schutzes mit theilhaftig zu machen" u. s. w.

Da sich wegen dieser Bedenken die Erteilung des Privilegiums nochmals weiter hinausschob, so erteilten die Gemeinden am 3. Sept. 1777 zu Tiegenhof an Heinrich Donner und Johann Busenitz wiederum eine Vollmacht und den Auftrag, um die Versicherungsschrift für Gewissensfreiheit, um Freiheit des Ankaufes in den Städten und auf dem Lande und um Erlaß des Schutzgeldes zu bitten. Denn man fürchtete, wenn in dem Privilegium das Cabettengeld auf ewige Zeiten als Compensation für die Wehrlosigkeit festgestellt werde, bei etwaiger bedeutender Verkleinerung der Gemeinden, diesen eine unerschwingliche Last aufzubürden. Dieser Auffassung trat der König in einer Resolution an die westpreußische Kammer, Berlin den 26. Sept. 1777 entgegen; worin er sagt: „daß Allerhöchst dieselben weltkündigermaßen Niemandem in Dero Staaten den geringsten Eintrag in ihre Gewissensfreiheit thun; und die 5000 Thlr., welche die jetzt in Ost- umb Westpreußen befindlichen Mennonitenfamilien geben, sind keineswegs eine Redemtion für die Freiheit in ihren Religionsmeinungen und Gebräuchen zu leben, sondern Rekrutengelder für ihre Exemtion von der Enrollirung zu Militärdiensten, worin sie sogar vor allen übrigen christlichen Unterthanen darin avantagiret sind, daß sie statt der Enrollirung nur eine so mäßige Summe bezahlen."

Die Praxis der Kammer in Betreff des Ankaufes von nichtmennonitischen Grundstücken fand der König zu scharf und er verordnete daher am 25. Nov. 1777 durch eine Kabinetsordre eine Milderung derselben, insofern er sich selbst in jedem einzelnen Falle die letzte Entscheidung vorbehielt:

„daß es bei dem Erlaß vom 11. Mai 1774 bleibe, daß dem Ankaufe nichtmennonitischer Grundstücke nur mit Vorsicht und Einschränkung nachzugeben sei, mithin von jedem vorkommenden Falle, wo ein Mennonist ein von einem der Enrollirung unterworfenen Besitzer anderer Religion zu erkaufendes Grundstück acquiriren will, zur speciellen Approbation anhero zu berichten sei; und darnach an Unsere Allerhöchste Person der Antrag gethan werden müsse; in Ansehung der Mennonisten in Ostpreußen und Lithauen dagegen, wo nach Euren Berichten eine nachtheilige Vermehrung derselben nicht zu besorgen ist, es mit ihren Ankaufungen annoch auf dem bisherigen Fuß verbleiben solle."

Wegen des Privilegiums wurde am 21. Februar 1780 nochmals ein Memorial von den Mennonitengemeinden an den König gesandt, worauf unterm 27. Februar die Antwort erfolgte, Seine Majestät sei der Meinung, sie hätten die Schrift längst erhalten, Sie würden aber nachsuchen lassen, woran es fehle. Endlich Anfangs April 1780 lief eine Ordre des Oberpräsidenten von Domhard ein, bei der Marienwerderschen Kammer das Privilegium in Empfang zu nehmen. Dasselbe lautet:*)

„Wir Friedrich von Gottes Gnaden ꝛc. urkunden hiermit, daß, nachdem die sämmtlichen Mennonisten-Gemeinden unsers Königreichs Preußens auch Lithauen allerunterthänigst Ansuchen gethan, wir geruheten ihnen in Betracht der Toleranz und Enrollirungs-Freiheit, so sie und ihre Glaubensgenossen bishero in diesem unserm Königsreiche genossen, und nachdem die jetzigen Mennonisten-Gemeinden, aus 12,603 Seelen bestehend, wegen fortaner Enrollirungs- und Werbungs-Freiheit, zur Unterhaltung der Culmischen Cadettenschule sich zu einer jährlichen Beisteuer von 5000 Thlr. seit Trinitatis 1773 verstanden, eine von uns selbst ausgestellte Versicherung und Gnaden-Privilegium zu ertheilen, daß sie von der Enrollirung und dem naturellen Militairdienst immerwährend befreit und bei dem Genuß ihrer Glaubensfreiheit, Gewerbe und Nahrung gelassen und

---

*) Das Original wird im Orlofferfelder Gemeindearchiv bewahrt.

9 *

geschützt werden würden, wir dieses alleruntertthänigste Gesuch in Gnaden stattfinden lassen. Wir verheißen und versprechen demnach, vor uns und unsere Nachkommen an der Krone gedachten Menno= nisten=Gemeinden in unserm Königreiche Preußen, daß so lange sie und ihre Nachkommen sich als getreue, gehorsame und fleißige Unter= thanen verhalten, die auf ihren Gründen haftenden oder mit ihrem Gewerbe sonst verknüpften Abgaben prompt entrichten, sich den allge= meinen Landespflichten, gleich den übrigen unsern getreuen Einsassen nicht entziehn, die bisherigen 5000 Thlr. wegen der Enrollirungs= freiheit jährlich in vorgeschriebenen Terminen an die angewiesene Kasse prompt abführen und sonst sich überall als redliche, treue und gehorsame Unterthanen betragen werden, sie von der Enrollirung und dem naturellen Militairdienst auf ewig befreit bleiben und bei dem Genuß ihrer Glaubensfreiheit auch Gewerbe und Nahrung nach denen in unserm Königreiche Preußen eingeführten Landesgesetzen und Anordnungen ungestört erhalten und dabei geschützet werden sollen.''

Urkundlich haben Wir dieses Gnadenprivilegium höchst eigen= händig unterschrieben und mit Unserm Königl. Insiegel bedrucken lassen. So geschehen und gegeben Potsdam d. 29. Martis 1780.

Friedrich.

Nach Uebergabe des Privilegiums an die Deputirten benach= richtigte die Kriegs= und Domänenkammer die Gemeinschaft davon durch nachstehendes Schreiben:

Nachdem Se. Königl. Majestät von Preußen, Unser aller= gnädigster Herr, der Mennonistengemeinde in Preußen das vor= liegende Gnadenprivilegium de dato Potsdam d. 29. März c. a. zu ertheilen, solches Höchsteigenhändig zu unterschreiben und mit Höchstdero Kabinetssiegel bedrucken zu lassen geruhet, so ist selbiges dato denen hier anwesenden Bevollmächtigten Johann Busenitz und Heinrich Donner gedachter Gemeinde ausgehändigt worden.

(L. S.)

Königl. Westpreuß. Kriegs= und Domainenkammer.

Vorhoff. Radicke. Moldenhauer. v. Stach. Vallentin.

v. Lettow. Schulz.

An die Mennonitengemeinde in Preußen.

So war denn das jahrelange Bemühen endlich mit Erfolg gekrönt worden. Aus der Entstehungsgeschichte des Gnadenprivilegiums muß sich für jeden Unbefangenen evident ergeben, daß dasselbe keineswegs, wie von einer Seite behauptet wurde, nur eine vorübergehende, der Abänderung fähige Verwaltungsmaßregel, ein vom Könige einseitig wieder aufzuhebendes Gesetz ist, sondern vielmehr eine für die Dauer bindende Zusage enthält, die Natur eines für den Staat lästigen Privilegs hat. Zur Beurteilung dieser Frage mögen zunächst die nachstehenden Bemerkungen Platz finden:

1) Das Gnadenprivileg von 1780 ist die seit 1772 verheißene, nur durch den Drang der Geschäfte hinausgeschobene feierliche Sanktion des gleich nach der Occupation gewährleisteten Rechtszustandes der Mennoniten, welcher die Verhältnisse der letzteren unter polnischer Herrschaft zur Grundlage hat. Wenn König Friedrich II. schon nach 8 Tagen (October 6.) den Mennoniten die am 27. September bei der Kriegs- und Domainenkammer eingegebene Generalbestätigung ihrer polnischen Privilegien (in welchen ihnen Schutz vor willkürlichen Eingriffen in das liberum exercitium religionis und die Fortdauer ihrer alten Gewohnheiten versprochen war) mit der deutlich auf den Inhalt der älteren Privilegien Bezug nehmenden Zusage zurückstellt, „sie sollten unter Allerhöchst Dero Schutz für allen Beeinträchtigungen in Ansehung ihrer Religionsübung gesichert sein, und — was die Einrollirung ihrer selbst und ihrer Kinder zu denen Soldaten an die Regimenter betrifft, in Kurzem zu ihrer Zufriedenheit beschieden werden," (s. S. 123), so ist es deutlich, daß das Gnadenprivilegium zunächst die Continuität des historischen Rechtes der Mennoniten aussprechen soll.

2) Wenn Friedrich II. einerseits in Anerkennung der Fortdauer alter Rechte das Gnadenprivilegium erließ, so ist andererseits das Hauptprincip, aus welchem er in dieser seiner Bestätigungsschrift die Wehrfreiheit der Mennoniten begründet, die Toleranz, die Schonung der Gewissen, ein bleibendes Princip des modernen Staates. Es erhellt dies auf das deutlichste sowohl aus der

Resolution des Königs vom 26. Sept. 1777, als auch aus dem Gutachten des Generaldirectorii vom 19. Juli 1777. Es konnte die Absicht des Gesetzgebers nicht sein, das auf den Glauben der Mennoniten gegründete Recht der Wehrfreiheit nur für unbestimmte Dauer zu gewährleisten, und einer beliebigen einseitigen Aufhebung desselben durch den Herscher preiszugeben.

3) Hätte das Gnadenprivilegium nur eine Verwaltungs- maßregel von vorübergehender Wirkung sein sollen, ohne die virtuelle Kraft einer vom Staate unter lästigen Bedingungen übernommenen dauerhden Verpflichtung, so hätten die Mennoniten sich an den Resolutionen vom 14. Juni 1773 und 20. Juni 1774 genügen lassen können; ihre wiederholte Bitte ging jedoch dahin, daß ihnen durch eine Versicherungsschrift von des Königs Hand für „immer- während e Zeit" ihr Recht verbürgt und befestigt werde. Wie sehr sich die königliche Regierung ihrerseits des Unterschiedes zwischen jenen früheren Verordnungen und dem dauernd bindenden Gnadenprivilegium bewußt war, stellen die Bedenken des General- Directoriums, welche im Gutachten vom 19. Juli 1777 ausgesprochen sind, außer Zweifel.

4) Der König verbürgt den Mennoniten in dem Gnaden- privilegium für sich und seine Nachfolger:

a) die ewige Befreiung von der Enrollirung und dem natu- rellen Militärdienst;

b) den ungestörten Genuß ihrer Glaubensfreiheit;

c) Schutz in Ausübung ihrer bisherigen Gewerbe und Nahrungen nach Maßgabe der im Königreich Preußen eingeführten Landes- gesetze und Anordnungen.

Selbstverständlich sind jene Zusagen an die unerläßliche Bedin- gung geknüpft, „daß die Mennoniten und ihre Nachkommen alle bürgerlichen und staatsbürgerlichen Pflichten erfüllen und sich den allgemeinen Landespflichten gleich den übrigen Unterthanen nicht entziehen." Die immerwährende Befreiung von der Enrollirung und dem naturellen Militärdienst, schloß mithin keine Exemtion von der allgemeinen Landespflicht der Vaterlandesvertreibigung in sich, sondern gestattete nur den Mennoniten, dieser Verpflichtung in einer ihr Gewissen nicht beschwerenden Weise nachzukommen. (S. das Schreiben des Königs o. S. 130) Die für die taufgesinnten Gemeinden modifizirte Form der Abteilung der Landesverteidigungspflicht war seit dem 1. Juni 1773 die jährliche Einzahlung von 5000 Thlr. für das Kadettenhaus in Culm.

Aus dem Versprechen, die Mennoniten im Genuß i h r e r Gewerbe und Nahrungen nach Maßgabe der in Preußen e i n g e f ü h r t e n L a n d e s g e s e t z e und A n o r d n u n g e n zu belassen, haben Einige vorschnell und unbegreiflicher Weise die Zusage unbeschränkten Ankaufsrechtes und völliger Gewerbefreiheit herausgelesen, diese Behauptung widerlegt sich aber von selbst schon dadurch, daß 1780 die Verfügungen vom 14. Juni 1773, 11. Mai 1774 und 25. November 1777 zu Recht bestanden, deren Fortdauer als einstweilige und mit andern auf dem Wege der Gesetzgebung und der Verordnung vertauschbare Verwaltungsbestimmungen das Gnadenprivileg somit gewährleistet.

Die Mennonitengemeinden freilich gaben sich der sanguinischen Hoffnung hin, daß nunmehr alle Beschränkungen gefallen seien, welche sie an freiem Erwerbe des Grundbesitzes hinderten und betrachteten daher die Fortdauer dieser Schranken als eine Verletzung ihres Privilegiums. Die Regierung ihrerseits ließ sich dadurch nicht irre machen. Schon 1782 wandte sich die Elbinger Mennonitengemeinde mit einer Beschwerde an den König, weil der Magistrat dem Michael Lehmann den Verkauf von 10 Morgen Land an einen Mennoniten Gerhard Reimer „gemäß Se. Majestät Allerhöchster Willensmeinung" nicht gestattet. Die Beschwerdeführenden wurden dahin beschieden, daß sie mit Unrecht in ihrem königlichen Privileg sich gekränkt fühlten. Derartige Fälle häuften sich in diesem und den folgenden Jahren. Die Kammer behielt ihre alte Praxis im Principe bei und der König bestätigte in vielen Fällen ihre Entscheide; wofür u. A. die folgende Resolution als Beleg dienen kann:

Unseren pp. Da nach Eurem Bericht vom 23. m. pr. der Einsasse Schultz die 10 Morgen in Ellerwald n i c h t S c h u l d e n

halber verkaufen darf, so kann ihm die Concession zum Verkauf
derselben an den Mennonisten Doerks nicht ertheilt werden, sondern
er muß entweder einen andern Käufer, als einen Mennonisten dazu
auszumitteln suchen oder selbige ferner selbst bewirthschaften.
Gegeben Marienwerder 1. Juni 1782.

Königl. Preuß. Kriegs- und Domainen-Cammer.

v. Rabile. Valentin. Wurtz.

Im allgemeinen jedoch verfuhr man sehr schonend und erteilte
die Genehmigung zum Ankaufe in so vielen Fällen, daß im Jahre
1781—82 58, 1782—83 71, 1783—84 167 innerhalb 3 Jahren,
mithin 296 neue Grundstücke von den Mennoniten erworben wurden.
Auch wurden am 16. Dec. 1784 auf königlichen Befehl den Mennoniten alle Kosten für die Concessionen mit Ausnahme der Stempel-
gebühr erlassen.

Im nämlichen Jahr (1784) zeigte ein Vorfall, wie streng und
unverbrüchlich man in maßgebenden Kreisen an der um des Glaubens willen durch das Gnadenprivilegium gewährten Wehrfreiheit
der Mennoniten glaubte festhalten zu sollen. Drei junge Mennoniten, „ruchlos lebende Menschen" aus der Groeninger Gemeinde
zu Brenkenhofswalde bei Driesen in der Neumark hatten sich, den
Glauben ihrer Väter verachtend, für das Regiment des Kronprinzen
anwerben lassen. Der eine von ihnen war noch nicht getauft. Als
er auf Befehl des Kronprinzen um seine Taufe nachsuchte, ver-
weigerte ihm der Aelteste Peter Jantzen dieselbe, weil es gegen die
Grundsätze der mennonitischen Religion sei, einen Krieger in die
Gemeinschaft aufzunehmen. Jene drei jungen Leute kamen als beur-
laubte Soldaten nach der Groeninger Mennonitengemeinde zu Prze-
lowski bei Schwetz und erregten dort viele Händel. Unter Andern
steckten sie einem dortigen Mennoniten heimlich Geld in die Tasche,
gaben vor, er habe Handgeld genommen und wollten ihn zum Mit-
gehen zwingen. Da er ihnen entwischte, ließen sie seinen Wirt ins
Gefängniß werfen. Sobald der Kronprinz davon hörte, verbot er
auf das ernstlichste ein so ungebührliches Betragen gegen die Mennoniten. Bald darauf muß jenen drei Burschen das Gewissen wegen

des Abfalls von ihrer Religion geschlagen haben; sie desertirten. Da sandte ihnen der Kronprinz Pardon nach Nischefski bei Thorn nach und gewährte ihnen den Abschied mit völliger Militärfreiheit. Am 17. August 1786 starb Friedrich II. Sein Nachfolger Friedrich Wilhelm II., den wir soeben schon als Kronprinzen zu den Mennoniten in Beziehung treten sahen, bestätigte am 24. April 1787 das Gnadenprivilegium, fügte jedoch in der Bestätigungsurkunde hinzu, „daß die Mennoniten, da sie von dem naturellen Militärdienste befreit sind, zu Schmälerung der Regimenterkantons ohne besonderen Consens ihre Besitzungen nicht erweitern und keine neuen Acquisitiones von Grundstücken machen müssen." Die Veranlassung dieser Clausel war die abermalige Bitte der Mennoniten um völlige Erwerbungsfähigkeit. Ausgehend von der irrigen Ansicht, daß das Gnadenprivileg die unbeschränkte Besitzfähigkeit der Mennoniten statuire, hat man in dieser Einschaltung eine Abänderung jenes Gesetzes erblicken und daraus folgern wollen, daß dasselbe nicht den Charakter eines bleibenden Grundgesetzes für die Verhältnisse der Mennoniten, sondern die Natur einer veränderlichen Verwaltungsbestimmung in sich trage. Allein ein Blick auf die Verhältnisse wie sie damals lagen, thut unwiderleglich dar, daß die von Friedrich Wilhelm II. hinzugefügte Clausel nur eine bestimmtere Fassung des im Gnadenprivilegium selbst schon enthaltenen Ausdrucks „nach denen in unserm Königreiche Preußen eingeführten Landesgesetzen und Verordnungen" ist, und durchaus keine neue Bestimmung trifft, da sowohl die Verfügungen vom 11. Mai 1774 und 1777 vor Erlaß des Privilegiums die Einschränkung der mennonitischen Besitzfähigkeit statuirt haben, als auch die Praxis des Kammergerichts nach 1780 im Principe unverändert dabei stehen geblieben war. Bisher waren die von der Verwaltung in Betreff der Mennoniten angenommenen Grundsätze jedoch noch nicht zur Kenntniß des Landes gebracht. Mehrere Umstände wirkten zusammen, um den König zu bestimmen dies des näheren in einem am 30. Juli 1789 erlassenen Edikt „die künftige Einrichtung des Mennonistenwesens betreffend," zu thun. (S. h. S. LXXVII.)

Dieses Edikt stellt fest:

1) Daß die Gewissens-Freiheit und mit ihr die Exemtion vom Wehrdienst den Mennoniten ungekränkt erhalten werden soll. Es erkennt somit die bleibende Giltigkeit des Gnadenprivilegs ausdrücklich an, indem der Gesetzgeber ausführt, daß seine Bestimmungen um so weniger als Gewissenszwang angesehen werden dürfen, da solche auf Religionsmeinungen und gottesdienstliche Handlungen keinen Bezug haben, sondern die Mennoniten bloß als bürgerliche Mitglieder des Staates betreffen.

2) Für die Verwaltung wird eine feste Norm festgesetzt, wonach die mennonitischen Gemeinden hinfort a) in Betreff des Erwerbes von Grundstücken (§. 9) b) in Betreff des Verhältnisses zu andern Confessionen (§. 2—7) c) in Betreff des Uebertrittes von Proselyten zu ihrer Religion behandelt werden sollen. (§. 10.)

Es sind dies drei Stücke, über welche in dem Gnaden-privilegium keine näheren Feststellungen enthalten sind und durch welche die in demselben versprochene Glaubens- und Wehr-Freiheit nicht im mindesten verletzt wird. Kann aus ihnen mithin von vorn herein ebenfalls kein Beweis abgeleitet werden, daß der Gesetzgeber die Substanz des von Friedrich II. gegebenen Mennonitengrundgesetzes verändern wollte, so ergiebt sich bei näherer Betrachtung der Umstände, unter welchen das Edikt erlassen wurde, daß sie überhaupt keine Neuerung enthalten, sondern nur die zu Friedrichs des Großen Zeit vor und nach dem 29. März 1780 geltenden Rechtsgrundsätze normiren. Denn:

a) enthält der §. 9 über den Ankauf von Grundstücken nur die Sanktion der schon seit dem 11. Mai 1774 von der Kammer angenommenen, später etwas gemilderten Praxis. Bei der Schonung, mit welcher die Behörden namentlich seit 1781 zu Werke gingen, waren seit der Occupation von Westpreußen 1772 bis zum Jahre 1787 sehr viele lutherische Besitzungen in die Hände von Mennoniten gelangt, die letzteren hatten 1781—82 allein 58, 1782—83 71, 1788—84 167 Acquisitionen gemacht, ohne daß der Verkauf mennonitischer Grundstücke an andere Religionsverwandte dem einigen maßen entsprochen hätte. Das Land war verarmt und entvölkert, so daß schon am 7. Nov. 1777 die westpreußische Kammer geklagt hatte, die Aufbringung der zur Einrollirung erforderlichen jungen Leute halte äußerst schwer. Durch ihre Wirtschaftlichkeit war es den Mennoniten möglich gewesen, sehr hohe Kaufgelder zu bieten und dadurch viele verschuldete Besitzer vom Untergange zu retten. Deshalb hatte der König in vielen zweifelhaften Fällen seinen Consens erteilt, auch noch am 3. Mai 1787 befohlen, alle mennonitischen Kaufconsense als herrschaftliche Sachen post- und stempelfrei zu behandeln. Die Behörden mußten jedoch die zunehmende Schmälerung der kantonpflichtigen Grundstücke mit Besorgniß ansehen und deshalb wünschen, die Verwaltung durch feste Regulative alles Schwankens enthoben zu wissen.

b) Auch die §§. 2—7 enthalten keine neuen Einschränkungen, wie ein Rückblick auf das Verhältniß der Mennoniten zur lutherischen Kirche zu erhärten geeignet ist. Seit zuerst im 17. Jahrhundert die Mennoniten ihren ursprünglichen durch Urbarmachungen gewonnenen Landbesitz vermehrt hatten, war eine ganze Anzahl von bisher lutherischen Höfen in ihre Hände gekommen, auf welche gewisse Abgaben an die lutherischen Geistlichen als dingliche Last repartirt waren. Um nicht den Unterhalt ihrer Pfarrer zu schmälern, machten die Verkäufer in manchen Fällen im Kaufkontracte aus, daß der künftige Besitzer, sowol die dinglichen Lasten als die Accidentien nach wie vor an ihrer Statt an die lutherischen Geistlichen zahlen sollte. Obgleich diese privatrechtliche Verpflichtung somit nur auf Grund eines Uebereinkommens in je einzelnen Fällen übernommen war, suchten die evangelischen Pfarrer dieselbe als Regel hinzustellen und nahmen per Analogie von allen Mennoniten in ihrem Sprengel die Accidentien in Anspruch. Es blieb denselben nichts übrig, als sich auf dem Wege des Prozesses von der unrechtmäßig auferlegten Abgabe zu befreien. Mehrere derartige Rechtshändel in den Jahren 1701, 1708, 1717 wurden zu Gunsten der lutherischen Pfarrer entschieden, weil die jetzt mennonitischen Grundstücke, um welche der Streit sich drehte, früher mit einer

dinglichen Last behaftet gewesen wären, und 1707 setzte König
Stanislaus August fest, daß die in den Marienburgischen Werdern
angesessenen Mennoniten nachbargleich den Dienern der augsburgischen Confession ihre Gebühr entrichten sollten, doch so, daß den
Parochialrechten der katholischen Kirche nichts benommen werde.
Allein bald nachher erstritten die Mennoniten in mehreren einzelnen
Fällen völlig zu ihren Gunsten lautende Rechtserkenntnisse. Demgemäß bestanden in den verschiedenen Kirchspielen durchaus verschiedene rechtliche Verhältnisse in Betreff der Kirchenabgaben. Bis
dahin standen beide Confessionen, die Lutheraner sowohl wie die
Mennoniten, unter dem Zwange der Katholiken, in deren Mitte
sich erst die Gemeinden augsburgischer Confession allmählich gebildet
hatten; diese mußten an jene die Kirchenabgaben nach wie vor entrichten. Der Warschauer Traktat vom Jahre 1775 hob aber alle
kirchlichen Abgaben der Dissidenten an die katholische Geistlichkeit
auf mit Ausnahme des Decems und der dinglichen Missalien. Da
die Katholiken gleichwol fortfuhren Stolgebühren und Accedentien
von den Lutheranern und Mennoniten zu fordern, so entstanden
Streitigkeiten, welche noch fortdauerten, als im Jahre 1772 die
Occupation Westpreußens durch Friedrich II. erfolgte. Bald darauf
wandten sich die Mennoniten an den König, mit der Bitte, um
Befreiung von den Abgaben an die katholische und evangelische
Kirche und Geistlichkeit. Am 19. Januar 1775 wurden die Mennoniten gleich den übrigen Protestanten durch eine Kabinetsorbre davon
befreit, Stolgebühren für Begräbnisse, Trauungen und Taufen an
die katholische Geistlichkeit zu entrichten auf Grund der Gewissensfreiheit und der ihren Gemeinden verstatteten freien Religionsübung.
Dagegen bestimmte der König am 13. August 1775, daß die Mennoniten mit der Bitte um Aufhebung der dinglichen Lasten gegen die
protestantischen und katholischen Kirchen abzuweisen seien, und am
17. Februar 1777 erhielt die Mennonistengemeinde von der westpreußischen Kammer den Bescheid, daß sie die Befreiung von den
Stolgebühren an die evangelischen Pfarrer im allgemeinen nicht in
Anspruch nehmen könne, weil sie sich selbst im Wege des Vertrages

per pacta dazu anheischig gemacht haben solle, und sie selbst diese Gebühren aus keinem Religionszwange entrichte." Nach dieser Verfügung blieb es den Mennoniten unbenommen, in jedem einzelnen Falle, in welchem sie die contractliche Uebernahme jener Last in Abrede stellen zu können glaubten, den Rechtsweg zu betreten, und andererseits in Zukunft bei Käufen sich vor dem Eingehen derartiger Verpflichtungen zu hüten. Dieser Umstand veranlaßte, daß am 24. September 1786 der Inspector Bobrik in Neuteich sich mit einer Beschwerde darüber an den König wandte, daß die Mennoniten sich den Realabgaben der Kalende und des Decems zu entziehen trachteten. In einem neuen Berichte vom 18. Novbr. 1786 führte er aus, daß durch den bedeutenden Anwachs der mennonitischen Besitzungen, von welchen den evangelischen Predigern keine Einkünfte mehr zuflössen, in den Werdern unter 18 Kirchspielen mindestens 10 in Gefahr seien gänzlich einzugehn. Auf diese Eingabe hin bestimmte das General-Ober-Finanz-, Krieges- und Domainen-Direktorium, Septbr. 9., in einem Regulative, daß ein Mennonit fortan bei Uebernahme eines früher lutherischen Grundstücks statt der jurium stolae eine Realabgabe übernehmen solle. Am 20. Septbr. 1787 bestätigte der König diese Verfügung durch ein Rescript. Zwar suchte der Inspektor Bobrik und mit ihm 16 lutherische Geistliche am 26. Mai 1788 durch eine Supplik zu erlangen, daß dem Regulativ vom 9. September 1787 rückwirkende Kraft gegeben werde. Sie wurden aber am 12. Juni einfach abgewiesen, und die Einschränkung der für den Besitz in mennonitischen Händen zu bestimmenden Realabgaben auf die zuletzt in evangelischen Händen gewesenen und von Mennoniten erworbenen Grundstücke lediglich aufrecht erhalten. Inzwischen übernahmen es die Mennoniten auf gerichtlichem Wege durch eine Entscheidung für jeden einzelnen Fall ihr Recht, oder ihre Verpflichtung festzustellen. Im Herbst 1788 schwebten 21 Prozesse der Art. Die lutherischen Aeltesten und Vorsteher der beiden Werder und des Tiegenhöfischen und Bärwaldischen Gebiets reichten dagegen am 17. October 1788 eine Vorstellung ein, worin sie baten den schwebenden Prozessen durch eine

Generalverordnung zu Gunsten der lutherischen Prediger ein Ende
zu machen. In beiden Werdern und dem Gebiet von Bärwalde
zählte man jetzt 1211 mennonitische Hufen und zwar 528 holländische Hufen und 683 freikölmische, bei einer Gesammtzahl von
2418 freikölmischen Hufen in allen 21 lutherischen Kirchspielen.
Da die Mennoniten davon 1748 nur 392 besessen, habe ihr Grundbesitz bis 1788 um 289 Hufen zugenommen.

In der That forderten die schwankenden Zustände eine feste
Regelung und so wurde nunmehr das „Edikt" erlassen, welches die
schon vor 1780 ergangenen Verfügungen des großen Friedrich zur
Norm für die Verwaltungsbehörden deklarirte.

3) Auch der §. 10 des Edikts, „die künftige Einrichtung des
Mennonistenwesens betreffend", enthält keine Abänderung der Bestimmungen des Gnadenprivilegiums. Unter der polnischen Herrschaft
war es den Mennoniten schlechterdings untersagt Proselyten zu
machen; wollte jemand zu ihrer Confession übertreten, so mußte er
nach Holland und in späterer Zeit nach Ostpreußen reisen, sich dort
in die Gemeinde aufnehmen lassen und als Mennonit wieder ins
Land kommen. Im Jahre 1769 hatten sogar die Gemeinden unter
sich eine Vereinbarung geschlossen, durch welche sie sich gegenseitig
verpflichteten, keine Fremden unter sich aufzunehmen. Gegen diese
Verabredung hatte der Aelteste, Heinrich Donner in Orlofferfelde
nach vorhereingeholter Erlaubniß der westpreußischen Kammer den
Uebertritt mehrerer Nichtmennoniten und namentlich mehrerer Kinder
aus gemischten Ehen bewirkt. Ueber dieses Verfahren brach ein
Streit innerhalb der Gemeinden selbst aus, welcher dahin führte,
daß sich ein Teil derselben mit einer Beschwerde an den König
wandte und darum bat, nicht zu gestatten, daß von ihren Vorstehern
zum Nachteile des Cantons Proselyten gemacht würden. Erst am
26. September 1785 erfolgte der Bescheid: „Da in Se. Majestät
Landen völlige Gewissensfreiheit bestehe, müsse es
Kindern aus gemischten Ehen auch fernerhin freistehen
nach ihrer Ueberzeugung und mit Einwilligung ihrer
Eltern das mennonitische Glaubensbekenntniß anzu-

nehmen." Hiemit beruhigten sich die streitenden Theile jedoch nicht, wiederholt riefen sie die Entscheidung der Regierung an, wobei die eine Partei geltend machte, daß nach mennonitischem Glaubensbekenntniß die Außentrau, d. h. die Eingehung einer gemischten Ehe, überhaupt nicht gestattet seie. In der That gaben nur einige friesische Gemeinden eine solche zu, während die flämischen jede Mischehe unbedingt verwarfen.

Diese Zerwürfnisse unter den Gemeinden selbst endeten erst 1792 mit der Trennung der Friesen in 2 Gruppen*) Das Edikt wahrt den angeregten Streitpunkten gegenüber die Rechte des Staats, ohne den im Gnadenprivilegium bewilligten Zusagen Abbruch zu thun, indem es den zu den Mennoniten übergetretenen fremden Religionsverwandten gestattet, sich durch S t e l l v e r t r e t u n g dem K r i e g s d i e n s t e zu entziehen; mithin findet sich die Schonung des mennonitischen Gewissens im Princip anerkannt, und, während für die aus dem polnischen Staat herübervererbten Mennoniten die Abgabe für das Culmer Kadettenhaus als die Form festgestellt war, unter welcher sie der allgemeinen Landespflicht der Vaterlandsverteidigung gerecht werden konnten, wird für die neu von außen herzugetretenen Mitglieder der mennonitischen Gemeinschaft ein anderer Modus bestimmt, jene Pflicht zu erfüllen. In Betreff der Mischehen wird festgesetzt, daß die Kinder in der Confession des nichtmennonitischen Ehegatten erzogen werden sollten. Selbstverständlich stand es denselben frei, in reiferem Alter zur mennonitischen Confession unter den nämlichen Bedingungen, wie jeder andere Proselyt, überzutreten.

Ganz anders, als bei den altpreußischen Mennoniten lagen die Rechtsverhältnisse bei ihren Glaubensgenossen in den westlichen Teilen der königlichen Staaten. Hier bestanden 5 mennonitische Gemeinden im Fürstentum Kleve (Kleve, Emmerich-Goch, Rees und Krefeld), 4 Gemeinden in Ostfriesland (zu Emden, Leer, Norden und Neustadt-Gödens), in der Neumark die Gemeinde zu Brenkenhofswalde und Franzthal; endlich im Fürstentum Minden eine

---

*) S. Mennonitische Blätter 1859, 54.

Gemeinde von Schweizer Taufgesinnten zu Petershagen.*) Für diese Gemeinden treten in §. 13 des Edikts besondere Bestimmungen in Kraft. Von der Kantonpflicht waren sie durch besondere Rechtstitel befreit. In Ostfriesland zahlten sie dafür beim jedesmaligen Regierungsantritt eines neuen Regenten 900 Thlr. Schutzgeld. Sie hatten versäumt bei der Thronbesteigung Friedrich Wilhelms II. diese Summe zu erlegen. Im Jahre 1790 vom Oberfinanzrath Wöllner darum gemahnt, erklärten sie zwar durch das von ihm selbst ausgearbeitete „Religionsedikt" davon befreit zu sein, wurden aber am 20. Januar 1791 vom Könige auf Wöllners Antrag dahin beschieden, daß sie die 900 Thlr. ad pios usus fortzahlen sollten, obwohl sie vermöge des Religionsediktes keinen besonderen Schutzbrief mehr nötig hätten.

Der §. 28 des Kantonreglements vom 12. Februar 1792 bestimmte: Die Mennonisten, mährischen Brüder, Juden und deren Söhne bleiben nach wie vor vom Militärdienste und von der Einzeichnung in die Canton-Rollen befreyet. Letztere (die Mährischen Brüder und Juden) müssen aber keine kantonpflichtigen Stellen erwerben oder bewohnen und in den Fällen, wo ihnen solches nachgelassen werden soll, die Cantonverpflichtung mitübernehmen; die Mennonisten hingegen lediglich nach dem Edikt vom 30. Juli 1789 wegen Einrichtung des Mennonistenwesens behandelt werden.

Durch die zweite Teilung Polens im Jahre 1793 kam auch die Stadt Danzig nebst ihrem Territorium in den Besitz des preußischen Königshauses. In den ersten Tagen des März lagerten preußische Truppen vor der Stadt Danzig, um sie zur Uebergabe aufzufordern. Bei dieser Gelegenheit war ein Mennonit, Johann Zander, am Sonntag den 10. März bei Abend zur Wacht gefordert und da er das Geld für einen Stellvertreter an den Hauptmann Saß auf Schnüffelmarkt nicht hatte bezahlen können, so war er gezwungen worden mit andern Bürgern aufzuziehen und auf „Piquet" zu gehen. Deshalb wurde er vor den ehrwürdigen Kirchendienst gefordert, man

---

*) Bgl. Mennonitische Blätter 1857, 55.

verbot ihm ins Künftige „aufzuziehen", erbot sich das Wachtgeld für ihn zu bezahlen (für jede Wache 18 Gr.); kündigte ihm aber zugleich an, daß er nach Herstellung der bürgerlichen Ruhe „wegen dieses seines Verbrechens vor dem ehrwürdigen Dienst weitere Verantwortung thun müsse." Dies geschah denn auch am 11. April. Doch setzte man ihn nicht von der Gemeine ab, sondern entließ ihn, mit ernstlicher Ermahnung. Bald nach der Unterwerfung der Stadt Danzig kamen die Mennoniten daselbst bei dem interimistisch consti-tuirten Magistrat um Befreiung vom Schirmgelde ein. Sie erhielten jedoch am 13. März 1794 zur Antwort, daß sie für jetzt das fällige Schirmgeld zur Kämmereikasse zahlen müßten, doch sei ihnen unbe-nommen, ihre Bitte nach künftiger Wiedereinrichtung der Collegia zu wiederholen. Inzwischen hatte die königl. preußische Regierung bereits die Wehrlosigkeit der Mennoniten in Erwägung gezogen. Ein gewisser Wiebe, ein Mennonit aus Neuendorf im Danziger Gebiet, hatte um die Concession nachgesucht im Olivaer Amtsdorf Quadendorf von der mennonitischen Wittwe von Roße ein Brauhaus zu kaufen, aber der König (7. Jan. 1794) fand es unräthlich den Mennoniten aus dem Danziger Territorium den Ankauf von West-preußischen Grundstücken zu gestatten, „bevor nicht ihre praestanda wegen der Enrollementsfreiheit reguliret und die Bedingungen fest-gestellt seien, unter welchen sie Grundstücke acquiriren können."

Am 19. März 1794 stattete der königl. Oberkammerpräsident von Schrötter über die im Danziger Territorio wohnenden Menno-nisten Bericht ab. Nachdem er von den Verhältnissen der ost- und westpreußischen Mennoniten gesprochen, sagte er: „Mir ist die Ursache nicht einleuchtend, warum die Mennoniten in Ostpreußen, West-preußen und Lithauen, deren Seelenzahl sich seit dem Jahre 1780 wohl ansehnlich vermehrt haben wird, für die Enrollirungsfreiheit mit einer so unbedeutenden und mit der Enrollrungspflicht der übrigen Unterthanen außer allem Verhältniß stehenden Abgabe belegt worden, wobei indessen wegen der selbigen ertheilten und bei der Westpreußischen Cammer-Registratur vor-handenen Versicherungsschrift an keine Abänderung

oder Erhöhung ihrer praestandorum zu denken ist."
Er schlägt dann vor, nach Festsetzung der praestanda die Mennoniten im Danziger Territorium nach dem Edikt vom 30. Juli 1789
zu behandeln. Auf Grund dieses Berichtes stellte das General-
Directorium seine Anträge beim König. Am 10. April 1794 erfolgte
eine Kabinetsresolution, in welcher ausgesprochen war:

„Se. Kgl. Majestät von Preußen, Unser Allergnädigster Herr,
hat aus dem Berichte des Generaldirectoriums vom gestrigen Tage
ersehen, daß die in der Stadt Danzig selbst wohnhafte Mennoniten
Zeithero bereits jährlich 300 Thlr. Schirmgeld bezahlt haben.
Allerhöchst dieselben approbiren dahero nach dem vom General-
Directorio zugleich gethanen Vorschlage, daß diese Mennonisten
gegen obige Summe, welche nunmehro Höchstdero Casse zufließt, fürs
künftige vom Enrollement eximirt bleiben. Gleicher Gestalt approbiren Se. Majestät, daß das Enrollementsbefreiungsgeld von denen
Mennonisten welche auf dem Danziger Territorio wohnen, mit dem
Schutzgelde, so die Mennoniten in der Stadt entrichten gleich,
mithin auf die Summe von 300 Thlr. festgesetzt werde. Es ist
aber auch billig, daß selbige alle 20 Jahre von neuem consignirt
und daß ihre praestanda im Verhältniß der zugenommenen Seelenzahl erhöhet werden, wogegen sie mit denen in Ost- und Westpreußen
und Lithauen nach dem Edikt vom 30. Juli 1789 überall gleich
behandelt werden sollen. Uebrigens genehmigen Se. königl. Majestät,
daß der ganze Betrag des Schutz- und Schirmgeldes von den
Mennoniten in Summa mit 600 Thlrn. im Kriegskassenetat zur
Einnahme gebracht und zur Verstärkung des Unterhaltungsfonds für
das Cadettenhaus zu Culm angewendet werde."

Am 15. April 1794 versah der König den Oberpräsidenten
Baron von Schrötter noch mit genaueren Anweisungen über die
Erhebung und Verwendung der von den Danziger Mennoniten zu
zahlenden 600 Thlr. Seit dieser Zeit beträgt das von der ganzen
Mennonitengemeinde in Altpreußen aufgebrachte Schutzgeld 5600 Thlr.

Die ersten Regierungsjahre Friedrich Wilhelms III. führten
mehrfache Stürme gegen die Wehrlosigkeit mit sich. Zunächst erfolgte

ein Schreckschuß, welchem ernstere Angriffe auf dem Fuße folgten. Im Jahre 1799 erhielten die mennonitischen Wirte im Marien= burger Werder den Befehl, mit ihren Söhnen, Gesellen und Jungen bei der Kantonrevision zu erscheinen. Sie musten sich wirklich dazu stellen und wurden befragt, ob ihre Eltern und Großeltern menno= nitischer Religion gewesen seien. Aus unbegründeter Furcht, viel= leicht auch ganz absichtslos waren Einige in ihren Angaben ungenau. So hatte z. B. ein Vater von 5 Söhnen nur 4 derselben aufge= führt. Die Fehlenden wurden genötigt anderen Tages zu erscheinen und entgingen einer etwas barschen Behandlung von Seiten der Kantonrevisoren nicht. Sie wurden unter das Maß gestellt und vom Feldscherer besichtigt, alsdann aber mit dem Bedeuten losge= lassen, daß sie frei sein sollten, sobald sie ein vom Aeltesten und der Gerichtsobrigkeit unterschriebenes Zeugniß über ihre Zugehörig= keit zur mennonitischen Gemeinde mitbrächten. In Folge dieser Vorgänge reisten die Lehrer Peter Siemens und Wilhelm Hübert aus Rozelißky nach Marienwerder und beschwerten sich. Am 28. Juni 1799 erhielten sie folgendes Dekret:

„Die Königl. Krieges= und Domainenkammer ertheilt den Lehrern der Mennonistengemeinde auf ihre unter dem 26. Mai bei derselben eingereichte Vorstellung hiedurch zur Resolution, **daß sich die Mennonistengemeinde wegen der in ihrer Vorstel= lung geäußerten Furcht gänzlich beruhigen kann, indem selbige nach wie vor nach Maßgabe des Gnadenprivi= legiums nebst ihren Söhnen und mennonitischem Gesinde unbedingt vom Enrollement und der Kantonpflichtig= keit befreit bleiben werden.** Daß die Intendantur in Marien= burg die Gestellung der mennonitischen Dienstboten zur Kantons= revision und mündlichen Examination verordnet hat, ist wahrscheinlich deshalb geschehen, damit selbige wegen der cantonpflichtigen Ein= sassen, der andern Religionsverwandten und der Feuerstellen die nöthige Auskunft geben kann und sich nicht der Fall eräugne, daß an solchen Orten, wo nur wenige oder gar keine cantonpflichtige Einwohner vorhanden sind, erstere sich verbergen und die Kantons=

Revisions-Kommiffion nicht die erforderliche Auskunft erhalten kann.
Zugleich wird denen Supplicanten eröffnet, daß wir dato den Bericht
von der Intendantur Marienburg erfordert haben, aus welchen
Gründen dieselbe die Gestellung der mennonistischen Dienstboten bei
der diesjährigen Cantonrevisions-Commiffion veranlaßt hat, auch zu
welchem Behuf von den mennonistischen Einfaffen namentlich Tabellen
aufgenommen werden sollen, nach deffen Eingang die Supplicanten
noch näher werden beschieden werden."*)

Der eben geschilderte Vorgang war ein Symptom des immer
größer werdenden Mangels an kantonpflichtigen Leuten, welcher sich
damals in den von den Mennoniten bewohnten Landesteilen bemerkbar
machte. Aus diesem Grunde hatte schon am 8. April 1798 das
Justizdepartement an die Ost- und Westpreußischen Landes-Justiz-
collegia conscribirt, daß fortan auch ein antichretischer Pfandbesitz
nur unter den Bedingungen des Edikts vom 30. Juli 1798 solle
acquirirt werden können. Ferner drohten die Behörden den seit
10 Jahren zu den Mennoniten übergetretenen Proselyten die Kantonfreiheit zu entziehen. Es fand um dieser Sache willen am 21. Febr.
1800 eine beratende Zusammenkunft der Aeltesten verschiedener
Gemeinden statt und der Aelteste Johann Donner von Orlofferfelde
war genötigt, am 7. Septbr. 1799 für 9 schon getaufte Söhne
aus gemischten Ehen behufs ihres Verbleibens in der mennonitischen
Gemeinde um Wehrfreiheit nachdrücklich zu suppliciren. Dies wurde
ihm auch noch Anfangs 1800 gewährt. Aber grade um diese Zeit
häuften sich die Klagen gegen die Mennoniten von allen Seiten.
Seit dem Edikt vom 30. Juli 1789 hatten sich innerhalb des westpreußischen Kammerdepartements noch 191 Mennoniten mehr, als
bis dahin, anfässig gemacht und zwar großenteils auf bedeutenden
Höfen. Die lutherischen Infassen der Werder klagten bitter darüber,
daß ihnen der Grundbesitz immer mehr aus den Händen gehe; ja
es gelangte aus diesen Kreisen sogar an den König „zur eigenhän-
digen Entfiegelung," eine anonyme Bittschrift, in welcher die Menno-

---

*) Nach Aufzeichnungen im Gemeindearchiv zu Ellerwald.

niten unter verschiedenen gehässigen Anschuldigungen gegen sie als
die übermütigen und selbstolzen Bedrücker ihrer verarmenden evangelischen Nachbarn geschildert wurden.

Mußten hiedurch die Blicke der höchsten Staatsbeamten notwendig auf die Uebelstände gelenkt werden, welche die wachsende
Ausdehnung mennonitischen Grundbesitzes bei der bestehenden Wehrverfassung für die Kriegstüchtigkeit des Landes mit sich führte, so
wurden sie andererseits aufmerksam auf einige vereinzelte Fälle, in
denen junge Mennoniten sich der Kantonpflicht unterworfen hatten.
Es entging jedoch ihrer Aufmerksamkeit, daß dieselben fortan von
ihren alten Glaubensbrüdern als freiwillig aus der Mennonitengemeinde ausgeschieden betrachtet und behandelt waren. So konnte
man oben zu der irrigen Meinung kommen, daß die Wehrlosigkeit
doch kein so wichtiger und für unabänderlich gehaltener Glaubenssatz
der altpreußischen Mennoniten sei, wie diese sich den Anschein gäben,
und um so gewisser erschien es die Pflicht der Regierung „die
Mennoniten von fernerer Ausdrängung kantonpflichtiger Familien
aus dem Besitze von Grundstücken, dafern sie nicht selbst kantonpflichtig werden, abzuhalten." Dies sprach der Kriegs- und Finanz-
Minister von Schrötter Anfangs als seine Absicht aus. Bald jedoch
ging man weiter und am 19. Novbr. 1801 bezeichnet es der Groß-
kanzler Minister von Goldbeck in einem Schreiben an Herrn
von Schrötter als die Aufgabe des Gouvernements „die Zahl der
jetzt der Cantonverpflichtung entzogenen Grundstücke successive zu
vermindern." Der König entschloß sich zu einer Deklaration des
Edikts vom 30. Juli 1789. Im Allerhöchsten Auftrage meldet der
Kabinetsrat Beyme von Potsdam aus am 1. Decbr. 1801 dem
Minister von Goldbeck auf dessen Anfrage, die Absicht Sr. Majestät
bei Erlaß jenes Aktenstückes gehe dahin:

„daß nur die jetzigen Besitzer mennonitischer Grundstücke und
deren männliche Intestaterben, auf welche das Grundstück gelanget,
so lange sie zu dieser Sekte sich halten, und in Besitz des Grundstücks bleiben, die unter lästigen Bedingungen erworbene
Kantonfreiheit ihrer Söhne behalten sollen, keineswegs aber

ein fremder Mennonist, auf den ein solches Grundstück, dessen
Besitzer jetzt vom Canton befreyet ist, in der Folge durch irgend
einen andern Titel gelangen möchte, darauf Anspruch haben solle.
Allerhöchst Dieselben haben dieses heute auf geschehene allerunterthänigste Anfrage wiederholt mit dem Beifügen, daß die Abgabe
von 5000 Thlrn. an das Kadetteninstitut zu Culm nicht eher vermindert werden soll, als bis die mennonistischen Grundstücke unter
die Zahl der 1780 vorhanden gewesenen zusammenschmelzen werden."

Die „Deklaration" (datirt vom 17. Decbr. 1801) — f. hinten
S. LXXXIV fgg. — war geeignet die größte Bestürzung unter den
Mennoniten hervorzurufen. Zwar hält sie unverbrüchlich an dem
Gnadenprivilegium von 1780 fest und geht von dem Satze nicht
ab, daß den mit jenem Privilegium Belehnten die Kantonfreiheit
nicht entrissen werden könne. Aber sie faßt — gewiß nicht im
Sinne des Verleihers — die Worte des Gnadenprivilegs so eng
und begrenzt als möglich, dem Buchstaben nach, auf und versteht
unter dem beliehenen Subjecte nur die 1780 im Lande befindlichen
Mennoniten und deren direkte Nachkommen („die jetzigen Mennonistengemeinden aus 12,603 Seelen bestehend"), unter „dem Gewerbe
und der Nahrung," bei welcher dieselben „ungestört belassen werden
sollen" den Grundbesitz, welchen sie im Jahre 1780 inne hatten;
so daß es ganz gerecht und keineswegs als ein Bruch der Zusagen
des Gnadenprivilegs erscheinen muste, wenn man Mittel suchte die
Zahl der mennonitischen Grundstücke auf den status quo von 1780
zurückzuführen. Aber hart und tief in die Verhältnisse der Mennoniten eingreifend waren die Maßregeln, welche der königliche Erlaß
vorschrieb dennoch. Der Inhalt der §§. 1—3, auf einer ganz irrtümlichen
Voraussetzung beruhend, konnte höchstens als Lockspeise für einzelne
Mennoniten wirken, die Wehrpflicht zu übernehmen und damit die
Gemeinschaft ihrer bisherigen Brüder zu verlassen; wenn aber §. 4
den Ankauf kantonpflichtiger Grundstücke den Mennoniten in Zukunft
völlig untersagte, §. 7 die Verminderung des mennonitischen Besitzes
durch die Verordnung anbahnen wollte, daß nur die auf männliche
Intestaterben von Mennoniten vererbten Güter die Kantonfreiheit

behalten sollten, so traf diese Bestimmung die ihrer Hauptmasse nach einzig und allein Ackerbau treibende mennonitische Bevölkerung um so empfindlicher, als die jüngeren Söhne bisher bei der begrenzten Anzahl mennonitischer Höfe vorzugsweise darauf angewiesen waren, durch Verheiratung mit einer Wittwe oder Erbtochter zu einem eigenen Heimwesen zu gelangen, wollten sie nicht als ledige Gehilfen des Aeltesten Bruders auf dem väterlichen Erbe sitzen bleiben. Die „Deklaration des Ediktes von 1780" entriß ihnen jede Aussicht selbstständig zu werden, so lange sie Mennoniten und Landleute bleiben wollten.

Kein Wunder, daß das Aktenstück in allen Mennoniten-gemeinden die höchste Bestürzung hervorrief. Am 9. März 1802 hielten sämmtliche altpreußische Gemeinden in der Kirche zu Heubuden bei Marienburg eine Zusammenkunft, auf welcher man beschloß, den Criminalrat Stägemann in Königsberg zum Consulenten zu erwählen. Nachdem diesem am 23. März eine aus mehreren Aeltesten ost- und westpreußischer Gemeinden bestehende Commission die Ansichten und Wünsche der Mennonitenschaft auseinandergesetzt, erbeitete er eine kurze Vorstellung an den König, nebst einem aus-führlicheren Memorial aus. Beide Schriftstücke gingen am 31. März nach Berlin ab. Das Memorial geht von der freilich ungegründeten Annahme aus, daß die Mennoniten unter landesherrlicher Garantie ehedem die Rechte der übrigen Einwohner des Staats in ihrem vollen Umfange besessen hätten und in diesem Besitze durch das Edikt vom 31. Juli 1789 und die Deklaration vom 17. Decbr. 1801 gestört worden seien. Es sei das ein indirekter Gewissenszwang. Mit Grund aber durfte die Eingabe behaupten: „Wir konnten Grundeigentum erwerben, wir konnten zu Gunsten unserer Glaubens-brüder unter Lebenden und auf den Todesfall darüber verfügen, wir konnten es auf die Unsrigen vererben; jetzt haben wir dieses Recht nicht mehr. Denn nur unsere Söhne sind besitzfähig, unsere Wittwen und Töchter, die uns eben so nahe angehören, müssen sich des ihnen hinterlassenen Grundeigentums entäußern, oder ihren Glauben verläugnen; jetzt kämpfen wir also zwischen der Wahl

einer Glaubensänderung, oder dem Verlust unserer ganzen bürgerlichen Einrichtung, jetzt wird also unserem Gewissen ein Zwang
auferlegt, der uns zu Boden drückt. Dies ist — wir dürfen es
mit Ueberzeugung hoffen — dies ist nicht der Wille Se. königl.
Majestät, von Höchstdero gerechten und weisen Regierungsgrundsätzen
wir keinen Zwang befürchten. — — — Nur ein Irrtum, nur die
Voraussetzung, daß wir ohne Grund uns weigern neben den übrigen
christlichen Glaubensverwandten an der Vertheidigung unseres gemeinsamen Vaterlandes Theil zu nehmen, hatte der Mennonistengemeinde
diese Ungnade Se. königl. Majestät zu Wege gebracht. Die Deklaration vom 17. Decbr. 1801 geht, wie der Eingang beweist, von
der Meinung aus „als ob ein Mennonist Soldat sein könne, und
nur durch Handschlag an Eidesstatt verpflichtet werden dürfe, weil
einige Mennonisten auf diese Art ins Militär getreten sind.“ Wir
können das Historische dieser Exempel nicht bezweifeln, wiewohl diese
so selten sind, daß sie uns selbst nur aus den Erzählungen Anderer
bekannt geworden, aber diese Mitglieder unserer Gemeine hörten in
dem Augenblick, da sie Militärdienste nahmen, Mennonisten zu sein
auf, weil es ein wesentlicher Artikel unseres Glaubensbekenntnisses
ist, zu Kriegsdiensten uns nicht zu verpflichten.“ — — —

Am 10. April 1802 erfolgte die königliche Antwort (S. hinten
i. d. Beilage). Sie schlug die Bitte der Mennoniten ab und bestimmte,
daß es bei der Deklaration sein Bewenden haben solle. Begründet
wird die Abweisung durch den Versuch des Nachweises, daß die
vom Gnadenprivilegium gewährten Rechte nicht angegriffen seien.
Diese Beweisführung welche bei oberflächlicher Betrachtung der von
einer gewissen Seite aufgestellten Behauptung Vorschub leisten könnte,
als habe die Wehrfreiheit der Mennoniten vorzugsweise „auf dem
Besitz cantonfreier Grundstücke beruht“, widerspricht dem entschieden, indem sie festhält, daß dem Mennoniten um seines Glaubens
willen das Recht der Wehrlosigkeit erteilt sei, und er deshalb
persönlich nicht gezwungen werden solle, noch dürfe, die Waffen zu
tragen. Die Form aber, unter welcher die mennonitische Wehrfreiheit der Wehrverfassung des Landes sich einreihte, war dann sekundär

allerdings die Kantonfreiheit der mennonitischen Grundstücke. Indem aber angenommen wurde, daß diese Kantonfreiheit nach der Absicht des Gnadenprivilegs sich nur auf die 1780 in mennonitischem Besitze befindlichen Ländereien beziehe, hielt die Krone sich für berechtigt alle über den Besitzstand jenes Jahres erworbenen Hufen als mißbräuchlich mit der Kantonfreiheit belehnt anzusehen und bei dem Aussterben männlicher Erben dieses Recht wie ein erledigtes Lehen als heimgefallen zu betrachten, so lange bis durch succesſive Verminderung der mennonitischen Hufen die Normalzahl des Jahres 1780 erreicht sein würde.

Sehr bald machte sich die Wirkung der Deklaration vom 17. December 1801 für die Mennoniten bemerkbar durch die Maßnahmen, welche die unteren Behörden in ihrem Geiste ergreifen zu müssen glaubten. Da grade im Jahre 1802 eine ganze Anzahl von mennonitischen Zinshuben aufs neue zur Einmiete kamen, benutzte man die Gelegenheit, diese Grundstücke zu Erbpacht zu setzen und den bisherigen Besitzern ihren Verlust, oder die Annahme der Kantonpflichtigkeit als Alternative zu stellen. Einige Mennoniten zu Augustwalde im kleinen Werder nahmen die Kantonpflicht an, dagegen erklärten die anderen z. B. im Dorfe Zandersweide in der Stuhmer Niederung und zu Plauschwarren in Lithauen lieber ihre Güter verlassen, als die Kantonpflicht übernehmen zu wollen. An die Aeltesten war die Aufforderung ergangen, nach §. 56 des Kanton-Reglements bei der jährlichen Kantonrevision eine Geburts- und Sterbeliste der kantonpflichtigen Mennoniten einzureichen; sie weigerten sich deß mit Berufung auf die schon Se. Majestät vorgetragene Thatsache, daß die kantonpflichtig Gewordenen nicht länger Mennoniten geblieben, ihrer amtlichen Fürsorge mithin entrückt seien, und blieben bei dieser Erklärung beharrlich auch dann stehen, als ihnen der ausdrückliche Befehl zukam, die Ausgetretenen als Glieder der Gemeinde anzusehen und zu behandeln.

Stägemann bemühte sich auf einer Reise nach Berlin (Juli 8. bis September 11. 1802) einige Gönner für die Sache der Mennoniten zu gewinnen und kehrte mit der Hoffnung zurück durch den

Geh. Kabinetsrat Beyme das Ohr des Königs zu finden. Da
diese Hoffnung fehlschlug, so reisten von Stägemann mit Ratschlägen
versehen im September 1803 4 Deputirte aus den Gemeinden selbst
nach Berlin und Potsdam, wo es ihnen gelang mehrere einflußreiche
Personen aus der Umgebung des Königs für ihr Anliegen zu interessi-
ren und am 19. Novbr. durch Beyme eine (vom 16. datirte) „Vorstellung“
dem Könige überreichen zu lassen. Auf den Rat ihrer Gönner hatten
sie um die Erhaltung der bisherigen Kantonfreiheit (als Ausfluß
der Gewissensfreiheit) um die Aufhebung des §. 7 der Deklaration
vom 17. Decbr. 1801 und um die Vergünstigung gebeten, daß die
Mennonitengemeinde ihren jetzigen Grundbesitz ungestört behalten
und unter sich ohne Gefahr für ihre Gewissen vererben und veräußern möge.

Das Kabinet war inzwischen durch die verstärkte und in hohem
Maße zunehmende Auswanderung der Mennoniten nach Rußland
bedenklich geworden, und hatte genaue Listen der Auswanderer und
Auswanderungslustigen aufnehmen lassen. Die dabei zu Tage
tretenden Thatsachen warfen ein bedeutendes Gewicht in die Wag-
schale, um den König zur Milde zu neigen. Am 24. Novbr. 1803
unterschrieb er eine Kabinetsordre (S. hinten i. b. Beilage), worin
bestimmt wurde, daß wenn einmal in den Händen von Mennoniten
befindliche Grundstücke an fremde Mennoniten verkauft, vererbt oder
verschenkt werden, auch diese letzteren sammt ihrer männlichen Nach-
kommenschaft in ihrer Wehrlosigkeit ungestört bleiben sollen.

Seit dieser Zeit blieb der Status quo des 24. Novbr. 1803
als gesetzmäßiger nicht zu überschreitender Umfang des mennonitischen
Grundbesitzes bestehen.

Während in dieser Zeit die Einschränkung der Mennoniten
auf der einen Seite verschärft wurde, weil man es zur Ausgleichung
ihrer Gewissens- und Wehrfreiheit mit den Erfordernissen der
Wehrkraft des Landes für notwendig hielt, suchte die Regierung
andererseits ihre Lasten zu mildern, indem der König am 3. Octbr.
1801 in einer Kabinetsresolution an die Minister von Schrötter
und von Massow festsetzte, daß die mennonitischen Gemeinden der

Nieberungsdörfer des Amts Tiegenhof, welche dem katholischen Pfarrzwange unterworfen sind, von der Zahlung der Kalende und Stolgebühren an die evangelischen Geistlichen so lange entbunden sein sollen, bis die Aufhebung oder Modifikation des katholischen Pfarrzwanges über die Protestanten zu Stande gekommen sei. Die Westpreußische Regierung machte am 29. Juni 1802 dem Groß-Werder-Voigteigericht zu Marienburg bekannt, daß die Verordnung der Kabinetsresolution vom 3. October v. Jahres ganz allgemein ist und daß daher sämmtliche Mennonisten mit der Kalende und dem Mitteltag so wie den Juribus stolae, ingleichen allen übrigen persönlichen Abgaben an die protestantischen Geistlichen und Kirchensysteme verschont bleiben müssen"; dagegen gehalten sein sollen alle Geburts-, Heirats- und Todesfälle den evangelischen Geistlichen zur Eintragung in die Civilstandsregister anzuzeigen, wofür diese bei Hochzeiten 20 Sgr., in den beiden andern Fällen 2½ Sgr. an Einschreibegebühren zu fordern berechtigt seien." In Folge dieser Erlasse, welche §. 2 — 7 des Edikts vom 30. Juli 1789 einstweilen außer Kraft setzten, hörte im großen Werder und Danziger Werder die Ableistung der Kalende und Stolgebühren von Seiten der Mennoniten an die evangelischen Kirchen fast in allen Dörfern auf und diese Befreiung hat faktisch ebenso fast überall 60 Jahre hindurch, bis auf diesen Tag gewährt.

Wenige Jahre nachher brachen die traurigen Zeiten der französischen Invasion herein, die Tage von Jena und Auerstädt hatten Preußens Schicksal fürerst entschieden und der König war auf der Flucht nach der äußersten Grenzstadt des Reiches. Die Mennoniten fühlten sich gedrungen zur Verteidigung des Staates, welchen sie nach ihrem Gewissen nicht mit den Waffen unterstützen konnten, in ihrer Weise durch einen außerordentlichen patriotischen Geldbeitrag Mithilfe zu leisten. Als die königliche Familie durch Graudenz reiste, kündigte der Hofbesitzer Abr. Nickel aus Damrau bei Culm dem Königspaare an, daß von den Gemeinden beschlossen sei, als Beitrag zu den Kriegskosten 30,000 Thlr. freiwillig und so schleunig als möglich zusammenzuschießen und bat um Anweisung, wohin diese

Summe abzuliefern sei *) Der König bestimmte Ortelsburg, wohin
er sich zunächst begab, zum Ablieferungsort. Am 23. Novbr. zahlten
drei Deputirte der sämmtlichen Mennonitengemeinden 17,000 Thlr.
bei der Feldkriegskasse daselbst ein, und erbaten sich in einer Vorstellung an den König die Erlaubniß — „da dies schleunige Aufbringen des Geldes zwar von Allen mit innigstem Vergnügen
geschiehet, jedoch in jetzigen Zeitläuften nicht so prompt gehen will"
— „die übrigen 13,000 Thlr. sobald als möglich in Königsberg
abtragen zu dürfen." Die Gemeinden würden es gerne sehen, wenn
diese letztere Summe „zur Unterstützung der im jetzigen Kriege
geworbenen Wittwen und Waisen" verwandt werde, doch stelle man
die Verfügung darüber ganz und gern in aller Unterthänigkeit zu
Se. Majestät Disposition." Der König dankte den Deputirten für
den patriotischen Beitrag zu den Kriegskosten in einem Schreiben
(Ortelsburg den 30. Novbr. 1806) und wies die Haupt-Feld-
Kriegskasse zu Königsberg an, die übrigen 13,000 Thlr. in Empfang
zu nehmen.

Im Jahre 1810 kam die Regierung mit Bezahlung der
Contributionsgelder an Frankreich in Verlegenheit und sah sich
genötigt zu diesem Zwecke eine Anleihe in Holland und eine außerordentliche Anleihe im Lande zu creiren. Zu letzterer wurden in den
Werbern von den Besitzern 3 Fl. à Hufe erlegt. Die mennonitischen Gemeinden beschlossen am 27. März dazu noch besonders
als Corporation beizutragen. Der Mangel an baarem Gelde hinderte einstweilen die Ausführung dieser Absicht ein Jahr lang. Als
man dann am 6. Juni 1811 die Angelegenheit auf einer Versammlung zu Tralauerfeld noch einmal zur Beratung brachte, ging der
Beschluß durch, eine Summe von 10,000 Thlr. in Münze nicht
als Darlehn, sondern als Geschenk zur freien Disposition Se.
Majestät des Königs zu stellen. Durch Handschreiben vom 17. März
nahm indeß der König die angebotenen Gelder nur „als Beitrag zur
Anleihe" an; am 18. Juli 1811 wurden dieselben an die königl.

---

*) Vgl. v. Reiswitz und Wadzeck Beiträge I., V. Anm. *.

westpreußische Regierungs - Hauptkasse zu Marienwerder eingezahlt.
Ohne ihr Zuthun wurde durch ein Rescript der westpreußischen
Regierung vom 13. Jan. 1812 den Mennoniten der Kauf von
Domainen ausdrücklich gestattet „ohne Rücksicht auf die bisherige
Beschränkung wegen der Kantonpflichtigkeit."

Napoleons große Armee lag auf den Schneegefilden Rußlands
gebettet, die unterjochten Völker Europas athmeten auf und Preußens
Söhne begannen den deutschen Heldenkampf von 1813. Während
die Russen schon Danzig belagerten, beschloß am 7. Februar der
Landtag in Königsberg einstimmig die Schöpfung der Landwehr, zu welcher
mit Aufhebung aller Exemtionen die waffenfähige Mannschaft auf-
zubieten sei. Durch ein schriftliches Botum machte am 8. Februar
der als Vertreter Königsbergs anwesende mennonitische Landbote
Jac. Zimmermann darauf aufmerksam, daß die personelle Verteidigung
des Vaterlandes mit dem Glauben der Mennoniten nicht vereinbar
sei, rief für dieselben den Schutz des Gnadenprivilegiums an, und
schlug vor, eventuell bei Durchführung allgemeiner Verteidigung
die Mennoniten zum Feuerlöschdienst, zur Pflege der Kranken und
zu dergleichen Diensten zu verwenden, da sie „aus Schuldigkeit und
Bürgerpflicht sich gerne jedem andern Geschäfte, als dem activen
Kriegsdienste unterziehen und bereitwillig jedes Opfer bringen würden,
welches die Anstrengung, die jetzt geleistet werden muß, gebietet."
Uebrigens fügte der Antragsteller wiederholentlich hinzu, daß nicht
Mangel an Bürgersinn und Patriotismus, sondern Anhänglichkeit
an den Glauben der Väter ihn zu seiner Erklärung veranlaßten. —
Die Versammlung entschied sich dafür, daß die Mennonitengemeinden
in diesem außerordentlichen Falle bedeutende Geldbeiträge aufbringen
müßten, um sich von den persönlichen Dienst loszukaufen. Es werde
ihnen überlassen, ihre Vorschläge bei der (zur Organisation der
Landwehr neugebildeten) Generalkommission einzureichen, bis dahin
würden sie zum persönlichen Dienst für verpflichtet gehalten."*)

---

*) Vgl. Droysen, Yorks Leben. B. II. 105. 306. Akten des Orloffer-
felder Archivs.

In Ausführung dieses Beschlusses schrieb General v. York als Militärgouverneur von Preußen (Königsberg den 18. Febr. 1813) an die interimistische General-Commission für Landwehr-Angelegenheiten in Preußen, die Mennoniten seien bisher nur von dem Enrollement zur Ergänzung des stehenden Heeres gegen eine verhältnißmäßig sehr geringe Summe befreit gewesen. Diese Befreiung könne mithin keinen Bezug auf die höchst außerordentliche Anstrengung haben, welche Preußen gegenwärtig bei Errichtung der Landwehr zu machen im Begriff sei. Diese von der Pflicht gebotene Einrichtung der Landwehr sei von so außerordentlicher Wichtigkeit und erfordere dergestalt die Anstrengung aller Kräfte, daß die Rückwirkungen sich auf die empfindlichste Weise in allen Gewerben äußern würden. Um so unerläßlicher sei es daher, daß die Mennoniten, welche von der jetzigen Einrichtung der Landwehr entbunden zu sein wünschten, eine bedeutende Anstrengung zur Vermehrung der Streitkräfte des Vaterlandes machen. Um der Dringlichkeit des Augenblickes willen setzte der Gouverneur kraft der ihm zustehenden Autorität fest:

„daß die Mennoniten in den Provinzen Lithauen, Ost- und Westpreußen von der jetzigen Einrichtung der Landwehr entbunden sein, dagegen aber unfehlbar binnen 4 Wochen abliefern sollten 1) 500 vollkommen zum Dienst der Kavallerie taugliche Pferde für das erste Ost- und Westpreußische Kavallerie-Regiment, welche von einer Militair-Commission geprüft und abgenommen werden sollen, oder das Aequivalent von 70 Rthlr. Courant für jedes Pferd (35,000 Rthlr.) 2) 25,000 Rthlr. als Beitrag zu den Kosten der jetzigen Formation der Landwehr."

Der General-Commission wurde aufgetragen, das Nöthige zur Vollziehung dieser Festsetzung mit allem Nachdruck zu veranlassen, derselben jedoch anheimgestellt, den Verhältnissen gemäß Modifikationen eintreten zu lassen. Die Commission, welche zu Hauptmitgliedern den Minister Grafen von Dohna und den General-Lieutenant von Massenbach als interimistische Civil- und Militair-Gouverneure zählte, beschied Deputirte der Gemeinden zur mündlichen

Verhandlung nach Königsberg. Diese erschienen am 10. März im
ostpreußischen Landschaftshause. Ihre Unterhandlungen währten
bis zum 18. März. Sie erklärten, schon unaufgefordert und freiwillig an die Aufbringung einer patriotischen Beisteuer gedacht zu
haben, bei den großen Verlusten durch die bisherigen Kriege sei es
ihnen unmöglich die geforderte Contribution aufzubringen. General
von Massenbach redete ihnen warm und liebreich zu, er wisse, daß
es ihnen schwer werde, aber nur ein ins Herz schneidendes Opfer
vermöge sie, die daheim bleibenden, vor ihren in den Kampf ziehenden
Brüdern zu rechtfertigen. Im Verlaufe der zweiten Unterredung
ging die Commission darauf ein, die Offerte der Deputirten,
20,000 Rthlr. und 300 Pferde zu stellen, Se. Majestät dem Könige
zur Entscheidung vorzulegen. Am 22. März ging Massenbachs
Bericht über diese Angelegenheit nach Breslau ab. — Durch die
königliche Verordnung vom 3ten und 9ten Februar waren alle
Exemtionen vom Militairdienst aufgehoben und die Errichtung von
freiwilligen Jäger-Detachements bei den einzelnen Regimentern
angeordnet. Hierauf Bezug nehmend ordnete der Chefpräsident der
Westpreußischen Regierung im Amtsblatt (17. bis 21. Februar) an,
daß alle kampffähige Mannschaften, selbst Mennoniten und Juden,
sich verzeichnen und in die Rollen eintragen lassen sollten. Es
wurde zu freiwilligem Eintritt in die Regimenter aufgefordert und
in diesem Falle Berücksichtigung specieller und individueller Wünsche
verheißen. Auch an diejenigen bisher Eximirten, welche sich nicht
freiwillig bis zum 19. März melden würden, werde unausbleiblich
der Ruf zum Dienste für König und Vaterland ergehen.

Als darauf die Aeltesten der Mennoniten-Gemeinden dem
Präsidenten in einem Schreiben (Orloff bei Tiegenhoff 6. März 1813)
anzeigten, daß sie schon vom Militärgouvernement wegen des Eintritts
in die Landwehr in Anspruch genommen seien, antwortete er (März 8.),
die Landwehr sei ein für sich bestehendes Institut und die Befreiung
von diesem befreie sie noch nicht von jedem Kriegsdienste; nur ein
königliches Gesetz vermöge ihnen auch jetzt noch gegen ein Aequivalent
die Fortdauer der Wehrfreiheit zu gewähren. Bei ihrer Anwesenheit

in Königsberg trugen die Deputirten der Gemeinden diese Sache
dem Militairgouvernement vor und dieses ließ (März 18.) die **Königl.**
westpreußische Regierung wissen, daß die Unterhandlungen, welche die
Deputirten der achtbaren Mennonistengemeinden von Ost- und
Westpreußen hier in Königsberg mit der General-Commission unter
Leitung des Militairgouvernements gepflogen hätten, um durch
Darbringung patriotischer Beiträge vom außerordentlichen Militairdienste sich zu befreien, eine allgemeine Festsetzung über die Freiheit
in allen und jeden jetzigen Militairverhältnissen enthielten und daß
keine Behörden weiter befugt seien, diese Gemeinden zu ebengenannten
Zwecken in Anspruch zu nehmen. Die Festsetzung der **Entschädigungssumme** sei Se. Majestät vorbehalten.

Die Mennoniten hatten auch ihrerseits sich unmittelbar an
den Thron gewandt. Ihnen wurde als Antwort die folgende
Kabinetsresolution vom 13. April zu Teil: „Die **Pflicht der Vertheidigung des Vaterlandes ist mit der Gewissensfreiheit
der Bekenner respectirter oder geduldeter Glaubens-
systeme gleich allgemein. Die letztere soll daher auch
in Absicht der Mennonitengemeinde aufrecht erhalten
werden**, dagegen können sie sich der ersteren nicht entziehen und
den Abgang der persönlichen Kräfte nur durch ein Aequivalent an
baarem Gelde und Pferden ausgleichen. Die Abschätzung dieses
Ersatzes kann von hier aus nicht übersehen werden; sie ist daher
mit Zufertigung der Vorstellung der Mennoniten vom 19. v. Mts.
der pflichtmäßigen Beurtheilung des Militär-Gouvernements der
Provinzen jenseits der Weichsel zu Königsberg überlassen worden, welches
die Supplikanten deshalb mit definitivem Bescheide versehen wird.‟

Das Militair-Gouvernement seinerseits erhielt durch Kabinetsordre vom 19. April den Bescheid auf den vom General-Lieutenant
von Massenbach am 22. vor. Monats erstatteten Bericht: „Se.
Majestät wollten, daß gegen die Mennoniten kein Glau-
benszwang stattfinde, da ihr Glaubensprinzip ihnen
die Theilnahme an den Waffen nicht gestatte; wegen
des Ausfalls ihres wirklichen Beitritts zu den Waffen könne man

ein Aequivalent in Pferden und Geld von ihnen annehmen. Seine Majestät könne jedoch nicht unmittelbar übersehen, ob das anliegende Anerbieten der Mennonitengemeinden, 300 Pferde und 20,000 Thlr. baares Geld zu geben, annehmbar, oder ob bei der Forderung von 500 Pferden und 25,000 Thlrn. stehen zu bleiben sei. Diese Abschätzung bleibe dem Gouvernement nach angemessenen Grundsätzen und mit Rücksicht auf die Conservation der Mennonitengemeinden, welche durch ihre Industrie dem Lande von anderen Seiten bedeutendere Vorteile gewährt hätten, überlassen, dieselben seien daher mit Immediatreklamationen wegen diesfälligen weiteren Bescheides an das Gouvernement verwiesen." Das letztere setzte nunmehr die Höhe der mennonitischen Leistungen auf 25,000 Thlr. Geldbeitrag und 500 Pferde fest, und zeigte dies durch Rescript vom 5. Mai den Vorständen der Mennonitengemeine in Preußen an. Damals waren bereits 300 Pferde und 10,000 Thlr. auf Abschlag geliefert. Jetzt erging Ordre, daß vom Reste 10,000 Thlr. sofort, 5000 Thlr. am 15. Mai und 14,000 Thlr. als Betrag für 200 nicht abgelieferte Pferde à 70 Thlr. am 1. Juni von den diesseits der Weichsel im Distrikte des Militärgouvernements zwischen Memel und Weichsel wohnenden Gemeinden an die Landwehrkasse in Königsberg einzuzahlen seien.

Als am 19. Mai die Zahlung von 5000 Thlrn. noch nicht erfolgt war, drohte das Militairgouvernement, indem es noch eine 48 stündige Frist stellte, mit zwangsweiser Eintreibung durch militairische Exekution und außerdem mit Aufhebung der Exemtion. Nicht Mangel an Patriotismus, sondern die Schwierigkeit der Aufbringung hatte die Zahlung verzögert; jetzt geschah sie in wenigen Tagen, indem die Reichen den Aermeren Credit und Vorschuß leisteten und selbst mit Mühe die nötigen Capitalien flüssig machten.

Diese Lasten trugen die Mennoniten des rechten Weichselufers allein, da ihre Glaubensgenossen auf dem linken Weichselufer dem Ressort des Militairgouvernements zwischen Weichsel und Oder untergeordnet wurden. Am 9. Mai hatten die Herren von Dohna und von Massenbach (als Chefs des Militairgouvernements zu

11

Königsberg) der preußischen Mennonitengemeinde dieß Ressortverhältniß dargelegt und erklärt, daß es den Bestimmungen des Militairgouvernements zwischen Weichsel und Oder überlassen werden müsse,
zu bestimmen, in wiefern die dortigen Mennoniten bei der Landwehr
selbst dienen, oder ein Aequivalent für die Befreiung vom Dienst
würden entrichten müssen; während den diesseitigen Mennoniten bei
der jetzigen Bildung der Landwehr und bei der jetzigen Loosung
derselben die Befreiung von Naturaldiensten gegen prompte Einzahlung der Entschädigungssumme zwar zu statten kommen solle, doch
habe das jetzt bestehende Uebereinkommen, nicht auf künftige Loosungen
Behufs der Landwehr, noch weniger auf einen eventuellen Landsturm Bezug."

Jedesfalls war diese Verfügung eine willkürliche und harte
Auslegung der Kabinetsordre vom 13. April 1813, welche die ganze
Mennonitengemeinde von Ost- und West preußen und Lithauen gegen
eine von ihr (solidarisch) zu leistende Summe von höchstens
25,000 Thlrn. und 500 Pferden von der Landwehr um der Gewissensfreiheit willen befreit hatte; eine Entschuldigung aber findet das
Benehmen des Generalgouvernements darin, daß eine große Mißstimmung über die Ausnahmestellung der Mennoniten unter ihren
Nachbarn sich kundgab, welche mit Geringschätzung auf sie herabsahen als auf Feiglinge, die nicht einmal für Heimat und Heerd in
Landwehr und Landsturm Leib und Leben in die Schanze schlagen
wollten. Und in der That muste damals das Mennonitentum mit
seinem Principe leidender Unterwerfung unter alle göttliche Schickungen
als ein durchaus fremdartiges unbegriffenes und unbegreifliches,
unrechtmäßig sich absonderndes Wesen erscheinen mitten unter der
übrigen Bevölkerung, die von lebendiger Begeisterung durchglüht nach
Kämpfen, Siegen, Rache dürstete und kein persönliches noch materielles
Opfer scheute, um dem Drange ihres Herzens zu genügen. Unter diesen
Umständen teilte das Militairgouvernement zu Königsberg am 8. Mai der
westpreußischen Regierung zu Marienwerder die am 13. April in
Betreff der „einstweiligen" Befreiung der Mennoniten von der
Landwehr ergangene Cabinetsordre mit, beauftragte sie, die dortigen

Einwohner auf die in Betreff der Mennonitengemeinde bestehenden Verhältnisse durch zweckdienliche und eindringende Vorstellungen aufmerksam zu machen, und bemerkte zugleich, daß die Einsassen der Gegenden von Tiegenhof, Marienburg und Elbing um so weniger einen zureichenden Grund hätten sich durch die einstweilige Entbindung der Mennonisten von der Landwehr einseitig gedrückt zu glauben, da es nicht die Einwohnerschaft jener Gegenden ausschließlich allein, sondern vielmehr die Gesammtheit aller Einwohner im ganzen Umfange des Landes Preußen zwischen der russischen Grenze und der Weichsel sei, welche einstweilen die Mennonisten bei der Formation der Landwehr übertrage."

Das Militairgouverment zwischen Weichsel und Oder, welches in Stargard seinen Sitz hatte, hatte schon am 30. März bei dem Königsberger Gouvernement beantragt, ihm von den dortigen Maßnahmen hinsichtlich der Mennoniten Kenntniß zu geben. Am 8. Mai wurde ihm nunmehr die königl. Kabinetsordre vom 13. April mitgeteilt und über die Anordnungen und Verhandlungen hinsichtlich der Befreiung der Mennoniten bei der ersten Formation der Landwehr Bericht erstattet. Der damals in Preußen kommandirende General-Lieutenant von York habe die Befreiung der Mennoniten im Gouvernement zwischen der Weichsel und russischen Grenze gegen ein Aequivalent von 25,000 Thlrn. und 500 Pferden mit folgenden Gründen gerechtfertigt: a) das Glaubensbekenntniß der Mennoniten sei vom Landesherrn anerkannt, auch habe es unter allen Umständen etwas Empörendes dem Glauben eines Menschen Gewalt anzuthun. b) Es komme grade jetzt so sehr viel darauf an in der möglichst kürzesten Frist die Streitmittel aufs äußerste zu vermehren und in dieser Hinsicht sei eine namhafte Summe Geldes und Pferde mehr wert, als einige feige und schwache Menschen. Von dem Ermessen des Pommerschen Militairgouvernements werde es übrigens abhängen, wie es mit den Mennoniten verfahren, ob es dieselben zum Eintritt in die Landwehr zwingen oder eine Entschädigungssumme reguliren lassen wolle.

Das Militairgouvernement zu Stargard erließ nun seinerseits schon am 19. Mai ein Rescript an die Landwehrcommission zu Konitz, worin es sich geneigt erklärt, die Mennoniten seines Bezirkes bei den bekannten Begriffen derselben vom Soldatenstande vom Eintritt in die Landwehr loszulassen, wenn sie für ihre Dispensation von der ersten Losung eine sehr annehmliche Zahlung übernehmen wollten, die zum allerwenigsten den Zahlungen jenseits der Weichsel nach Verhältniß nicht nachstehe. Bei ihrer diesseits verhältnißmäßig geringeren Anzahl könnten sie leicht von den Insassen des Kreises, in welchem sie wohnen, übertragen werden; dafür solle die Hälfte der von ihnen gezahlten Summe zunächst zur Bestreitung der Kosten der Landwehrformation in eben diesem Kreise verwandt und dem kompetenten Kreisausschuß überwiesen werden, damit nicht die Kreisinsassen Anlaß zur Unzufriedenheit haben möchten.

Die Landwehrorganisations-Commission zu Konitz schrieb am 20. Mai der Regierung von Westpreußen, daß die ständischen Ausschüsse beauftragt wären, sich mit den diesseitigen Mennoniten auf ein bestimmtes Quantum an Geld und Pferden behufs ihrer Befreiung von der Landwehr zu einigen; wogegen es denselben freigestellt sei, sich wieder zurückbezahlen zu lassen, was sie bereits an Befreiungs-Beitrag an Ostpreußen gezahlt.

In den 3 Kreisen Dirschau, Stargard und Konitz lebten damals 1264 Mennoniten, von denen 181 Mann (im Kreise Stargard 91, im Kreise Dirschau 9, im Kreise Konitz 81) als landwehrpflichtig angesehen werden konnten. Mit einigen Deputirten der Mennoniten wurde vereinbart, daß mit Zugrundelegung des in Ostpreußen angewandten Verfahrens für jeden Mann 33⅓ Thlr., mithin für die ganze Mannschaft 6033⅓ Thlr. gezahlt werden sollten. Die Deputirten versprachen im Namen sämmtlicher Mennoniten des linken Weichselufers diese Abfindungssumme, welche übrigens nur für die erste Formation der Landwehr, nicht für die künftigen Losungen gelte, zu einem Drittel in grobem, zu zweien Dritteln in

Münzcourant und zwar in 3 Raten bis zum October 1813 auszuzahlen.*)

Von der Ansicht ausgehend „daß die Train- und Packknechte nicht als eigentliche Soldaten, sondern wie gemeine Hand-
arbeiter oder Lohnknechte zu betrachten seien, da sie keine Waffen
führten, und nur zur Bedienung der Pferde und Offiziere verwandt
würden," gestattete inzwischen die Westpreußische Regierung den
Militairintendanturen, die Mennoniten dem Train des stehenden
Heeres einzuverleiben. Die Intendanturen zu Elbing, Marienburg,
Tiegenhof und Stuhm erließen sofort an verschiedene Schulzenämter
den Befehl, Mennoniten für den genannten Zweck auszuheben.
Man verfuhr mit Strenge; wo mennonitische. Schulzen waren,
besorgte die Gensdarmerie die Aushebung so schnell und heimlich,
daß Niemand vorher eine Ahnung davon hatte; an einigen Orten,
an welchen man die zur Aushebung bestimmten Personen nicht
antraf, wurden ihre Väter oder nächsten Anverwandten in Verhaft
genommen. Die Ausgehobenen wurden nach Graudenz transportirt,
wo der kommandirende Offizier ihnen auf ihre Bitte jedoch gestattete, von den Uebungen so lange fern zu bleiben, bis eine Appel-
lation ihrer Aeltesten an das Militairgouvernement Bescheid erhalten
haben würde.

Die Unterbehörden sowohl, als auch die Westpreußische Regierung hatten die Beschwerde führenden Gemeinden abschläglich beschieden, da die Heranziehung zum Train nur als „Vorspanndienst"
angesehen werden könne. In dieser Not wandten sich zunächst der
Aelteste der Elbinger Gemeinde, am 15. Juni 1813 4 Deputirte
der westpreußischen Mennonitengemeine bittschriftlich an das Militairgouvernement. Sie baten um Freilassung ihrer eingezogenen Söhne
und Anverwandten von dem gegen den Willen des Königs ihnen
aufgezwungenen Dienste unter Berufung auf das Gnadenprivilegium,
das sie von allem naturellem Militairdienst freispreche, und auf

---

*) Vgl. Geschichte der Organisation der Landwehr in Pommern und
Westpreußen im Jahre 1813. Berlin 1858. S. 119 fgg.

die diesjährigen Zusagen, in specie die königl. Cabinetsorbre vom 13. April; das Attest der Generalcommiffion vom 18. März, worin versichert wurde, daß die damaligen Verhandlungen sich „auf alle und jede jetzige Militairverhältniffe beziehen und daß keine Behörde befugt sei, die Gemeine wegen genannter Zwecke in Anspruch zu nehmen;" Erlaß des Militairgouvernements vom 9. Mai; denn — fügen sie hinzu — so sehr wir auch geneigt sind zur Erhaltung des Staates, der uns schützt und duldet, alles beizutragen, was möglich ist, so ist es doch für uns auf keine Art möglich, irgend einen persönlichen Antheil am Militairdienst zu nehmen, so lange wir Mennoniten sein und bleiben wollen und als solche uns der besonderen Gnade unseres angebeteten Landesvaters würdig zu betragen suchen."

Das Militairgouvernement verfügte schon vor Eingang dieses Bittschreibens am 14. Juni auf die Elbinger Beschwerdeschrift hin an den Regierungspräsidenten von Westpreußen, daß es die Ansicht deffelben nicht teile. Denn obschon die Packknechte keine Waffen trügen, zögen sie doch gleich dem übrigen Militair in das Feld, müßten den in den Kriegsartikeln vorgeschriebenen Eid leisten und würden bei Vergehung auch nach diesen Artikeln bestraft. Da nun hiedurch allerdings die Religionsfreiheit der Mennoniten gekränkt werde, welche nach der alten Verfassung vom Enrollement überhaupt befreit seien und auch bei der jetzigen Formation der Landwehr eine solche Begünstigung zugestanden erhalten hätten, werde es notwendig die bereits ausgehobenen mennonitischen Packknechte zu entlaffen und von ihrer ferneren Aushebung ganz abzustehen." — Am 15. Juni wurde den bittschriftlich einkommenden Deputirten der westpreußischen Mennonitengemeinde der Erlaß dieser Verfügung mitgeteilt, in Folge welcher die Eingezogenen sich bald befreit sahen.

Die Gemeinden ihrerseits bezeigten ihre Dankbarkeit durch eine patriotische Gabe von 6000 Fl. baaren Geldes und 6000 Ellen Leinwand, welche sie dem Staate als freiwilliges Geschenk darboten. Durch Ordre vom 22. Juni 1813

nahm der Regierungspräsident Rothe in Marienwerder das Anerbieten an und autorisirte die Regierungshauptkasse den baaren
Geldbetrag, und den Montirungsspediteur Oberfeuerwerker Zindel
nebst seinem Controlleur dem Quartiermeister Maaß die Leinwand
gegen Quittung in Empfang zu nehmen.

Durch Kabinetsordre vom 12. Juni wurde die Wiederherstellung der auf einige Zeit unterbrochenen Kantonverfassung und
die Abhaltung einer Kantonrevision befohlen. In Folge dessen erließ
die königl. Regierung von Westpreußen eine gedruckte „Instruktion
für die Kantons = Revisions = Kommission des — ten Distrikts."
Marienwerder, 15. Juli 1813. (subscript. Würz. Rothe. v. Reiswitz.)
In §. 6 dieser Instruktion wird des Zuwachses gedacht, den die
Armee durch Aufhebung der Befreinngen und zwar a) des Adels,
b) der Officianten und Predigersöhne, c) der privilegirten Gewerbe,
als Bergleute und Schiffer, d) der Colonistenkinder, e) der Juden
gewinne. Dagegen heißt es in §. 7: In Absicht der Mennoniten
in Westpreußen aber hat es bei dem Inhalt des §. 28 dieses Reglements um so mehr sein Bewenden, als dieselben früher durch ein
Abkommen mit beiden hochverordneten Militairgouvernements dies-
und jenseits der Weichsel und zuletzt durch die hohe Kabinetsordre
vom 13. April b. J. von der Verpflichtung zur Leistung persönlicher
Kriegsdienste gegen verschiedene von ihnen geleistete Beiträge zur
Ausrüstung und Bekleidung der Truppen befreit worden. Damit
jedoch diese Befreiung nur wirklichen Mennoniten zu Gute komme
und nicht die von der Gemeinde ausgestoßenen Personen auf diese
Freiheit ungebührlichen Anspruch machen, haben die Kantons-Revi-
sions-Kommissarien die sich als Mennoniten ausgebenden männlichen
Personen jedes Alters zu consigniren und von denselben ihre wirkliche Mitgliedschaft in der Gemeinde nachweisen zu lassen; es sei
bei Bescheinigung der ganzen Liste bei geschlossenen Gemeinden,
oder aber durch einzelne Atteste, wenn sie sich zerstreut im Lande
aufhalten. Hierbei muß jedoch alles Messen und jede andere
Aeußerung vermieden werden, welche Besorgnisse erregen, daß die

von Se. Majestät gegebenen Bestimmungen nicht beobachtet werden
dürften, und die zu Emigrationen reizen könnten."

Einen neuen Angriff hatte die mennonitische Wehrfreiheit zu
erleiden, als nun auch der Landsturm ins Leben trat. Schon am
9. Mai 1813 hatte das Militairgouvernement erklärt, baß es durch
sein Abkommen mit den Mennoniten über die erste Aufforderung
zur Landwehr keineswegs beabsichtigt habe, dieselben auch vom Land-
sturme zu befreien. So forderten denn die Kreisobersten des Landsturms die Mennoniten gleich allen Wehrpflichtigen zur Bewaffnung
auf. Doch die Aeltesten beschlossen für sich und ihre Gemeinden,
es geschehe was da wolle, auf keinen Fall am Landsturm Teil zu
nehmen. Die schon aufgeregte Stimmung der Nachbarn erhitzte
sich zufolge dieser Beschlüsse immer mehr gegen die Mennoniten.
Kamen die Teilnehmer des Landsturms zu Uebungen zusammen,
so wurde häufig dieser und jener Mennonit mißhandelt, oft traf
die Wut des gemeinen Mannes andere Religionsverwandte, die für
Mennoniten gehalten wurden. Als nun gar die französische Besatzung
von Danzig einen Ausfall gegen die sie belagernden Russen und
Preußen zu machen drohte, und dagegen der Landsturm des großen
Werders sowie der Städte Elbing, Tiegenhof, Neuteich aufgeboten
wurde, verlangte die Masse, daß auch die Mennoniten mitziehen
sollten und schleppte unterwegs ihrer einige gewaltsam mit sich aus
ihren Höfen und Häusern fort. Da der Landsturm nicht über die
Weichsel ging, und die Franzosen dieselbe ebensowenig überschritten,
kehrte man bald ohne ein Gefecht erlebt zu haben nach Hause
zurück. Einige wenige Mennoniten in Lithauen und im Dirschauer
Kreise ließen sich durch Schreck und Drohungen soweit einschüchtern, um
an den friedlichen Uebungen des Landsturms Teil zu nehmen.

Inzwischen war von Zastrow an Massenbachs Stelle Militairgouverneur geworden. Sobald er von den Weigerungen der Mennoniten vernahm, erließ er an den Regierungsrat Hüllmann zu Marienburg als Kreisobristen des Landsturms die folgende Ordre:

„Wir haben zu unserm Leidwesen erfahren, daß die Mennonisten in dem Wahne stehen, als ob sie nicht verpflichtet wären am

Landsturm Theil zu nehmen, ohnerachtet die königl. über diesen Gegenstand ergangenen Gesetze sowohl als wie auch die Natur der Sache durchaus keine Ausnahmen gestatten. Wir wollen es hier dahin gestellt sein lassen, ob die Lehre des Stifters ihrer Sekte den Mennoniten unbedingt jede Theilnahme am Kriegsdienste verbietet, welches billig bezweifelt werden muß. Bis jetzt sind die Mennoniten vom Dienst in den Linientruppen und von der ersten Formation der Landwehr befreit, weiter geht ihre Exemtion in Rücksicht des Kriegsdienstes offenbar nicht.

Der Landsturm wird erst in den letzten Augenblicken äußerster Notwehr gegen den eindringenden Feind gebraucht werden, aus eben denselben und aus noch höheren Gründen, aus welchen die Mennonisten sich beim Eisgange, dem Durchbruch der Wasserfluten und bei einem Feuer dem Umsichgreifen der Flammen thätig wiedersetzen, oder Räuber und Diebe mit Gewalt fangen, aus eben denselben und aus noch stärkeren Gründen sind dieselben verpflichtet dem Landsturm beizutreten. Derjenige, der sich vom Landsturm ausschließen wollte, würde der Würde eines freien Mannes entsagen und würde kaum verdienen mit der gerechtesten Verachtung und Abscheu beladen als Knecht in der bürgerlichen Gesellschaft geduldet zu werden. Wir hoffen, daß bei bestimmter und gründlicher Vorhaltung dieses Verhältnisses die sonst so folgsamen, gut und treugesinnten mennonistischen Einsassen ihre Bedenklichkeiten in Rücksicht des Landsturms aufgeben und demselben willig und gern beitreten werden. Die Uebungen des Landsturms werden überhaupt nicht gar zu häufig vorkommen.

Diejenigen, welche sich wider Erwarten noch weigern werden dem Landsturm beizutreten, werden zur strengsten Untersuchung gezogen werden und werden sich die viel ernstlicheren und unglücklicheren Folgen, welche aus der allgemeinen Verachtung und dem gerechten Abscheu aller gutdenkenden Menschen gegen sie entstehen müßten, selbst beizumessen haben.

Ew. Wohlgeboren werden dieses auf eine angemessene Weise den mennonistischen Einwohnern in den Intendanturen Marienburg und Tiegenhof eröffnen.

Königsberg, d. 29. July 1813.

Königl. Militairgouvernement.

v. Zastrow, Militairgouverneur.   v. Dohna, Civilgouverneur.

Eine Abschrift hievon ging den Mennoniten zu, welche alsbald beschlossen, an den König zu suppliciren und bei dem menschenfreundlichen Herrn von Hüllmann das Versprechen erlangten, sie bis zum Eintreffen der königlichen Antwort von den Uebungen des Landsturms freilassen zu wollen. Die Bittschrift an den König, welche am 11. August abging, ist von der äußersten Wärme des Schmerzes und der tiefsten Bekümmerniß durchdrungen über den nach so vielen königlichen Zusagen nun dennoch drohenden gewaltsamen Verlust des letzten und heiligsten Gutes, der Glaubens- und Gewissensfreiheit. Die Behörden drohten ihnen diese zu rauben, obgleich sie in diesen Monaten durch pünktliche außerordentliche Leistungen und freiwillige Opfer im Betrage von ca. 90,000 Thlr. — ohne sich im geringsten rühmen zu wollen — von ihrer Liebe, Dankbarkeit und Ehrfurcht gegen den Staat Beweise gegeben hätten. Gott und der König leben noch! Dieser Gedanke allein erhalte die Bekümmerten aufrecht. Denn unmöglich könne es dem Vaterherzen des Herschers gleichgiltig sein, wenn eine christliche und zwar von der Landeskirche in einzelnen Stücken abweichende, übrigens gute und an der Zahl unbedeutende Religionspartei durchaus vernichtet und aufgehoben würde, was offenbar geschehe, sobald die Mennoniten zum Landsturm oder zu irgend einem naturellen Militair- und Kriegsdienst persönlich gezwungen würden. Bei Sr. Majestät Weisheit und Religionsliebe genüge es als Rechtfertigungsgrund die bekannte Thatsache anzuführen, daß nach dem Glauben der Mennoniten, sich die persönliche Verteidigung keineswegs bis zur Tödtung des Feindes oder des Menschen überhaupt erstrecken darf und daß der Christ sich eher allen Leiden bis zum Tode unterwerfen, als an andern üben soll; daß der Mennonit vom Augenblick der Teilnahme am Kriegsdienste

an aufhört ein Mennonit zu sein; mag das Ding Landsturm heißen
oder einen Namen haben, wie es wolle. Die Gemeinden flehen
den König demütigst an „die Mennoniten von allen militairischen
Ansprüchen zu befreien und solche Verfügungen zu treffen, daß sie
laut ihrem Privilegium und Kraft der gnädigen Versicherung Se.
Majestät von allem naturellen Kriegsdienst durchaus befreit und
in ihrer Glaubens= und Gewissensfreiheit künftig ungekränkt beschützt
und erhalten werden."

Dieses Bittschreiben wurde, von einem anderen an den Staats-
kanzler von Hardenberg um dessen gnädige Fürbitte begleitet, nach
Neudorf in Schlesien in das königliche Hauptquartier gesandt. Von
Töplitz aus erfolgte die Antwort an die Mennoniten=Gemeinen in
Ost= und Westpreußen und Lithauen:

Da die Mennoniten=Gemeinen nach ihrer Vorstellung vom
11. d. Mts. auch den Beitritt zum Landsturm als einen Glau-
benszwang ansehen, so sollen sie zwar davon befreyet sein, sie
müssen aber die gleich allen übrigen Staatsbürgern ihnen obliegende
Pflicht das Vaterland zu vertheidigen durch angemessene zu ihrer
Uebertragung ausreichende Beyträge zu den Kriegesbedürfnissen
lösen. Diese Beyträge wird das Militair=Gouvernement regu=
liren und die Supplikanten deshalb weiterbescheiden.

Töplitz, d. 25. August 1813.

Friedrich Wilhelm.

Ueber die vom Militair=Gouvernement weiterhin von den
Mennoniten als Aequivalent für Befreiung vom Landsturm einge-
gangenen Befreiungsgelder liegen dem Verfasser keine näheren Nachrichten vor. Doch mögen diese nicht unbedeutend gewesen sein, denn
am 28. Decbr. 1813 erhielt der Staatskanzler von Hardenberg
einen Bericht, woraus hervorging, daß eine, wie es scheine, die
Kräfte der Mennoniten übersteigende Festsetzung des von ihnen für
ihre Befreiung vom Kriegsdienste zu entrichtenden Aequivalents viel-
fältige Auswanderungsgesuche veranlasse. Am 4. März 1814 beauftragte der Staatskanzler in einem Schreiben aus Chaumont den
Geh. Staatsrats v. Schuckmann und Geh. Legations= und Ober-

Justizrat v. Raumer, die westpreußische Regierung anzuweisen, daß sie die nachgesuchten Pässe einstweilen verweigere, von der Einforderung der bemerkten Leistungen aber sogleich bis auf Weiteres Abstand nehme.

Auch noch an anderen patriotischen Leistungen außer den genannten hatten es die preußischen Mennoniten im Jahre 1813 nicht fehlen lassen. Außer den im Juni freiwillig gelieferten 6000 Fl. = 2000 Rthlrn. und 6000 Ellen Leinwand (diese wurde zu 26 Gr. die Elle, also zusammen auf 5200 Fl. berechnet = 1733⅓ Rthlr.) sandten sie bedeutende Naturalienbestände als Gabe an das Lazaret zu Straschin bei Danzig. Die Gemeinden des Tiegenhöfer Gebietes allein 250 Pfd. Butter, 594 Pfd. Käse, 316 Pfd. getrocknetes Obst, 15 Schffl. Grütze, 12 Schffl. 4 Metz. und 758 Pfd. Mehl, 17 Pfd. Reis, 1 Pfd. englisch Gewürz, 1 Tonne Essig. Die Transportkosten beliefen sich auf 254 Fl. = 84⅓ Thlr. Nach der Schlacht bei Leipzig brachten die Gemeinden Ladekop, Orlofferfeld und Bärwalde 161 Thlr. 60 Gr. Collectengelder für die Verwundeten auf, die übrigen Mennonitengemeinden unzweifelhaft nach Verhältniß.

Am 15. December 1813 lieferten die Mennoniten des Marienburger, Tiegenhöfer und Elbinger Gebiets 15 Packete mit Wäsche und Kleidungsmaterial als patriotisches Geschenk für die vaterländischen Truppen in Marienwerder ab. Die Ballen enthielten in Summa: 567½ Ellen Tuch, 563 Stück Hemden, 298 Strümpfe und Socken; 5 Stück Laken und 53 Ellen weiße Leinwand.

Inzwischen hatten die Mennoniten im westlichen Teile des preußischen Staates ebenfalls die Aufforderung zur Landwehr und dem Landsturm erhalten. Nach der Schlacht bei Leipzig war auch Ostfriesland wieder von den Preußen eingenommen worden. Als Präfekt der Ost-Ems wurde der Kammerpräsident von Bernuth, als Militaircommissair Major Friccius, der heldenmütige Erstürmer des Grimmaischen Thores in Leipzig, eingesetzt. Die Mennoniten der Provinz — etwa 500 Seelen an Zahl — waren bis zur französischen Occupation durch ihren Schutzbrief (s. o. S. 122. 144)

vor dem Kriegsdienst gesichert gewesen, hatten dann ihr Recht verloren, aber durch den Aufwand von vielen Tausend Thlrn. Stellvertreter für sich geschafft. Als jetzt Friccius mit Feuereifer und
Energie auch in Ostfriesland zur Einrichtung der Landwehr und des
Landsturms schritt, suchten die Herren H. v. Zomeren, J. Baumann,
El. Brouwer und Genossen als Repräsentanten der Mennoniten
mit Berufung auf ihr von Preußen anerkanntes Privileg und ihren
„das Tragen von Waffen verbietenden Glauben" Befreiung zu
erlangen, indem sie in der Einsicht „daß die gegenwärtigen Verhältnisse des Staats jede kräftige Unterstützung desselben notwendig
erfordern, mithin eine Klasse von Unterthanen, welche zur Erreichung
des hohen Zwecks nicht ihren Arm verleihen kann, diesen Abgang
aus ihrem Vermögen durch Beiträge zur Unterhaltung der streitbaren
Männer ersetzen müste," sich dazu erboten mit dankbarem Gefühl
ein jeder nach seinem Vermögen dazu beizutragen.

Der Präfekt berichtete an den Militair-Commissar (Aurich
Nov. 24.) und dieser entschied (Nov. 27.), daß das Gesetz keine
Ausnahme mache, die Mennoniten daher einstweilen sowohl zu
Landwehr als Landsturm heranzuziehen seien; er übersandte indeß
ihr Gesuch mit einer ausführlichen politischen Motivirung seines
Entscheides dem kommandirenden General von Bülow, um Se.
Majestät Bestimmung darüber einzuholen. Ueber ihr Gewissens-
bedenken, meinte er, würden die Mennoniten herauskommen, wenn
sie sich damit beruhigen könnten, daß sie gezwungen seien. Am 1. Dec.
erboten sich die Herren H. Baumann und Genossen im Namen ihrer
Gemeinden zur Ausrüstung der Landwehr und des Landsturms eine
Summe von 600 Friedrichsd'or oder 3000 Rthlr. Gold zur
Disposition des Militairkommissariats zu stellen und augenblicklich
auszuzahlen. Diese Summe möge zugleich ein Beweis der herzlichen
Anhänglichkeit an das königl. Haus und an die gerechte und heilige
Sache der verbündeten Mächte sein. Major Friccius antwortete
sofort, er könne von dem Anerbieten keinen Gebrauch machen.
Am 3. December verfügte General v. Bülow zu Utrecht, er sei weit
entfernt, die Mennoniten ihrer Religion zuwider zum aktiven

Militairdienst zwingen zu wollen, und wolle sich daher damit begnügen sie als Train=Soldaten einzustellen. Falls sie auch diesen Dienst nicht leisten zu können glaubten, müßten sie auch auf die Ehre Verzicht leisten, die preußische Nationalkokarde zu tragen und irgend eine Auszeichnung zu erhalten. Nunmehr wandten sich die Mennoniten unmittelbar an den Thron und erhielten darauf folgendes Handschreiben des Königs:

„Den Vorstehern der Mennonistengemeinen in Ostfriesland wird auf ihre Vorstellung vom 2ten d. M. eröffnet, daß sie gleich den übrigen Mennonisten=Gemeinen in den diesseitigen Staaten von allem Militairdienste, da sie solchen mit ihrem Glauben unvereinbar halten, befreyt bleiben sollen.

Da sie sich indessen in der jetzigen Zeit der Pflicht der Ver= theidigung des Vaterlandes nicht entziehen und darin von den übrigen Eingesessenen nicht übertragen werden können, so müssen sie dafür außer ihren gewöhnlichen Abgaben ein verhältnißmäßiges Aequivalent entrichten, welches das Militairgouvernement der Länder zwischen der Weser und dem Rhein mit ihnen reguliren wird.

Hauptquartier Frankfurth a. M., den 17. December 1813.

Friedrich Wilhelm.

An die Vorsteher der Mennonisten=Gemeinen Ehlard und Conraad Vissering und Rahusen zu Leer in Ostfriesland.

In Folge dieses königlichen Erlasses baten die mennonitischen Vorsteher (die von Leer am 28. December 1813, die Embener am 2. Jan. 1814) 7 Männern aus der Gemeinde Emden und 4 Leuten aus der Gemeinde Leer und Neustadt Göddens, welche zur Blokade von Delfzyl mit dem Landsturm aufgeboten waren, „Für= pässe in ihre Heimat" zu ertheilen und ausfertigen zu lassen.*) Späterhin haben die ostfriesischen Mennoniten ihre Wehrfreiheit unter der Regierung von Hannover verloren.

---

*) Nach den Originalakten im Besitze des Herrn Justizrat Friccius in Berlin.

Das Gesetz vom 3. Sept. 1814 führte in den preußischen
Landen die allgemeine Wehrpflicht ein und hob, die im Erlasse des
Königs vom 9. Februar 1813 nur für die Dauer des Krieges
außer Kraft gesetzten Exemtionen dauernd und für immer auf. Der
Mennoniten war nicht ausdrücklich darin gedacht, aber selbstverständlich konnte das spätere allgemeine Gesetz ihrem speciellen Privilegium keinen Abbruch thun, da dieses auf gegenseitigem Vertrage
beruhte, dessen Bedingungen von ihrer Seite nach wie vor gehalten
wurden, und somit ganz anderer Art war, als die bisherigen Befreiungen anderer Klassen von Einwohnern (der Adeligen, fleißigen
Theologen, der Theologie studirenden Predigersöhne, der Capitalisten
von 6000 Thlr. Vermögen und darüber hinaus). Wäre es die
Absicht des Königes gewesen auch über die Mennoniten neue Bestim=
mungen zu treffen, hätte er durch das neue Gesetz das Privilegium
der Mennoniten für aufgehoben angesehen, so würde er, der ihnen
noch so eben (13. April, 25. August 1813) die bündigsten Zusicherungen
der Gewissensfreiheit erteilt, die Aufhebung ihrer Freiheiten ausdrücklich ausgesprochen haben. Diese Ansicht war es denn auch,
welche bei den Verwaltungsbehörden nach längerem Schwanken Platz
griff, als 1815 der erneute Kampf gegen Frankreich das deutsche
Volk noch einmal unter die Waffen rief. Am 7. April hatte der
König die allgemeine Bewaffnung angeordnet. Im Drange des
Augenblicks wahrscheinlich verfügte der Minister des Innern, daß
die Mennoniten, wenn sie gleiche Rechte mit den übrigen Staatsbürgern haben wollten, auch gleiche Pflichten übernehmen müßten
und hierauf hin, so wie auf §. 1 des Gesetzes vom 3. Sept. 1814
betretirte am 1. Mai die Militairdeputation der königl. ostpreuß.
Regierung, „daß die Mennoniten vom Militairdienste fernerhin
nicht ausgeschlossen seien." Auf die beschwerdeführende Eingabe
der Mennonitengemeinde in Königsberg erwiderte die Militair=
Deputation (gez. Frey) am 16. Mai: „Da ihr Amt nur die Ausführung gegebener Vorschriften sei, könne sie nicht davon abgehen
und von der Einziehung der Mennoniten in die Stammrollen nicht
Abstand nehmen." Sie ließ sich indeß willig finden am 25. Mai dem

Magistrat von Königsberg aufzutragen, die waffenfähige Mannschaft unter den Mennoniten zwar zu verzeichnen, ihre wirkliche Einziehung aber bis zur letzten Aushebung am 1. Septbr. auszusetzen.

Inzwischen hatte der Vorstand der Königsberger Mennonitengemeinde an den Thron appellirt. Seine Bittschrift vom 19. Mai „An des Königes Majestät in Wien" lautete:

„Die ostpreußische Regierung machte unterm 1. d. Mts. in ihrem Amtsblatt bekannt, daß die Ausnahme der Mennonisten vom Kriegsdienste nicht mehr stattfinde, weil selbige in dem Gesetz vom 3. Septbr. des vorigen Jahres nicht enthalten sei.

Dieses Gesetz scheint, indem es den Grundsatz der allgemeinen Verpflichtung zum Kriegsdienste aufstellte, nur die bisherigen Befreiungen davon im Sinne gehabt zu haben, welche sich auf Standes-, Aemter- oder Vermögensvorrechte gründeten, denn die Aufhebung dieser Vorrechte war an sich rechtlich nicht unmöglich, sie sind vielmehr durch die jetzige gänzlich veränderte Verfassung unseres Militairs so ausgeglichen, daß sie neben derselben keine Vorrechte mehr sein können.

Die Ausnahme der Mennonisten von dem Kriegsdienste beruht aber auf keinem solchen bürgerlichen Vorrechte, sondern lediglich auf dem Grundsatz ihrer Religion, der ihnen jede Waffenführung verbietet; derselbe ist ein unterscheidender Hauptlehrsatz ihrer Kirche. Mit der Verletzung desselben ist zugleich in dem Mennonisten, welcher die Religion seiner Väter und sein Gewissen mit Treue bewahrt, der sittliche Mensch vernichtet. Denn nur in dem unwandelbaren Glauben an die Lehren derselben und in deren gewissenhafter Befolgung kann der Mensch sittlich sein. Es ist demnach kein bloß bürgerliches Hinderniß, sondern es ist die Religion selbst, die uns die Unmöglichkeit auferlegt, uns dem Kriege thätig hinzugeben.

In der Kenntniß dieses Grundsatzes unserer Religion sind die Mennoniten in die preußischen Staaten aufgenommen worden, um durch ihren Fleiß und Wirthschaftlichkeit wüste Ländereien urbar zu machen. Als einer Religionssecte dieses Lehrsatzes wurde ihnen der Schutz und die volle Sicherheit ihres Glaubens durch den

Dulbungsbrief Friedrich des Großen vom 29. März 1780 nicht nur für die Regierungszeit des höchsten Verleihers, sondern für alle dessen Nachfolger auf dem Throne ausdrücklich von der Verbindlichkeit zum Kriegsdienst gegen eine Abgabe von 5000 Thlrn. entbunden wurden.

Ew. königl. Majestät, Allerhöchstdenen die Verehrung Gottes in jeder Art des öffentlich anerkannten Glaubens Ihrer Unterthanen ein Heiligthum des königlichen Schutzes ist, haben mit gleicher landesväterlicher Huld durch die Allerhöchste Kabinetsordre vom vom 24. November jenen Dulbungsbrief Ihres glorreichen Vorfahren zu bestätigen geruhet und dadurch den Mennonisten die ungestörte Ausübung ihrer Religion zugesichert. Diese Unveränderlichkeit Ew. Majestät königl. Wortes zeigte sich uns auch in der Allerhöchsten Kabinetsordre vom 13. April und 25. August 1813, als der Krieg gegen Frankreich große Anstrengungen erforderte. Ew. königl. Majestät schützten auch da unsern Glauben und Gott gab Ihren Waffen den Sieg über die stolzen Feinde. Ohnerachtet dieser Unverkennlichkeit des königl. Sinnes Ew. Majestät, den Glauben Ihrer Unterthanen bei dem Schutze zu lassen, den Höchstdieselben einmal zugesagt haben, werden wir dennoch in Folge der obigen Bekanntmachung der ostpreuß. Regierung von den hiesigen Behörden mit Einziehung in das Militair hart bedroht. Wir haben uns zwar mit unseren Vorstellungen an selbige gewandt, können uns aber um so weniger von denselben irgend einer Abhilfe vertrösten, da sie auf der einen Seite in Gemäßheit des Dulbungsbriefes vom 29. März 1780 die jährliche Abgabe für unsere Ausnahme vom Kriegsdienst bis zum Ende dieses Monats von uns eingezogen haben, auf der anderen Seite aber in Gemäßheit des Gesetzes vom 3. Septbr. v. Jahres die Mitglieder unserer Gemeinde zum Militair einziehen. Wollen die Behörden hiernach und bevor Ew. Majestät Höchstselbst über unsere Religionsübung entschieden haben, den Kriegsdienst mit Gewalt uns auferlegen, so können sie damit nur einen Religionswechsel erzwingen, indem der Mennonit in dem Augenblick, daß er die Waffen ergreift, aufhört ein solcher zu sein und seinem Gewissen überlassen werden muß. Dieses würde aber dem neuaufgelebten Geist der jetzigen Zeit für Wiederherstellung der gesunkenen Religiosität widerstreiten, da man auf der einen Seite den Sinn dafür wecken, auf der anderen Seite aber wiederum unterdrücken will, welches ersterem kein aufmunterndes Beispiel geben kann.

Dieses ist aber Ew. Majestät königl. Wille nicht, da Allerhöchstdieselben Ihre Gesinnungen hierüber so deutlich als landesväterlich ausgesprochen haben. Im Vertrauen auf die Duldungsgesetze sind die Mennoniten in das Land gekommen, einige davon sind durch Arbeitsamkeit und Wirthschaftlichkeit, welche die Gründe ihrer Berufung in das Land waren, zu einigem Wolstand gekommen. Sollte ihnen jetzt statt dieses Religionszwanges die Auswanderung geboten werden, so würden sie über ein offenbares Unrecht sich zu beklagen haben, da sie nur im Vertrauen auf die Duldungsgesetze ihr Gewerbe angefangen und getrieben haben, und dadurch in solche Verhältnisse und Verbindungen gekommen sind, die ihnen die Auswanderungen nicht anders als mit ihrem Ruin und nur mit dem Bettelstabe zulassen.

Die Mennoniten verlangen keine größeren Rechte, als die ihnen die Duldungsgesetze bewilligt haben. Sie bescheiden sich daher, in dem Erwerb und Besitz der Grundstücke eingeschränkt bleiben zu müssen, weil sie an dem Kriegsdienste keinen Theil nehmen dürfen, sie wollen sich aber lieber diesen Einschränkungen unterwerfen, als sie der Religion ihrer Väter und ihrem Gewissen untreu werden. Sie wünschen daher nichts mehr, als in der freien Ausübung derselben des königl. Schutzes der Duldung zu genießen, den Ew. königl. Majestät glorwürdige Vorfahren und Allerhöchstdieselben durch mehrere desfallsige Verordnungen huldreich zu sichern geruht haben. Wir erdreisten uns demnach Ew. Majestät mit der unterthänigsten Bitte uns zu nähern:

„Allerhöchstdieselben wollen geruhen, den den Mennoniten ertheilten Duldungsbrief vom 29. März 1780 in Kraft zu erhalten, in Gemäßheit desselben selbigen die Befreiung vom naturellen Kriegsdienste auch ferner Allergnädigst angedeihen und die behörigen Ministerien mit den dieserhalb erforderlichen Befehlen versehen zu lassen.''

Gleichzeitig wandten sich die Königsberger Mennoniten bittschriftlich an den Staatskanzler Fürsten von Hardenberg und an den Minister des Innern, indem sie dieselben um Unterstützung ihres abschriftlich beigefügten Gesuches an den König baten. Schon am 30. Mai rescribirte der Minister des Innern:

Der Mennonitengemeinde zu Königsberg i. Pr. wird eröffnet, daß das Nötige an die ostpreußische Regierung verfügt werden, um die Pflichtigkeit zum gewöhnlichen Militairdienst von den Mennoniten abzuwenden und keine Aushebung zuzulassen. Ob und wieweit die Mennoniten indeß zu anderen Diensten bei der Armee als nicht Combattanten werden gebraucht und eingezogen werden können, um nicht neben dem Genuß aller Vortheile der Staatsbürger ganz von der Last der Militairleistung befreit zu bleiben, wird noch näher bestimmt werden. Bis dahin werden die Mennoniten mit solchem Vermerk in die Stammrolle eingetragen.

Berlin, d. 30. Mai 1815.

Ministerium des Innern,
v. Schuckmann.

Am 5. Juni folgte die königl. Kabinetsordre:

,,Der Dulbungsbrief vom Jahre 1780, auf welchen die Mennonisten - Gemeine in ihrer Vorstellung vom 19. v. Mts. sich bezieht, entband sie vom Kriegsdienste gegen eine Abgabe von 5000 Thlr. zu einer Zeit, wo auf die außerordentlichen Anstrengungen, die der Staat in den letzten Jahren hat übertragen müssen, nicht gerechnet werden konnte. Mit dieser steht jene Abgabe keineswegs mehr in einem angemessenen Verhältniß und es liegt am Tage, daß die Zahl der Contribuenten, auf welche sie sich vertheilt, gegen die übrigen Unterthanen einen Vorzug vorausbehält, der sich mit der gemeinsamen Verbindlichkeit der Vertheidigung des Vaterlandes nicht vereinigen läßt.

Ich will die Mennoniſten keinem Gewiſſenszwang unterwerfen, ſie ſollen auch in der Folge vom Kriegs-dienſte befreit bleiben, aber ſie müſſen das bemerkte Miß-verhältniß durch eine Abgabe ausgleichen, welche ſie gegen ihre Mitbürger, die ihr Leben auch für ihr Beſtehen darbringen, nicht unverhältnißmäßig begünſtigt erſcheinen läßt.

Ich habe dahero eine angemeſſene Erhöhung der Abgabe befohlen und werde auf den deßhalb erforderten Vorſchlag zu ſeiner Zeit das weitere beſtimmen.

Berlin, d. 5. Juni 1815.

Friedrich Wilhelm.

In den übrigen Regierungsbezirken ſchlugen die Behörden gleichzeitig ein mobifizirtes Verfahren ein. Wir führen nach ein-ander die Nachrichten aus den Regierungsbezirken von Lithauen, Weſtpreußen und aus der Neumark auf.

In Lithauen waren die jungen Mennoniten ebenfalls zur Geſtellung kommandirt. Der General von Oſt- und Weſtpreußen und Lithauen, von Stutterheim beſchied die dagegen bittlich Einkommenden abſchläglich (Königsberg, d. 30. Mai 1815), „weil das Geſetz über die allgemeine Wehrpflicht keine Ausnahme mache und die Menno-niten eine ſolche hievon nicht nachgeſucht hätten, obgleich es längſt habe geſchehen können. Uebrigens könne durch die jetzt erfolgende Einziehung der Mitglieder der Gemeinde kein Nachtheil geſchehen.“ Als wenige Tage hierauf das obige Schreiben des Miniſters von Schuckmann (d. d. 30. Mai) von der lithauiſchen Gemeinde präſentirt wurde, nahm man darauf keine Rückſicht, ſondern die lithauiſche Regierung ließ wirklich ungefähr 15 junge Mennoniten ausheben.*) Dieſelben wurden als Artillerieſoldaten und Train-

---

*) H. Donners Chronik, fortgeſetzt von J. Donner. Ein am 2. Aug. 1816 geſchriebenes „Namensverzeichniß der zum Militairdienſt ausgehoben geweſenen Mennoniten aus Lithauen“ führt 5 mennenitiſche Burſche aus Plauſchwarren, 1 aus Gumbettiſchken, Amts Heinrichswalde, 1 aus Deutſch Pelwarien, Amts Winge, auf, dazu 2 Lehrer aus den beiden letztgenannten Dörfern.

knechte nach Danzig, Cüstrin u. s. w. verschickt, aber nach dem Eintreffen der königl. Kabinetsordre vom 5. Juni wieder freigelassen.

In Westpreußen wurden die Mennoniten ohne Unterschied in die Kriegsstammrollen — eine neue Einrichtung — eingetragen, in einigen Dörfern jedoch, besonders dort wo mennonitische Schulzen waren, als Mennoniten verzeichnet und aufgeführt. Als aber hierauf amtliche Ausschreiben die Mennoniten gleich allen anderen Einwohnern von dienstpflichtigem Alter zur persönlichen Gestellung vor den Canton - Revisions - Kommissionen aufforderten, wandten sich die Aeltesten an die Kommission mit dem Gesuch um Befreiung; wurden aber von diesen wie vom Landrat kurz abgewiesen und damit bedroht, vor den Criminalrichter citirt zu werden, falls sich die junge Mannschaft nicht pünktlich einfinde. In der That wurden mehrere Väter gefänglich eingezogen, weil sie ihre Söhne nicht stellten. Am zweiten Pfingsttage fing in Tiegenhagen die Messung an. Der Aelteste Joh. Donner und der Lehrer W. Hiebert versuchten umsonst durch Rücksprache mit dem Regierungspräsidenten in Marienwerder eine Contreordre zu erwirken; der Präsident erwiederte ihnen, er könne den Ministerialbefehl nicht abändern, gab ihnen aber an die Commission eine Mahnung zur Behutsamkeit mit, worauf diese ihr strenges Verfahren einstellte, die gefangenen Väter freiließ und nur bittlich darum anhielt, daß die jungen Leute sich stellen möchten. Gemessen und besichtigt wurde in Tiegenhof und Umgegend Niemand, doch geschah dies in Elbing und den oberen Gemeinden (Graudenz, Culm u. s. w.) In den Cantonbüchern wurden die Mennoniten mit dem Vermerk T. b. h. als Trainknechte verzeichnet.

In Betreff der Aushebung der neumärkischen Mennoniten zur Linie liegen die beiden nachstehenden Aktenstücke vor. Es sind Erlasse des Ministeriums des Innern an die Mennonitengemeinde in Brenkenhofswalde.

I. Die Mennonitengemeinen handeln unrecht, wenn sie sich den Anweisungen der Vorgesetzten widersetzen und dadurch Gelegenheit zu Zwangsmaßregeln geben. Es können sich die Mennoniten nicht weigern ihre Eintragung in die angeordneten ganz allgemeinen

Stammrollen zuzulassen und haben solche nur darauf zu sehen, daß
bei jedem eingetragenen Individuum die Bemerkung gestellt werde,
daß solches ein Mennonit sei, woraus alsdann von den Behörden
die nöthige Rücksicht genommen und die Mennoniten den früher
ihnen gegebenen Verheißungen gemäß nicht werden zu
Militairdiensten gezwungen werden. Die Deputirten
haben daher die verschiedenen Gemeinen hievon in Kenntniß zu setzen.

Berlin, d. 9. Mai 1815.

Ministerium des Innern,
v. Schuckmann.

II. Den Vorstehern der Mennonitengemeinden in Brenkenhofs-
walde, Franzthal und Neubessau gereicht auf die Eingabe vom
30. v. M. hiedurch zum Bescheide, daß die königl. Neumärkische
Regierung bereits instruirt worden ist die weiteren allerhöchsten
Bestimmungen wegen der Militair-Verhältnisse der Mennoniten
abzuwarten und es vorläufig bei der Eintragung derselben in die
Stammrollen bewenden zu lassen. Die Einziehung zum Militair-
Dienste kann und wird also gegenwärtig nicht erfolgen.

Berlin, 28. Juli 1815.

Ministerium des Innern,
Bülow.

Auch die zweite Loosung zur Landwehr brachte den Mennoniten
neue Anfechtungen, noch mehr die abermalige Organisation des
Landsturms. Doch mit Hinweis auf die Befreiungen des Jahres
1813 vermochten sie, wie es scheint, ohne allzugroße Schwierigkeit
durchzubringen.

Von Nachrichten, welche über diese Verhältnisse erhalten
sind, möge zunächst eine charakteristische Kundgebung aus der Mitte
der Gemeinde selbst, deren Vorstände wir bisher meistens handelnd
auftreten sahen, Gehör finden:

„Auf die heute erhaltene Zuschrift von E. wohllöblichen
Commandanten will ich nicht verfehlen meine Leute jederzeit zum
Exerciren zu entlassen. Was aber mich anbetrifft, so kann ich mich

diesem Verlangen nicht unterziehen, indem es erstens nicht von mir, sondern von der ganzen Gemeinde abhängt. Zwar weiß ich gewiß, daß dieselbe mir hiezu keine Erlaubniß wird geben können, indem es unserer Religion entspricht, kein Schwert zur Rache zu ergreifen; und dieses habe ich in der heiligen Taufe für (vor) Gott und der ganzen Gemeinde mit einem Jawort beeidet. Sollte ich diesen Eid durch Uebertretung meines Gesetzes brechen, so würde mich mein Gewissen für Gott verdammen, indem dieses nicht den Leib, sondern den Geist betrifft. Ich will dies mehrere vorerst unsern Lehrern und der Gemeinde überlassen und hoffe mit Zuversicht, daß man mich mit diesem Gewissenszwange noch ruhen lassen wird.

Frauenburg, den 18. May 1815.   Subermann.

Aus Elbing berichtet ein Mennonit (Hamm) v. 26. Oct. 1815 an den Danziger Lehrer P. Tiessen jun. auf die Anfrage, wie es bei ihnen mit dem Wachdienst gehalten werde, daß alle Bürger und Einwohner der dortigen Gemeinde sich der bestimmten Ordnung gleich den andern Religionsverwandten unterwürfen, nur mit dem Unterschiede, daß sie alle als Gemeine betrachtet würden und dann einen Stellvertreter stellten, oder dem Wachenansager die Besorgung übertrügen und nach gethaner Wache an denselben, oder an den Mann selbst, der für sie die Wache gethan, 30 bis 36 Gr. Cour. bezahlten. Wenn kein Militair in der Stadt sei, treffe die Reihe jede 10 bis 14 Tage jeden Einzelnen von ihnen.

Die Elbinger Mennoniten erkannten es als Bürgerpflicht auf diese Weise zu thun, was auch von den andern Religionsverwandten gefordert werde. Wenngleich sie nicht im geringsten von den Regeln ihrer Glaubensbekenntnißlehre weichen wollten, leisteten sie zur Erhaltung der Wehrfreiheit und der Harmonie mit ihren andersgläubigen Nachbarn (mit denen sowol, Hohen als Geringen sie in gleichem Bürgerrechte, in guter Freundschaft und auf dem Fuße gegenseitigen freundschaftlichen Beistandes stünden) gerne alles, was ihr Gewissen ihnen zu thun erlaube. Von ihren Gesellen und Knechten würden nur die Verheirateten, die Bürger

geworben, zum Wachdienst aufgefordert, sie bezahlten natürlich
Wachgeld; bei etwaiger Ausdehnung der Maßregel auf jüngere
unverheiratete Leute werde die Beihilfe der Herrschaft zur Aufbringung der Stellvertretungskosten nicht fehlen."

Härter ging es mit dem Landsturm auf dem Lande zu.
Ungeduldigen Feuereifers voll forderten die Kreisobersten des
Landsturms in strengem Tone die Mennoniten zur Teilnahme auf,
ernannten manche derselben ohne ihr Vorwissen zu Ober- und
Unteroffizieren, schickten ihnen die Schärpen gegen ihren Willen
ins Haus und forderten dafür Bezahlung an die Landsturmkasse.
Auf Grund der Cabinetsordre aus Töplitz v. 25. August 1813
verweigerten die Mennoniten die Teilnahme; ihre Beschwerde fand
jedoch wenig Gehör und die Aufforderungen an Schulzen und
Gemeindevorsteher dauerte fort, bis die westpreußischen Aeltesten im
Tiegenhöfer Gebiet die per Estafette schleunigst empfangene Resolution des Königs vom 5. Juni 1815 mit einer ernstlichen Gegen-
erklärung einreichten. Fortan nahm Niemand die Mennoniten persönlich in Anspruch, wogegen sie zur Einrichtung des Landsturms
10—16 Sgr. pro Hufe zur Landsturmskasse zu zahlen sich nicht
weigerten und nur dagegen protestirten, daß diese Abgabe eine bleibende Last werde. Doch verlangte noch am 30. November 1815
ein Kreisobrister in einer „Adresse an die Herren Oberältesten der
mennonistischen Gemeinen" die Auslieferung aller Jagdgewehre in
mennonitischem Besitz, damit in jeder Compagnie des Landsturms
wenigstens das erste Glied mit Feuergewehren bewaffnet werden
könne. Sie würden ja wohl um so bereitwilliger die Waffen aus-
liefern, als sie nach einem Hauptgrundgesetz ihres Religionssystems
keine Wehr und Waffen, also auch keine Jagdgewehre führen dürften."
Nicht zufrieden hiemit ließ der Kreisobrist die Gewehre durch die
Obristwachtmeister mit Gewalt einziehen. Die Mennoniten beschwerten
sich (d. d. Marienburg, 1. Decbr. 1815) bei der Regierung über
diesen, wie über andere Punkte der Adresse des Kreisobristen in
einer Eingabe, worin sie ausführten, daß nach ihren Religionsgrundsätzen der Gebrauch der Gewehre gegen Menschen,

aber nicht deren Besitz an sich verboten sei; daß sie gegen Raubthiere, Raubvögel und tolle Hunde sich des Schießgewehres ohne alles Bedenken bedienen könnten und der von ihren Religionsgrundsätzen hergenommene Vorwand zu einer solchen Gewehrrequisition ganz unrichtig sei. Außerdem bedürften sie in ihren abgelegenen einzelnen Wohnungen der Gewehre dringend gegen schädliche Thiere. — Auf diese Eingabe hin wurde der Beschwerde sofort abgeholfen und bald darauf der ganze Landsturm sistirt.

Nach dem Kriege kehrten die Verhältnisse der Mennoniten in den Zustand vor demselben einfach zurück. Das „Amtsblatt der königl. ostpreuß. Regierung Nro. 6," Königsberg, d. 7. Febr. 1816, enthielt die nachstehende Verfügung:

03. Wegen der ferneren Verhältnisse der Mennoniten zum Militair und derselben Einschränkung bei Erwerbung der Grundstücke.

Nach der Verfügung des königl. Ministeriums des Innern vom 24. Decbr. v. J. verbleibt es, so lange nicht eine besondere königl. Verordnung erfolgt, welche die anderweiten Militairverhältnisse der Mennoniten feststellt, Rücksichts der letzteren bei der bisherigen Verfassung und den damit verbundenen Einschränkungen in Hinsicht der Erwerbung des Eigentums von Grundstücken. Die im Amtsblatt aufgenommene Verfügung vom 1. Mai 1815 ist daher ferner nicht in Anwendung zu bringen.

Königsberg, d. 17. Jan. 1816.

Polizei-Deputation der königl. ostpreuß. Regierung.

Einige wenige Mennoniten hatten den Kampf als Freiwillige mitgemacht und waren in Folge dessen von den Gemeinden als ausgeschieden betrachtet worden. Der Wunsch dieser Leute, wieder als Mitglieder aufgenommen zu werden, und die Weigerung der Gemeindevorstände, führte Verhandlungen mit den Behörden herbei, welche die ausdrückliche Erklärung der Mennoniten hervorriefen, daß sie nach wie vor auf ihrem alten Glauben festständen. Sobald die ersten Schritte des D. v. R.... aus Elbing (s. o. S. 46 fgg.)

bekannt wurden, meldeten sich 4 Familien der lithauischen Gemeinde, welche, um ihre Pachtungen zu behalten, 1802 freiwillig die Kantonpflicht übernommen, aber trotzdem nicht gedient hatten, zur Wiederaufnahme. Sie hatten keine andere Confession angenommen, aber als vorsätzlich ausgetreten sich den Mennoniten gegenüber bis jetzt ruhig verhalten. Die Aeltesten verweigerten ihnen mit Entschiedenheit den Wiedereintritt, und wurden deshalb von der lithauischen Regierung um 50 Thlr. gestraft, durch richterliche Entscheidung jedoch völlig freigesprochen. Aus Königsberg hatten zwei Söhne mennonitischer Eltern, welche aber schon vor dem Kriege zur reformirten Confession übergetreten waren, die Feldzüge mitgemacht, aus der Gemeinde selbst Niemand. Doch hatte sich das Gerücht verbreitet, daß Mennoniten aus Königsberg mit in den Krieg gezogen seien. Die Ministerien des Innern und des Kultus nahmen hievon Gelegenheit, jenes durch den Magistrat, dieses durch den Bischof Borowski Bericht zu erfordern, wie viele Mennoniten an den Feldzügen teilgenommen, so wie ob und eventuell wie die Religionsdogmen der Mennoniten, besonders in Ansehung der Waffenführung sich in neueren Zeiten verändert hätten. Am 22. Juli 1818 gab der Vorstand der Königsberger Mennonitengemeinde die o. S. 47 mitgeteilte Erklärung im Bischofshofe zu Protokoll. Gleichlautende Fragen ergingen an die anderen Mennonitengemeinden, alle betheuerten, daß nur ein Mennonit D. v. N. aus Elbing den Krieg gegen Frankreich freiwillig mitgemacht habe und daß ihr altes Glaubensbekenntniß unverändert auch noch heute das ihrige sei.

Was man höheren Ortes mit diesen Nachforschungen beabsichtigte, geht deutlich aus einem Schreiben des Staatskanzlers Fürsten von Hardenberg hervor, welches derselbe schon am 2. Juni 1814 an das Militairgouvernement von Ostpreußen von Paris aus erlassen hatte:

„Da des Königes Majestät die Operationen des Landsturms nunmehr gänzlich sistirt hätten, so könnten auch die Diskussionen über den Beitritt der Mennoniten zu solchen, worüber die Berichte des königl. Militairgouvernements vom 13. Octbr., 14. Decbr. 1813,

26. April 1814 abgestattet wären, auf sich beruhen bleiben. Es müsse indeß allerdings für künftige Fälle über die persönliche Teilnahme der Mennoniten an der Verteidigung des Landes eine gesetzliche Bestimmung erfolgen. Die Meinung des königl. Militairgouvernements, veranlaßt durch die Berichte des p. p. N. N. als ob die Weigerung der Mennoniten, Kriegsdienste zu leisten in ihren ursprünglichen Glaubensbekenntnissen nicht begründet wäre, sei aber historisch unrichtig. Die Lehre des Menno Simons unterscheide sich eben dadurch wesentlich von den Lehren der anderen Lehrer der Taufgesinnten, daß sie es als einen Glaubensartikel in das System der Taufgesinnten aufnahm: ein Christ dürfe keine Waffen führen. Er habe hiebei jedoch nur einen politischen Zweck verfolgt, indem er die Taufgesinnten durch eine vollständige Entwaffnung von den Wiedertäufern, namentlich von den Münsterschen Schwärmern, die als Rebellen und Feinde der bürgerlichen Ordnung ein Gegenstand des öffentlichen Hasses und der Verfolgung der Obrigkeiten waren, unterscheiden und sie vor den Verfolgungen der Regierungen sicher stellen wollte. Unter solchen Umständen und bei ganz veränderter Lage der öffentlichen Verhältnisse würde eine Modifikation dieses Glaubensartikels bei den Mennoniten kein Bedenken finden können. Es verstehe sich aber von selbst, daß diese von ihren eigenen Lehrern ausgehen müsse, da die Einwirkung der weltlichen Macht, wie die Erfahrung hinlänglich bewiesen habe, sie nur noch mehr verstocken würde. Der Staatskanzler behalte sich vor, Se. Majestät hierüber angemessene Vorschläge zu machen, indem die Erhaltung einer durch Wohlhabenheit und bürgerliche Tugenden ausgezeichneten Kolonie für den Staat nicht anders als wünschenswert sein könne."

In der Hoffnung durch eine Reform unter den Mennoniten selbst die allgemeine Durchführung des Wehrpflichtgesetzes vom 3. Sept. 1814 erleichtert zu sehen, hatte die Staatsregierung jene Nachforschungen angeordnet. Als sie den festen Entschluß der Mennoniten gewahrte, ihren von den Vätern ererbten Glauben um jeden Preis festzuhalten, stand sie von dem Versuch einer Aenderung des durch das allgemeine Wehrpflichtgesetz nicht aufgehobenen speciellen älteren Privilegiums der Mennoniten ab, und ließ die früheren Verhältnisse unangefochten bestehen. Zwar fehlt es an einem ausdrücklichen Gesetze „durch welches die ursprünglich gewährte Freiheit von der Enrollirung und dem naturellen Militairdienst unter den Verhältnissen der Kantonverfassung mit der Befreiung von der im Gesetze vom 3. Septbr. eingeführten allgemeinen Wehrpflicht gleichgestellt würde." Allein faktisch erkannte die Staatsregierung die Militairfreiheit der Mennoniten als eine Ausnahme von dem Wehrpflichtgesetze an, indem sie die Mennoniten einfach nach dem Gnadenprivileg von 1780, dem Edikt von 1789 und den Deklarationen vom 17. Decbr. 1801 und 24. Novbr. 1803 behandelte und durch das westpreußische Landrecht 1844 §. 22 die fortdauernde Rechtsgiltigkeit dieser Gesetze als Grundlagen der mennonitischen Rechtsverhältnisse in der Provinz Preußen aussprach.

Unter besonderen Umständen wurden bereitwillig Consense zum Uebertritt zur mennonitischen Confession mit allen Rechten militairfreier Mennoniten (z. B. von der Danziger Regierung b. 15. Juli 1824 an P. S., am 20. Jan. 1828 an G. W. Z., vom Oberpräsidium von Westpreußen 6. April 1824 an G. S. Sch.) erteilt.

Auf die Bitte vieler rheinischen Taufgesinnten, welche den doch Stellvertretung verstattenden Zwang zum Kriegsdienst durch die Franzosen übel empfunden hatten, ordnete König Friedrich Wilhelm III. nach mehrfachen Verhandlungen die Verhältnisse der Mennoniten in seinen westlichen Landen durch die Kabinetsordre vom 16. Mai 1830 „über die Rechtsverhältnisse der Mennoniten in den westlichen Provinzen und Brandenburg. Da ein Teil dieser Mennoniten die Leistung der gesetzlichen Wehrpflicht übernommen hatte, ein anderer die alte mennonitische Wehrlosigkeit als Glaubensaxiom für sich festhielt, so wurde festgesetzt, daß die wehrpflichtigen Mennoniten alle staatsbürgerlichen Rechte genießen, die den Kriegsdienst verweigernden dagegen nachstehenden Beschränkungen unterworfen sein sollen: a) Sie haben 3 % Einkommensteuer zu zahlen. b) Sie sind vom Erwerbe solcher Grundstücke

ausgeschlossen, welche sich nicht schon am 16. Mai 1830 im Besitze
einer mennonitischen Familie befanden. Nur ausnahmsweise ist es
den einzelnen Mitgliedern solcher Familien, deren Häupter als
Grundbesitzer die Militairpflicht übernommen haben, gestattet bei
Erreichung des militairpflichtigen Alters Befreiung vom Kriegsdienste zu erlangen und den vermöge Erbrechts ihnen zugefallenen
mennonitischen Grundbesitz zu erwerben; sie sind aber verpflichtet
sich desjenigen Grundbesitzes zu entäußern, welchen sie oder ihre
Vorfahren nur in Folge der Militairpflichtigkeit zu erwerben befugt
gewesen sind. c) Sie sind unfähig Staatsämter zu bekleiden, zu
Kommunalämtern jedoch wählbar. — Die Ansiedelung und Aufnahme neuer Mennoniten wurde verboten. Hienach sind die
rheinpreußischen Mennoniten durch weitaus verschiedene historische Entwickelung (vergl. S. 54 fgg.) und
rechtliche Verhältnisse von ihren altpreußischen Glaubensbrüdern getrennt; man würde daher durchaus
fehlgehen, wenn man von den Zuständen der westlichen
Mennoniten im preußischen Staate ohne weiteres auf
die östlichen schließen wollte.

Die Kabinetsorbre vom 25. Februar 1824 über die Parzel-
lirung mennonitischer Besitzungen, die Kabinetsorbre vom 13. Febr.
1825 über die Verlängerung emphyteutischer Verträge, die Kabinetsorbre vom 11. Jan. 1827 „durch welche für einen Specialfall der
Tausch mennonitischer Besitzungen gegen bisher nicht mennonitisches
Eigentum gleiches Wertes zugelassen wird," dienten — die Befugnisse
der altpreußischen Mennoniten in etwas erweiternd — zur Ergänzung der Gesetze, welche in Folge ihrer Wehrlosigkeit zur Beschränkung ihres Grundbesitzes erlassen worden waren. Durch diese
Ergänzungen sowohl als auch durch die am 9. Juli 1840 und
9. Novbr. 1843 erfolgte Ausdehnung derselben und der älteren
Specialgesetze auf die in dem ehemaligen Gebiete des Freistaates
Danzig und im Kulm-Michelauer Kreise wohnenden Mennoniten
gab die Staatsregierung wiederholt zu erkennen, daß sie darauf

verzichtet habe, durch eine Novelle zum allgemeinen Wehrpflichtgesetz vom 3. Septbr. 1814 die Befreiung der Mennoniten aufzuheben.

So blieben die Verhältnisse der Mennoniten bis zum ent= scheidenden Jahre 1848 im Wesentlichen unverändert. Nur in Betreff der Pfarrabgaben erging eine weittragende Verfügung. Am 5. Febr. 1844 wurde die Verordnung vom 3. Octbr. 1801 (S. o. S. 154, 155) auf alle Dörfer der Marienburger Werder aus= gedehnt, in denen es Usus sei, keine Kalende und Stolgebühren zu geben. Die Verordnung vom 30. Jan. 1846, welche §. 2 bestimmt, daß in Ansehung derjenigen Leistungen, welche schon jetzt von nicht evangelischen Grundbesitzern an evangelische Geistliche und Kirchen= diener von den beiden Marienburger Werbern entrichtet werden — wird durch die gegenwärtige Verordnung nichts geändert," wurde — um hier gleich der chronologischen Darstellung vorgreifend die Sache zu erledigen — erst durch Entscheidung des Obertribunals vom 17. Septbr. 1855 (in Sachen der Wittwe und Erben des Hofbesitzers Claassen in Rückenau contra den Vorstand der evangel. Kirche zu Marienau) für das 1801 verheißene Gesetz über Auf= hebung des katholischen Pfarrzwangs erklärt, mit welchem das Provisorium ein Ende habe und die betreffenden §§. des Edikts vom 31. Juli 1789 wieder in Kraft getreten seien. Etwa seit dem Jahre 1860 fordern nunmehr die evangelischen Geistlichen an meh= reren Orten auf Grund jener Entscheidung des Obertribunals von den Mennoniten Kalende und Stolgebühren ein, nachdem diese Forderung 60 Jahre seit der ausdrücklich keineswegs aufgehobenen Verordnung vom 3. Octbr. 1801, 14 Jahre seit der Verordnung vom 30. Jan. 1846 geruht hatte. Wenn nun überdies nur einzelne Pfarrer jenes Recht in Anspruch nehmen, andere nicht, wenn die Verschiedenheit ihrer Gebührentaxe sie dazu führt in den verschie= denen Kirchspielen sehr abweichende Forderungen aufzustellen (statt der 2½ resp. 20 Sgr. Einschreibegebühren nehmen die Pfarrer für Amtshandlungen, die nicht sie, sondern die mennonitischen Geist= lichen vorgenommen, z. B. für Traureden hier 2 oder 3, dort 10 Thlr. in Anspruch, bei Leichenreden ähnlich), wie sollte es da

verwunderlich sein, daß eine große Rechtsunsicherheit zugleich mit der
Sehnsucht nach einer allgemein giltigen Regelung ihres Verhältnisses
zur evangelischen Kirche unter den Mennonitengemeinden sich kundgiebt?

Die mächtige Bewegung, welche im Jahre 1848 Europa
durchbrauste, kehrte mit einem male manches abgestorbene Gestrüpp
aus, verdorrte Reiser einst fröhlich wachsender Stämme, denen die
andere Luft neuer Kulturepochen längst innerlich Saft und Leben
geraubt hatte. So wurde für neue Pflanzungen und neues Wachstum der Boden vielfach gereinigt und geebnet. Zu den verdorrten
Resten einer nun längst begrabenen Vergangenheit hat mehr als
einer auch das Mennonitentum mit seiner Wehrlosigkeit zählen
wollen und daher ist von verschiedenen Seiten ernstlich der Versuch
gemacht mit andern Altertümern auch die Specialgesetzgebung über
dasselbe zu beseitigen. Aber es zeigte sich, daß die Wehrlosigkeit
bei den altpreußischen Gemeinden zum mindesten nicht eine abge-
standene leere und lügenhafte Form sei, welche von keinem wahren
Inhalt, von keinem Geist und Glauben erfüllt und getragen werde;
daß ihre Bekenner vielmehr zu gutem Teile gerüstet, alles um ihres
Glaubens willen zu ertragen, von der Zuversicht sich gehoben fühlten, daß ihre Idee, daß der hohe Gedanke eines ewig friedsamen
Gottesreiches sich einst wenn auch vielleicht erst in fernen Jahrhunderten die Welt unterwerfe. Darum, weil die Befreiung der
Mennoniten vom Kriegsdienst für eine sehr große Zahl ihrer Mitglieder in innerlicher Wahrheit wurzelt, läßt sich dieselbe nicht wie
historischer Schurrmurr bei Seite fegen.

Bei Beratung der deutschen Grundrechte nahm die deutsche
Nationalversammlung zu Frankfurt a. M. in §. 6 d. §. 13 b. die
Sätze an: „Die Wehrpflicht ist für alle gleich" — „Der Aus-
übung der staatsbürgerlichen Pflichten darf das religiöse Bekenntniß
keinen Eintrag thun." Ein Zusatz-Amendement des Abgeordneten
Martens zu §. 13: „Wegen Befreiung vom Kriegsdienste aus
Rücksicht des religiösen Glaubensbekenntnisses wird das über die
Wehrverfassung zu erlassende Gesetz weitere Bestimmungen enthalten",

wurde am 28. Aug. 1848 abgelehnt, hauptsächlich auf eine Rede des Reichsministers von Beckerath hin, in welcher derselbe die Mennoniten überhaupt irrtümlich nach den Zuständen der rheinischen schilderte. (vgl. S. 189.)

Die preußischen Mennonitengemeinden erließen sogleich (Heubuden 14. September 1848) eine nachdrückliche Bittschrift an die hohe Nationalversammlung, in welcher sie für sich gegen jede Consequenz aus der Aeußerung des Reichsministers „daß die meisten rheinischen Mennoniten die Militairpflicht angenommen hätten," sich verwahrten und in Betreff ihres in Rede stehenden Glaubenssatzes sagten: „In dieser Ueberzeugung und Uebung sind unsere Väter und wir durch die wolwollend geordneten Beschränkungen des Besitzes und Erwerbes von unseren Königen anerkannt, geschirmt und erhalten. Mögen nun auch jetzt namentlich in den Städten unter uns einige sein, welche bezüglich dieser Pflicht eine innerlich veränderte Stellung einnehmen und ohne Beunruhigung ihres Gewissens den Forderungen des Staats genügen zu können meinen, für die Mehrzahl unserer Glieder ist es heute noch Gegenstand ihrer theuersten Ueberzeugung, keinen Teil am Wehrdienst nehmen zu können, eine Ueberzeugung, für die sie gern die notwendig erachteten Beschränkungen zu tragen willig sind, wenn nur die Rechte geduldeter Gemeinden ihnen bewahrt bleiben. Ohnmöglich werden Sie annehmen durch Ihre Entscheidung eine plötzliche Aenderung dieser unserer auf unserer Anschauung vom christlichen Sittengebot beruhenden Gesinnungen hervorrufen zu können, wir verfielen vielmehr, wenn dies der Fall wäre, Ihrer gerechten Verachtung. Eine zur innerlichen Wahrheit gewordene Ueberzeugung wechselt sich nicht wie ein Kleid. Glauben Sie uns und erlauben Sie, Ihnen dies zur ernstesten Berücksichtigung aus Herz zu legen." Man hat es ausdrücklich auszusprechen, daß die Mennoniten eine Ausnahme von §. 13. der deutschen Grundrechte bilden.

Von der zweiten Lesung wurden jedoch die früheren Bestimmungen wegen Allgemeinheit der Wehrpflicht wieder in den revidirten

Entwurf der Grundrechte aufgenommen und bemnächſt von der Verſammlung angenommen, nachdem ein Amendement auf Special-befreiung der Mennoniten ſchon im Parteiclub (der Caſinogeſellſchaft) gefallen war im Hinblick auf die laxere Anſicht der rheiniſchen Mennoniten und auf die Praxis in Baiern, die Mennoniten nicht in das Heer einzuſtellen, ſondern anderweitig bei demſelben zu verwenden. Es ſei ſomit die Möglichkeit geboten, die Gewiſſens-bedenken der Mennoniten zu ſchonen, auch ohne daß man den Eindruck der Grundrechte durch Ausnahmebeſtimmungen von vornherein ſchwäche.

Die oktrohirte preußiſche Verfaſſungsurkunde vom 5. Decbr. 1848 enthielt die §§. 11: „Der Genuß der bürgerlichen und ſtaats-bürgerlichen Rechte iſt unabhängig vom religiöſen Bekenntniß. Den bürgerlichen und ſtaatsbürgerlichen Pflichten darf durch die Ausübung der Religionsfreiheit kein Abbruch geſchehen;" §. 32 „Alle Preußen ſind wehrpflichtig. Den Umfang und die Art dieſer Pflicht beſtimmt das Geſetz;" §. 33: „Die bewaffnete Macht beſteht aus dem ſtehenden Heere, der Landwehr und Bürgerwehr." Die Denkſchrift des Miniſters der geiſtl. Angelegenheiten v. 15. December 1848 wies S. 7 bei Begründung der in der Verfaſſungsurkunde gegebenen Beſtimmungen über die Religion darauf hin, daß der Art. 11 ſich wohl mit ſchonender Aufrechterhaltung der den Menno-niten zu Gunſten ihrer Militairfreiheit gegebenen Privilegien werde vereinigen laſſen. Inzwiſchen wurde unverzüglich zur Einrichtung der Bürgerwehr nach dem Geſetz vom 17. Octbr. 1848 auch in den Provinzen geſchritten, und auch der Name von Mennoniten in die Liſte der zur Bürgerwehr verpflichteten Perſonen eingetragen. Die Danziger Mennonitengemeinde proteſtirte Anfangs 1849 hiegegen beim Rat. Die Landgemeinden wurden durch eine Verfügung des Landratsamtes zu Marienburg ebenfalls zur Bürgerwehr aufgerufen. Sie petitionirten dagegen ſowohl wiederholt beim Könige, wie beim Miniſter des Innern und am 7. Dec. 1848 bei der Nationalverſamm-lung zu Brandenburg und als am 12. Febr. 1849 Deputirte der Gemeinden perſönlich mit dem Miniſter-Präſidenten Grafen von Brandenburg Rückſprache nahmen, welcher die Anſicht ausſprach,

daß es auch nach dem Erlaß der Verfassung mit den Militairverhältnissen der Mennoniten beim Alten bleibe, stellten sie vor, daß sie
nach ihrem Glauben auch nicht einmal die Bürgerwehrpflicht übernehmen,
noch irgend eine Waffe — und sei es ein Stock — tragen dürften,
wenn dadurch die Tödtung eines Menschen beabsichtigt werde. Der
Ministerpräsident verwies durch Schreiben v. 13. Febr. ihre ganze
Angelegenheit an die Entscheidung der am 26. Febr. zusammentre-
tenden Kammern. Da mit diesen keine Vereinbarung zu Stande
kam, wurde von jedem Zwang gegen die Mennoniten in Betreff der
Bürgerwehr Abstand genommen, obgleich einzelne Freidenkende an
den Uebungen derselben sich beteiligten.

Einen neuen Beweis davon, daß sie noch immer auf dem
Grunde ihrer alten Glaubensbekenntnisse und der wehrlosen Gesinnung
stehen, welche „das Schwert der Gerechtigkeit" zu führen verschmäht
(vgl. o. S. 3 Anm. ** 17, 22, 30, 34, u. f. w.), gaben die altpreußischen Mennoniten zu derselben Zeit, indem sie sich der Uebernahme
des Geschworenenamtes zu entziehen trachteten. Im April 1849
wurde von Seiten der zu Prangenau versammelten Vorstände der
Landgemeinden eine Vorstellung an die Regierung unterzeichnet,
worin sie erklärten nach ihrem Glaubensbekenntnisse keine obrigkeitlichen Aemter verwalten zu dürfen, von denen richterliche Aussprüche
und Strafurteile abhängig seien; und demnach baten „von der
Beteiligung am Schwurgericht gänzlich freigelassen zu werden",
während der Vorstand der Danziger Gemeinde am 25. April 1849
ein Separatvotum einsandte, mit der Bitte „daß denjenigen Gliedern
der Gemeinde, welche auf Grund des Glaubensbekenntnisses gegen
die Annahme des Geschworenenamtes Gewissensbedenken hätten,
die Ablehnung freigelassen werden möge. Nachdem durch Ministerialrescript vom 24. Juni auf Grund des §. 11 der Verfassungsurkunde
die willkürliche Ablehnung des Geschworenendienstes von Seiten der
Mennoniten für unstatthaft erklärt war, fügten sich dieselben dem
Zwange, nach und nach der Vorstellung nachgebend, das Geschworenen-
Amt sei als „obrigkeitliches" in keiner Weise anzusehen; nicht die
Jury, sondern der Gerichtshof verurteile zum Tode."

Die revidirte Verfassung vom 31. Jan. 1850 enthält unter Art. 12. 34 die Bestimmungen der §§. 11. 32 der octroyirten Verfassungsurkunde. Durch diese Artikel der Verfassung glaubte die vereinigte Finanz- und Budgetkommission in der Kammer 1850, alle Mennoniten verpflichtet, sich der Erfüllung der Militairpflicht zu unterziehen, wogegen alle bisherigen Lasten und Beschränkungen wegfallen müsten. Sie beantragte daher am 14. Febr. 1850 die bisherige Mennonitensteuer mit 6623 Thlr. 18 Sgr. 1 Pf. von der Einnahme abzusetzen, weil keine militairfreien Mennoniten mehr existirten. Abweichend von der Auffassung des Grafen v. Brandenburg (s. o. S. 193. 94.) erkannte der Minister des Innern v. Manteuffel in der Sitzung vom 9. Febr. 1850 dies ausdrücklich für richtig an. Das Plenum verwarf jenen Antrag der Kommission, sprach aber die Erwartung aus, daß die königl. Regierung in der nächsten Sitzungsperiode eine Gesetzvorlage zur Regelung der Verhältnisse der Mennoniten an die Kammer gelangen lassen werde.

Das Finanzministerium verhieß in der Sitzung der zweiten Kammer vom 7. März 1851, unverzüglich einen diese Verhältnisse regelnden Gesetzentwurf vorzulegen.

In der Landtagssession von 1852 waren mehrere Petitionen, in Betreff der Mennonitenfrage dem Hause der Abgeordneten eingereicht. Das Haus ging darüber zur Tagesordnung über, weil der Ministerpräsident v. Manteuffel die Vorlage eines, die Verhältnisse der Mennoniten ordnenden, die Gewissensbedenken derselben jedoch schonenden Gesetzes versprach. Zu gleicher Zeit hatte der Minister des Innern v. Westphalen durch Rescript vom 11. Juni 1852 angenommen, daß die landesherrlichen Edikte und Erlasse, auf welchen die Privilegien und Beschränkungen der Mennoniten beruhen, durch die Verfassungsurkunde nicht berührt werden und daß insbesondere die auf einem Specialprivilegium beruhende Befreiung der Mennoniten von der Wehrpflicht durch Artikel 34 der Verfassungsurkunde nicht aufgehoben sei, zumal dieser Artikel ausdrücklich ausspreche „daß der Umfang und die Art dieser Pflicht durch das Gesetz bestimmt werde.

13 *

Die bestehenden Gesetze bestimmten aber eben die Ausnahme, daß die
Mennoniten militairfrei und dagegen der Mennonitensteuer unter-
worfen sein sollen." Dieses Rescript erging auf Beschluß des
Gesammtministeriums. Es lautete:

Seit Emanation der Verfassungsurkunde vom 5. Decbr. 1848
und 31. Jan. 1850 sind Zweifel darüber angeregt worden, ob auch
die Befreiung der Mennoniten von der Militairpflicht, die Beschränkungen, denen sie hinsichtlich des Rechts zum Erwerbe von Grundstücken unterworfen sind, sowie ihre besondere Besteuerung und
Abgabenpflichtigkeit mit den in jenen Urkunden ausgesprochenen
Grundsätzen der Gleichheit vor dem Gesetze, der Unabhängigkeit des
Genusses der bürgerlichen staatsbürgerlichen Rechte vom religiösen
Bekenntnisse, der unumschränkten Verfügungsfreiheit über das Grundeigenthum und der allgemeinen Wehrpflicht verträglich seien.
Man hat mit Rücksicht auf diese Grundsätze sogar angenommen,
daß das Edikt vom 30. Juli 1789, die Allerhöchste Deklaration
vom 17. Decbr. 1801 und die Allerhöchste Kabinetsordre vom
24. Novbr. 1803 und 25. Febr. 1824, worauf die Privilegien und
Beschränkungen der Mennoniten in der Provinz Preußen beruhen,
durch die Verfassungsurkunde aufgehoben seien. Diese Annahme ist
jedoch unrichtig. Die Verfassungsurkunde hat hinsichtlich der allgemeinen Wehrpflicht etwas Neues gar nicht bestimmt, vielmehr nur
das wiederholt, was das Gesetz vom 3. Sept. 1814 bestimmt. Die
Befreiung der Mennoniten von der Wehrpflicht beruht auf einem
Specialprivilegium, das durch das eben gedachte Gesetz nicht tangirt
wurde, und durch die Verfassungsurkunde eher eine Bestätigung
erhalten hat, indem dieselbe besagt, daß Umfang und Art jener
Pflicht durch das Gesetz bestimmt werde. Ebenso sind die Verhältnisse
der Mennoniten hinsichtlich der Bestimmung über den Erwerb von
Grundeigenthum durch Specialgesetze oder Specialprivilegien regu-
lirt, auf welche der allgemeine Satz des Artikels 12 der Verfassungsurkunde vom 31. Jan. 1850, daß der Genuß der bürgerlichen
Rechte von dem religiösen Bekenntnisse unabhängig sei, um so weniger
Anwendung finden kann, als dieser Artikel zugleich voraussetzt, daß

auch die Pflichten der Staatsbürger gleich seien. Mennoniten, die dieser Pflicht nicht nachkommen, müssen auch den mit Rücksicht hierauf festgesetzten Beschränkungen unterworfen bleiben, während umgekehrt Mennoniten, welche die Wehrpflicht leisten, nach jenen älteren Gesetzen auch den Beschränkungen in Ansehung des Erwerbes der sogenannten nichtmennonitischen Grundstücke unterworfen bleiben müssen. Die besonderen auf Grund jener Gesetze bestehenden Steuern und Abgaben der Mennoniten endlich müssen nach Artikel 109 der Verfassungsurkunde vom 31. Jan. 1850 forterhoben werden, bis sie durch ein Gesetz abgeändert werden. Eine solche Abänderung aber herbeizuführen ist für unthunlich erachtet worden. Es sind daher jene älteren Gesetze der Mennoniten nach wie vor zur Anwendung zu bringen.

Wenn Mennoniten im Widerspruche mit denselben seit 1848 durch Kauf, Tausch, auf Grund des Ablösungsgesetzes vom 2. März 1850, oder auf irgend eine andere Weise das Eigenthum an sogenannten nichtmennonitischen Grundstücken erworben haben, oder künftig erwerben sollten, so ist hieburch, indem sie damit sich die vollen staatsbürgerlichen Rechte aneignen, also bei die nach §. 1 der Deklaration vom 17. Dec. 1801 ihrer Wahl anheimgegebene Unterwerfung unter die für Mennoniten erlassenen Specialgesetze und Privilegien für sich thatsächlich ablehnen, die Bereitwilligkeit erklärt, die vollen staatsbürgerlichen Pflichten, also auch die Wehrpflicht zu übernehmen. Solche Mennoniten sind demnächst hinsichtlich der Militairpflicht allen anderen Unterthanen gleich zu behandeln und zu deren Erfüllung anzuhalten, andererseits aber auch in Gemäßheit des §. 1 der Deklaration vom 17. Dec. 1801 von den Beschränkungen und Lasten der Mennoniten freizulassen.

Bevor jedoch diese Grundsätze in den einzelnen Fällen, wo Mennoniten seit 1848 das Eigenthum in sogenannten nichtmennonitischen Besitzungen erworben haben, zur Anwendung gebracht werden, sind um jeden auch nur scheinbaren Glaubens- und Gewissenszwang zu vermeiden, die betreffenden Mennoniten aufzufordern, des Eigenthums der erworbenen Grundstücke sich wieder zu entäußern.

Dabei ist ihnen zu eröffnen, daß, wenn sie dieser Auflage binnen einer ihnen zu stellenden angemessenen Frist nicht nachkommen, angenommen werden muß, sie wollten sich der Militairpflicht unter-werfen und daß sie, beziehungsweise ihre Söhne demgemäß zum Militairdienst herangezogen, auch hinsichtlich des Erwerbes von Grundstücken so wie in allen anderen Beziehungen nach eben den Grundsätzen, wie andere christliche Glaubensgenossen behandelt werden würden.

Die Königl. Regierung hat hienach zu verfahren, insbesondere aber auch, soviel sich dazu Gelegenheit bietet, darüber zu wachen, daß die Beschränkungen der Mennoniten hinsichtlich des Grund-erwerbes nicht, wie nach Anzeige mennonitischer Glaubensgenossen selbst bisher nicht selten geschehen, durch simulirte Rechtsgeschäfte umgangen werden. Kommen Fälle derartiger Simulation glaubhaft zu Ihrer Kunde, so wird es jedenfalls angemessen sein, davon die Geistlichen oder Aeltesten der betreffenden Mennonitengemeinden zu benachrichtigen, damit von ihnen solchem Unwesen gesteuert werde.

Berlin, den 11. Juni 1852.

Der Minister des Innern,
von Westphalen.

An die Königl. Regierung der Provinz Preußen.

Später wurde dieses Ministerialrescript durch ein neues vom 2. Jan. 1854 in einigen wenigen Stücken modifizirt. Unter Anderm wurde darin gestattet, daß den Mennoniten, welche nach dem Ablösungsgesetz vom 2. März 1850 ihre bisher emphyteutischen Besitzungen als freies Eigentum erworben hätten, die Militairfreiheit verbleibe, weil durch die Veränderung der Emphyteusis in Eigentum die Anzahl der mennonitischen Grundstücke nicht vermehrt werde.

Wiederum kam inzwischen am 17. Febr. 1853 die Mennoniten-angelegenheit im Volkshause zur Sprache. Jetzt erklärte die Staats-regierung auch vor den Abgeordneten „daß das Privilegium der Mennoniten hinsichtlich der Militairfreiheit durch die Verfassung nicht alterirt sei, daß aber diejenigen Mennoniten, welche sich über die mit dem Privilegium der Militair-

freiheit zusammenhängende Beschränkung im Erwerbe von Grundstücken hinwegsetzen, zum Militairdienst heranzuziehen seien. Das
Abgeordnetenhaus ging auf diese Erklärung hin über eine Petition
zur Tagesordnung über, welche die Regelung der Mennoniten-
verhältnisse beantragte.

Jene Rescripte des Ministeriums waren dadurch hervorgerufen,
daß die Gerichte und in Folge davon die Provinzialregierungen eine
ganz andere Ansicht von dem Verhältniß der mennonitischen Privilegien zur Verfassung gewonnen hatten und in die Praxis über-
setzten. Das Appellationsgericht in Marienwerder namentlich
machte den Mennoniten bekannt, daß durch Artikel 12 der
Verfassung die Beschränkungen im Erwerbe von Grundeigentum
aufgehoben seien und berichtigte die Besitztitel auf Mennoniten
auch von früher kantonpflichtigen Grundstücken. Bei dieser Ansicht
blieb das Appellationsgericht auch noch lange Zeit nach der Verfügung des Ministerii vom 11. Juni 1852 stehen und erst seit 1860
sind die Gerichte der Provinz Preußen allgemein zu der alten auf die
zu Recht bestehenden Specialgesetze gegründeten Praxis zurückgekehrt.

Daß einzelne Mennoniten sich der ihnen durch eine Behörde
neu gebotenen Freiheit freudig und arglos bedienten, ohne — schlicht
und einfältig wie sie waren — die Consequenzen zu erwägen, welche
aus ihren Erwerbungen in Betreff der Militairpflicht gezogen
werden könnten, kann keinen Vorwurf gegen die gesammte Mennonitengemeine in Altpreußen begründen, als habe dieselbe sich die
allgemeinen staatsbürgerlichen Rechte angemaßt, ohne die vollen
Pflichten dafür tragen zu wollen. Seit der Verfügung vom
11. Juni 1852 haben nur wenige noch weiteren kantonpflichtigen
Grundbesitz erworben und auch diesen nur, weil das Appellationsgericht — die höchste Instanz in Hypothekensachen — erklärte, daß
landespolizeiliche Consense beim Ankauf nichtmennonitischer Grundstücke fernerhin nicht nötig seien, worauf einige Kreisgerichte solche
Consense zurückwiesen, wo sie präsentirt wurden.

Als Veräußerungstermin für die nichtmennonitischen Grundstücke wurde im Wege der Verwaltung der 1. Jan. 1856 festgesetzt.

Die furchtbaren Ueberschwemmungen der Jahre 1854 und 1855 verminderten den augenblicklichen Werth der Grundstücke jedoch in solchem Grade, daß ein Verkauf für die mennonitischen Inhaber einen großen Vermögensverlust zur Folge gehabt haben würde. Dies rechtfertigte die dringende Bitte um Aufschub und Verlängerung des Termins, worauf das Ministerium (nach d. Schreiben des Ober=Präsidiums der Prov. Preußen a. 15. Nov. 1855 an den Aeltesten Joh. Andres in Nogathau) bestimmte, daß von der Ausführung der Verordnung wegen Wiederveräußerung der seit dem Jahre 1848 acquirirten mennonitischen Grundstücke vorläufig bis auf Weiteres Abstand genommen werden solle.

Als sich 1856 verschiedene evangelische Geistliche beim Consistorium über Schmälerung ihrer Einkünfte durch den Uebergang evangelischer Grundstücke in mennonitische Hände beklagten, boten die Mennoniten ein Kapital von 10,000 Thlr. zur Entschädigung für die ausfallenden Gebühren an. Da trotz der ausdrücklichen, Warnungen von Seiten der Aeltesten und Lehrer auch jetzt noch einzelne ungesetzliche Ankäufe von nichtmennonitischem Grundeigentum vorgekommen waren, so petitionirte man — nachdem durch Allerhöchste Ordre vom 4. Novbr. 1857 den Mennoniten gestattet war, im Besitze der bis zum 1. Juli 1852 erworbenen Grundstücke zu bleiben, um Ausdehnung auf die weiterhin bis zum 1. Jan. 1858 erworbenen Besitzungen. Eine genaue auf Anordnung des Oberpräsidenten angestellte Untersuchung ergab, daß kein Bedenken dabei obwalten könne die Mennoniten in diesem Besitze zu lassen. Seit dem Jahre 1803 hatten nämlich bis zum 1. Jan. 1856 467 mennonitische Besitzer in den Kreisen Thorn, Schwetz, Kulm, Stuhm, Mewe, Marienwerder, Marienburg, Pr. Stargardt, Danzig, Elbing, Pr. Holland, Königsberg ein Grundeigentum von 233 H. 10 M. 28 R. im Kaufwerth von 1,084,430 Thlr. 25 Sgr. an Nichtmennoniten verkauft, wogegen 217 mennonitische Landwirthe aus den obengenannten Kreisen mit Hinzunahme des Graudenzer von wehrpflichtigen nichtmennonitischen Einwohnern von 1803—1856 erworben haben 136 Hf. 18 M. 184 R. im Kaufwerth von 630,238 Thlr. 12 Sgr. (und zwar seit 1803—

1852 102 Hf. 14 M. 178 R. und 1852—1856 34 Hf. 4 M. 6 R.) Somit war trotz der Anläufe von 1848—1856 der mennonitische Gesammtbesitz im Jahre 1856 um 97 Huf. 144 R. im Kaufwerth von 454,192 Thlr. 12 Sgr. unter die Normalzahl des Jahres 1803 gesunken.

Nachdem in den Kammersitzungen der Jahre 1859 (April 6.) und 1860 die Anträge auf verfassungsmäßige Regulirung der Mennoniten-Verhältnisse erneuert waren, brachte am 28. Jan. 1861 der Abgeordnete Lietz einen Gesetzentwurf im Hause ein, welcher §. 1 alle Mennoniten „welche bis zum 1. Jan. 1862 das 20ste Lebensjahr erreicht haben" für wehrpflichtig erklärt und dagegen §. 2 die Mennonitensteuer, sowie die bürgerlichen Beschränkungen aufhebt, §. 3 die bisherigen Verhältnisse zur evangelischen und katholischen Kirche dagegen bestehen läßt.

Dieser Gesetzentwurf, den das hohe Haus am 4. Juni 1861 in Erwartung eines von der Staatsregierung vorzulegenden Mennonitengesetzes, durch welches die Specialgesetze ausdrücklich aufgehoben würden, dem Ministerium zur Berücksichtigung überwies, ist im Februar 1862 abermals in der Kammer eingebracht, aber nicht mehr zur Beratung gekommen.

Der hohen Staatsregierung bleibt somit noch die Aufgabe, im Verein mit den gesetzlichen Vertretern des Volkes die der Lösung so bedürftige Mennonitenfrage von neuem zu erwägen und eine gerechte Vermittelung zwischen den bestehenden Specialgesetzen für die Mennoniten und den Artikeln 4, 12 und 34 der Verfassung ausfindig zu machen.

Die altpreußischen Mennoniten ihrerseits geben der Hoffnung Raum, daß eine unbefangene Betrachtung ihrer Geschichte und gegenwärtigen Zustände die hohen Träger der Gesetzgebung davon überzeugen muß, und auch für juridisch geschärfte Augen darthun wird:

1) daß der altmennonitische, wesentliche Grundsatz der Wehrlosigkeit für sie noch eine innere Wahrheit und darum unverbrüchlich sei;

2) daß ihre die Ausübung dieses Glaubenssatzes schützende Wehrfreiheit auf einem unter lästigen Bedingungen erworbenen Privilegium beruhe, welches zur Zeit noch durch keinen Akt der Gesetzgebung aufgehoben sei.

Wenn nun im allgemeinen Landrecht Einl. §. 70, 71 bestimmt wird:

§. 70. Privilegien, auch solche bie burch einen läftigen Vertrag erworben wurden, kann der Staat jedoch nur aus überwiegenden Gründen des gemeinen Wohls um nur gegen hinlängliche Entschäbigung des Privilegirten wieder aufheben.

§. 71. Die Entschäbigung selbst kann nicht anders als durch Vertrag oder rechtliches Erkenntniß festgestellt werden,

so darf die Frage entstehen, welche Entschäbigung der Staat für den Verluft der Gewissensfreiheit — dies und nichts anderes bebeutete der Verluft der Wehrfreiheit — ben Mennoniten zu gewähren im Stande sein würde? Keine oder wenigstens keine hinlängliche. Ohne Rechtsbruch wäre hienach eine Abänberung des Gnadenprivilegiums nicht möglich, so lange die Mennoniten nicht selbst barin willigen.

Dieser Satz wird bei jeder künftigen Regulirung der Mennonitenverhältnisse im Auge zu behalten sein. Es liegt außerhalb der vom Verfasser übernommenen Aufgabe in dieser Schrift, die Mennonitenfrage selbst und die verschiedenen Möglichkeiten ihrer Lösung einer beurteilenden Erörterung und Erwägung zu unterziehen. Soviel glaubt er aber als Bericht erstattender Beobachter mit Sicherheit verbürgen zu können, baß ben Wünschen der Mehrzahl zu Folge die altpreußischen Mennonitengemeinden hinsichtlich ihrer Leistungen opferfreudig in eine zeitgemäße Veränderung des Gnadenprivilegiums willigen würden, falls ihnen die Fortbauer der Wehrfreiheit in schonender, ihre geschichtlichen Verhältnisse beachtender Rücksicht auf ihre Gewissensrechte durch einen ausdrücklichen Zusatz zur Verfassung gesetzlich gewährleistet wird.

Beilagen.

I.
Auszüge aus Menno's Schriften.

A.

Ich weiß wol, daß wir hören müssen die Beschuldigung von Münster, vom Königreich (Johanns von Leyden), von Vielheit der Frauen, Schwert, Diebstahl, Mord und dergleichen Gräueln und Schandthaten mehr, von denen ihr allezeit behauptet, daß sie aus der Lehre von der Erwachsenentaufe folgen, und verfolget also alle, welche thun, was des Herrn Mund befohlen und die heiligen Apostel gelehrt und in Gebrauch gehabt haben, und verruft sie als aufrührerische Sekten und Rotten, womit das Geschrei der Gelehrten und Euer Blutwürgen wolgethan heißen muß.

Nein, liebe Herren, nein, das wird euch nicht zur Entschuldigung gereichen am Tage des Gerichtes Gottes. Ich sage euch die Wahrheit in Christo; schaut an die recht getauften Jünger Christi, die von innen mit Geist und Feuer, von außen mit dem Wasser nach Gottes Wort getauft sind, diese kennen keine Waffen, als allein Geduld, Hoffnung, Schweigen und Gottes Wort. Die Waffen unserer Ritterschaft (sagt Paulus) sind nicht fleischlich, sondern kräftig vor Gott, um zu zerstören die Anschläge und allen Uebermut, der sich erhebt gegen die Bekenntnisse Gottes, und gefangen zu nehmen alle Vernunft unter den Gehorsam Christi.

Unsere Waffen sind keine Waffen, mit denen man Städte und Lande verwüstet, Mauern und Thore bricht, sondern es sind Waffen, mit denen man das geistliche Reich des Teufels zerstört, das gottlose Wesen im Bewußtsein des Menschen zerstört, und die steinharten Herzen lockert, die ihre Lebtage vom Thaue des himmlischen Wortes nicht bethaut sind. Wir haben und kennen auch keine andern Waffen, das weiß der Herr, und sollten wir auch darum in tausend Stücke zerrissen werden, und sollten auch so viele falsche Zeugen gegen uns aufstehn, als Gras auf dem Felde und Sand am Meere ist.

Noch eins, unsere Wagenburg ist Christus, unsere Gegenwehr Dulden, unser Schwert Gottes Wort, und unsere Siegeskraft ist der freimüthige, feste und ungefärbte Glaube an Christum Jesum. Eisen, Metall, Spieße und Schwerter lassen wir denen, die Menschen- und Schweineblut beinahe für gleich werth achten. Wer verständig ist, urteile darüber, was ich meine.

Wir bekennen wol, liebe Herren, daß da einige von den falschen Propheten mit derselben Taufe wie wir, äußerlich und dem Scheine nach, getauft sind, ebenso wie Diebe, Mörder, Straßenräuber, Zauberer mit euch auch getauft sind, aber sie sind nicht die unsrigen gewesen, denn wären sie die unsrigen gewesen, sie wären auch wol bei uns geblieben. *)

B.

So da jemand ist, der sich im Reiche Christi als König aufwirft, wie Johann von Leyden in Münster gethan hat, der wird der Strafe mit Absonia nicht entgehn. Denn der wahrhafte Salomon, Christus Jesus, muß allein das Reich behalten und auf Davids Stuhl sitzen ewiglich. Aber nach dem Fleisch lehren und ermahnen wir, Kaisern und Königen, Herren und Fürsten und allen Obrigkeiten redlich Gehorsam zu beweisen, soweit es nicht gegen Gottes Wort ist. Wir lehren und bekennen kein anderes Schwert, noch anderen Aufruhr in Christi Reich und Kirche, denn allein das scharfe Schwert des Geistes, Gottes

---

*) Een Vermaninge aen de Overigheydt Opera omnia theologica of alle de godgeleerde Wercken van Menno Simons. Amsterdam MDCLXXXI. f. 54 b.

Wort, das schärfer ist und durchdringender als irgend ein Schwert, das zweischneidig ist und aus des Herrn Munde hervorkommt. Damit machen wir aufrührerisch den Vater gegen den Sohn, und den Sohn gegen seinen Vater, die Mutter gegen ihre Tochter und die Schnur gegen ihre Schwäherin, aber das Schwert der weltlichen Polizei lassen wir denen, denen es anvertraut ist. Ein jeder hüte sich, daß er sich an dem Schwert nicht vergreife, auf daß er nicht in des Schwertes Strafe verfalle. — — — — —

— — — — —

Keinen Todschlag kennen wir, noch weniger lehren wir Tod-schlag, oder stimmen ihm bei, denn wir glauben wahrhaft, daß ein Todschläger kein Loos oder Antheil am Reiche Gottes hat. Ach liebe Herren, wie sollten wir doch eines Menschen Blut begehren, da wir selbst alle Tage sterben um der Menschen willen, und vor Gott nichts suchen (das weiß der Herr, der uns geschaffen hat) denn daß wir die ganze Welt durch Lehre, Leben und blutiges Märtyrertum unterweisen möchten und ihnen ein Beispiel geben, damit sie nachdenken, aufwachen, Buße thun und selig werden. Denn das ist der reinen Liebe Art und Wesen, für die Verfolger zu beten, ihnen Gutes für Böses zu thun, den Feind zu lieben und feurige Kohlen auf sein Haupt zu sammeln, dem aber die Rache zu überlassen, der recht urteilen wird. *)

C.

Zum zweiten merkt seinen (Abrahams) Glauben. Als ihm die Botschaft gebracht wurde, daß Loth seines Bruders Sohn von Kedor Laomor, König von Elam und dessen Mitkönigen zu Sodom gefangen und sammt allem Gute weggeführt sei, hat er sich mit seinen 318 Knechten aufgemacht und ist den vorbenannten Königen

---

*) Een Vermaninge aen de Overigheydt. Menno a. a. O. f. 56.

nachgejagt. Er hat sie bei Nacht überfallen und geschlagen und
hat alles Gut wiedergewonnen, dazu seinen Bruder Loth, das gefan=
gene Volk und die Frauen. Hier hat der getreue Altvater aus dem
Glauben hervor seine Liebe bewiesen und hat die Gewalt der vier
Könige nicht gefürchtet. Auf den lebendigen Gott hat er gehofft
und hat sein eigen Leben, auch das Leben seiner Knechte nicht ge=
schont, sondern freimütig in die Gefahr des Todes gegeben, um
seinem armen bedrückten Bruder zu Hilfe zu kommen. Allen geisti=
gen Kindern Abrahams dient dies als ein Vorbild, daß sie ihre
liebe Brüder, die aus dem unvergänglichen Samen des Gottes=
wortes mit ihnen geboren sind, also lieben, daß sie ihnen nicht
allein mit Handreichung von Geld und Gut dienen, sondern auch
ihr Leben in evangelischer Weise in der Zeit der Not für sie ein=
setzen und hingeben.

Ich sage evangelischer Weise, denn die Hilfe mit dem
Schwerte ist allen wahrhaften Christen durch Christum
verboten. Es heißt nun im neuen Testament für alle Recht=
gläubige, daß sie geduldig leiden und nicht mit Schwer=
tern und Büchsen fechten sollen. Aber wenn wir unsers
Nächsten Seele mit des Herrn Geist und Wort hofften selig zu
machen und zu gewinnen oder so wir unsere Brüder in Not sähen,
daß sie um des Gotteswortes willen vertrieben sind, so sollen wir
unsere Thüren nicht vor ihnen verschließen, sondern sie in unsere
Häuser aufnehmen, unser Brod mit ihnen theilen, ihnen Handrei=
chung, Trost und Beistand in ihrer Betrübniß gewähren. In allen
solchen Fällen, sage ich, sind wir verpflichtet unser Leben für die
Brüder einzusetzen, obschon wir im voraus wüßten, daß wir es
deswegen verlieren müßten. Das Vorbild davon giebt uns Christus,
der um unser willen sich selbst nicht geschont, sondern sein Leben
willig in den Tod gegeben hat, damit wir durch ihn leben möchten. *)

---

*) Van Abrahams Geloove. Menno a. a. O. f. 86.

D.

Seht, werte Leser, alle diejenigen die also aus Gott mit Christo geboren worden, also ihr schwaches Leben nach dem Evangelium einrichten, sich also umkehren und wandeln nach dem Vorbild Christi, sein heiliges Wort hören und glauben und seinen Geboten folgen, die er uns mit klaren Buchstaben in der heiligen Schrift hinterlassen und befohlen hat, die sind die heilige christliche Kirche, welche Verheißung hat. Die sind die rechten Kinder Gottes, Brüder und Schwestern Christi, denn sie sind mit ihm aus einem Vater geboren, die sind die neue Eva, die rechte keusche Braut, Fleisch von Christi Fleisch und Bein von Christi Beinen; die sind das geistliche Haus Israels, die geistliche Stadt Jerusalem, Tempel und Berg Zion, die geistliche Arche des Herrn, darin beschlossen liegt das wahrhaftige Himmelsbrod, Jesus Christus und sein gebenedeites Wort, die grüne blühende Rute des Glaubens und die geistlichen Steintafeln, mit den Geboten des Herrn beschrieben. Sie sind die geistliche Saat Abrahams, Kinder der Verheißung, Bundesgenossen Gottes, Teilhaber aller himmlichen Güter.

Diese Wiedergebornen haben einen geistlichen König über sich. Der regiert mit dem ungebrochenen Scepter seines Mundes, nämlich mit seinem heiligen Geist und Wort. Er bekleidet sie mit dem Kleide der Gerechtigkeit von weißer reiner Seide, er labt sie mit dem lebendigen Wasser seines Geistes und speist sie mit dem Brode des Lebens, sein Name ist Christus Jesus.

Sie sind die Kinder des Friedens, die ihre Schwerter zu Pflugscharen und ihre Spieße zu Sicheln gemacht haben und wissen von keinem Kriege mehr (Jes. 2, 4. Mich. 4, 3.) Sie geben dem Kaiser, was des Kaisers ist, und Gott, was Gottes ist. Ihr Schwert ist das Schwert des Geistes, das sie in gutem Bewußtsein führen durch den heiligen Geist. Ihr Reich ist das Reich der Gnaden, hier in der Hoffnung, dort im ewigen Leben. Ihre Bürgerschaft ist im Himmel und gebrauchen sie diese irdische Schöpfung als Essen, Trinken,

Kleidung, Häuser mit Dankbarkeit und zum notdürftigen Unterhalt
ihres eigenen Lebens, und zu einem willigen Dienst für ihren
Nächsten nach des Herrn Wort. *)

* * *

E.

Ein rechtgläubiger Christ ist ein Mensch, der dem Geiste
nach aus Gott geboren ist, eine neue Creatur in Christo Jesu
geworden, der sein Fleisch sammt den Lüsten kreuzigt, alle Gottlo-
sigkeit und Sünden von Herzen hasset.   Alle seine Früchte sind
Gerechtigkeit, sanftmütige Gelassenheit, Wahrheit,
Gehorsam,   Demut,   Keuschheit,   Liebe und Friede;
er wird von Gottes Geist getrieben und alle seine Gedanken sind
auf des Herrn Gesetz gerichtet; er spricht davon Tag und Nacht,
alle seine Worte sind in der Gnade mit Salz bestreuet, und er
strebt von Herzen nach dem frommen Leben, das aus Gott ist.
Er fürchtet seinen Gott aus Grund seiner Seele.   In Summa, er
ist nach Maß der empfangenen Gabe geartet und beschaffen (geaert
en genatureert) wie Jesus Christus.

Könnten nun diese elenden Glieder bekennen, daß ein wahr-
haftiger Christ so, wie hier gesagt ist, gesinnt sei, daß er in solcher
Weise ein liebedurchdrungenes und friebliches (b. h. wieder-
bergeborenes) Geschöpf (Creatuer) und Kind Gottes sei, und
hätten sie dann die Gnade, daß sie selbst auch so gesinnt wären,
während sie sich doch rühmen Christen zu sein, so würden sie
niemand hassen aber selbst gehasset werden, niemandem das Seine verkürzen, aber wol in dem Ihrigen
verkürzt werden, niemand verraten, wol aber verraten werden; niemand berauben, sich aber berauben
lassen; nicht morden, sondern sich morden lassen; nicht
das Schaf beißen, sondern selbst vom Wolfe gebissen

* * *

*) Van de nieuwe Creatuere.   Menno a. a. O. 126.

werden, nicht die Tauben fangen, sondern selbst vom Falken gefangen und verspeist werden, wie man das täglich vor Augen hat. Sind unsere Verfolger also Christen, wie sie meinen, warum sind sie dann nicht aus Gott und Gottes Wort geboren? Warum sind sie dann noch die alten verfluchten Creaturen und leben in den Lüften des Fleisches? Warum lassen sie sich dann von des Teufels Geist treiben? Warum haben sie dann noch alle ihre Gedanken auf die vergänglichen zeitlichen Dinge gerichtet und haben darüber Bekümmerniß Tag und Nacht? Warum fließt ihr Mund von Unkeuschheit, Eitelkeit, Lügen, Flüchen und Schwüren über? Warum fürchten sie denn Gott und sein Wort nicht? Warum sind sie denn der verführerischen alten Schlange in ihrem Wesen noch gleich und gehorsam dem Willen derselben? Und warum sind sie denn noch solche erschreckliche zerreißende Wölfe, Löwen und Falken und Raubvögel und keine wehrlose, einfältige Schafe und Tauben nach der Lehre der Schrift? — — —

— — — —

Es beschuldigen uns unsere Verfolger und sagen, daß wir aufrührerisch seien gleich den Münsterschen und daß wir der Obrigkeit keinen Gehorsam leisten. Hierauf antworten wir zum ersten: Daß die Münsterschen Aufrührer gewesen sind und in vielen Stücken gegen Gottes Wort gehandelt haben, bekennen wir; daß wir aber mit ihnen sollten eins sein, dazu sprechen wir „Nein!" Denn die aufrührerischen Gräuel (als Königtum, Reich und Schwert, Vielweiberei, Heucheln und Schönthun mit der Welt und dergleichen Schandthaten und Gräuel mehr) hassen wir von ganzer Seele und sind ihnen entgegen, und wollen mit jenen weder essen noch trinken, noch in irgend einigen Dingen Gemeinschaft halten, nach der Lehre Christi und Pauli, es sei denn daß sie von ihren Irrtümern abstehen und in gottseliger Lehre nüchtern und gesund werden.

Wie die Papisten und Lutheraner nicht eins, sondern verschieden sind, noch vielmehr sind wir im innersten Grunde verschieden von den Münsterschen und einigen anderen Secten, die aus ihnen entsprungen sind; daß dies die Wahrheit ist, haben wir durch

Schriften, durch unser Leben, durch mündliche Zeugnisse vor Herren, Fürsten und vor der ganzen Welt, auch durch das in vielen Landen wie Wasser vergossene Blut vieler frommer Christen seit einer langen Reihe von Jahren wohl bewiesen.

Daß nun die Welt dies gleichwohl nicht glauben will, können wir nicht ändern, aber wir bezeugen, daß unsere Herzen und Gewissen von allem Aufruhr, Haß, Rache (Wederwraek) und Blutdurst vor unserem Gotte rein und frei sind und trachten darnach in aller Demut, mit allen Menschen in Frieden zu leben nach der Lehre Pauli, insoweit es möglich ist, daß wir Friede mit ihnen halten können. Wir rächen uns selber nicht, sondern wir übergeben die Vergeltung dem, der da spricht: „gebt mir die Rache, denn ich will vergelten." Ihm allein befehlen wir unsere Sache, wie Jeremias und alle Frommen von Anbeginn an gethan haben.

Zum zweiten antworten wir:

Warum beschuldigen sie doch uns so unzart aufrührerischer Bewegungen, während wir doch jedes Aufruhrs so ganz und gar unschuldig und frei sind, ohne ihre eigenen verschlingenden, blutigen, morbenden aufrührerischen Handlungen zu merken, die doch — wie man sieht — leider Gottes, kein Maß noch Ende haben? O lieber Herr, wie manchen Brand haben sie gestiftet! Wie viele Hunderttausende haben sie erwürgt! Wie manches Fürstentum, Stadt und Land haben sie bis auf den Grund verwüstet! Wie haben sie doch dem armen Bauer, der gerne Frieden gehalten hätte und an dem Zwiste der Fürsten unschuldig war, seine Güter geraubt, ihn geplündert und gerupft! Wie manches Edelmanns Frau und Magd haben sie geschändet! Was für bestialische unmenschliche Grausamkeit haben sie getrieben und treiben sie noch alle Tage! Und dies alles sehen sie nicht, ja es muß noch alles recht und wohl gethan heißen! Ei, ihr Lieben, wie fein stimmt dies doch mit der Art, dem Wesen und dem Geiste Christi überein, wie fein paßt das zu den unschuldigen Kindern, denen die Christen an Bosheit gleich sein sollen! Und zu den armen wehrlosen Schafen und einfältigen

Tauben, auf welche die Schrift weist. (Math. 18, 3. 1. Cor. 14, 20). Haben denn die Obrigkeiten der Welt Christi Art, Wesen und Geist nicht, so muß auch ein jeder bekennen, daß sie keine Christen sind.

Ich weiß wol, daß die Thrannen, die sich Christen nennen, ihre gräulichen Kriege, Aufstände und Blutvergießen mit Mose, Josua und dergleichen Männern mehr wol gerne für recht bewähren und zu einem guten Werke stempeln möchten. Aber sie bedenken nicht, daß Moses und seine Nachfolger in jener Weise mit dem eisernen Schwert nun ausgedient haben, und daß uns Jesus Christus jetzt ein neues Gebot gegeben und uns ein anderes Schwert um unsere Lenden gegürtet hat. Ich spreche nicht von dem Schwert der Justiz, denn damit hat es eine andere Bewandtniß, sondern ich spreche, so weit es Krieg und Aufruhr angeht.

Item: Was für seltsame blutige Aufstände auch die Luthe-raner seit mehreren Jahren gemacht haben, um ihre Lehre einzuführen oder zu vertheidigen, das gebe ich ihnen selbst zu bedenken! Gleichwol müssen wir (ach wie unschuldig) aufrührerische Ketzer sein, sie aber gottesfürchtige, fromme und friedsame Christen. Sehet so jämmer-lich ist der Verstand dieser blinden Welt umnebelt.

Wohlan benn, mögen sie mit uns machen was ihnen beliebt, der barmherzige und gnädige Vater wird uns vor solchem erschreck-lichen Aufruhr bewahren, wie ihn die Münsterschen anrichteten und wie er noch alle Tage bei vielen Christen im Schwange geht; denn wir haben durch Gottes Gnade, die uns erschienen ist, unsere Schwerter in Pflugeisen und unsere Lanzen in Sicheln verwandelt und werden unter unserm wahr-haftigen Weinstock Christo, unter dem Herrn und Fürsten ewigen Friedens sitzen und uns zu dem äußer-lichen Streit und Kriege des Bluts nimmermehr wiederum hergeben (en ons tot den uyterlyken stryde en kryghe des bloets nimmermeer meer oefenen).

Zum dritten so sagen und antworten wir, daß wir kein
ander Schwert kennen noch gebrauchen, denn dasjenige,
welches uns Christus Jesus selbst aus dem Himmel auf die Erde
gebracht hat, und welches die Apostel in Geistes Kraft gebraucht
und geführt haben, nämlich das Schwert, welches aus des Herrn
Munde geht, das Schwert des Geistes, das schärfer ist als jedes
äußerliche Schwert, und zweischneidig, denn es durchdringt und
zerteilt Geist und Seele, Mark und Sehnen und richtet die Gedanken und Sinne unserer Herzen. Mit diesem Schwert und keinem
andern begehren wir das Reich des Teufels zu zerstören, alle
Ungerechtigkeit zu bestrafen und alle Gerechtigkeit zu pflanzen, den
Vater zu erwecken gegen den Sohn, den Sohn gegen den Vater,
die Mutter gegen die Tochter und die Tochter gegen ihre Mutter,
in der Weise, wie es Christus Jesus und seine heiligen Apostel und
Propheten hier in dieser Welt gethan haben. Ich meine hier nicht
die Propheten Elias und Samuel (versteht mich recht), die auch
äußerlich das Schwert gebraucht haben, sondern ich meine hier
Jesaias, Jeremia, Zacharias, Amos, die mit der Lehre gestraft haben
und auf andere Weise nicht.

Daß uns nun die Welt diesen treuen Dienst reiner Liebe,
den wir an ihr bewiesen, in Aufruhr kehren will, müssen wir in
Geduld gleich unseren Vorvätern tragen und aufnehmen. Bist du
es nicht (sagte auch Ahab zu Elias) der ganz Israel zerstört? Nein
(sagte der Prophet) ich bin es nicht, aber du und das Haus deines
Vaters. Jeremias mußte um seiner getreuen Warnungen und
Ermahnungen willen ein Meuterer und Ketzer heißen, Jesus Christus
am Kreuze hangen; Paulus und die Apostel als Verführer und Aufrührer
in Kerker und Banden kommen und zuletzt das Martyrium dulden.

Könnte die Welt ein unverfälschtes Gericht anstellen, so müßte
sie wol bekennen, daß niemals Christus und die Seinen gegen die
Welt, wol aber die Welt allerwegen gegen Christum und die Seinen
Aufruhr gestiftet, daß also auch nicht wir gegen irgend jemand,
sondern alle Menschen gegen uns Aufruhr erheben, Gewaltthätigkeiten ausüben, den Krieg gut und heilig heißen, wie offenbar ist.

Item: Die Beschuldigung soll nimmermehr als wahr befunden werden, daß wir der Obrigkeit ungehorsam seien in demjenigen, worüber sie von Gott gesetzt ist, ich meine, was Deiche,
Wege, Gewässer, Zins, Zoll, Tribut betrifft. Daß sie aber über
Christum Jesum und gegen Christum Jesum in unserem Gewissen
nach Willkür und nicht nach Gottes Willen mit menschlichen
Gesetzen und Geboten herrschen wollen, dem stimmen wir nicht bei,
sondern verlieren viel lieber Gut und Blut, ehe wir um eines
Menschen willen, er sei Kaiser oder König, gegen Christus und
sein heiliges Wort sündigen sollten.

Daß wir darin nicht unrecht handeln, sondern wohl thun,
bezeugt die Schrift überflüssig. Wir halten darum mit der frommen
und gottesfürchtigen Susanna dafür, daß es weit besser sei, Gott
zu gehorsamen und in die Hände der Menschen zu fallen, als den
Menschen zu gehorchen und dann in die Hand Gottes zu fallen.
Der liebe Vater durch Jesum Christum, seinen gebenedeiten Sohn,
gebe doch dieser tauben Welt Ohren, um zu hören, und Augen
um zu sehen, damit sie von ganzem Herzen sich bekehren und ewig
selig werden mögen. *)

F.

Ach wollte Gott, daß er (Gellius Faber) und alle Prediger
seiner Art, sammt allen Pfaffen und Mönchen, die unschuldigen
Blutes schuldig sind, an dem Tage, wann die erschreckliche Stimme
der letzten Posaune erklingen wird, Barmherzigkeit und Gnade vor
den Augen des allmächtigen und großen Gottes finden möchten,
und ihnen das unschuldige Blut, dessen Ursache sie eigentlich sind,
nicht zur Sünde gerechnet werde. Das wollte ich aus Grund
meiner Seele wünschen. Aber wenn sie dabei bleiben und sich vom
gottlosen Wesen nicht abkehren, wird der brennende Pfuhl, so spricht
Gottes Geist, ihr Lohn und Antheil sein.

---

*) Van 't kruys Christi. Menno a. a. O. f. 147. fgg.

Weiter sage ich: Gleich wie wir bei Gellius Faber und
allen Aufrührern das bittere und widersetzliche Herz und das blut-
dürstige feindliche Schreien und Schreiben hassen und bestrafen, so
hassen und bestrafen wir auch in gleicher Weise (versteht
sich in evangelischer Weise) alle diejenigen, die mit dem
Schwerte fechten, stehlen, rauben, irgend jemandem auf dem
ganzen Erdboden Schaden oder Unrecht anthun.

Daß ehedem in Münster die Aufführer sammt ihrem Anhang
gegen Gottes Wort gehandelt haben, müssen wir immer hören,
grade als wenn wir an den Gräueln beteiligt gewesen wären, obwol wir daran ganz und gar unschuldig sind. Aber daß sie selbst
Land und Leute unter die Waffen bringen und bis auf den Grund
verderben, ein Fürstentum bei dem andern verwüsten, allerlei Gewalt, Trübsal, Jammer und Herzeleid allenthalben anrichten, sehen
sie nicht. Ja das muß auch wol noch recht und gut gethan heißen.
Sintemal es offenbar ist, daß nicht allein Frankreich, Italien,
Spanien, Burgund, sondern das ganze deutsche Geschlecht, das sich
des Wortes rühmt, und die ganze weite Welt mit jenen Aufrührern,
was das Fechten, Streiten, Rauben, Sich zur Wehrsetzen und Blutvergießen angeht, eines Werkes und Gebrauches schuldig sind. Was
wollen sie denn die Missethat der Aufrührer hier vorbringen, während sie selbst in diesem Stück so viel fehlen und in gleicher That
und Schuld stehn, wie jene?*)

G.

Getreuer Leser, fasse recht, was ich schreibe und meine. Die
Schrift lehrt uns, daß es zwei conträre Fürsten giebt und zwei
conträre Reiche. Der eine Fürst ist der Fürst des Friedens, und
der andere ist der Fürst des Unfriedens. Ein jeder Fürst hat sein
besonderes eigenes Reich und wie der Fürst ist, so ist auch sein

*) Een klare Beantwoordinge over een Schrift, tegen Gellium Faber.
Menno s a. O. 283.

Reich. Der Fürst des Friedens ist Christus Jesus. Sein Reich ist das Reich des Friedens, welches ist seine Gemeinde. Seine Boten sind die Boten des Friedens, (Jes. 52. Röm. 10.) sein Wort ist das Wort des Friedens (Joh. 14, 16—20) und sein Leib ist der Leib des Friedens (Col. 3, 15); seine Kinder sind die Saat des Friedens (Zach. 8, 12.) und sein Erbe und Lohn sind Erbe und Lohn des Friedens (Weish. 3, 15). In Summa, es herscht unter diesem König und in diesem Reiche und Regiment einzig und allein Friede, was man auch reden hört, sieht, handelt und zugesteht, alles ist Friede.

Da wir denn nun das friedensreiche Wort, nämlich das trostreiche Evangelium seines Friedens aus dem liebreichen Munde seiner Friedensboten gehört haben, so haben wir dasselbe auch durch seine Gnade so geglaubt und mit Frieden angenommen, und haben uns zu dem einigen, ewigen und wahrhaftigen Friedensfürsten Christo Jesu in sein Friedensreich und in seine Herrschaft begeben und sind also durch die Gabe seines heiligen Geistes, vermittelst des Glaubens in den Leib seines Friedens einverleibt und warten nun fortan mit allen Kindern seines Friedens auf das gelobte Erbe und den Lohn des Friedens.

Sintemalen uns armen und elenden Sündern eine so übermäßiggroße Gnade von Gott erschienen ist, daß wir, die wir ehedem kein Volk waren und von keinem Frieden wußten, nun zu einem so herlichen Volk Gottes, ja zu einer Gemeinde, Reich, Erbe und Eigentum des Friedens berufen sind, so begehren wir diesen Frieden nicht zu brechen, sondern durch seine starke Kraft, mit welcher er uns zu dieser Gnade und diesem Loose berufen hat, in der erschienenen Gnade und im Frieden unveränderlich und sonder Anstoß zu wandeln bis in den Tod.

Petro wurde gesagt, er solle sein Schwert in die Scheide stecken. Allen Christen ist befohlen, sie sollen ihre Feinde lieb haben, Gutes thun denen, die ihnen übel thun, und für diejenigen bitten, die ihnen Leiden bereiten und sie verfolgen, den Mantel geben, wenn der Rock genommen wurde und die andere Backe darbieten, wenn die eine geschlagen wird. Sagt doch, ihr Lieben, wie sollte ein Christ mit der Schrift aufrecht erhalten und vertheidigen können, daß man Rache übt, Aufruhr stiftet, Krieg führt, haut, schlägt, würgt, mordet, plündert, raubt, brandstiftet, Städte und Lande einnimmt?

Der große Herr, der uns und euch geschaffen hat, der das mitten in unsere Körper gelegt hat, weiß es, ihm allein ist es offenbar und bekannt, daß unsere Herzen und Hände von allem Aufruhr, mordlicher Meuterei rein und frei sind und durch seine Gnade auch frei sein und bleiben sollen in Ewigkeit. Denn wir bekennen das wahrhaft, daß Aufruhr aus dem Fleisch und vom Teufel ist.

Ach, lieber Leser, unsere Wehr und Waffen sind nicht Schwerter, Spieße, sondern Geduld, Schweigen, Hoffnung und Gottes Wort. Damit müssen wir unseren schweren Streit vollführen und den Kampf gewinnen. Denn die Waffen unserer Ritterschaft sind nicht fleischlich, spricht Paulus. --- — Die wahrhaften Christen wissen von keiner Rache, sondern in Liebe und Geduld besitzen sie ihre Seelen, und brechen ihren Frieden nicht, wenn sie auch mit Gefängniß, Folter, Armut, Schwert und Feuer verfolgt werden. Sie schreien und rufen nicht: Rache! Rache!, wie die Welt thut, sondern sie bitten mit Christo Jesu: Vater vergieb ihnen, denn sie wissen nicht, was sie thun.

Sie haben nach Ausweis des Propheten ihre Schwerter zu Pflugscharen, und ihre Spieße zu Sicheln gemacht; sie sitzen unter ihrem Feigenbaum und ihrem Weinstock, Christo, und wissen nichts mehr von Krieg. Sie suchen euer Geld, Gut, Verderben oder Blut nicht, sondern sie suchen die Ehre und den Preis ihres Gottes, und die Seligkeit eurer Seelen. Sie sind die Kinder des Friedens, ihre Herzen fließen über in Frieden, ihr Mund spricht von Frieden. Sie sind von außen und innen voll Frieden; sie suchen, begehren und kennen nichts als Frieden und stehn bereit Land, Gut, Leben und Alles zu verlassen um des Friedens willen. Denn sie sind das Reich, das Volk, die Gemeinde, das Eigenthum und ein Leib des Friedens, wie ihr gehört habt. *)

---

*) Christelyke ontschuldinge en verantwoordinge. Menno a.a.O. 502. 503.

II.

Aus: Een Vaderlyk Adieu,

Testament en gantsch sorgvuldige schriftelyke onderrechting van Hendrik Alewynsz*) aen syne Kinderen. 1569.

Seht hier, liebe Kinder, die Treue Gottes gegen sein Volk und seinen Zorn gegen die Bösen, wie ihr gehört habt. Man kann nicht genug sagen von soviel Beispielen davon, die uns zur Stärkung in der heiligen Schrift hinterlassen sind. Doch muß man den Unterschied zwischen den Zeiten und dem alten und neuen Gesetze verstehn. Die ehemaligen Kriegshändel Israels, die Rachethaten gegen Feinde, das Fechten und Todtschlagen in der Zeit des Gesetzes ergingen damals als im alten Testament mit Gottes Willen, Gebot und Erlaubniß. Aber nun im neuen Testament muß das nicht so sein. Da ist's nun deutlich verboten durch das Wort und Beispiel Christi, des Sohnes Gottes und Gottes selber, dessen Wort man hören muß; verboten ist, sage ich, und abgesagt deutlich und klar genug, nicht von Menschen, sondern von Gott selber, alle Rache, auf daß die Seinen Gott alle Rache anheimstellen und anbefehlen, daß sie den Bösen nicht widerstehen, dem Mantelnehmer auch den Rock geben, demjenigen, der euch auf die eine Wange schlägt, auch die andere barbieten und dergleichen, ja die Feinde lieben, für die Verfolger bitten, vor ihnen weichen, von einer Stadt in die andere fliehen; und die so Unterdrückten sollen dann selig und von Gott mit dem ewigen Leben getröstet werden. In Summa ganz und gar nicht streiten und doch noch streiten, nur nicht mit Eisen, Stahl, Holz oder mit irgend einer fleischlichen Waffe und Handwehr, sondern mit geistlichen Waffen mächtig von Gott. Was

---

*) Hendrik Alewynsz wurde am 9. Februar 1569 um seines Glaubens willen zu Middelburg mit zwei Genossen lebendig verbrannt.

für Waffen und Krieg die Christen führen, meine Kinder, das lehrt
deutlich und sehr klar Ephes. 6. Keinen anderen Krieg kennen die
Christen dieser Zeit. Denn seht, die Prophezeiung ist erfüllt, welche
auf diese Zeit geht, daß solche Glieder ihre Schwerter werden zu
Pflugeisen und ihre Spieße zu Sicheln gemacht haben, von ihren
Werken ausruhen und den geistlichen Sabbat recht feiern. Darum
mögen die Christen keinen Krieg führen. Doch weise ich
euch auf den ehemaligen Krieg und Gottes Nothilfe hin, als auf
eine Erweisung und ein Zeugniß der Größe Gottes und seiner
furchterweckenden Thaten, damit ihr die Sünde kennen lernt und
denjenigen fürchtet und ihm gehorcht, vor dem die Erde erbebt, die
Berge zittern. Denn die Verächter seines Wortes, Willens und
Gebotes werden keinen Schlupfwinkel finden, um sich vor seinem
Angesicht zu verbergen, wenn er mit Engeln und Feuerflammen
kommen wird, um Rache zu üben an allen Ungehorsamen.

III.
Glaubensbekenntnisse, Catechismen u. f. w.

A. 15??

Aeltestes gedrucktes Glaubensbekenntniß:

Bekentnis des geloofs na Gods heylige Woord.

(Tilemann van Braght, het bloedig Tooneel of Martelaersspiegel der Doopsgezinde of weerlose Christenen. Amsterdam 1685. I. 409. 450.)

Der XIX. Artikel: „Von den Kennzeichen der Gemeinde Gottes, wodurch sie von allen Völkern zu unterscheiden ist. — 6) Zum letzten kennt man alle wahren Jünger Jesu Christi an der unverstellten göttlichen Liebe, die von unserm Seligmacher selbst uns als Vorbild aufgestellt ist, und an welcher insonderheit man seine Jünger erkennen soll. Sie besteht in folgenden Stücken, daß man Gott den Herrn, unsern Schöpfer von ganzem Herzen und Vermögen über alle Dinge lieb hat u. f. w. — Endlich muß man auch allgemeine Liebe gegen alle Menschen beweisen. Den offenbaren Feinden, die uns verfolgen und tödten, darf man keineswegs mit fleischlichen Waffen widerstehn, sondern gleichwie Christus gegen seine Verfolger seinen Mund zur Rache nicht aufthat, sondern als ein bemütig lautloses Lamm für sie gebetet hat, muß man hierin auch seinem lauteren Beispiele folgen. -- Wie alle Kriegsleute ihren eigenen Unterhalt aufgeben und ihres Herrn des Königs Livrei zur Auszeichnung vor allen fremden Dienern an sich tragen und ihrem Hauptmann bis in den Tod verpflichtet sind, so müssen alle wahren Diener Christi mit diesen angegebenen Kennzeichen gewapnet sein, damit man sie daran vor allem anderen Volke erkennen und unterscheiden kann.

B. 1. Mai 1591.
Concept von Köln.

Jede Rache ist unerlaubt, ja sogar verboten, nicht allein mit äußerlichen Waffen, selbst (wenn sie darin besteht) Scheltworte mit Scheltworten zu vergelten.

C. 1610.
Friesisch-Vaterländisches Bekenntniß von 1610.

„Korte Belydenis des Geloofs der vornaamste Stucken der christelyken leere opgesteld door Hans de Rys en Lubbert Gerrits, beiden bedienaars des Goddelyken woords onder die Protestanten, die in de vereenigde Nederlanden Mennoniten genaamd worden." (H. Schyn Geschiedenis der Mennoniten. Amsterdam 1743. I. 238 fgg. Ueber das Datum der Abfassung und des ersten Drucks s. Bl. ten Cate Gesch. d. D. in Holland I. 385.)

Artikel XXXVII.
Vom Amt der weltlichen Macht, oder Obrigkeit.

Die weltliche Macht oder Obrigkeit ist eine notwendige Ordonanz Gottes, geordnet und eingerichtet zur Aufrechthaltung des gemeinen Staats und eines guten, natürlichen bürgerlichen Lebens, den Guten zum Schutze, den Bösen zur Strafe. Wir bekennen uns schuldig und durch Gottes Wort verbunden, die Obrigkeit zu fürchten, ihr Ehre und Gehorsam in allen Sachen zu beweisen, welche nicht gegen das Wort des Herrn streiten. Wir sind gehalten, Gott den Allmächtigen für sie zu bitten und ihr ohne Murren den gehörigen Zins, Zoll und Schatzung zu geben. Dieses Amt der weltlichen Macht hat der Herr Jesus in seinem geistlichen Reich der Gemeinde des neuen Testaments nicht gestiftet, noch den Aemtern seiner Kirche zugefügt, hat auch seine Jünger, Schüler und Nachfolger zu weltlichen Königen, Prinzen, Fürsten und Obrigkeiten nicht berufen, noch ihnen geboten, solch ein Amt anzunehmen, oder die Welt auf eine so weltliche Weise zu regieren, eben so wenig, wie er den Gliedern seiner Kirche ein Gesetz gegeben hat, welches auf solch ein Amt und solch eine Regierung paßte, aber sie wurden von ihm, auf den wir — wie eine Stimme aus dem Himmel befohlen hat — hören sollen, zur Nachfolge seines ungewaffneten Lebens (tot navolginge zyns ongewapende Leevens) und seiner kreuztragenden Fußtapfen berufen, in welchen kein Ding weniger zu finden war als weltliche Regierung, Macht und Schwert. Zieht man das Alles in Betracht und daneben, daß sich an das Amt der weltlichen Macht viele andere Dinge knüpfen, als Kriege oder Fehden führen, seine Feinde an Leben und Gütern zu beschädigen, was sich mit Christo und dem abgestorbenen Leben der Christen schlecht oder gar nicht verträgt, so folgt daraus, daß wir solchen Aemtern und Bedingungen ausweichen. Wir wollen hiemit jedoch die rechtliche und verordnete Obrigkeit keineswegs verachten, noch verurteilen', noch geringer achten, als sie durch den heiligen Geist von Paulus beschrieben ist.

D. 7. Octbr. 1630.

Bekenntniß von Jan Centsen zu Amsterdam

zur Vereinigung verschiedener Parteien von den vereinigten Friesischen und hochdeutschen Mennonitengemeinden durch ihre Aeltesten und Lehrer aufgestellt: Confessie ofte Belyding des Geloofs en de vornaemste Stucken der christelyke Leere. (Tileman v. Braght I. Vorr. C. 2.):

Vom Amt der Obrigkeit bekennen wir, daß es eine Ordnung Gottes ist zur Beschirmung der Guten und zur Strafe für die Bösen, wir bekennen ihr auch Ehre, Gehorsam betreffs der Schatzung und des Tributs schuldig zu sein, aber wir finden nicht, daß Paulus dasselbe unter den Aemtern der Gemeinde nennt, noch daß Christus seine Jünger solches gelehrt oder sie dazu berufen hat, sondern daß er im Gegenteil sie zur Nachfolge in seinem wehrlosen Leben (ongewapent leven) und seinen kreuztragenden Fußtapfen genötigt und alle Gegenrache (wederwraek) nicht allein mit Waffen, sondern auch mit Scheltwort gegen Scheltwort verboten und recht im Gegenteil befohlen hat, für die Feinde zu bitten und wolzuthun denen, die uns übel thun, und viel dergleichen, was mit dem Amt der Obrigkeit verbunden ist.   Darum scheuen wir uns, solche Aemter in unserer christlichen Berufung zu bedienen.

E. 1632.

Flämisches Glaubensbekenntniß zu Dordrecht von **Adrian Cornelissen** aus den Verhandlungen einer Versammlung vieler, vorzüglich flämischer Lehrer und Aeltesten gezogen und darauf am 21. April 1632 von den Abgeordneten von 17 Gemeinden unterzeichnet: Vorstelling van de principale Artykelen onses algemeynen christelyken Geloofs, gelyk deselve in onse Gemeynte doorgaens geleert en beleeft worden.   Dieses Glaubensbekenntniß (1658 zu Rotterdam gedruckt) wurde am 4. Febr. 1660 von den Elsässischen Mennonitengemeinden auf einer Synode zu Ohnenheim in der Herrschaft Rappoltstein als bindend angenommen und in Folge dessen in hochdeutscher Ueber-setzung gedruckt: „Christliche Glaubensbekentnis der Waffenlosen und fürnehmlich in den Niederländern unter dem nahmen der Mennonisten wohlbekanten Christen. Amsterdam 1664." Eben dieses Glaubensbekenntniß wird auch noch heute in Kanada und bei den Amischen Mennoniten in Pensylvanien für bindend angesehen.

Artikel XIV.
Von der Rache und Gegenwehr.

Was die Rache angehet, dem Feinde mit dem Schwert zu widerstehen, davon gläuben und bekennen wir, daß der Herr Christus seinen Jüngern und Nachfolgern alle Rache und Widerrache unter-sagt und verboten hat, und hingegen geboten und befohlen, niemand dem Böses mit Bösem, noch Scheltwort mit Scheltworten zu ver-gelten, sondern das Schwert in die Scheide zu stecken, oder als die Propheten geweißaget haben, Pflugeisen davon zu machen.   Woraus wir verstehen, daß wir daher seinem Exempel, Lehr und Leben zufolge, niemand beleidigen, einigen Verdruß oder Uebel anthun, sondern vielmehr aller Menschen höchste Wohl-fahrt und Seligkeit uns gebühre zu suchen und als es die Noth erfordert, ümb des Herrn willen zu fliehen von einer Stadt oder Land ins ander. Ja auch Beraubung der Güter zu leiden aber niemand zu beleidigen und da man geschlagen wird, lieber die ander Back auch zuehalten, als sich selber zu rächen und wiederzuschlagen. Und daß wir über das auch für unsere Feinde müssen bitten, auch wann die hungrig oder dürftig seyn sie laben und speisen und sie also mit Wohlthun zu überzeugen und alle Unwissenheit zu überwinden. Endlich, daß wir müssen Guts thun und uns gegen alle Conscientien der Menschen wol und gütig bezeigen und nach dem Gesetz Christi niemand was anders mögen thun, als was wir wollen, daß uns geschehe.

F. 16??

Confession oder kurze und einfältige Glaubensbekäntnis derer, so man nennt Die vereinigte Flämische, Friesische und Hochdeutsche Taufsgesinnte oder Mennonisten. Ausgegeben durch die Gemeinden in Preussen. Im Jahr Christi 1660. s. l. (Dieses Glaubensbekenntniß ist Uebersetzung eines älteren holländischen, wie aus einem Druck s. l. e. a. aus saec. XVII Frankfurt und Leipzig hervorgeht. Es ist wiederholt gedruckt, z. B. 1751, 1756; 1854 bei J. Gäbel in Graudenz. Es ist noch heute in den friesischen Gemeinden im kleinen Marienburger Werber und zu Tiegenhagen in Gebrauch. — Angehängt ist in allen Ausgaben: Kurze Unterweisung aus der Schrift, so wir erachten denen zu wissen nötig, die sich zu der Gemeinschaft der christlichen Gemeinde, welche man Mennonisten nennet, begeben wollen, verfasset in Frage und Antwort. In der ältesten Ausgabe ist hintenan noch ein „Formular etlicher christlicher Gebete" abgedruckt. Dieses „Formular etlicher christlicher Gebäthe" findet sich in einem etwas späteren besonderen Drucke (s. l. e. a., doch in Holland wol bald nach 1660 verfertigt) etwas vermehrt vor. Nach der Vorrede, welche „der einmüthigen Brüderschaft in Preussen und den Gläubigen überall in Christo versamblet" gewidmet ist, war dieser besondere Abdruck ebenfalls bestimmt als

Beigabe zur „Confession oder kurtze und einfältige Glaubensbekäntniß" zu dienen. Demgemäß ist von S. 69—112 hinzugefügt: Anhang der Confession Fürstellende Einen kurtzen ausführlichen Bericht; Von wegen der vermeinten Junkheyt unsrer Religion, deß Waffen und raachlosen Christenthumbs und dessen Zustandt.

Artikel XIII. Von der Rache.

Aus den Worten des Herrn Christi, da er saget: „Ihr habt gehöret, daß da gesaget ist Auge um Auge, Zahn um Zahn. Ich aber sage euch, daß ihr nicht wider streben sollt dem Uebel. Liebet eure Feinde, segnet die euch fluchen, thut wol denen, die euch hassen, bittet für die so euch beleidigen und verfolgen; auf daß ihr Kinder seid eures Vaters im Himmel. Denn er lässet seine Sonne auf-gehen über die Bösen und über die Guten, und lässet regnen über Gerechte und Ungerechte." Verstehen wir, daß man keine Rache üben mag gegen seine Feinde. Welches auch der Apostel Paulus befestiget: Rächet euch selbst nicht, meine Liebsten, sondern gebt Raum dem Zorn Gottes. Denn es stehet geschrieben: Die Rache ist mein, ich will vergelten, spricht der Herr. So nun Deinen Feind hungert, so speise ihn, dürstet ihn, so tränke ihn; wenn du das thust, so wirst du feurige Kohlen auf sein Haupt sammeln. Laß dich nicht das Böse überwinden, sondern überwinde das Böse mit Gutem. Auch spricht der Apostel Petrus: Das ist Gnade, so jemand um des Gewissens willen zu Gott das Uebel verträget und leidet das Unrecht. Denn was ist das für ein Ruhm, so ihr um Missethat willen Streiche, leidet? Aber, wenn ihr um Wolthat willen leidet und erduldet, das ist Gnade bei Gott. Denn dazu seid ihr berufen, sintemal auch Christus gelitten hat für uns und uns ein Vorbild gelassen, daß ihr sollt nachfolgen seinen Fußtapfen. Welcher keine Sünde gethan hat, ist auch kein Betrug in seinem Munde erfunden worden, welcher nicht wieder schalt, da er gescholten ward, nicht dränete, da er litte, er stellet es aber dem heim, der da recht richtet.

Kurze Unterweisung u. s. w. Frage 30.

Mag man auch Rache üben?

Nein! Wiewohl es auch im alten Testament frey gewesen, weil es aber von Christo und dem Apostel Paulo ganz widersprochen und abgelernet ist, so müssen wir uns solches auch nicht gelüsten lassen, sondern durch Sanftmut unsern Nächsten, ja auch unsern Feinden Gutes thun.

G. 1660.

Hartwich, lutherischer Pastor zu Bährenhof im Marienburger Werder teilt in seinem 1719 geschriebenen Buch „Geographisch-historische Landesbeschreibung derer dreyen im Pohlnischen Preußen liegenden Werdern. Königsberg 1722." S. 280 fgg. Auszüge aus einem handschriftlichen, 1660 verfaßten Catechismus mit, der unter den Mennoniten in den Preußischen Werdern zu seiner Zeit in Gebrauch war. Darin lautet die 10te Frage:

Es fraget sich an den Lehrjünger, wie viel Artikel du in der Gemeine des lebendigen Gottes findest nöthig zu seyn durch den Glauben sichtlich zu würken? Antwort: Ich bekenne durch meinen Glauben zwölf nöthig zu seyn, durch die Lehre Christi und seiner Apostel zu beleben und zu unterhalten. 1) Die heil. Taufe, 2) das h. Abendmahl, 3) die Erwehlung der Prediger und Diakonen, 4) das Werk der Liebe einander die Füße zu waschen, 5) den heil. Ehestand, 6) der Macht der Obrigkeit gehorsam zu seyn, 7) den Eyd nicht zu schweren, 8) keine Rache über seinen Feind zu üben, 9) den christlichen Bann, 10) die Entziehung der Abfälligen, 11) die Bußfertigen wieder anzunehmen, 12) die Auferstehung der Todten.

Die 21ste Frage: Es fraget sich an den Lehrjünger, ob er auch von Gott Freiheit hat gegen seinen Feind Rach zu üben? Antwort: Ich bekenne durch meinen Glauben, Nein, weil mir Christus mein Heiland und Seligmacher solches höchlichst verboten hat. Math. 5, 43. Röm. 12, 19.

Hiezu bemerkt Hartwich ausdrücklich: Ob sie zwar in der 21sten Frage lehren, daß man nicht Rache üben soll, so verschweigen sie doch dabei ihre feste Meinung, daß es unrecht sey einige Kriege zu führen.

H. 1678.

Flaminger Bekenntniß von Georg Hansen,

Lehrer der Flaminger Mennonitengemeinde zu Danzig, 1678 dem Bischof von Leslau, Stanislaus Sarnowski eingereicht. Es erschien holländisch unter dem Titel: Een Fondamentboek der christelyke leer, dewelke onder de Mennoniten in Pruissen, die men tot Danzik Klerken noemt, geleert werd. Amsterdam 1696. Eine lateinisch=deutsche Ausgabe wurde wahrscheinlich von einem Mitgliede der bischöflichen Commission herausgegeben:

Confessio aut breves ac simplices Fidei Articuli illorum Mennonistarum in Borussia, qui vulgo Clarici vocantur. Anno Christi salvatoris nostri post millesimum sexcentesimo septuagesimo octavo.

Confession oder kurtze und einfältige Glaubensbekänntnisse derer Mennonisten in Preußen, So man nennet die Clarichen. Im Jahre Christi unseres Erlösers Tausend sechshundert acht und siebenzig.

Von der Rache (de vindicta, van de wraek).

Wir lehren und glauben, daß im alten Gesetze gesagt war: Auge um Auge, Zahn um Zahn. Ich aber sage euch, spricht Christus, daß ihr dem Uebel nicht sollt widerstehen, sondern so dir jemand giebt einen Streich auf die rechte Backen, dem biete die andere auch dar und so jemand mit dir rechten und deinen Rock nehmen will, dem laß auch den Mantel. Aus dieser Lehre Christi lehren und gläuben wir, daß wir unsere Feinde nicht mögen hassen, sondern lieben und Gutes thun, sie speisen, wenn ihnen hungert, zu trinken geben, wenn ihnen dürstet, nachdem der Wille Gottes ist dieses, daß wir mit Wohlthun verstopfen sollen die Unwissenheit der thörichten Menschen.

Von demfelben Verfaffer, Georg Hanfen, war „Im Jahr Chrifti 1671" s. l. erfchienen: „Ein Glaubensbericht vor die Jugend durch einen Liebhaber der Wahrheit geftellt und ans Licht gebracht." Aus demfelben erfieht man, daß G. Hanfen die Wehrlofigkeit für einen wefentlichen Glaubensartikel anfah:

Siebentes Capitel. Von der Gemeine Gottes.

Sehet meine liebe Kinder außer diefem allen ift nun zu erfehen, daß Gott kein Gefallen hat an dem Hohen, denn was hoch ift unter den Menfchen, das ift ein Greuel vor Gott, weil wir dann befinden daß die Hoffärtigen Gott noch nie gefallen haben, aber allezeit hat ihm gefallen der Elenden und der Demüthigen Gebet, fo bemüthiget euch doch meine Kinder unter die gewaltige Hand Gottes, daß er euch erhebe zu feiner Zeit; fo ihr aber hierauf bei euch möchtet denken, das Efalas dennoch geweiffaget hat, daß zu diefer Stadt oder Gemeine die Könige follten zugeführet werden, und daff der Könige Brüfte ihnen follen fäugen, ja daß die Könige ihre Herrlichkeit in diefelbe follten bringen: So ermahne ich euch liebe Kinder fleißig in dem Worte Gottes nach zu fuchen was dis vor Könige follten fein, dann werdet ihr befinden, das Petrus die Rechtgläubigen nennet, und zu ihnen fpricht ihr feid das auserwählte Gefchlechte, das Königliche Priefterthum, fehet liebe Kinder, diefe Rechtgläubige, die erkauft find mit Chrifti Blut, aus allerlei Gefchlechte und Zungen und Volk und Heiden, die find von Chrifto vor unferem Gott zu Königen und Prieftern gemacht, und fie werden Könige fein auf Erben, aber nicht, liebe Kinder, folche Könige, gleich wie die Könige diefer Welt find, die da gewaltig find auf Erben und durch das Schwerd in ihrer Regierung herfchen, darumb auch gnädige Herren werden genennet, ach nein liebe Kinder, folche Könige follen es nicht fein, nach dem wir leben in Chrifto unferm Herrn, der ein König aller Könige ift, wie fie ihn aber wollten zu einem Könige machen hie auf Erben, und er folches merket, entweich er abermals auf ben Berge, er felbft allein, umb damit zu bezeugen, wie er felber fprach: mein Reich ift nicht von diefer Welt, darumb lesen wir auch, wie sich ein Zank unter den Jüngern Christi erhob, welcher unter ihnen für den Größesten sollte gehalten werden, da sprach er zu ihnen, die weltlichen Könige herrschen und die Gewaltige heisset man gnädige Herren ihr aber nicht also, sondern der Grössefte unter euch soll sein wie der Jüngste und der Fürnehmbste wie ein Diener. Sehet liebe Kinder, um dieser Ursach willen, so müssen alle Rechtgläubige sich nicht dünken lassen, daß sie hie auf Erden, weltliche Könige oder Gewaltige wollen sein, die da mit dem Schwerdt ihre Regierung führen müssen, ach nein, liebe Kinder, denn in diesem Reiche Christi müssen die Schwerdter zu Pflugscharen, und die Spisse zu Sicheln gemacht werden und kein Volk muß gegen das andere das Schwerdt aufheben, auch nicht mehr lehren kriegen, sondern aller Krieg mit Ungestüm, und das blutige Kleid muß mit Fewer verbrandt und verzehret werden, und diese seine Gemeine, muß ein friedfertig Volk sein, die keine andere Waffen auf dieser Welt müssen brauchen, als die Waffen unser Ritterschaft, welche nicht fleischlich sind sondern mächtig vor Gott, zu verstören die Befestungen, damit wir verstören die Anschläge, und alle Höhe die sich erhebt wieder das Erkenntniß Gottes, und nehmen gefangen alle Vernunft unter den Gehorsam Christi, die Waffen aber die wir hierzu gebrauchen, das sind nicht stahln oder Eisen-Waffen die wir anthun sollen nach Pauli Lehre als den Harnisch Gottes, den Schild des Glaubens, den Helm des Heils, das Schwerdt des Geistes, welches ist das Wort Gottes, und das Gebet, sehet meine lieben Kinder mit keinen anderen Waffen mögen die Gläubige umgehen, als nur mit diesen vorgemeldten geistlichen Waffen, nach dem Christus zu Petro sprach, stecke das Schwert an seinen Ort, denn wer das Schwerdt nimmt, der soll durch Schwerdt umkommen, und gleich unsere Waffen geistlich sind, also sind alle Rechtgläubige auch nur geistliche Könige, die über ihren eignen Gemüth ein Herr, und über die Sünde herrschen sollen, derselben ihren Willen nicht lassen, sondern, wenn sie merken, daß sich die sündliche böse Lüste kräftig in ihren Gliedern erregen, umb dem Tod Frucht zu bringen, so müssen sie alsdann ihren bösen Lüsten nicht folgen, noch auch dieselbe nicht herrschen lassen in ihrem sterblichen Leibe, ihr Gehorsam zu leisten in ihren Lüsten, sondern sie müssen alsdenn wie die Könige in ihrem Gemüth herrschen und ihren bösen Willen brechen, sehet meine liebe Kinder, der seines Gemüths als ein Herr ist, der ist besser, denn der Städte gewinnet und von solchen Königen meldet die Schrift, insonderheit das neue Testament an allen Enden, daß solche zu dieser Stadt oder Gemeine geführet sollen werden.

J. 1693.

Engel Arentson von Dooregeest, Prediger der Taufgesinnten zu Ryp, Sendschreiben an den Herrn Fridericus Spanhemius, Professor der Gottesgelahrtheit und der Historien zu Leyden, worinnen die Lehre der sogenannten Taufgesinnten was näher an den Tag gegeben und vertheidiget, auch von vielen schweren Beschuldigungen gesäubert wird. Aus dem Holländischen ins Teutsche übersetzt. S. l. 1694.

Anlangend nun das Kriegführen, (welches eine Folge des Schwerdführenden Magistrat-Ampts ist) davon ist nicht nöthig viel zu sagen, weil dieses, so dem Ampt der Obrigkeit gleich ist, davon bereits gehandelt worden, so kan · man von gleichen Sachen, aus gleichen Gründen sehr leicht urtheilen. Daß einem Christen diese Freyheit der Natur (wie es etliche nennen) nicht zu rahten ist, weil er nicht allein nach, sondern über die Natur (nach der wahren Art der Gnade des neuen Bundes) leben muß, stehen wir von gantzen Hertzen zu. Denn nach dem Trieb der Natur zu leben, (gleich wie Justinus Martyr woll sagte) daß ist nicht dessen Thun, der da glaubet. Unsere Bekäntnissen kommen darinn überein, und die gewöhnliche Lehre in unsern Gemeinen ist beßfalls auch einträchtig. Das Evangelium, welches in die Welt kam, nicht die Menschen nach Verdienst ihrer Sünden zu verderben, sondern dieselbigen durch Bekehrung und nach Gnade zu erhalten, rächet sich nicht mit der Sache des Schwerds. Wie sollte denn ein weiser Christ den Krieg nicht allezeit und überall vermaledeyen? es ist ja

von den wahren Christen, als die in diesem Stück ein Wunder
seyn sollen, vor allen andern Völckern prophecehet: Sie werden ihre
Schwerdter zu Pflugscharen, und ihre Spieße zu Sicheln machen,
denn es wird kein Volck wider das andere ein Schwerd auffheben,
und werden fort nicht mehr kriegen lernen. Wird nicht in Ansehung der wahren Christen ins gemein vom H. Jacobus wider die
feindseligen Menschen gesagt: Ihr habt verurtheilet und getödtet
den Gerechten, und er hat euch nicht wiederstanden: Ja freylich.
So aber dieses allein durch Mangel der Macht, und nicht aus
einem Fürnehmen zu bessern Dingen gewesen wäre, so wäre es alsdenn eine allzu kleine Sache, darvon einmahl zu reden. Und wen
sieht man zu der Zeit unseres Heylandes unter den Christen mit
dem Schwerdt gewafnet, als Petrum, der bereit war, nach Vermögen
die grösseste Unschuld in der höchsten Noht zu beschirmen? Aber
was Antwort empfing er darüber aus dem Munde unsers friedsamen
und sanfftmüthigen Königes, der den Krieg mit Fried überwand?
die war: Stecke das Schwerdt an seinen Ort, denn wer das
Schwerdt nimmet, der soll durchs Schwerdt umbkommen. Daß man
diesen gantzen Strohm mit einigen Ausflüchten unterbrechen will,
wird uns nicht Genüge thun können, es erscheine denn, daß dieselbigen nicht müglich, sondern warhafftig und gewiß seyn. Dieweil
man nicht trauen muß, es erhelle denn aus klaren Gründen, daß
man ausser Gefahr zu irren, woll vertrauen mag.

Daß sehr viel friedsame Männer in den ersten Zeiten der
Christenheit uns in diesem Wege vorgingen, ist von andern weit-
läufftig bezeiget, und dieses ist so gewiß, daß wir nun in diesem
Fall die gantze hohe Regierung in diesen Niederlanden zu unsern
Zeugen dürffen nehmen, welche zu der Zeit des Protectoris Crom-
vvel, wider die Regierung von Engeland, durch den Mund ihrer
ansehnlichen Ambassadeurs öffentlich also sagten: Etliche von den
heiligen Vätern von unser Religion haben gar recht erkläret,
daß auch ein gerechter Krieg billig solte gehasset werden, insonderheit der Christen, die von unserm sanfftmüthigen Heyland anderer
Leute Blut als sein eigenes zu verschonen gelernet haben.   Und

unter allerley Arten der Kriege ist der am allermeisten zu verwerffen und zu verfluchen, der unter solchen Völckern erreget wird. Und was mich angehet, vermehne ich, so jemand weiß, was der Krieg ist, und was von einem Christen erfordert wird, derselbe wird diese Rede dieser fürtrefflichen Gesandten nicht gerne verneinen. Denn was ist der Krieg anders, denn ein Meer voll Elends? Und eine Wüste die von allerhand Greueln häuffig angefüllet ist? Es ist zwar, um diesem traurigen Uebel den Schein des guten zu geben, wird die Beschirmung des Rechtes und der Unschuld vorgewendet. Aber wer will glauben, daß jemand durch anderer Unglück kan glück- lich werden? Der Heil. Paulus, unser bestes zu beforbern, will, daß wenn man unschuldig ist, lieber Schaden und Unrecht leiden soll, als umb geringe Dinge dieser Welt rechten soll. Wenn er saget: Warum lasset ihr euch nicht vielmehr Unrecht thun, warum lasset ihr euch nicht lieber vervortheilen? Und wie sollten wir denn den Wol- stand unser theuren Seelen so fern für uns selber und unsern Nech- sten verwahrlosen, daß wir allein um des nichtigen Leibes willen, nicht allein kein Unrecht leiden wollen, sondern auch den allerun- schuldigsten Unrecht anthun! Denn obschon in dem Kriege einige Wirckung der Gerechtigkeit zu spüren ist, weil dadurch manchmal der Missethäter andern zum Exempel gestraffet wird, so ist es doch bey nahe, und so zu reden, vielmals gleichsam unthunlich, den Bö- sen allhier zu straffen, daß nicht zugleich der Unschuldige sehr un- rechtmäßig die allerbetrübtesten und elendesten Dinge leiden muß. Dann wer hat jemals den wilden Krieg an die gerade Pfäle der Gerechtigkeit und Billigkeit binden können? So die traurigen Exem- pel und Erfahrungen unter allen Völkern, und zu allen Zeiten uns die nicht genug lehren können, so lasset uns die grössesten Kriegs- Männer, die sich darum auff dieses Werck am besten verstehen, selbst zu rahte nehmen. Der alte Antigonus spottete selber desje- nen, der ihm, da er in dem Werck begriffen war, Städte zu bestür- men, einen Tractat von der Gerechtigkeit präsentirete. Marius läugnete, daß man unter dem Gerassel der Waffen die Gesetze hö- ren könte. Und Pompejus, jener grosser Feld-Oberster der Römer

ob er schon sehr höfflich in Worten war, durffte wol sagen: Solte
ich mich um die Gesetze bekümmern, wenn ich den Harnisch an
habe? Ja selber Caesar, der muhtige Kriegsmann, der sich beydes
auff die Gesetze und den Krieg so fürtrefflich verstund, bekennet,
daß die Zeiten des Friedens und des Krieges von einander unterschieden seyn. Gleichwie uns diese Dinge von dem sehr berühmten
Grotius in seiner Vorrede von dem Recht des Krieges und des
Friedens gelehret werden. Und dieses noch näher zu sehen, der gegenwärtig Krieg führen kan, daß er nicht nach einem sehr verkehrten
Gebrauch, der nun bey einem jedweden und überall so zu reden
angenommen ist, die aller unschuldigsten Menschen, die niemand das
allergeringste Uebel oder Leid anthun, so gantz jämmerlich berauben
und plündern lässet. Denn wenn die Feinde uns durch die Beute
und Reichtum zu mächtig werden, also vorgehen, so scheint es, daß
man ihnen unsern Untergang zu verhüten, es sei mit Willen oder Un-
willen, also folgen muß. Und derhalben wird unter den Elenden
des Krieges auch vielmals dieses gefunden, das man, um einiges
Gut zu beschirmen viel Unschuldige unterdrücken muß. Aus welcher
Ursache Cassius, jener großer Rahtsherr der Römer bei dem Tacitus
in dem 14. Jahr-Buch, da ihm auff seine Meynung eingewendet
werden kunte: Es wird einigen Unschuldigen das Leben kosten, zur
Antwort gab. Aber mit gleichem Grunde, wenn ein Heer, das geflohen ist, der zehende Mann geplündert wird, so stehen die Tapffern
auch Theil. Mit allen grossen Spiegel-Thaten, oder Exempeln,
nemlich der Straffe, ist etwas unbilliges vermenget. Warum auch
der berühmte Erasmus in seiner Kriegs-Verfluchung sagte: Da
(nemlich in dem Gerichte) wird in einem Spiegel der andern ge-
strafft, der böses gethan hat. Hier (nemlich im Kriege) fället das
meiste böse auff die Unschuldigen, nemlich auff die Bauern, alte
Weiber, Kinder und Mägde. Hier, auff daß wir Rache nehmen
über wenige, oder vielleicht über einen Menschen allein, plagen wir
so viel tausend Unschuldige. So nun jemand schreyet, unrecht zu
seyn, daß man den Missethäter nicht straffet, antworte ich, daß es
viel unrechtmäßiger ist, so viel tausend Unschuldige, und die es nicht

verdienet, in das eufferſte Elend zu bringen. Und dieſes zu begreiffen, wie werden manchmal die geſegneten Korn=Aecker mit Füßen getreten, die unſchuldigen Ackerleute von allem entblöſſet und erſchöpfet, die Kauffleute, Schiffer und Seeleute, die niemand Schaden thun, ſondern nur allein andern nicht beſchwerlich zu fallen, auff einen bequemen Gewinn ſehen, alles Vorraths beraubet, ja an den Bettelſtab gebracht, unter keinem andern Vorwand, als daß die Nothwendigkeit des Krieges dieſes traurige Uebel genugſam gut machen und erſetzen werde. Aber welcher Chriſt, wenn er bedencket, daß man nichts böſes thun ſoll, damit gutes daraus komme, wird hier völlig geruhig ſeyn können? Dieweil die Gerechtigkeit darinnen beſtehet, daß man ſich enthalte von dem, was einem andern zugehöret, und diejenigen nicht beſchädiget, die keinen Schaden thun. Es iſt der berühmte Hugo de Groot, welcher uns dieſes zu lehren, ſehr wohl ſagt, in dem dritten Buch von dem Recht des Krieges und des Friedens, cap. 13. ſelbſt das Nehmen der feindlichen Güter, auch in einem rechtsmäſſigen Kriege, muß nicht geurtheilet werden, von Sünde frey zu ſeyn, auch nicht befreyet zu ſeyn von der Laſt ſie wieder zu geben. Denn wenn ihr anſehet, was zu Recht geſchicht, ſo iſt es nicht ferner erlaubet zu nehmen, oder zu haben, als Urſache in dem Feinde iſt, ſchuldig zu ſein, ausgenommen daß auch auſſer dem zu nöthiger Verſicherung und Ruhe die Güter mögen angehalten werden; doch dieſelbigen wieder zu geben, wenn die Gefahr vorbey iſt, es ſey an ſich ſelber, oder den Werth derſelbigen. Und darnach: Die Beſcheidenheit erfordert, daß man den jenigen, welche auſſer Schuld des Krieges ſeyn, und die anders nicht als vermöge der Bürgſchafft verbunden ſind, ihre Güter gelaſſen werden, welche wir beſſer als ſie können miſſen und entbehren: Inſonderheit ſo genug zu ſehen iſt, daß ſie das, was ſie ſolcher geſtalt verlieren, von der Bürgſchafft nicht werden wieder erlangen. Und ein wenig ferner: Auff den Nahmen der Straffe können die Güter der feindlichen Unterthanen nicht bekommen werden, ſondern allein von denen, welche ſelber mißgehandelt haben. Welchem der berühmte Profeſſor unter den Reformirten, nemlich Ameſius in dem 5. Buch von dem Ge-

wissen cap. 33. auch bestimmet, wenn er saget: Es kann, um sich
woll zu reguliren, nicht verthäbiget werden, daß einige Stadt den
Kriegsknechten zur Beute gegeben werde, dieselbige nach ihrer Lust
zu plündern: Weil unter viel andern Greueln, die daraus folgen,
in solcher Plünderung allzeit kein Unterschied gemacht wird zwischen
Schuldigen und Unschuldigen. Darumb ist es auch nicht so woll
ein rechtmäßiger Krieg als Strassenräuberey, wormit auff die Unterdrückung unschuldiger Landleute und dergleichen abgesehen wird.
Es ist auch der fürtreffliche Professor, Gysbertius Voetius, der in
dem Kapen und Berauben der Unschuldigen, nicht wenig Schwerig-
keit sahe; und darumb sagte, wie in der Sittenkunst von Langebult
pag. 654. 655. angewiesen wird, gesetzt, daß diese Kaper gantz woll
versichert seyn, daß der Krieg an dero Seite, unter derer Authorität
und Zulassung, ja Antreibung, sie ihre Seeräuberey üben, gar rechtmäßig sei, meynen sie denn, daß sie solches ohn einigen Scheu
thun können? Gewißlich, wie kann das Temperament oder Maaß,
welche die göttliche und natürliche Rechte lehren, in dem Kriege
unterhalten werden, bey dem Todtschlagen, Verwüsten, Kapen, bey
den Gefangenen, der Freyheit zu den Käuffen, und Zukommen zu
dem Gebiet, wie wird oder kan das mit dem geringsten Schein hier
ins Werck gestellet werden? Nun noch zu geschweigen, daß man
die Güter vielmahls raubet von Mit-Bürgern, Freunden, Glaubens-
Genossen, ja denen, welche den Krieg vermaledeyen, darunter seufftzen,
und nur gestern oder ehegestern unter den Feind kommen sind, und
will er, wie der vorgemeldte Author bezeuget, auch selbst das jenige,
was von den Algierischen See-Räubern also bekommen wird, resti-
tuiret und wieder gegeben haben, und achtet das Recht oder die
Freyheit, so der Magistrat hierinnen giebt, nicht genugsam vor das
Gewissen, noch geltend für GOtt. Was der sehr scharffsinnige
Episcoplus in Uebereinstimmung mit diesem fürtrefflichen GOttes-
gelehrten, betreffend diese Sache, in seinen Predigten über Matth. 5.
pag. 630. vernünfftig schliesset, ist unser Ausschreibung und der
Anmerckung aller Gottfürchtigen mehr als würdig. Denn er sagt:
Wie solches unbarmhertziges Rauben, Stehlen und Morden, mit

eines Christen Art kan übereingebracht werden, ist vor mich unbegreifflich. Man giebt vor, daß den Freunden des Feindes Abbruch thun, ist dem Feind selber Abbruch zu thun, aber das ist anders nichts als ein Fürwand. Die Frage ist, ob ein Christ, die alle woll für Feinde halten mag, die allein unter den Feinden wohnen, die GOtt eben allda hat lassen geboren werden, oder die da wohnen, ohne daß sie Sinn oder Gefallen daran haben, daß jemand von uns zu Wasser oder zu Lande beschädiget werde, der niemahls jemand ein Haar auff dem Haupt kräncken sollte wollen. Auch ob sie schon die Macht darzu solten haben, die sich allein mit ihrem Kauffhandel und Schiffart nehren, vor ihre Frauen und Kinder die Kost zu gewinnen, u. s. f. Man überfället den ungewaffneten Kauffmann und Schiffer, als gierige und Blutbürstige Raben auff ein todtes Aaß, ihr Gut und Blut auszusauffen, und sich darmit als Grafen reich zu machen, und das zuweilen so bald wieder zu verschlemmen als es gewonnen ist. Wenn man aber so thut, wird dan der Krieg nicht viel zu bedeuten haben. Es ist wahr, und darumb ist es auch allein bey nache, daß der Krieg währet, weil der Krieg nicht wird gebrauchet als ein Mittel der Beschirmung, sondern als ein Mittel Geld und Gut zu rauben, und allen Muthwillen frei zu treiben, indem man alle die vor Feinde hält, die man allein dafür halten will. Könten die Printzen einmahl fassen, daß solches unerlaubet ist, und wider alle Billigkeit streitet, so würden wir bald ein Ende an dem Kriege sehen. Und was mich angehet, darff ich woll sagen, daß, so der Krieg nicht anders geführet werden kan, als mit Zulassung oder Verthädigung solcher Ungerechtigkeiten, daß ich alsdenn dem Krieg in Ewigkeit nicht werde Beyfall geben.

Diese Reden nun ins kurtze zu unserm Zweck zu ziehen, so der Krieg durchgehends mit diesen bösen Dingen so genau zusammen gefüget und verbunden ist, daß man ausser dem nach der Erfahrung zu allen Zeiten schwerlich einen Krieg führen kan, und daß es nach der Lehre der Reformirten selber fest und sicher gehet, daß man diese Dinge, die Pflicht eines Christen-Menschen woll und der

c*

Gebühr nach wahr zu nehmen, zum äussersten scheuen und meiden muß, wie ist es denn auch nicht das Beste und sicherste, daß der Krieg selber, ohne welchen man dieses alles so übel meiden kan, von uns auch aus dem Wege gegangen und geflohen wird? Und so wir mit Vermeidung des Krieges, dasjenige, was vor unsere theure Seligkeit das Rahtsamte und Sicherste ist, erwehlen, was sollen wir denn, als ob man mit Ergreiffung des Besten, übel könte thun, zu beschuldigen sein? Dieweil man einen solchen, der vor allen in solchen großen Dingen das Sicherste und Näheste erwehlet, nicht straffen kan, sondern viel eher preisen muß.

K. 1699.

Korte Grondstellingen van de christelyke leere der Doops-gezinden door Galenus Abrahamsz met Kennis en toestemming van andere syner Medeleeraeren. Amsterdam 1699.

XXXIX. Von der Wehrlosigkeit.

Weiter, daß die Christen nicht allein nicht Auge um Auge, Zahn um Zahn fordern sollen, noch gegen ihre Feinde sich zum Kriege rüsten mögen, sondern daß alle Dinge und Gegenstände, durch welche sie, um das Ihre oder ihr Leben zu behalten, den Nächsten verderben könnten, ihnen ausdrücklich verboten sind, daß sie zufolge der heiligen und himmlischen Lehre ihres Seligmachers und zufolge seines vollendeten Vorbildes, welches wie gesagt die beste Auslegung seiner Lehre ist, verpflichtet sind ihre Feinde zu lieben, zu segnen, die sie verfluchen; wohlzuthun denen, die sie hassen, zu bitten für die, die ihnen Gewalt anthun und sie verfolgen; daß sie sich selbst nicht rächen, noch von dem Bösen lassen überwinden, sondern, daß sie das Böse überwinden durch das Gute.

In der mit der „Korte Grundstelling" verbundenen Abhand-lung „Verdediging der Christenen, die Doopsgezinde genaamd worden" führt Galenus Abrahamsz S. 74 als vierten Punkt der mennonitischen Confession an:

Daß jeder thätliche Widerstand, vermöge deffen man mit Beleidigung, Verwundung oder Tödtung feines Nebenmenfchen fich felbft, die Seinen oder feine zeitliche Habe zu verteidigen oder zu fchützen verfucht gleich jeder Art von Rache den Chriften nicht erlaubt ift.

Auf S. 116—188 fucht dann Galenus aus Zeugniffen der Kirchenväter zu beweifen, wie fehr das chriftliche Altertum im Punkt wehrlofer Dulbfamkeit mit den heutigen Glaubensmeinungen der Taufgefinnten übereingeftimmt hat.

L. 1702.

Evangelifches Glaubens-Bekändtniß der Taufgefinneten Chriften oder alfo genandten Mennoniften, wie folches in Altona bei Hamburg öffentlich gelehret und geprediget wird.

Aufgefetzet von Gerard Roofen. 1702.

Artifel X.

Ingleichen bekennen und lehren wir auch, baß der Herr Jefus ein Friedens=Fürft genennet werbe und auch fei, gleich wie Gott unfer himmlifcher Vater ein Gott des Friedens ift und baß unfer Seligmacher, da er in die Welt gekommen, durch das Evangelium den Frieden verkündigen laffen, fo wol denen, die ferne, als die nahe waren, wie er dann auch will, baß die Seinigen Saltz bei fich und Friede unter einander haben follen auch bei feinem Abfcheiden den Frieden aufferleget, fagende: Meinen Frieden gebe ich euch, meinen Frieden laffe ich euch, dahero dann fein Evangelium das Evangelium des Friedens genennet wird und alle gläubige Chriften nicht allein Friede unter einander haben müffen, der an fich felbft herrlich und köftlich ift, fondern auch nach allem Vermögen dahin trachten, den Frieden mit allen Menfchen zu haben und zu halten, fo es möglich, und fo viel an ihnen ift, denn Gott hat uns in dem Frieden berufen, fagt Paulus: Derhalben denn der Stand der

Christen erfodert, es gehe ihm, wie es wolle, kann oder mag, Frieden zu halten, Frieden zu bauen und Frieden zu machen, so er nur kann; Hergegen, keinen Streit gegen seinen Nächsten zu erwecken, zu machen, oder zu führen, sonsten er gegen seinen Beruf und Pflicht handelt wie solches das Wort seines Herrn und Heilandes befiehlet: Ihr habt gehört, daß zu den Alten gesaget ist, Auge um Auge, Zahn um Zahn, ich aber sage euch, daß ihr dem Uebel nicht widerstreben sollt p. p. Ja: Ihr habt gehöret, daß zu den Alten gesaget ist, du sollt deinen Nächsten lieben und deinen Feind hassen; Ich aber sage euch: Liebet eure Feinde, segnet die euch fluchen, thut wohl denen die euch hassen, bittet für die so euch beleidigen und verfolgen, auf daß ihr Kinder seid eures Vaters im Himmel; Welches sich auf das vornehmste und größte Gebot gründet, Du sollst Deinen Nächsten lieben als dich selbst. Und dieses ist der Beruf eines wahren Christen, wie solches ferner gelehret wird: Rächet euch selber nicht, sondern gebet Raum den Zorn, denn es stehet geschrieben: Die Rache ist mein, ich will vergelten, spricht der Herr; Gleichwie denn also das Wort und die Lehre Christi ist, und er darinn selbst vorgegangen, welcher nicht wieder schalt, da er gescholten ward, nicht bräuete, da er litte, sondern es dem heimstellete, der da recht richtet, hat uns also ein Vorbild gelassen, daß wir seinen Fußstapfen nachfolgen sollen. Und auf diesen Grund haben die Apostel mit allem Fleiß gebauet, sagende: Ein jeglicher sei gesinnet wie Jesus Christus auch war; Gleichwie denn solches aus der Apostel Lehre zu diesem Ende erwiesen, und noch mehr zu erweisen stehet, daß sie nicht allein Rache und Gegenwehr verboten, sondern sich auch selbst in keiner übeln Begegnung und Widerfahrung gerochen: Denn als der Apostel Petrus das Schwert gebrauchen wollte, ward ihm anbefohlen, das Schwert wieder in die Scheide zu stecken; denn wer das Schwert nimmt, der soll durchs Schwert umkommen. Werden also aus allem diesem gezwungen (damit wir beides vor Gott und Menschen ein gut Gewissen haben und behalten mögen) gegen niemand Rache zu üben, oder mit gewaffneter Hand dem Uebel zu widerstehen, sondern vielmehr das uns angethane Unrecht leiden und dulden, unsers Nächsten Blut theuerbarer als unsere zeitlichen Güter achtende; Denn das ist Gnade, so jemand um des Gewissens willen zu Gott das Uebel verträgt, und das Unrecht leidet. So ist es auch ein köstlich Ding gedultig sein, und auff die Güte des Herrn hoffen, Klagelieder Jerem. 3, 26.

M. 1713.

De Godgeleertheyd der Doopsgezinde Christenen door Kornelius van Huyzen, leerar der Doopsgezinde te Embden. Emden 1713. Hoorn 1734. (Zuerst auf der Kirchen = Versammlung zu Altona 28. July 1709 als Bekenntnißprebigt (Belydenis Predicatie) vorgetragen, dann erweitert.)

Ebenso wie sie wegen der schweren Verantwortlichkeit des Amtes der Obrigkeit es ihres Theils für sicherer achten, sich der Bedienung desselben zu enthalten, als es zu bedienen, glauben sie verpflichtet zu sein sich gänzlich des Krieges zu enthalten. Sie verstehen darunter einen gewissen gewaltsamen Streit, worin man mit verderblichen Waffen einander zum Verberben entgegengeht und welcher geführt wird von Völkern gegen Völker. Sie achten sich verbunden keinen solchen Krieg zu führen. 1) Weil der Krieg aus der Sünde entsteht und vielfach aus Mißgunst und schlechter Begierde. Von wo, frayt Jacobus, kommen Kriege und Gefechte unter euch? Kommen sie nicht aus den Wollüsten, die in euren Gliedern Streit führen? Ihr begehrt und habt nicht, ihr beneidet und eifert nach den Dingen und könnt sie nicht erlangen, ihr fechtet und führt Krieg, doch habt ihr nichts, weil ihr nicht bittet. (Jacob. 4, 1. 2., 1. Joh. 3, 12.) Gradezu als eine für einen Christen ungeziemende Sache wird der Krieg von Petrus du Moulin (Vreede der Ziele 5 B. 1 H.) dargestellt: „Ein weiser Christ soll den Krieg zu allen Zeiten und überall fliehen als das Reich des Teufels, der sich nirgends so offen als Fürst dieser Welt offenbart, als eine Schule, worin nichts als Raub und Mord gelehrt wird.

Jeder, dem die Wahrhaftigkeit und die Ruhe seines Gewissens und die Seligkeit seiner Seele lieb ist, bleibe fern aus dieser unmenschlichen Herzensschule, die ein rechtes Bild des Satans ist, des Mörders von Anbeginn." Und weiter sagt er: „Aber Gottes Kinder sind Kinder des Friedens, der von ihnen aufgezogen wird in Gedanken und gepflegt durch Gebete und guten Rat." 2) Weil die Propheten lehren, daß das Volk des Messias friedesam sein soll, und daß die Kriege als zum Königreich hinausgeworfen und die Waffen darin verboten sein sollen als unbrauchbar für seine Unterthanen (Joh. 2. 4. 11. 9., Mich. 2. 3. 4., Zach. 9. 9, 10.) 3) Uns ist im Evangelium nirgend ein Vorbild des Krieges gegeben, sondern es ward uns anbefohlen den Frieden zu suchen nicht mit dem und jenem, sondern mit Allen. (Hebr. 12. 14. 4.) 4) Auch sehen wir aus dem Vorbild Christi, der Apostel und der ersten Kirche, daß sie sich selbst nicht wehrten, sondern allen Widerstand verboten und dagegen sprachen. Und so hört man Tertullian sagen: Zu welchem Kriege sollten wir nicht tauglich sein, wenn unsere Lehre es nicht mit sich brächte, daß wir uns lieber tödten lassen, als selber tödten. Noch früher hatte Justinus Martyr von den Christen gesagt: „Wir kriegen nun nicht mehr gegen unsere Feinde." 5) Unsere d. h. der Christen Waffen sind nicht fleischlich, sondern geistlich und wir wurden wol mit geistlichen Waffen von Kopf zu Fuß gewaffnet, aber nicht ward uns im Evangelium das äußerliche Schwert umgegürtet. 2. Cor. 10, 4. Die Waffen unseres Kriegs sind nicht fleischlich. Und vorhin hatte er V. 3. gesagt: Im Fleische wandelnd führen wir den Krieg nicht nach dem Fleische, darum daß die Liebe uns gebietet, niemand zu hassen oder zu beschädigen. (1. Cor. 13.) Man hört den Kirchenlehrer Tertullian sagen: Da wir unsere Feinde liebhaben sollen, wie können wir sie denn hassen? Da wir unser Unglück nicht rächen sollen, damit wir nicht für so arg, wie die welche uns ins Unglück gebracht haben, gehalten werden, wie können wir denn beschädigen?"

Und darum schließen wir, daß der Krieg zur Kirche nicht gehört, noch von den Nachfolgern des Friedefürsten Christus sollte gepflegt werden. Das sah auch Heinrich Cornelius Agrippa ein, Ratsherr Kaiser Karls V., der über den Krieg dieses Urteil fällte: Augustin und Bernhard, katholische Kirchenlehrer, haben irgendwo denselben gut geheißen und die päbstlichen Beschlüsse misbilligen denselben nicht; obwol Christus und die Apostel darüber ganz anders dachten, hat er doch zuletzt nicht den untersten Platz in der Kirche bekommen.

Auch kann das Kriegführen durch die Kriege Israels und daß sie auf Gottes Befehl gekommen seien, unter uns Christen nicht zur guten Sache gestempelt werden. Denn daß die Israeliten Krieg führten, geschah 1) gegen die Kanaaniter, weil Gott sie als Ruten in seiner Hand gebrauchte, um die Völker zu strafen und die es so schändlich verdorben hatten. 2) Daß Gott Israel einen so nachdrücklichen Befehl gab, kann in unserer Zeit für kein Muster und für keinen Beweis, daß wir dem nachfolgen sollen, genommen werden. Was Gott als Souverain thut, kümmert den Menschen nicht. 3) So war auch der Krieg Israels nur ein Symbol um vorzubilden, daß die geistlichen Israeliten mit dem Schwerte des Geistes, das ist Gottes Wort, die Feinde ihrer Seligkeit zu bekriegen haben.

Auch wird der Krieg nicht aus der Vernunft bewiesen. Denn, obwohl man Trieb und Bewegung bei den Thieren findet, sich zum Verderben ihrer Beleidiger zu beschirmen, so kann dies auf den Menschen nicht angewandt werden, der von Natur zu seiner Verteidigung keine Waffen, wie die Thiere hat, sondern eine sprachfähige und vernehmliche Stimme und einen vernünftigen Geist, und weiterhin das Gesetz sich vorgeschrieben findet, daß er einem anderen nicht thun solle, wovon er nicht wolle, daß es ihm selbst geschehe. Denn von Natur sind wir verpflichtet einander lieb zu haben; nun aber verträgt es sich nicht mit der Liebe, wenn man in irgend einer Weise den Verderb seines Nächsten sucht. Und wie die Dinge von selbst aus der Natur fließen, so lehren sie im Gegenteil, daß die Kriege nicht mit der Vernunft in Uebereinstimmung, sondern vielmehr der Vernunft widersprechend sind. Auch kann es nichts helfen, daß man vorschützt, die empfangenen Güter verteidigen zu müssen. Man merke wohl, daß dasjenige, was man verteidigt, namentlich die Güter, die man wenn sie verloren sind wieder gewinnen kann, in viel geringerem Werthe stehen, als dasjenige was durch die Verteidigung verdorben wird, das Leben der Menschen, welches nicht wieder zu schaffen möglich ist. Weshalb es selbst ganz gefährlich ist einen Mörder auf dem Wege zu tödten, wenn die Erhaltung des Lebens durch kein anderes Mittel zu erlangen ist, da solch ein Mensch in seinen Sünden stirbt und es uns deshalb nicht geziemt, um sein ewiges Verderben uns zeitliche Lebenserhaltung zu kaufen.

Endlich dienen die Worte Johannes des Täufers, die er zu den Kriegsknechten sprach, nicht zur Stütze für den Waffendienst. Denn da Johannes nur ein Vorläufer des Messias war, so können seine Worte keine Erlaubniß zum Kriege gewähren, weil er noch in der Toleranz lebte und darum die Gesetze und Gewohnheiten der jüdischen und anderer Republiken vor der Ankunft des Messias nicht verändern durfte. Auch daß Christus das Betragen des Hauptmanns preist, ohne ihm die Niederlegung des Amtes zu befehlen thut nichts zur Sache. Denn so lange er selbst noch in seinem Königreich sich nicht hatte huldigen lassen, maßte er sich nicht an, offenbare Aemter abzuschaffen. Auch kam der Hauptmann zu ihm nicht als sein Jünger, sondern als einer, der von ihm Hilfe verlangte, ohne daß es erhellt, daß derselbe sich zu seiner Lehre verpflichtete. Und was den Hauptmann Cornelius angeht, der ein Christ ward, ohne daß die Aufgabe seiner militärischen Würde von ihm verzeichnet steht, darauf bemerken wir, daß aus Lucas Stillschweigen nicht folge, daß er sein Amt nicht aufgegeben habe. Erwähnt er doch unter den von Paulus Bekehrten den Dionysius Areopagita, der ein Ratsherr im Areopagischen Rate gewesen sein soll, ohne zu sagen, daß er seine Würde niederlegte, was doch gleichwol gewiß ist. Und warum soll man das nicht auch von Cornelius annehmen, obschon es nicht aufgezeichnet ist. Als Christus einst seinen Jüngern zeigte, wie er von ihnen sein königliches Gesetz betrachtet wiffen wollte, sprach er: Widersteht den Böfen nicht. . Und so man seine Feinde lieb haben soll, wolthun denen die uns haffen, und bitten für die, welche uns Gewalt anthun, wie diese Lehren Math. 5. und Luc. 6, 27, 28 gefunden werden, sehn wir nicht, auf welche Weise Erlaubniß zum Kriegführen übrigbleibt. Und so die Christen in der Welt nur wohnen, oder lieber für eine Zeit als Gäste und Fremdlinge sich aufhalten, wie der Consul Cicero selbst vom allgemeinen Leben der Menschen spricht, wie sollen denn sie, die hier keine bleibende Stätte haben, sondern das Himmlische suchen und allezeit das Irdische verachten müssen, das Schwert für dasjenige ziehen, wovon sie sich loszumachen haben.

Was nun die Christen zu thun haben, ist dies, daß sie geduldig sind und nach dem Vorbild Christi, der Apostel und der ersten Christen alles Unglück tragen und auf sich nehmen. Das that Paulus und die neben ihm das Evangelium verkündigten. Auch sagt Jacobus: Der Gerechte widersteht nicht. Es ist wohl wahr, daß man sagen wird: Wenn dem Böfen kein Widerstand geleistet wird, d. h. wenn ein Feind nicht mit Gewalt gehindert und vertrieben wird, möchte er alles überströmen. Doch so dürfen wir nicht vernünfteln, wenn wir fromm sind und auf Gott vertrauen. Denn 1) Wir sehen, daß Gott gelobt hat, mit dem Manne, der ihn fürchtet, seinen Feind zu versöhnen und Petrus sagt nicht allein darum mit Recht: Wer ists, der euch Schaden thun könnte, so ihr dem Guten nachkommet? Aber es verdient auch vor allen Dingen unsere Anmerkung, daß Gott die Gränzpfähle von Israel beschirmen zu wollen verhieß, als es allmänniglich dreimal des Jahrs zu den hohen Festen hinaufging nach dem Platz, den Gott erkoren hatte. Wenn, sagt der Herr, ich die Völker vor Euren Augen aus ihrem Besitz treiben werde, und eure Gränzpfähle erweitern, dann soll Niemand euer Land begehren, dieweil ihr dreimal hinaufgeht, zu erscheinen vor dem Angesicht Gottes eures Herrn." (Exod. 34, 24.) Da Gott nun eine solche Stärke und Mauer war für Israel, warum nicht für uns unter dem Evangelium, da die Kirche die Verheißung hat, daß sie die Pforten der Hölle nicht sollen über-

wältigen. Math. 16, 18. Wie sie denn auch in den ersten drei
hundert Jahren, ohne Widerstand gegen die gräulichsten Verfolgungen
zu leisten, nicht allein sonder irgend welche Waffen durch Gottes
Schutz bestehen blieb, sondern endlich auch ihre Ueberwinder über-
wand, als Gott sie erhob über die Höhen der Erde und sie regieren
ließ über die Königreiche. Aber 2) wenn es Gott gefiel, seine
Kirche heimzusuchen oder ein Land oder Volk durch Verwüstung des
Krieges zu prüfen, so müssen wir nicht allein denken, daß es Gottes
Rute ist; sondern es steht auch zu überlegen, ob die Rute mit
Gewalt oder nicht viel lieber durch feurige Gebete und ernstliche
Besserung des Lebens abgewendet werden muß. Wenn ein Vater
sein Kind züchtigt, so behagt es ihm nicht, wenn dasselbe der
Züchtigung mit seiner Kraft widersteht, aber wohl gefällt es ihm,
wenn dasselbe mit Schmeicheln und Gelübden ihm in die Rute
fällt. Was nun ein Vater ist und thut in Bezug auf sein Kind,
das ist und thut Gott in Bezug auf den Menschen mit der Rute
des Kriegs, ihn zu erwecken; und darum ist es dann auch unsere
Pflicht zu ihm zu schreien, und nicht mit Gewalt denselben abzuwenden. Gott ist der unumschränkte Herr über Alles, ihm gehört
das Gold und das Silber und unser Leben steht in seinen Händen;
wie er uns alles dieses gab nach seinem Wohlgefallen, kann er es
uns auch wiederum nehmen und obschon wir um das irdische Gut
kämen, wird er es uns, wenn wir auf ihn vertrauen, genug geben
aus seinem Ueberfluß.

N. 17??

Erster Anfang von dem christlichen Gottesdienst.

Zur Unterweisung der Jugend in Frage und Antworten in holländischer Sprache aufgestellt durch Herrmann Schyn, ins Hochdeutsche zum Druck befördert durch J. K. Anno 1743.

Das 28. Capitel. Vom Kriege.

1. Fr. Was ist der Krieg?

Antw. Der Krieg ist ein Streit, der mit Worten oder Werken zum Schaden und Verderben des Nächsten zwischen zwei oder mehreren Personen geführet wird.

2. Fr. Was ist die erste und allgemeine Ursache des Krieges?

Antw. Die erste und allgemeine Ursache des Krieges ist die Sünde, und die böse Begierde, wie Jakobus lehrt, Cap. 4, 1. und der heilige Johannis, 1. Joh. 3, 12.

3. Fr. Mögen denn Christen, die genau nach der Vorschrift des Evangelii leben wollen, auch Krieg führen?

Antw. Nein, die Christen so genau nach dem Evangelio leben wollen, mögen nicht Krieg führen, weil die Propheten deutlich vorher verkündigt haben, daß man in den glückseligen Tagen des neuen Testaments nicht blutige Kriege führen wird, wie beim Esaia 2, 4—9. Zachar. 9, 10. zu sehen, und es auch unser Heiland beim Matth. 5, 38. 39. deutlich verboten.

4. Fr. Stehet es einem Christen frei, Böses mit Bösem zu vergelten?

Antw. Nein, einem Christen stehet nicht frei Böses mit Bösem zu vergelten, wie gelehret wird Röm. 12, 17—19.

5. Fr. Was muß ein Christ thun, wenn er beleidiget worden?

Antw. Ein Christ wenn er beleidiget worden, muß durch Freundlichkeit und Weisheit vereiniget, mit inbrünstigem Gebet zu Gott, der da mächtig ist ihn von seinen Feinden zu erlösen, hergegen seinen Feinden bessere Gedanken geben, oder wenn es möglich ihm auszuweichen, und wenn dieses alles nicht hilft, nach dem Vorbilde in Christo und denen Aposteln, alles geduldig über sich nehmen, 1. Pet. 2, 21. 23., 1. Cor. 4, 11—13., Jak. 5, 6.

6. Fr. Wenn man aber den Feinden keinen Widerstand bietet, werden nicht die Frommen bald ausgerottet werden?

Antw. Nein, die Frommen sollen nicht vertilgt werden, wenn man den Feinden nicht widerstehet, weil der allmächtige Gott, in dessen Händen die Herzen auch der größten Könige sind, und die er wie die Wasserbäche leiten kann, wie er will, und der seine Kinder nach seinen Verheißungen, gegen alle Gewalt der Welt, ja selbst der Höllen, unüberwindlich beschirmen will, Matth. 16, 18.

7. Fr. Was lehret dich das Hauptstück vom Kriege?

Antw. Es lehret mich sorgfältig die Sünde zu vermeiden, daraus Zwietracht und Krieg, Verwirrung und böse Händel herfließen, denn aus unsern Wollüsten, die da streiten in unsern Gliedern, kommt Krieg und Streit nach dem Zeugniß Jakobi im 4. Cap. Vers 1.

O. 1730.

Confession oder kurzer und einfältiger Glaubens-Bericht der alten flämischen Taufgesinnten Gemeinden in Preußen.

In Fragen und Antwort verfasset, der erwachsenen Jugend zum nöthigen Unterricht. Gedenke an deinen Schöpfer in deiner Jugend.

Gedruckt im Jahre des Herrn 1768.

Im Jahre 1730 wurde zwischen den Gemeinden der Danziger in Holland (zu Amsterdam, Haarlem) und zu Giethorn, Zuhtveen, Blockzhl u. s. w. in Overhssel, sowie zu Sapmeer in Groeningerland und den alten flamischen Gemeinden in Preußen auf Grund der alten, mehr als ein Jahrhundert in den preußischen Gemeinden „bekannten und angenommenen Glaubensartikel, so wie wir solche vor unbenklichen Jahren bei unserer Vorvätter Zeiten also bekennet, unterhalten und nachgelebet", eine Vereinigung geschlossen. Diese Vereinigung wurde am 9. July 1730 in Amsterdam, am 16. July in Haarlem durch Unterhaltung des h. Abendmahls, als Bundeszeichen der Liebe vollzogen und befestigt. Zum Ausdruck dieser Vereinigung diente eine althergebrachte in Danzig aufgestellte „Confession", welche nach Vorlesung in sämmtlichen Gemeinden auf deren Begehren von den 4 Aeltesten in Preußen und 4 Niederländischen Aeltesten, sowie von 70 Lehrern unterzeichnet wurde. Man tauschte gegenseitig in Holland und Preußen von Wort zu Wort gleichlautende Exemplare aus. In dem Schreiben der Niederländer an den Aeltesten von Danzig, Isaak de Veer, erklärten dieselben „daß ob zwar die Schwestergemeinden mehr denn 100 Jahre getrennt gewesen, dennoch ihre Confession in allen Stücken und Artikeln unverändert geblieben, daher sie dieselbe nicht allein mit viel Liebe und Freude angenommen, sondern auch einmütig unterzeichnet, so daß auch nicht ein Diener sich solches geweigert oder entzogen hätte." — Diese Confession wurde 1768 in Uebersetzung gedruckt und mit einem Katechismus in Fragen und Antworten zusammen herausgegeben. Die Eingangsformel der Confession lautet: Wir Elteste und Dienere sagen (als Vorstehere und Zeugen) von wegen unserer Gemeinschaft also, daß: Wir glauben von Herzen und bekennen u. s. w.

Von der Rache

Glauben wir, daß unser Heyland Jesus Christus in derselben Rede Math. 5. von v. 38 bis zu Ende des Capitels, uns alle Rache und Ausübung derselben gänzlich abgelehrt und verboten. Nicht allein alle Rache mit eigener Hand, sondern auch die, so man durch die Obrigkeit gegen seine Feinde ausüben kann. Welche denen Alten im Gesetz erlaubet (ja auch gebothen) war, und wir nun dagegen berufen sind, Christi Exempel und Fußstapfen hierin nachzufolgen, Nehmlich daß wir (als Christen) müssen leiden, und mit Gebuld ertragen, wenns auch käme, daß uns Jemand schändet, oder etwas nimmt, oder uns trotzet, oder ins Angesicht streichet. Ja wir verstehen, daß uns auch alles Rechten um zeitlich Guth verbohten, wenn auch Jemand uns etwas nimmt, und darüber mit uns Rechten oder procediren wollte, sollen wir lieber nachgeben, und uns lieber lassen bevortheilen, nach dem Beispiel der Gläubigen, welche den Raub ihrer Güther mit Freuden

erbuldet. Ja wir müffen zufolge der Lehre unferes Seeligmachers
Jefu lieb haben unfere Feinde, Segnen die uns fluchen, wohl thun
denen, fo uns haffen, bitten vor die, fo uns Leiden und Verfolgung anthun, auf daß wir Kinder fein mögen, unfers Vaters im
Himmel.

In der 1768 beigefügten Confeffion oder Glaubensbericht in
Fragen und Antwort heißt es Seite 91.

Von der Rache.

1. Frage. Ift denen Chriften auch erlaubt eigene Rache
oder Gegenwehr zu üben?

Antw. Nein, denn folches verbiethen uns die heilige Apofteln
ganz deutlich, als Paulus, Röm. 12 v. 19. Rächet euch felber nicht
meine Liebften, fondern gebet Raum dem Zorn, denn es ftehet gefchrieben, die Rache ift mein, ich will vergelten, fpricht der Herr,
fo nun deinen Feind hungert, fo fpeife ihn, dürftet ihm, fo tränke
ihn, wenn du das thuft, fo wirft du feurige Kohlen auf fein Haupt
fammeln: laß dich nicht das Böfe überwinden, fondern überwinde
das Böfe mit Gutem. So lehret uns Petrus. 1. Petr. 3, 9.
Vergeltet nicht Böfes mit Böfem oder Scheltwort mit Scheltwort,
fondern dagegen fegnet und wiffet, daß ihr dazu beruffen feid, daß
ihr den Segen beerbet.

2. Frage. Ift denn die Pflicht, oder der Beruff der Chriften
hierin auch eingefchränkter, denn ehemals bei den Juden?

Antw. Ja freylich, denn das erfehen wir klärlich, aus dem,
was der Herr Jefus lehret, indem er feine Gebothe, oder liebreiches
Evangelium, gegen der Jüden Gefetz ftellete, wie zu fehen bei
Matheo Cap. 5. v. 43. 44. Denn denen Jüden war nicht allein
erlaubt Rache zu üben, fondern es war ihnen im Gefetz auch gebothen, 2. Buch M. Cap. 21 v. 24., daß fie müfften geben, Auge
um Auge, Zahn um Zahn, Hand um Hand, Fuß um Fuß, Brand
um Brand, Wunde um Wunde, Beule um Beule und fo weiter.
Chriften aber müffen der Lehre, dem Vorbilde und den Fußftapfen
ihres neuen Gefetzgebers folgen, Welcher nicht dränete, da er litte,
1 Petr. 2. v. 21 - 23.

3. Fr.　Mag denn ein Christ nicht Gewalt mit Gewalt vertreiben?

Antw.　Nein, denn das hat der Herr Jesus ganz ausdrücklich verboten und vielmehr das Gegentheil zu thun gelehret, wie zu sehen Math. 5. v. 39. Wie es sich auch zeiget aus dem, was vorging Luc. 9. v. 54 und 55. Da der Herr Jesus seine Jünger erinnerte, wie sie wollten um Rache bitten, wisset ihr nicht, welches Geistes Kinder ihr seid?

4. Frage.　Mögen denn die Glieder unserer Gemeine auch wol in Kriegesdienste gehen?

Antw.　Nein keinesweges, denn Christen haben nicht (fleischlich. oder natürlicher Weise) mit Fleisch und Blut zu kämpfen Eph. 6. v. 12. Die Waffen ihrer Ritterschaft sind nicht fleischlich, sondern mächtig vor Gott, 2. Cor. 10. v. 3 und 4. Denn von diesen Tagen des gnadenreichen Evangelii, haben auch die Propheten, und heilige Menschen Gottes schon geweissaget, daß sie dann ihre Schwerter zu Pflugscharen, und ihre Spieße zu Sicheln machen würden, und kein Volk wider das andere ein Schwert aufheben, und werden nicht mehr Kriegen lehren. Jesai. 2. v. 4. Micha 4. v. 3. Denn man wird nirgends letzen noch verderben, auf des Herrn heiligen Berg nach der Weissagung Jesai. 11. v. 9. wie denn auch der Herr Jesus selber befohlen hat, das Schwert in seine Scheide zu stecken, Math. 26. v. 2.

5. Frage,　Darff man denn wol bey der Obrigkeit Schutz suchen?

Antw.　Ja, bei gewissen Umständen, und zur Zeit des Noths, dann ist und dienet die Hohe Obrigkeit zum Schutz und zu Lobe den Frommen. In solchem Fall finden wir auch daß der Apostel Paulus (da etliche von den Juden sich verbunden hatten ihn zu tödten) bei dem Oberhauptmann Schutz gesuchet. Apostel-Gesch. Cap. 23. v. 12--24. Gleichwie er sich auch bei solchen Umständen, auf den Kaiser beruffen. Cap. 25. v. 11.

6. Frage.　Dörffen oder mögen denn auch wohl die Gläubigen, als Glieder der christlichen Gemeine, mit einander um zeitlich Gut (oder Uneinigkeit halber) sich vor weltlicher Obrigkeit verklagen, und mit einander habern oder sich beschwärlich fallen?

Antw. Nein, denn solches hat Paulus an der Corinthischen Gemeine als ein Fehl gestraffet 1. Cor. 6. v. 7. und ihnen einen andern Weg gezeiget. Nemlich, den uns Christus bei Math. 18. gelehret. Daß wir in der Gemeine zwischen Bruder und Bruder, solches schlichten und beilegen müssen.

7. Frage. Was lehret uns dieser Artikel?

Antw. Erstlich haben wir daraus zu lernen, daß wir als Christi Nachfolger wandeln müssen, wie sich's geziemet, Ephes. 4. v. 12. mit aller Sanfftmuth und Gedult, nicht Rache üben, weder in den Streit ziehen, noch unter einander zanken, weil die Gemeine Gottes solche Weise nicht hat, wie Paulus hievon zeuget, 1. Corinth. 11. v. 16.

2tens, Daß wir uns auch nicht vor weltlicher Obrigkeit verklagen, sondern uns brüderlich warnehmen und alles nach den Regeln der Gemeine schlichten, und endlich

3tens, Allezeit lieber Unrecht zu leiden, denn Unrecht zu thun und das Böse mit Guttem zu überwinden. Also unser Licht des Glaubens, der Liebe und Sanfftmuth lassen leuchten vor den Leuten, daß unser Vater im Himmel dadurch gepriesen werde, Math. 5. v. 16.

P. 1755.
Glaubensbekenntniß der Groninger.

„Geloofsbelydenis der Doopsgezinden, bekend onder den naam van oude Vlamingen te Groningen in dem jare 1755 uitgegeven volgens het besluit der algemeene Societetsvergaderinge.

Hauptstück XXI.
Von der weltlichen Obrigkeit, der Rache und dem Eide.

Wir bekennen, daß der alles regierende Gott die weltliche Obrigkeit eingesetzt hat zur Beschirmung der Guten und Bestrafung der Schlechten und daß niemand ihr widerstehen darf, sondern daß ein jeder derselben alle Treue, Ehrfurcht und Gehorsam beweisen soll, die nicht streiten gegen Gottes Wort; ja daß man durch Schatzung den Staat willig unterstützen und ernstlich für denselben beten muß. Gleichwol ziehen wir es vor, kein Staatsamt zu bekleiden, in dem Glauben, daß wir uns von aller Gegenrache (Wederwraek) Math. 5, 38. 39. und von allem dem, was gegen die christliche Wehrlosigkeit und Demut streitet, zu enthalten haben, so wie auch von dem Eide, den Christus uns verbietet (Math. 5, 33. 36.). An dessen Stelle sehen wir unser „Ja" und „Nein" für so verpflichtend an, wie den Eid.

In der „Verklaring van de geloofs belydenis der oude Vlamingen in vragen en antwoorten, betgeen an de gemeente tot proef wordt gegeven" heißt es dann:

Hauptstück XXI.

Frage 9. Was versteht ihr unter Krieg?

Antw. Einen gewaltsamen Streit, der nicht allein mit scharfen (bitse) Worten, sondern mit gewaltthätigen und verderblichen Waffen zum Verderben gegeneinander geführt wird, und statt hat zwischen zwei oder mehreren Mächten (mogentheden).

Frage 10. Darf der Christ auch frei Krieg führen?

Antw. Nein! Sintemal der Krieg von Seite des Menschen seinen Ursprung nimmt aus sündlichen Begierden, wie Hochmut, eiteler Ehrsucht, Neid und Abgunst, oder um Jemandem sein Gut auf unrechtmäßige Weise zu entreißen und sich selbst zuzueignen.

Frage 11. Wird der Krieg im Evangelio verboten?

Antw. Ja. So sprach der Seligmacher Math. 5, 38—41. Ihr habt gehöret u. s. w.

Frage 12. Streitet der Krieg nicht gegen die Pflichten des Christen?

Antw. Ja. Er streitet gegen die christliche Liebe, die uns lehrt, unsere Feinde nicht zu hassen, sondern lieb zu haben, sie zu segnen und für sie zu bitten. (Math. 5, 44.) Er streitet gegen den Frieden, während doch alle Menschen dem Frieden nachjagen und ihn mit allen Menschen halten sollen. (Hebr. 12, 14.)

Q. 1766.

Glaubensbekenntniß des Cornelis Ris,

Predigers der Mennonitengemeinde zu Hoorn in Nordholland.

Dieses Bekenntniß entstand auf Grund der Vereinigung einer friesischen und waterländischen Gemeinde und wurde 1773 von der Societät der Mennonitengemeinden, deren Abgeordnete sich in der Kirche zur Sonne in Amsterdam versammelten, d. h. von der größeren Anzahl der niederländischen und vielen deutschen Gemeinden anerkannt.

Der neunundzwanzigste Artikel.
Von der Rache und dem Kriege.

In diesem Punkte glauben wir, unsere Natur fehle in ihrem Urtheile nicht, daß die Rache oder Vergeltung aller Ungerechtigkeit rechtmäßig sei. Auch ist es gewiß, daß obgleich Gott der Herr die Rache einigermaassen seinem alten Volke, um der Härtigkeit ihrer Herzen willen, erlaubet, dieselbe dennoch ursprünglich und eigentlich Gott allein gebühre; der auch allein im Stande ist, die Maasse des Bösen richtig und gründlich zu beurtheilen und die Strafe darnach einzurichten, wozu unsere Unwissenheit, unordentliche Eigenliebe und zerrüttete Leidenschaften uns oft untüchtig machen.

Dieser Ursache wegen glauben wir, daß Jesus Christus unser Herr, als er sein geistliches und himmlisches Reich demjenigen gleichförmig machen wollte, was vom Anbeginn Gottes Augenmerk war, nicht allein alle Ausübung der Rache, sondern auch selbst alle Rachsucht den Seinen gänzlich untersagt habe, wie denn auch seine Apostel nach ihm oft gethan haben. Dahingegen hat er auf eine solche Ausübung des Gesetzes der Liebe gedrungen, welche die Lehre der Natur und der jüdischen Lehrer weit übertraf, wie auch auf eine Uebung der Geduld, nach seinem eigenen Vorbilde, und welche vollkommen sein mußte, solchermaassen, daß man anstatt dem Bösen auf eine gewaltsame und zu seinem Verderben abzielende Weise zu widerstehen, es sich gefallen lasse eine zweite Beleidigung zu erdulden, lieber merklichen Schaden und Unglück leiden, als gleich zu rechten, niemandem Böses mit Bösem zu vergelten suchen, selbst

Scheltworte mit Scheltworten, sondern allezeit dem Guten nachzujagen, sowie gegen einander, also auch gegen alle; durch Wohlthun zu überwinden, selbst unserm Feinde Liebe zu erweisen, wenn ihm hungert, ihn zu speisen, wenn ihn durstet, ihn zu tränken, die uns fluchen, zu segnen, wohlzuthun denen, die uns hassen, und für diejenigen zu bitten, die uns Gewalt anthun und verfolgen, mit dem Zusatze, daß wenn wir solches thun, wir uns als wohlgeartete Kinder unsers Vaters im Himmel betragen, und als wahre Nachfolger Jesu Christi, der nicht wieder schalt, da er gescholten wurde, und als er litte nicht drohete, sondern es dem übergab, der recht richtet, in welchem allen er uns ein Beispiel gelassen hat, daß wir seinen Fußstapfen nachfolgen sollen.

Demnach redet es unserm Bedünken nach von selbst, daß Waffen und Krieg zum Schaden unserer Feinde, und was noch trauriger, zum Schaden unschuldiger Geschöpfe, die uns nicht beleidiget haben, führen, einem wahren Nachfolger Jesu Christi nicht anstehet, gebühret und erlaubt ist. Denn unsers Erachtens kann ein Krieg, der gewöhnlichen Art, unmöglich geführet werden, ohne die Grundregeln des Reiches Jesu offenbar zu übertreten, und ohne sich an viele Untugenden und listige Ränke zu gewöhnen, wodurch nicht selten vielmehr das Bild und die Gleichheit mit Teufeln und reißenden Thieren, als mit Nachfolgern des Lammes Gottes und Verkündigern seiner Tugenden, zu erkennen gegeben wird.

Demnach halten wir dafür, daß wir uns aller kriegerischen Waffen und aller obbenannten feindlichen Widersetzung sorgfältig enthalten müssen. Doch ist es uns erlaubt, dem Bösen, so viel an uns ist, zu entfliehen; durch Mittel der Vorsichtigkeit, die ihn nicht unglücklich machen, seinen bösen Anschlägen zuvor zu kommen und sie zu vereiteln, wie auch durch vernünftige Vertheidigung, gelinde Worte, und mannigfaltige Wohlthaten ihn zur Vernunft bringen, und mit uns auszusöhnen. Uebrigens sind wir der Meinung, daß alle Feindseligkeiten, die uns angethan werden, dazu dienen müssen um im Glauben und in der Gedult der Heiligen geübet zu werden, nach dem Vorbilde Jesu Christi, seiner heiligen Apostel und so

vieler Tausenden der ersten und der spätern Christen, welche, indem
daß sie um des Gewissens willen Widerwärtigkeiten erduldeten,
erfahren haben, daß dieses Gnade bei Gott zur Folge hat, und gereicht zu ihrem wahren Besten; nicht zu gedenken, daß der gütige
Gott oftmals zuletzt pfleget ihnen einen Ausgang und Errettung
erfahren zu lassen, über alles menschliche Vermuthen. Wie denn
außer den obenwähnten Gründen auch deutlich vorher gesagt worden,
daß dergleichen friedsames wehrloses Leben bei den Unterthanen des
Reiches Jesu Platz haben sollte. Daher bitten wir, daß dieses
gesegnete Reich komme und bald komme. Amen!

R. 1791.

Catechismus oder biblischer Religionsunterricht in Frage und Antwort
für die zur christlichen Wassertaufe sich vorbereitende Jugend
abgefasset von Jacob be Beer,
Aeltestem der Mennonitischen Gemeinde auf Stadtsgebiet vor Danzig.

XVIII. Von der Rache.

1. Was verstehen wir unter der Rache?

Die Rache im eigentlichen Verstande genommen, ist: Wenn
jemand von seinem Nächsten es sey durch Worte oder Thaten ist
beleidigt worden und der beleidigte Theil Gelegenheit suchet die Beleidigung durch Gegenbeleidigung wieder zu vergelten, und dieses
stehet uns nicht frey nach Matth. 5, 38. 39. Römer 12, 19.
1. Pet. 3, 9.

2. Mag denn ein Christ nicht Gewalt mit Gewalt vertreiben?

Nein, denn das hat der Herr Jesus ganz ausdrücklich verbothen, und vielmehr das Gegentheil davon gelehret, wie zu sehen
Matth. 5, 39. Luc. 9, 54. 55.

3. Mögen denn die Glieder unserer Gemeine auch wohl
in Kriegesdienste gehen?

Nein, denn ihre Ritterschaft und ihre Waffen sind nicht
fleischlich sondern geistlich, 2. Cor. 10, 3. 4. Eph. 6, 12. und
überdem haben von den Tagen des gnadenreichen Evangeliums

schon die Propheten geweissaget, daß sie dann ihre Schwerdter zu Pflugscharen und auch ihre Spieße zu Sicheln machen würden und kein Volk wider das andre ein Schwerdt aufheben, und werden alsdann nicht mehr kriegen lehren, Jes. 2, 4. Mich. 4, 3. Dieses stimmet mit den Worten Jesu Matth. 26, 52.

4. Ist es aber genug, daß wir die äußerliche Rache meiden?

Nein, sondern wir müssen auch alle Nachbegierde aus unsern Herzen verbannen, und nicht einmal wünschen, daß es dem der uns beleidigt hat, übel ergehe, vielweniger uns darüber freuen und wohl gar bey uns denken, das hat er an mir verdienet; nun kriegt er für mich bezahlet und so weiter.

5. Ist solche Denkungsart der Lehre Jesu zuwider?

Ja, denn die Lehre Jesu lautet also: Liebet eure Feinde, seegnet die euch fluchen, thut wohl denen, die euch hassen, bittet für die so euch beleidigen und verfolgen, Matth. 5, 44. welches Jesus auch mit seinem eignen Beyspiel bestätiget, da Er am Kreuze vor seine Feinde gebeten. Luc. 23, 34.

6. So ist es denn Jesus ernstlicher Wille, daß wir das zugefügte Unrecht nicht allein erdulden, sondern auch Beleybigungen von Herzen vergeben?

Ja dieses zeiget das für uns von Ihm abgefaßte Gebet, almo Er diese Bitte mit einrücket: Vergieb uns unsere Schulden, wie wir unsern Schuldigern vergeben, und unter dieser Bedingung saget Jesus nach Endigung des Gebets: denn so ihr den Menschen ihre Fehler vergebet, so wird euch euer himmlischer Vater auch vergeben Matth. 6, 14. 15.

7. Wozu soll uns diese Erkenntniß verbinden?

Daß wir Gott mit Ernst anflehen, um den Beistand des heiligen Geistes, damit wir durch dessen Hülfe aus unserem verdorbenen Herzen mögen ausrotten alle Bosheit, Zorn, Haß, Ungeduld, Nachsucht und was mehr der Lehre Jesu zuwider ist, und dagegen annehmen Sanftmuth, Liebe, Geduld nach der Lehre Jesu. Matth. 11, 29.

S. 1792.

Glaubensbekenntniß der Mennoniten in Preußen.

(Ausgearbeitet vom Aeltesten G. Wiebe in Ellerwalb.)

1792. Wiederabdruck, Elbing 1837.

Artikel 16.

Von Vermeidung der Rache, von der Wehrlosigkeit und dem Leiden.

Davon lehren und bekennen wir: Daß den Vätern im alten Testament die Rache einigermaßen erlaubt gewesen, wie aus dem 5. Buch Mose Cap. 23 und 25 erhellet. In der ersten Stelle heißt es: Die Ammoniter und Moabiter sollen nicht in die Gemeine des Herrn kommen. — Du sollt ihnen weder Glück noch Gutes wünschen dein Lebelang ewiglich. Und an dem andern Ort stehet: Gedenke was die Amalekiter thäten auf dem Wege, da ihr aus Egypten zoget. Wenn dich nun der Herr dein Gott zur Ruhe bringen wird von allen deinen Feinden umher im Lande, das der Herr dein Gott bir zum Erbe giebet einzunehmen, so sollt du das Gedächtniß der Amalekiter austilgen unter dem Himmel. Das vergiß nicht.

Darauf siehet ohne Zweifel der Herr Jesus, wenn er spricht: Ihr habt gehöret, daß da gesagt ist: Du sollst deinen Nächsten lieben und deinen Feind hassen. Ich aber sage euch: Liebet eure Feinde, segnet die euch fluchen, thut wohl denen, die euch hassen; bittet für die, so euch beleidigen und verfolgen: Auf daß ihr Kinder seid eures Vaters im Himmel. Und abermals: Ich aber sage euch, daß ihr nicht widerstehen sollt dem Uebel. — Welche Worte deutlich lehren, daß man sich nicht an seinen Feinden rächen, sondern lieben, leiden und dulden soll; denn die ganze Lehre Jesu ist voll von Liebe gegen Freund und Feind. So lehrte auch Paulus: Vergeltet Niemand Böses mit Bösem, fleißiget euch der Ehrbarkeit gegen Jedermann. Ist's möglich, so viel an euch ist, habt mit Menschen Friede. Rächet euch selber nicht meine Liebsten; sondern gebet Raum dem Zorn. Denn es stehet geschrieben: Die Rache ist mein, ich will vergelten, spricht der Herr. So deinen Feind hungert, so speise ihn, dürstet ihn, so tränke ihn. Wenn du das thust, wirst du feurige Kohlen auf sein Haupt sammeln. Laß dich nicht das Böse überwinden, sondern überwinde das Böse mit Gutem. Wir sollen unserm Heiland nach= folgen, der nicht wieder schalt, da er gescholten ward, auch nicht dräuete, da er litte, sondern er stellete es dem heim, der recht richtet.

Aus diesen Worten sehen wir, daß uns alle Rache verboten ist, darum wir auch kein Schwert, Waffen und Gewehr gegen unsere Feinde brauchen dürfen. Paulus spricht 2. Cor. 10, 3. 4: Ob wir wohl im Fleisch wandeln, so streiten wir doch nicht fleischlicher Weise. Denn die Waffen unsrer Ritterschaft sind nicht fleischlich, sondern mächtig vor Gott. Und da der Herr Jesus dem Petro befohlen, das Schwert in seine Scheide zu stecken, dürfen wir's nicht herausziehen, gegen die Feinde uns zu wehren, oder Gewalt mit Gewalt zu vertreiben, sondern wollen lieber leiden und dulden.

Doch müssen wir nicht nur das Schwert des Krieges meiden, sondern unser Herz soll auch nicht Rache üben. Wir sollen dem Lamme nachfolgen, wo es hingeht, nicht Böses mit Bösem, oder Scheltwort mit Scheltworten vergelten, sondern in der Stille segnen, wenn wir den Segen ererben wollen.

T. 1799.

Christlicher Unterricht. Königsberg 1799.

Art. 159. In Absicht der Racheübung, wie beliebte der Herr Jesus das Verhalten der Christen zu bessern und zu bestimmen?

Wir lesen Matth. 5, 38. 39. Ihr habt gehört, daß gesagt ist, Auge für Auge, Zahn für Zahn, aber ich sage Euch, daß Ihr den Beleidigern nicht widerstehen sollt.

Art. 160. Wie wird auch unsere Ueberzeugung von der Enthaltsamkeit aller Racheübung noch mehr bestätigt?

Erſtens: Es iſt ganz der Herzensart wahrer Chriſten zu=
wider, Waffen und Krieg zum Schaden unſerer Feinde und, noch
widerſprechender, zum Schaden unſchuldiger Menſchen, die uns nicht
beleidigt haben, zu gebrauchen.

Zweitens: Die Vollkommenheiten Gottes ſind nur vermögend,
der Maſſe des Guten und des Böſen richtig und gründlich zu be=
gegnen und die Strafe danach einzurichten. Folglich gebührt nur
Gott das Vergeltungsrecht.

Drittens. Die Geſinnungen und Verpflichtungen, welche bei
Chriſten ſein müſſen, verſtatten der Art Betragen nicht.

Art. 161. Einige Beweisſtellen zur Beſtätigung des
erſten Satzes.

Joh. 18, 36. Jeſus antwortete, mein Reich iſt nicht von
dieſer Welt. Wäre mein Reich von dieſer Welt, meine Diener
würden darob kämpfen, daß ich den Juden nicht überantwortet
würde; aber nun iſt mein Reich nicht von dannen; 2. Cor. 10, 3. 4.,
Denn ob wir wohl im Fleiſch wandeln, ſo ſtreiten wir doch nicht
in fleiſchlicher Weiſe. Denn die Waffen unſerer Ritterſchaft ſind
nicht fleiſchlich, ſondern mächtig vor Gott, zu verſtören die Befeſti=
gungen.

Art. 162. Stellen der heil. Schrift zur Beſtätigung des
zweiten Satzes.

5. B. Moſe 32. 35. 36. Die Rache iſt mein, ich will ver=
gelten. Zu ſeiner Zeit ſoll ihr Fuß gleiten, denn die Zeit ihres
Unglücks iſt nahe, und ihr Künftiges eilet herzu. Denn der Herr
wird ſein Volk richten, und über ſeine Knechte wieder ſich erbarmen;
denn er wird erſehen, daß ihre Macht dahin iſt, und beides,
das Verſchloſſene und Verlaſſene, weg iſt. Jerem. 17, 10. Ich
der Herr, kann das Herz ergründen und die Nieren prüfen und
gebe einem Jeglichen nach ſeinem Thun, nach den Früchten ſeiner
Werke.

Art. 163. Einige Belehrungsſtellen in Anſehung des
dritten, daß die Eigenſchaften des Chriſten von ganz
anderer Art ſein müſſen.

Matth. 5, 44. Ich aber fage Euch, liebet Eure Feinde, fegnet die Euch fluchen, thut wohl, denen die Euch haffen, bittet für die, fo euch beleidigen und verfolgen.

Röm. 12, 19. Rächet Euch felber nicht, meine Liebften, fondern gebet Raum dem Zorn, denn es ftehet gefchrieben: Die Rache ift mein, ich will vergelten, fpricht der Herr.

Art. 164. Was für eine Freiheit zur Entgehung der Art Verfündigung hat .der liebe Heiland uns überlaffen?

Matth. 10, 23. Wenn fie Euch aber in einer Stadt verfolgen, fo fliehet in eine andere.

IV.
Privilegien und Urkunden.

1.

VLADISLAUS DEI GRATIA REX POLONIAE Magnus Dux Lithuaniae, Russiae, Prussiae, Masoviae, Somogitiae, Livoniae, Smolensciae, Czernichoviaeque, nec non Suevorum Gottorum Vandalorumque haereditarius Rex.

Significamus praesentibus literis nostris quorum interest, universis et singulis. Quod enim industria studiumque omne cum publico commodo conjunctum merito gratia et patrocinio Principum dignum censeri debeat, Nosque probe cognitum et perspectum habeamus Mennonistarum in Insulis Nostris Mariaeburgensibus tam vet (sic!) Majori quam Minori Incolarum Antecessores a Loysiis cum Consensu et scitu Serenissimi olim Sigismundi Augusti Antecessoris et Avi Nostri ob certas libertates jura et immunitates concessas evocatos ad deserta paludinosa et inutilia tum temporis in dictis Insulis loca venisse, multoque labore et sumptibus maximis, quos partim in exstirpationem virgultorum partim in aedificationem Molendinorum ad pellendas aquas ex locis uliginosis, et aquis obrutis necessariorum partim vero in aggeres ad Istulae Nogatli, Drausen, Habi et Tugae aliorumque fluminum inundationes arcendas exstructos erogarunt, utilia et fructifera reddidisse, suisque Successoribus exemplum singularis industriae laboris et expensarum imitandum reliquisse. Ideo ad supplicationem praedictorum Insularum Nostrarum Mariaeburgensium Incolarum eadem omnia et singula jura privilegia libertates et immunitates per Serenissimum Olim Sigismundum Augustum Avum Nostrum concessa et a Serenissimis Stephano et Sigismundo III Regibus, praedecessoribus Nostris confirmata auctoritate Nostra Regia memorata omnia et singula privilegia jura et immunitates libertatesque ac consuetudines, quibus hucusque usi sunt, nullis penitus exceptis aut exclusis approbanda ac circa eadem dictos incolas integre conservandos et manutenendos esse duximus. Uti quidem praesentibus literis Nostris approbamus conservamus et manutenemus. Volentes ea omnia et Singula, vim et robur debitae ac perpetuae firmitatis obtinere debere. Quoniam vero promptum obsequium, uti fideles subditi, certâ in pecuniae summa pro usibus Nostris, numeratâ et repraesentatâ praestiterunt, eosdem de levatâ et perceptâ dictâ summâ non modo per praesentes literas Nostras omnimode quietamus et liberos facimus, Verum etiam promittimus pro Nobis et Serenissimis Successoribus Nostris, Nos Serenissimosque Successores Nostros praenominatos Incolas Insularum Utrarumque Nostrarum Mariaeburgensium a similibus Contributionibus liberos ac immunes imposterum ac perpetuis temporibus reddituros neque a quopiam ab ipsis tale quidpiam exigi permissuros. In quorum fidem praesentes manu Nostra subscriptas, sigillo Regni communiri mandavimus. Datum Varsaviae die XXII Mensis Decembris, Anno Domi MDCXLII. Regnorum Nostrorum Poloniae X, Sueciae vero XI Anno.

(L. S.
  R. P.) VLADISLAUS REX.

Thom. Vicysky
R. M. Secretarius mpp.

Das Original dieser und der folgenden Urkunde befindet sich im Gemeindearchiv zu Orlofferfelde. Am 27. Februar 1697 sind sie auf Ansuchen der ehrsamen David Hein und Claas Bestvader, beyder Machthabere und Bauersleute von dem Ohrlafer Felde im Tiegenhöfischen Gebiete gelegen, vor gehegtem Ding E. Edlen Gerichts der Rechten Stadt zu Danzig verlesen und in das (noch vorhanbene) Scheppenbuch ingrossirt.

2.

Joannes Casimirus DEI Gratia Rex Poloniae Magnus Dux
Lithuaniae, Russiae, Prussiae, Masoviae, Samogitiae, Livoniae,
Smolensciae, Czernichoviaeque nec non Suecorum, Gottorum
Vandalorum haereditarius Rex.

Significamus praesentibus literis Nostris, quorum interest,
universis et singulis, Supplicatum Nobis esse nomine H o l l a n d o r u m
T i g e n h o f f e n s i u m Berwaldensium aliorumque omnium in
Oeconomia Nostra degentium Subditorum Nostrorum, ut ipsos in
patrocinium et protectionem Nostram Regiam susciperemus ac a
contributionibus insolitis et extraordinariis quibus se a diversis
Personis saepe gravari conqueruntur, praecipue vero quod a
generoso Wilbaldo Haxberg non tantum annis praeteritis varie
turbati atque ad conferendam magnam pecuniae vim fuerint coacti,
sed etiam hoc ipso anno novis citationibus ad Iudicium Nostrum
Assessoriale, ratione persolutionis duorum ungaricalium a quolibet
manso: cum olim a Serenissimo Vladislao IV Fratre Nostro desi-
deratissimo jam literis certis universalibus liberati fuerint, se
evocari experti sint, eximeremus, liberosque ac immunes faceremus.
Cui supplicationi, uti justae, benigne annuentes promptamque
industriam quam per tantam annorum seriem incolendis et redigendis
in supra nominata Oeconomia Nostra Mariaeburgensi sterilibus
fundis ad frugem probarunt, eosdem subditos Nostros Gratia Nostra
Regiâ prosequentes, Omnes Citationes et literas universales
quocunque praetextu et colore a Serenissimis Antecessoribus
Nostris vel etiam a Nobis ad male narrata contra ipsos emanatos
cassamus et annihilamus, illosque praetextu Mennonisticae Religionis
alteriusve cujusvis praetensionis imposterum hujusmodi pecuniarum
expressione aggravari nolumus ac a persolutione duorum ungaricalium a quolibet manso liberos et absolutos facimus. Ac circa
possessionem bonorum juraque privilegia immunitates ac consuetudines antiquas integre conservamus. In hujus modi vero privilegio
contra venientes poenam gravissimam statuimus. In cujus rei

fidem praesentes manu Nostra subscriptas Sigillo Regni communiri jussimus. Datum Varsaviae XVI die Mens. Junii Anno Domini MDCL; Regnorum Nostrorum Poloniae et Sueciae II Anno.

Casimirus Rex.

Albs. Kadsislowski
Scret. Reg. Majest. mpr.

3.

Joannes Casimirus DEI Gratia Rex Poloniae Magnus Dux Lithuaniae, Russiae, Prussiae, Masoviae, Somogitiae, Livoniae, Smolensklae, Czernichoviaeque nec non Suecorum Gottorum Vandalorumque haereditarius Rex.

Significamus praesentibus literis Nostris quorum interest Universis et singulis, Continuo, jam fit quod indebita aut intempestiva Legum interpretatio plurimos eo animet ut leviter in aliorum Jura bona et publicae quietis Securitatem incurrant et magnis involvant innocentes litibus. Praevenire itaque volentes imminentia damna, quae per Similes privatorum inconvenientias facile in Bonis Oeconomiae Nostrae Tygenhoff et Berwald proventibusque Nostris pateremur, qui praecipui in possessionibus subditorum Religionis Maenisticae consistunt, tum et impedire cupientes temerarios importunorum ausus, qui praetextu Zell publici per usurpationem Constitutionis novellae juxta Jura antiqua de Arianis Sancitae homines illos Maenistas vexare exindeque ultimae vastitatis occasionem subito dare possent, Nostrisque Proventibus non mediocrem afferrent jacturam et diminutionem. Proinde ejusmodi incommodis et inconvenientiis obviam euntes tum et indemnitati Nostrae ac nominatorum Subditorum in Tygenhoff providendo illos eosdem in Protectionem et Tutelam Nostram Regiam recipiendos esse duximus, prout de facto praesenti Diplomate Nostro recipimus. Et quia periculum a Lege Metusque omnis pullulat, ideo eandem Legem de Arianis in Comitiis Generalibus

Regni Anno 1658 sancitam et denuo in Anno 1659 ex mente Reipublicae reassumptam ita declaramus quod praefata Lex in omnibus, qui sunt conditionis Nobilitarum et civilis: a quibus ex praerogativa Immunitatum aut Dignitatis par perpetuo metus, tanquam a Personis tam famosae Sectae, Reipublicae esse potest extendi, intelligi, adhiberi, interpretari, practicarique debet, quod idem minime aut prorsus non est metuendum Nobis ac Statibus Reipublicae a memoratis hominibus Agricolis nihilque liberale exercentibus, quorum item ritus nullus publicus sed is tantum, quem per conniventiam et tolerantiam personarum ecclesiasticarum nanciscuntur. Qua declaratione Nostra ita praemissa omnia illa Privilegia quaecunque subreptitie aut ad Sinistram Informationem, contraque mentem et consensum Nostrum a quocumque cujusvis Status et Conditionis impetrata ex Cancellaria Nostra emanarunt, ceu nullo innixa fundamento et sub velamine Legis Juri contraria cassamus et annihilamus nullumque robur ac firmitatem habere debere declaramus atque si aliqua alia in posterum emanare contigerit, talia omnia nulla esse et haberi volumus, ita ut nemo possit et audeat nunc in futurum ullis quaecumque illa fuerint Privilegiis et Donationibus Nostris supradictis Menistis in Tygenhoff ex hac causa praedicta Constitutionis de Arianis potiri et gaudere. Promittentes pro Nobis et Serenissimis Successoribus Nostris, quod eosdem Subditos et Maenistas in Tygenhoff cum Succedaneis eorum circa Immunitatem praesentis Diplomatis conservabimus, Serenissimique Successores Nostri conservabunt. Quod ad notitiam Omnium Officiorum et Jurisdictionum Palatinalium, Terrestrium Castrensium et Civilium in Terris Prussiae aliisque in locis Regni ac Dominiorum Nostrorum deducendo mandamus, ut praefatos Maenistas juxta tenorem praesentium manuteneant et ab aliis manuteneri curent circaque illam securitatem, quam iisdem speciali rescripto nostro Varsoviae die XVI Mensis Novembris (sic!) Anno MDCL praecavimus in toto conservent. In cujus rei fidem praesentes manu nostra subscriptas sigillo Regni communiri dessimus. Datum Cracoviae die XX Mensis Novembris. Anno Domini MDCLX, Regnorum Nostrorum Poloniae XII Sueciae XIII Anno. Casimirus Rex.

(L. S. Maj. Cancellariae R.)   Joannes Ignatius Bąkowski
                              Succamerarius Culmensis m. pr.

4.

Ioannes Tertius Dei Gratia Rex Poloniae, Magnus Dux Lithuaniae, Russiae, Prussiae, Masoviae, Samogitiae, Kyoviae, Volhyniae, Podoliae, Podlachiae, Livoniae, Smolensciae, Severiae, Czernichoviaeque Significamus praesentibus Litteris Nostris quorum interest Universis et Singulis. Eam esse instituti ac muneris Nostri Regii peculiarem curam et continuam Sollicitudinem Nostram ut Jura et Privilegia per Serenissimos olim Praedecessores Nostros Reges Poloniae benigne incolis Regni Nostrae ac Terrarum Prussiae collata, non tantum inviolabiliter conservemus, verum etiam majora indies incrementa ipsorum augeamus, ac ideo cum interCaeteros Terrarum Prussiae Incolas et Incolae Territorii Elbingensis Jurisdictionis Subarcensis Mariaeburgensis Insulae utriusque Oeconomiae Nostrae Mariaeburgensis Bonorum Nostrorum Tygenhoffensium et Berwaldensium Menuonistae ac Insulani dicti, promptum studium ergo Nos benemerendi praestiterunt, dignum et conveniens censuimus, ut eosdem circa Jura Privilegia Consuetudines memoratis Incolis Maennonistis tam Elbingensibus quam Mariaeburgensibus, Tygenhoffensibus et Berwaldensibus per Nos et Serenissimos Antecessores Nostros benigne concessas conservaremus et manuteneremus. Cum Vero Nobis nomine Ipsorum humiliter expositum ac plurimis Communitatis dictorum Incolarum Juribus, Privilegiis, Immunitatibus derogari ac in Religionis exercitio turbari, Juribusque quae ipsis competant contrariari, et exinde ipsos ad Miseriam Calamitatemque adduci ideo ejusmodi derogationi Juribusque ipsorum providere cupientes, Omnia et Singula Privilegia, Jura, Immunitates etiam respectu Religionis ipsis

e

Servientes, omnesque Consuetudines Communitati ipsorum clementer concessas approbandas, confirmandas circaque easdem ipsos manutenendos et conservandos esse duximus, prout quidem praesentibus literis Nostris approbamus et confirmamus, conservamusque ac manutenenus atque defectus Omnes et derogationes Jurium in quantum aliquae intercesserunt, ex Supremà Potestate Nostra Regia supplemus, eisdem sua Jura redintegramus, liberumque exercitium Religionis ipsius Mennonisticae prout antea habuerunt permittimus et concedimus, permittique nec impugnari a quopiam volumus, eosdemque in Protectionem Nostram Regiam accipimus, et ab Omni turbatione, molestatione quarumvis Personarum, quovis colore vel praetextu eximimus et liberamus, quod ad Notitiam Omnium et Singulorum quorum interest, praesertim vero Magistratus Elbingensis, Administratorum Mariaeburgensium et Tygenhoffensium Possessorisque Bonorum Berwald nunc et pro tempore existentium deducendum mandamus quatenus circa Jura Privilegia Immunitates et Consuetudines a Serenissimis Antecessoribus Nostris ac Nobis ipsis concessas, praesentibusque confirmatas et declaratas Suprascriptos Incolas Mennonistas, quisque in Jurisdictione sua conservent conservarique faciant, Juribusque ipsorum non derogent, nec impediant, sed iisdem libere uti sine quavis difficultate, turbatione, Comminutione ac molestatione permittant, ab Omnibus et Singulis, qui ipsos turbare ac molestare velint, defendant, protegant ac tueantur pro Gratia Nostra Juribus Nostris Regalibus et Reipublicae Salvis manentibus. In quorum fidem praesentes manu Nostra Subscriptas Sigillo Regni communiri mandavimus. Datum Varsaviae die XXII Mensis Augusti, Anno Domini MDCXCIV Regni vero Nostri XXI Anno.

Joannes Rex.

Locus Sigilli Majoris Cancellariae Regni
Albertus Franciscus Paszynski
Sae. Rae. Mtts. Secretarius mpp.

5.

Augustus Secundus Dei Gratia Rex Poloniae Magnus Dux Lithuaniae, Russiae, Prussiae, Masoviae, Samogitiae, Kyoviae Volhyniae, Podoliae, Podlachiae, Livoniae, Smolensciae, Severiae Czernichoviaeque: Nec non Haereditarius Dux Saxoniae et Princeps Elector etc. Significamus praesentibus Litteris Nostris quorum interest Universis et Singulis. Quia prout in felici Coronatione Nostra Cracoviae die vigesima Mensis Septembris, Anno Domini MDCXCVII Mennonistis (quos Serenissimi Praedecessores Nostri ex Hollandia vocarunt, et eorum Opera ac Industria in Insulis Mariaeburgensibus, ad exstirpandos fundos, agros, prata, aggeres, molendinorum aedificationem pro expellendis aquis usi sunt, bosque ipsi labores et impensas, ad utilitatem publicam Oeconomiarum Nostrarum facere non cessant) pro ipsorum circa hanc rem Oeconomicam Conservatione et Manutentione Omnia eorum Jura, Privilegia, et Immunitates a Serenissimis Antecessoribus Nostris largitas approbaveramus et confirmaveramus, ita et ad praesens non solum eadem Privilegia Serenissimorum Antecessorum Nostrorum sed etiam quasvis Spirituales ipsis Concessiones, Commissiones, Ordinationes a Loci Ordinariis praecipue a Reverendis in Christo Patribus, Casimiro Joanne Oppalinski, Michaele Cardinali Radziejowski, Theodoro Potocki, Felici Ignatio Kretkowski et moderno Reverendo in Christo Patre Francisco Czapski Episcopo Culmensi, permissas, quo ad liberum eorum Religionis exercitium et in Privatis domibus seu Scholis antiquisque in locis solitam Devotionem peragendam, Administrationes baptizandi, Communicandique, Matrimonia contrahendi, et in coemeteriis Cadaverum etiam Minorennium sepeliendi, ac Juventutem per suos Schollarchas in loco Communi et Domo eorum solita instruendi aliasque facultates Spirituales ipsis concessas ratihabendas esse censuimus, prout ratihabemus, circaque easdem omnes tam Saeculares quam Spirituales Concessiones et Immunitates eosdem Mennonistas in Prussia manentes manutenemus et ne in iisdem juribus, Immunitatibus, exercitioque Religionis suae,

e*

Liberis in Coemeterio Cadaverum etiam Minorennium Sepulturis, Juventutis suae per suos Scholiarchas, in loco ipsis solito et beneviso Instructione, per temerariam privatorum vexam ac indebitam et illicitam emunctionem interturbentur, severe sub poenis in violatores Privilegiorum Nostrorum inhibemus et interdicimus. Quod ad Notitiam omnium, quorum interest, praesertim vero Magnificorum Palatinorum, Capitaneorum Terrarum Prussiae atque Generosorum Oeconomi, Vice Oeconomi et Administratorum, aliorumque Officialium Oeconomiae nostrae Mariaeburgensis, nunc et protempore existentium, deducendo, ipsis mandamus quatenus circa praemissa Jura, Privilegia, Immunitates tam in Saecularibus, quam in Spiritualibus ipsis concessas in quantum Juris est, et usus eorum habetur eos manuteneant et Conservent, manutenerique et conservari ab Omnibus curent, pro Gratia Nostra et Officiorum suorum debito Juribus Nostris Regalibus, Reipublicae Ecclesiaeque Sanctae Romano-Catholicae salvis. In cujus rei fidem praesentes manu Nostra Subscriptas Sigillo Regni communiri jussimus. Datum Varsaviae die XVIII Mensis Octobris, Anno Domini MDCCXXXII, Regni vero Nostri XXXVI Anno.

Locus Sigilli.   A u g u s t u s R e x.

Confirmatio Generalis Jurium et Privilegiorum Mennonistis in Prussia Servientium.

Andreas Skwarczynski
Sae. Rae. Mtts. Secretarius.

———

Die Originale der Urkunden 3—5 befinden sich in Händen der Mennonitengemeinde im Kleinen Marienburger Werder. Sie sind hier abgedruckt nach mehreren gerichtlich beglaubigten Abschriften der Generalbestätigungsurkunden von August II. (15. April 1736) und von Stanislaus August (22. December 1774.)

6.

Patent,

daß die Mennoniſten innerhalb drey Monaten und längſtens gegen bevorſtehenden Trinitatis das Königreich Preußen räumen, oder widrigenfalls, wofern ſie ſich nach Ablauf ſolcher Zeit annoch betreten laſſen würden, nach der Veſtung in die Karre gebracht, an deren Statt aber andere gute Chriſten, die den Soldatenſtand nicht für verbothen halten, angeſetzt werden ſollen. De dato Berlin, den 22ſten Februarii 1732.

Nachdem Seine Königl. Majeſtät in Preuſſen ꝛc. unſer Allergnädigſter Herr, mißfällig vernommen, daß Dero höchſten Intention und Willens-Meynung zuwider, im Königreich Preuſſen, ſowohl in denen Städten, als auch auf dem platten Lande, ſich hin und wieder annoch Mennoniſten aufhalten: Allerhöchſtgedachte Se. Königl. Majeſtät aber aus bewegenden Urſachen, dieſe Secte nicht geduldet, ſondern vielmehr alle und jede Mennoniſten in Zeit von drey Monaten, und alſo zwiſchen hier und Trinitatis dieſes Jahres, aus Dero Preuſſiſchen Landen gänzlich weggeſchaffet, diejenigen auch, welche in ſolcher Zeit das Land nicht verlaſſen, ſondern nach Trinitatis, es ſey in den Städten oder auf dem platten Lande als Einwohner und Eingeſeſſene ſich annoch antreffen laſſen würden, als vorſetzliche Uebertreter dieſer Königl. Verordnung, zur Veſtung in die Karre gebracht wiſſen wollen: Als haben ſich darnach alle und jede im Königreich Preuſſen befindliche Mennoniſten, ſie wohnen in den Städten, oder auf dem platten Lande und in den Dörfern, aller-gehorſamſt zu achten, und falls ſie ihre Immobilia in geſetzter Zeit nicht verkaufen könnten, dazu ſichere Mandatarios und Bevollmäch-tigte zu beſtellen, die in ihrer Abweſenheit ihre Gründe beſtmöglichſt verkaufen können, mithin bey Vermeidung der Straffe der Veſtungs-Arbeit, das Land in der geſetzten Zeit gegen Trinitatis dieſes Jahres zu räumen.

Mehr höchstgebachte Se. Königl. Majestät befehlen auch zugleich sowohl Dero Preußischen Regierung, als der Krieges- und Domainen-Cammer zu Königsberg, nicht minder der Litthauischen Deputation zu Gumbinnen, ferner allen Hauptleuten, Verwesern und Beambten, imgleichen benen Magiſträten in den Städten, und benen von Abel auf dem Lande, hiemit so gnädigſt als ernſtlich, dieser Verordnung Nachbruck zu geben, und alle Mennoniſten zwischen hier und Trinitatis anni currentis wegzuschaffen, an denselben Platz aber andere gute Chriſten, die den Soldatenſtand nicht für verbothen halten, anzusetzen.

Damit auch dieses Patent zu jedermanns Wiſſenschaft kommen möge, und sich niemand mit der Unwiſſenheit entschuldigen könne; so soll selbiges sowohl in denen Städten, als auf den Dörfern öffentlich angeschlagen und ausgehangen, auch sonſt gewöhnlicher maaſſen überall bekannt gemachet werden.

Signatum Berlin, den 22ſten Februarii 1732.

(L. S.)   Friedrich Wilhelm.

F. W. v. Grumbkow.   F. v. Görne.   A. D. v. Viereck.
F. M. v. Viebahn.   F. W. v. Happe.

7.

Vorstellung der Krieges- und Domainen-Kammer zu Königsberg, gegen das Patent vom 22ſten Februar 1732, die Wegschaffung der Mennoniſten, betreffend.

Allerburchlauchtigſter ꝛc. ꝛc.

Ew. Königl. Majeſtät allergnädigſtes Rescript vom 22ſten Februar a. c. vermittelſt welchem uns zu wiſſen gethan worden, daß an die hieſige Regierung ein Patent wegen Wegschaffung der Mennoniſten aus diesem Königreich zur Publication remittirt worden, iſt den 26ſten Februar auf die Poſt gegeben und den 6ten Martii bei uns eingelanget.

Die Regierung wird nun vermuthlich das Anbefohlene zu bewerkstelligen nicht ermangeln, und wir würden uns nicht unterstehen, dagegen etwas allerunterthänigst vorzustellen, wenn nicht der Schade, welchen Ew. Königl. Majestät bey Dero Königsbergschen Accise-Casse und sonstigen an Dero Interesse dadurch allem Absehen nach leiden werden, so evident und erkledlich wäre, wie aus folgendem abzunehmen stehet.

Bey solcher Bewandtniß aber halten wir unsern Pflichten gemäs zu seyn, Ew. Königl. Majestät dasselbige allerunterthänigst anzuzeigen, und hoffen, daß Ew. Königl. Majestät es dahero nicht ungnädig nehmen werden.

Was das punctum Religionis der Mennonisten anbelanget, davon ist nicht nöthig allhier zu gedenken, nachdem Ew. Königl. Majestät solchen vor einigen Jahren haben untersuchen lassen, und das deßhalb ergangene allergnädigste Rescript vom 2ten April 1722 Zeugniß giebet, daß in ihrem Glaubensbekenntniß nichts enthalten, was der evangelischen Religion entgegen wäre, oder einem Christen anstößig seyn könnte, dahero ihnen auch der freye Gottesdienst in einem Privathause zugestanden worden, wobey sie sich der Hallischen und der Lobwassers Gesänge bedienen, übrigens ein stilles, friedliches und arbeitsames Leben führen, ihre Kinder in den Evangelischen Schulen, und absonderlich im Collegio Friderleiano im Christenthum unterrichten lassen. Nach beiliegender Liste sind in Königsberg 17 Mennonisten-Familien, welche mehrentheils durch das sub dato Berlin den 4ten December 1721 publicirte Patent bewogen worden, sich allda niederzulassen, ohne die denen aus der Frembde anziehenden Hauß-Wirthen verwilligten beneficia zu praetendiren, noch sonsten etwas aus Königl. Casse an Vorschuß erhalten zu haben.

Der Nutzen hingegen, so die Königl. Cassen, wie auch das Land von diesen Leuten gehabt, ist daraus unter andern abzunehmen, daß sie den im Lande gemachten Kornbrandwein dergestalt zuzurichten und zu bestilliren wissen, wie in Danzig, wodurch der Danziger

Brandwein zum Vortheil des Landes bisher ganz zurückgehalten worden. Der in der besagten Liste sub No. 1. aufgeführte hat es vor andern dahin gebracht, daß er im Stande ist, einigen Pächtern zur Abtragung der Arrende, auf Lieferung von Brandwein, Geld vorzuschießen und an die Renthey zu zahlen. Und da andere Einwohner den Kornbrandwein nicht also zu bestilliren und zu präpariren verstehen, so ist nicht zu hoffen, daß der Abgang, welcher durch den Mennonisten-Abzug nur in diesem Stücke verursacht werden wird, denen andern hiesigen Einwohnern wieder zuwachsen dürfte, folglich stehet ein minus bei der Accise, den Licent- und anderen Cassen nicht zu gedenken, ohnfehlbar zu erwarten, maaßen es nicht ein Geringes, was sie allein durch den bloßen Brandweins-Impost in denen dreien letzten Jahren, an Accise beigetragen haben, welches Ew. Königl. Majestät aus dem anliegenden Extract allergnädigst zu bemerken geruhen werden. Wobey auch noch dieses zu considiriren ist, daß die Pächter nicht ein Geringes verliehren werden, wenn sie ihren Brandwein künftig nicht so gut, als bisher, abzusetzen Gelegenheit haben, und sich genöthigt sehen werden, solchen wohlfeiler zu verkaufen.

Mit benen übrigen Mennonisten hat es gleiche Bewandniß, angesehen der sub No. 2. eine Lederfabrik angelegt, worinnen er Kalb- und Sohlleder auf englische Art zubereitet, weil er theils hiesige Schuster verleget und creditiret.

Der sub No. 5. ist ein Bortenwirker, so verschiedene in Pohlen gangbare Waare machet, so die Kaufleute sonst aus Danzig kommen lassen mußten.

Der sub No. 8. kaufet benen hiesigen Weißgerbern das Leder ab, und verschneidet es zu Frauenschuh, lässet es hier bunt mahlen, worzu er an die 20 Menschen employret, und versendet es nachhero Parthey-Weise nach Schweden, Holland und anderen frembden Ländern, wovon er sowohl hier als in Danzig ein Lager hält.

Der sub. No. 9. ist ein tüchtiger Zeugmacher, hat 7 Stühle beständig im Gange, wobei auch 5 Kämmer und 70 Spinner, und ist im Stande, seine habende Fabrike nach dem habenden Debit allenfalls zu vergrößern.

Der sub No. 10. ist ein Seiden- und Wollfärber, lässet die Wolle kämmen und spinnen, und das Garn auf englische Art zurichten, wie es zum Nähen, Livree-Schnüren, Degen-Quästen 2c. gebraucht wird, wozu er 2 Kämmer und 40 Spinner hält, von welcher Profession außer ihm kein einziger bey der Stadt und im Lande ist. Von denen Zeugen, und dem wollenen Garn, so derselbe fabriciren lässet, hat der letzt von Berlin hier gewesene Bellon verschiedene Proben mit sich genommen, und sich allhier vernehmen lassen, daß er das Garn überaus gut finde, auch fast glaubte, daß die Tapetenmacher davon ihre Nothdurft nach Berlin hinkommen lassen würden, anstatt des englischen Garns, so sie bishero gebrauchet, und also beziehen wir uns des mehreren auf dasjenige, was besagter Bellon hiervon referiren wird.

Der sub No. 11. ist ein Kaufmann und Krämer, und handelt fürnehmlich mit Seiden- und Kameelhaarnen Waaren, auch mit goldnen und silbernen Tressen, hält vier Stühle im Gange, worauf er Rundschnur arbeiten lässet, so die Pohlen und Husaren zu Einfassung der Kleider und Schärpen gebrauchen. Ueberdem lässet er noch auf 6 Stühlen allerhand Bänder und Tressen machen, und erhält noch andere Bortenwirker in Arbeit.

Der sub No. 12. ist ein Rundschnürmacher, so vier Stühle im Gange hat.

Der sub No. 14. ist ein holländischer Negotiante, so in Compagnie mit dem Handelsmann Hoyer das importanteste Comptoir allhier hält, und noch kürzlich eine reformirte Frau aus Danzig geheirathet hat.

Der sub No. 16. weiß die Grütze, so wie sie die Schiffsleute zu ihrer Provision zu nehmen pflegen, zu machen.

Der sub No. 17. ist ein Schiffer, so sein eigenes Fahrzeug hat, womit er beständig in See fähret, seine Frau und Kinder sind reformirter Religion.

Wenn nun diese Leute mit einander Ew. Königl. Majestät ergangenem Befehl gemäß wegziehen müßten, da sie doch vorher durch versprochene Freiheiten und Toleranz ins Land gelocket worden, und für die erlangte allergnädigste Concession, ihren Gottesdienst zu halten, ohne die andern Unkosten Zweyhundert Rthlr. zur Rekruten-Casse erleget haben, so ist aus dem, was hier alleruntertänigst angeführt worden, ganz offenbar, daß die Accise- und Licent- wie auch Servis-Cassen dadurch ein Ansehnliches verlieren werden, zumal nicht abzusehen, wie und durch welche Leute von solchen Professionen und Gewerben der Abgang wieder ersetzt werden könne, zu geschweigen des nicht geringen Capitals, welches mit diesen Leuten ins Land gekommen, und mit selbigen wieder hinausgehen würde.

Es ist uns bekannt, wie sehr es Ew. Königl. Majestät umb die Vermehrung der Manufacturen zu thun, und daß dieses auch das beste Mittel sey, dieses Land zu peupliren und jedem Einsaaßen die nöthige Nahrung zu verschaffen, wie denn auch Ew. Königl. Majestät in solcher Absicht noch kürzlich erst wieder allergnädigst resolviret haben, mehr Juden anzunehmen, wenn sie eine gewisse Anzahl Wollweberstühle im Gange zu erhalten sich anheischig machen, mit dem allergnädigsten Versprechen, daß selbige sogar von allen sonst gewöhnlichen jüdischen Praestationen befreiet seyn sollen, da doch in Absicht der Recrutirung von diesen noch weniger ein Zuwachs zu hoffen ist, als von denen Mennoniten, welche letztere ihr nöthiges Gesinde von evangelischer Religion zu nehmen pflegen, wie auch ihre Handwerks-Pursche und Gesellen der christlichen Religion zugethan seyn, von welchen verschiedene hier bleiben und sich im Lande setzen; es träget sich auch wohl zu, daß ein Mennonist selbst zur reformirten Religion tritt, zumal, wenn er eine Frau von solcher Religion genommen, oder sie lassen ihre Kinder in der reformirten Religion erziehen, wie davon Exempel vorhanden sind, und soll auch der sub No. 14. benannte holländische Negotiant Willens gewesen seyn, der reformirten Religion, welcher seine Frau zugethan ist, gleichfalls beizutreten, anjetzo aber will er dennoch lieber von hier ziehen, als den Vorwurf gewärtigen, daß ihn der Befehl, das Land zu räumen, zu obiger Resolution vermocht habe.

Man sollte also aus obigen Umständen fast schließen, daß mit der Zeit die wenigen Mennonisten von selbst ausgehen, und, wo nicht jetzige alle, doch deren Kinder zur evangelischen Religion sich bekennen, folglich Ew. Königl. Majestät, Dero Zweck sowohl in Peuplirung des Landes, als auch in Absicht der Recrutirung gleichwohl erreichen werden, insonderheit, wenn denen Mennonisten freigegeben werden möchte, zu ihren Professionen so viel Gesellen und Jungen anzunehmen, als ein jeder nach seiner Nahrung und Debit nöthig zu haben vermehnet, wodurch noch verschiedene Gesellen aus frembden Orten ins Land gezogen, und folglich einige tüchtige Arbeiter und Soldaten mehr herein gebracht werden können.

Dieses ist also, was wir Pflichten halber allerunterthänigst vorzustellen keinen Umbgang haben nehmen können.

Doch überlassen wir alles lediglich Ew. Königl. Majestät höchst erleuchteten allergnädigsten Beurtheilung in tiefster Unterthänigkeit, und was Ew. Königl. Majestät darauf ferner allergnädigst zu resolviren geruhen wollen.

Was Ew. Königl. Majestät Generalmajor Graf Truchses, wegen der auf seinen litthauschen Gütern wohnenden Mennonisten, insbesondere noch unterm 13ten Martii a. c. schriftlich bei unserm Collegio hat einreichen lassen, davon überschicken wir eine Abschrift allerunterthänigst hierbey, damit Ew. Königl. Majestät daraus Selbst Allergnädigst ersehen mögen, wie nützlich ihm diese Leute dort seyn, wegen des sonst morastig gewesenen Landes, welches sie durch Canäle und andere Mittel haben wissen urbar zu machen, als worauf sie sich vor andern verstehen, und was vor Schaden er dagegen besorget, wenn diese Leute wieder wegzuziehen genöthigt werden sollten, welcher seiner Vorstellung wir denn unseres Orts nicht anders als vollkommen ebenmäßig beipflichten können, indem es allerdings an solchen Leuten hier fehlet, welche sich auf dergleichen Arbeit wohl verstehen. Wir ersterben in tiefster Devotion

Ew. Königl. Majestät
Allerunterthänigst treugehorsamste Diener

Königsberg, ben 24. März 1732.   2c. 2c.

8.

Declaration des Patents vom 22ften Februarii 1732, daß diejenige
Mennonisten, welche sich zu Königsberg und an andern Orten
des Königreichs Preußen häußlich niederlassen und ehrlich ernähren
wollen, aufgenommen werden sollen.

De Dato Berlin, den 14ten Augusti 1740.

Nachdem Se. Königl. Majestät in Preußen ꝛc. ꝛc. ꝛc. Unser
allergnädigster Herr, aus bewegenden Ursachen gut gefunden, das
wegen der Mennonisten in Preussen publicirte Patent vom 22. Februar
1732 nunmehro hiemit dahin in Gnaden zu declariren, daß alle
Mennonisten, so viel sich derselben in Dero Königreich Preussen
ansetzen und häußlich niederlassen wollen, wieder aufgenommen, und
wie vorhin gleich allen andern Dero getreuen und sich redlich nährenden Unterthanen in Städten und aufm Lande geduldet werden
sollen; Als haben allerhöchstgedachte Se. Königl. Majestät solche
Declaration hiedurch öffentlich bekannt machen lassen wollen, befehlen
auch zugleich Dero Preußischen Regierung, nicht minder Dero
Krieges- und Domainen-Cammern zu Königsberg und Gumbinnen,
auch den Amts-Hauptleuten, Magisträten und Beamten allergnädigst,
sich darnach gebührend zu achten, und diejenige Mennonisten, so sich
in Dero Königreich Preußen häußlich niederlassen und ehrlich ernähren,
wenn sie die gewöhnliche Abgaben entrichten, und sich sonsten gehörig verhalten, bey ihren Professionen ruhig zu lassen. Signatum
Berlin, den 14ten Augusti 1740.

(L. S.)   Friederich.

F. v. Görne.   A. O. v. Viereck.   F. W. v. Happe.
A. F. v. Boden.

9.

Edict, die künftige Einrichtung des Mennoniten-Wesens in sämmtlichen Königlichen Provinzen, exclusive des Herzogthums Schlesien, betreffend. De Dato Berlin, den 30. July 1789.

Wir Friedrich Wilhelm, von Gottes Gnaden König von Preußen, Markgraf zu Brandenburg.

Thun kund und fügen hierdurch zu wissen, daß wir Uns sehr wohl erinnern, den in Unsern Landen wohnenden Mennonisten Unsern Landesherrlichen Schutz und die ungestöhrte Ausübung ihrer Religions-Grundsätze bestätiget und versichert zu haben.

So sehr Wir nun geneigt sind von der Gewissensfreiheit Unserer Unterthanen allen Zwang zu entfernen, so sehr erfordert es jedoch das Wohl Unserer Staaten, daß die Bekenner solcher Religions-Meynungen, welche eine der vorzüglichsten Pflichten getreuer Unterthanen, die Vertheidigung des Vaterlandes, versagen, nicht nur nicht alle bürgerliche Vorzüge Unserer andern, diese Pflicht gern und willig übernehmenden, Unterthanen genießen, sondern sich vielmehr Verbindlichkeiten unterwerfen, welche einigen, wenn gleich geringen Ersatz, für die Befreiung von jener wesentlichen Pflicht eines Staatsbürgers, zu leisten im Stande sind.

Nach diesen Bedingungen werden Unsere jüdische Unterthanen behandelt, und die Mennonisten dürfen ähnliche Einrichtungen um so weniger als Gewissenszwang ansehen, da solche auf Religions-Meynungen und gottesdienstliche Handlungen keinen Bezug haben, sondern sie blos als bürgerliche Mitglieder des Staats betreffend zu dessen Vertheidigung und Cultur sie sogar weniger beyzutragen geneigt sind, als die jüdische Unterthanen. Wir wollen, ordnen und befehlen dahero:

§. 1.

Daß, da den Ost- Westpreußischen und Litthauischen Mennonisten, in dem von uns bestätigten Patent vom 29. März 1780, gegen eine jährliche Abgabe von 5000 Rthlr. zum Culmschen Cadettenhause, die Enrollements-Freiheit versichert worden, es ferner dabey sein Bewenden haben soll, obgleich die jetzige Anzahl der männlichen Köpfe diejenige bei weitem übersteiget, auf welche die Anlage der 5000 Rthlr. beruhet.

Damit aber diese Begünstigung nicht ferner ihre Grenze übersteige, und die Mennonisten nicht leicht mehr im Stande seyn mögen, die bequemste und nahrhafteste Besitzungen anderer Unserer, dem Kriegesdienst unterworfener, Unterthanen an sich zu bringen, wozu sie theils durch außerordentliche hohe Kaufspreise; theils durch Entziehung derjenigen Lasten, die sie sonst gemeinschaftlich getragen, bishero mancherley Gelegenheit genommen haben; so sollen

§. 2.

alle in Unsern Landen mit Grundstücken angesessene, oder sich in Zukunft anfässig machende Mennonisten, und besonders diejenigen, welche sich in den Marienburgischen Werdern niedergelassen haben, zur Unterhaltung der protestantischen Kirchen, Prediger und Pfarrgebäude, ingleichen der Schullehrer- und Schulgebäude, nach dem Verhältniß ihrer Grundstücke, eben dasjenige beytragen, was ein protestantisches Mitglied von seinen Besitzungen zu leisten verbunden ist.

§. 3.

Eben so sollen alle und jede in Ost- Westpreußen und Litthauen wohnhafte Mennonisten, sie mögen angesessen seyn oder nicht, in allen Fällen, wo ein protestantischer Einwohner bey Geburten, Verheyrathungen oder Sterbefällen, Stollgebühren zu entrichten hat, eben diese Gebühren nach Verhältniß des Standes und Gewerbes, und nach den, in den vorgeschriebenen Tax-Ordnungen bestimmten, Sätzen der Kirche und Geistlichkeit desjenigen Orts oder Bezirks, in welchem ein jeder wohnhaft ist, zu entrichten schuldig seyn. Auch soll in Ansehung der Calende, wo solche üblich, eine gleiche Verbindlichkeit zu deren Entrichtung, wie bey den protestantischen Einwohnern desselben Orts oder Bezirks, und von eben der Classe auch in Ansehung solcher Mennonisten statt finden.

Da hiernächst

§. 4.

verschiedene Mennoniften-Gemeinden sich bisher einer Befreiung von vorstehend erwähnten Parochial-Laften, Abgaben und Gebühren an= gemaßet, auch wohl besonders in Weftpreußen beyfällige Erkennt= niffe darüber erftritten haben, und diefe Erkenntniffe in der Vor= ausfetzung fich gründen, als ob diejenigen gesetzlichen Vorschriften, wornach die proteftantifchen Einwohner von den Pfarrabgaben an die katholifche Geiftlichkeit, und eben fo die katholifchen Einwohner, in Anfehung der proteftantifchen Geiftlichkeit befreyet worden, auch auf die Mennoniften angewendet werden müffen; fothane Voraus= fetzung aber ganz irrig ift, indem bereits durch die unterm 17ten Auguft 1775 und 24ften December 1777 an die Weftpreußifche Regierung und Cammer ergangene Cabinets-Ordres feftgesetzet worden, daß jene allgemeine Gesetze auf die Mennoniften keinesweges ausgedehnet werden follen; fo erwarten Wir zwar, daß diejenigen Mennoniften, welche dergleichen Indicata für fich haben, wenn ihnen gehörig be= deutet wird, daß diefelben auf einer irrigen Vorausfetzung beruhen, den Vorfchriften des gegenwärtigen Edicts, ohne fernere proceffua= lifche Weiterungen, fich unterwerfen werden. Wenn inzwischen gleich= wohl einer oder der andere derfelben auf feiner vermeintlichen, durch diefe Erkenntniffe erlangten, Befreyung beftehen, und auf rechtliches Gehör und Erkenntniß darüber antragen follte, fo foll ihm folches zwar geftattet, alsdann aber auch die proteftantifche Geiftlichkeit durch unfern Fiscum vertreten, und bei der rechtlichen Entscheidung eines folchen Prozeffes, auf die vorangeführte authentifche Declaration vom 17ten Auguft 1775 und 24ften Dezember 1777 die erforder= liche Rückficht genommen werden.

§. 5.

Da die Mennoniften, fo viel Uns wiffend ift, fich bishero nur in proteftantifchen Kirchfpielen anfäffig gemacht haben, fo haben Wir diefe Verordnungen auf katholifche Kirchfpiele mitzurichten nicht nöthig gefunden, weil es aber bei diefem Unfern Gefetz gar nicht auf den Unterfchied der Religionen, fondern lediglich darauf an=

kommt, daß das Cantonwesen in Unsern Staaten nicht geschwächet werde; so folget auch, daß, wenn die Mennonisten sich künftig in katholischen Kirchspielen ansäßig machen, sie dort gleiche Verbindlichkeiten als in den protestantischen Kirchspielen übernehmen müssen.

§. 6.

Weil der Beitrag zu diesen Kirchspiels-Lasten lediglich die Absicht hat, daß die übrigen, dem Kriegsdienst unterworfene, Unterthanen nicht zu sehr gedrücket, und ihre Besitzungen an Mennonisten zu veräußern genöthiget werden; so verstehet es sich auch dagegen, daß die Mennonisten an die gottesdienstlichen Verrichtungen, und an den Heyraths- und Begräbniß-Gebräuchen der übrigen Kirchspiels-Mitglieder, Theil zu nehmen, nicht gezwungen sind, sondern vielmehr, nach ihren Grundsätzen und Gebräuchen zu leben, ferner ungestöhrt berechtiget seyn sollen.

§. 7.

Diejenigen Mennonisten, welche in unuhrbaren Gegenden mit Unserer Erlaubniß neue Colonien und Etablissements anlegen, sind von diesen Abgaben frey, weil daselbst keine Kirchspiele anderer Unterthanen vorhanden sind. Eben dahero dürfen auch diejenigen Mennonisten in dem Marienburgschen Werder, welche in solchen Gegenden etabliret sind, wo zur Zeit ihrer Niederlassung noch keine Kirchspiele vorhanden waren, weder zu den Abgaben, an die jetzt daselbst befindlichen Kirchen und Schulen, beitragen noch Stollgebühren daselbst entrichten.

§. 8.

Die Enrollements-Verbindlichkeit ausgenommen, müssen die sämmtlich angesessene Mennonisten, alle übrige öffentliche Gemeinheits- und sogenannte Nachbars-Lasten und Verbindlichkeiten, gleich den übrigen Unterthanen übernehmen.

§. 9.

In Ost- Westpreußen und Litthauen soll den Mennonisten nur erlaubet seyn, unter folgenden Bedingungen Grundstücke von andern Unterthanen an sich zu bringen.

Wenn der verlaufende Protestant oder Katholik einen, zu seinem und seiner Familie Unterhalt hinreichenden, Theil des Grundstücks behält, und dahero die alte kriegesdienstfähige Familie angesessen bleibt.

- Wenn der in Schulden versunkene Verkäufer sich, durch einen sehr vortheilhaften Verkauf, nicht nur dadurch von seinen Schulden losmachen, sondern auch ein nothdürftiges Etablissement wieder anfangen kann, dazu aber so wenig selbst, als durch Hülfe seiner Gläubiger einen andern eben so vortheilhaften Käufer anzuschaffen im Stande ist. Diese Umstände müssen von den Kammern des Ost- und Westpreußischen, auch Litthauischen Departements untersuchet, und Unserm General-Directorio, zur Prüfung und Ertheilung der Concessionen, gegen die sonst üblich gewesenen Kosten, vorgeleget werden. Ohne eine solche Original-Concession sollen die Hypotheken-Registraturen kein Besitzrecht eines Mennonisten in die Hypotheken-Bücher eintragen; wenn aber solches dennoch geschiehet, soll die schuldige Hypotheken-Registratur mit dem doppelten Betrage der Gebühren, welche sie bey der Zuschreibung des Guths an den unbefugten Besitzer erhalten hat, fiscalisch bestrafet, und das Grundstück, der Mennonist mag sein Besitzrecht haben eintragen lassen oder nicht, auf seine Gefahr und Kosten dem Meistbietenden öffentlich verkaufet, auch wenn bey einem solchen Verkauf ein Mehreres, als wofür der Mennonist das Grundstück selbst an sich gebracht hat, geboten werden sollte, ein solcher Ueberschuß, ohne Abzug der jedesmal von den Mennonisten zu tragenden Subhastations-Kosten, dem Fisco zugeschlagen werden. Wenn ein Gutsbesitzer oder einer Unserer Beamten ohne eine solche Concession einen Mennonisten auf ein sogenanntes Laß-Schaarwerks- oder solches Rusticalgut, welches dem Besitzer nicht eigenthümlich zustehet, angesetzet hat, so soll der Mennonist nach Ablauf eines Jahres, welches jedoch von Johannis zu Johannis zu rechnen, das Guth räumen, und außerdem, wenn er des Vermögens ist, in Funfzig Rthlr. fiscalische Strafe verfallen seyn, der Gutsherr oder Unser Beamte soll aber Einhundert Rthlr. Strafe erlegen, und dem abziehenden Mennonisten alle würkliche

f

vorhandene Meliorationen, nach der gerichtlich aufgenommenen Taxe fachverständiger Leute, ersetzen.

§. 10.

Nach den Grundsätzen der wahren Toleranz, soll zwar jedem Unserer Unterthanen der Uebertritt zum Mennonistischen Glauben unverwehret bleiben. Wenn aber der Uebertretende zu derjenigen Classe von Einwohnern gehöret, welche nach der Staats- und Landes-Verfassung zu Kriegesdiensten verpflichtet sind, und derselbe sich dieser Verbindlichkeit, unter dem Vorwand seiner Religions-Aenderung, entziehen will, so soll er einen andern tauglichen, keinem Canton unterworfenen Mann auf seine Kosten zu stellen, und so lange die Obligation des Mennonisten zu den Kriegesdiensten dauert, auch bey einer erfolgten Desertion, einen andern zu sistiren angehalten werden. Ein gleiches soll in Ansehung aller männlichen Nachkommen solcher, zum mennonistischen Glauben übergetretener cantonspflichtiger, Unterthanen statt finden. Was aber die Kinder betrifft, die aus vermischten Ehen, eines Mennonisten oder einer Mennonistin mit andern Religionsverwandten, erzeuget worden, so sollen dieselben, da sie nach den eigenen Grundsätzen der meisten Mennonistischen Lehrer, zur Mennonistischen Gemeine nicht gehören, in der Religion desjenigen ihrer Eltern, welches diesem Glaubens-bekenntniß nicht zugethan ist, erzogen werden.

§. 11.

In Ost- Westpreußen und Litthauen sollen keine fremde, auch keine bereits ausgewanderte, Mennonisten wieder angenommen werden.

§. 12.

Wenn jedoch ein solcher Mennonist ein Vermögen von zweitausend Rthlr. ins Land bringet, so soll ihm verstattet werden, sich in andern Provinzen, besonders da, wo zur Viehzucht gute Gelegenheit ist, niederzulassen und anzukaufen, jedoch muß derselbe

1) dazu ebenfalls den Consens Unseres General-Directorii erhalten;
2) sich den Verbindlichkeiten der §§. 2. 3. 4. 5. u. 8. unterwerfen;

3) wegen der Enrollements-Freiheit muß derselbe und seine männ-
liche Descendenten, in so fern sie, vermöge ihrer Größe und
Gesundheit, zum Kriegesdienst oder zu Fuhrknechten brauchbar
sind, vom 20 bis 45 Jahre, jährlich einen Rthlr. hiesiges
Courant zur General-Invalidenkasse entrichten, weshalb von
denen, sich künftig in Unsern andern Provinzien, außer Ost-
Westpreußen und Litthauen, ansetzenden Mennonisten dem
Militair-Departement jedesmal Nachricht gegeben werden muß.

§. 13.

Dagegen bleiben die, in den übrigen Provinzien bereits
ansäßige wenige Mennonisten von diesem Beytrage zur General-
Invalidenkasse befreyet, alle übrige in dem zwölften §pho enthaltene
Vorschriften haben aber auf sie gleiche Anwendung.

§. 14.

In Unserm Herzogthum Schlesien behalten Wir Uns vor,
nach Befinden der Umstände dieserhalb das Erforderliche besonders
zu verordnen.

Wir befehlen übrigens allen Unsern hohen und niedern
Dicasteriis und Landes-Collegiis, Geistlichen, Civil- und Militair-
behörden, dem officio fisci und überhaupt Jedermann, sich hiernach
allerunterthänigst zu achten, zu welchem Ende dieses Edict durch
den Druck öffentlich bekannt gemacht werden soll.

Urkundlich unter Unserer Allerhöchsten eigenen Unterschrift
und beigedrucktem Königl. Insiegel.

Gegeben Berlin, den 30sten July 1789.

(L. S.) Friedrich Wilhelm.

10.

Declaration des Edicts vom 30sten July 1789, und des darauf
Bezug nehmenden §. 28. des Canton = Reglements vom 12ten
Februar 1792, wegen der Befugniß der Mennonisten', Grund-
stücke zu erwerben.

Wir Friedrich Wilhelm, von Gottes Gnaden König
von Preußen 2c. Thun kund und fügen hiermit zu wissen, wie
zwar in dem Edict vom 30. July 1789 die Einschränkungen festgesetzt worden, unter welchen den Mennonisten erlaubt seyn soll,
Grundstücke in Ost = und Westpreußen, auch Litthauen, an sich zu
bringen, ohne daß sie, gleich den übrigen dem Enrollement unterworfene Unterthanen, zum Kriegsdienst verpflichtet werden. Es hat
sich aber gezeigt, daß die, in diesem Edict enthaltene, Vorschriften
den eigentlichen Verhältnissen nicht angemessen sind.

Die Erfahrung hat bewiesen, daß mennonistische Glaubensgenossen Kriegsdienste übernommen, und sich darin zur völligen
Zufriedenheit ihrer Vorgesetzten so betragen haben, daß sie es verdienen, in Ansehung der Befugnisse zum Erwerb von Grundstücken
Unsern übrigen christlichen Unterthanen ihres Standes gleich gesetzt
zu werden.

Dagegen kann es denjenigen Mennonisten, welche sich der
allgemeinen Verbindlichkeit, das Vaterland zu vertheidigen, noch
ferner entziehen wollen, in Zukunft nicht gestattet werden, die Zahl
ihrer Besitzungen zu vermehren, oder deren Umfang zu erweitern,
und die mit der Enrollements = Freiheit verbundene Vortheile zu
benutzen, um andere, dem Staate nützlichere Glaubensgenossen zu
verdrängen.

Diesem gemäß finden Wir nöthig, durch gegenwärtige Verordnung genauer zu bestimmen, wie es in Zukunft in Ost = und
Westpreußen, auch Litthauen, in allen Fällen gehalten werden soll,
wenn Mennonisten den Besitz von Grundstücken erlangen wollen,
und welcher Unterschied zwischen denjenigen zu beobachten ist, welche
die Cantonpflichtigkeit übernehmen, oder auf fernere Enrollements-
Freiheit Anspruch machen wollen.

§. 1.

Diejenigen Mennoniften, welche sich erklären, daß sie die, andern Unterthanen ihres Standes obliegende, Verbindlichkeit zum Kriegesdienst übernehmen und Cantonfreiheit nicht verlangen, sollen von allen, durch das Edict vom 30sten July 1789, ihren Glaubens= genossen bei dem Erwerb oder der Erweiterung von Grundstücken gemachten, einschränkenden Bedingungen gänzlich befreit, und nach eben den Grundsätzen, wie andere christliche Glaubensgenossen ihres Standes, behandelt werden.

§. 2.

Bei der Einziehung zum Kriegsdienst soll der cantonpflichtige Mennonist, in Rücksicht seiner Glaubensbegriffe, mit Ableistung eines Eides verschont und die erforderliche Zusage von ihm, mittelst Handschlages angenommen werden.

§. 3.

Zu der Abgabe, welche die dem Enrollement nicht unter= worfenen Mennoniften, für diese Freiheit jährlich zum Besten des Culmischen Cabetten = Instituts, entrichten, sollen diejenige Menno= niften beizutragen nicht verbunden seyn, welche durch die zu über= nehmende Verpflichtung zum Kriegesdienste, in Ansehung des Erwer= bes und der Erweiterung von Grundstücken, alle Befugnisse der übrigen christlichen Glaubensgenossen erlangen.

§. 4.

Dahingegen soll keinem Mennoniften, der nicht bereit ist, auf Enrollements = Freiheit Verzicht zu leisten, fernerhin die Erlaubniß ertheilt werden, auf irgend einige Art solche Grundstücke, es mögen ländliche oder städtische seyn, zu erwerben, deren Eigenthum, zur Zeit der Publication dieser Verordnung, sich nicht im Besitz der Mennoniften befindet, welchem gemäß die hierunter bishero zuge= lassene Ausnahmen für die Zukunft gänzlich aufgehoben werden, so daß die jetzt vorhandene Anzahl der cantonfreyen Mennoniften= Besitzungen, in der Folge auf keinerley Art vermehrt, oder deren Umfang erweitert werden darf.

§. 5.

Den, zur Zeit der Publication gegenwärtiger Verordnung, mit Grundstücken angesessenen Mennonisten soll, so lange sie sich zu dieser Secte halten, und im Besitz ihrer Grundstücke verbleiben, die ihnen zugesicherte Cantonfreiheit ihrer Söhne ferner zu statten kommen, wogegen sie den gesetzlichen Bedingungen, unter welchen ihnen diese Exemtion gestattet worden, überall Genüge leisten müssen.

§. 6.

Diese Enrollements-Freiheit soll auch unverändert bleiben, wenn bei dem Abgang der jetzigen Eigenthümer die Grundstücke wiederum auf Mennonisten, als männliche Intestat-Erben des letzten Besitzers, übergehen.

§. 7.

Außer diesem Fall, wo das Eigenthum an einen männlichen Intestat-Erben mennonistischen Glaubensbekenntnisses gelanget, soll die Enrollements-Freiheit, bei der nächsten Besitzes-Veränderung, gänzlich aufhören, und derjenige, welcher ein solches Grundstück durch Kauf, Tausch, Schenkung, Testament, Vermächtniß, Verheirathung mit der Wittwe, Tochter oder einer Anverwandtin des letzten Besitzers, oder sonst auf irgend einige Art erlangt, keinen Anspruch auf Befreiung von der Cantonpflichtigkeit zu machen berechtigt seyn.

§. 8.

Die, durch das Privilegium vom 29 sten März 1780, für die Bewilligung der Cantonfreiheit bestimmte, Abgabe von 5000 Rthlr. an das Cadetten-Institut zu Culm, muß noch ferner unvermindert entrichtet, und von den enrollementsfreien Mennonisten zusammengebracht werden. Nur dann, wenn sich die Anzahl der cantonpflichtigen Mennonisten so vermindert haben wird, daß sie weniger als die am 29 sten März 1780 vorhanden gewesene beträgt, soll ein verhältnißmäßiger Erlaß bewilligt werden.

Diesem gemäß befehlen Wir allen Unsern Militair- und Civilbehörden, sich nach dem Inhalt dieser Declaration nicht nur selbst auf das genaueste zu achten, sondern auch die nöthigen Verfügungen zu treffen, daß dieselbe überall pünktlich besorgt, zu diesem Behuf durch den Druck öffentlich bekannt gemacht, und in jedem vorkommenden Fall in Ausübung gebracht werde.

Urkundlich haben Wir diese Verordnung Allerhöchst eigenhändig unterzeichnet, und mit Unserem Königlichen Insiegel bedrucken lassen.

.Gegeben Potsdam, den 17ten December 1801.

Friedrich Wilhelm.

Goldbeck. Schrötter. Goltz.

11.

Se. Königl. Majestät von Preußen lassen den Deputirten der preußischen Mennoniten-Gemeinden auf deren Vorstellung vom 31. v. M. zur Resolution ertheilen, daß die Declaration des „Edikts vom 30. Juli 1789" vom 17. December v. J. nicht zurückgenommen werden könne, weil das immer zunehmende Wachstum der Mennoniten-Familien diese Declaration bringend nothwendig macht, damit nicht immer mehr kantonpflichtige Stellen den Vaterlands-Verthei-digern entzogen werden; Diese Declaration schmälert überdem so wenig die erworbenen Rechte der Mennoniten, welche jetzt Stellen besitzen und die Kantonfreiheit genießen für sich und deren männliche Descendenten, die nach wie vor von dem Militairdienst frei bleiben, so lange sie in Besitz dieser Stellen bleiben und ihren Glauben behalten, dafür auch nicht mehr als die anfänglich bestimmten 5000 Rthlr. jährlich entrichten, ohngeachtet sich ihre Anzahl sehr vermehrt hat. Die weibliche Descendenz geht diese Einrichtung gar nichts an und versteht es sich von selbst, daß bei deren Verheirathung mit einem Mennoniten dieser dadurch kein Recht erhalten kann, was er nicht ohnehin schon vermöge eines eigenthümlichen Besitzes einer freien Stelle von seinen Aeltern erworben hatte. In Ansicht des Letzteren soll ja Niemand gezwungen werden, eine von seinen Aeltern ererbte freie Stelle zurückzugeben, wenn er den Militair-

dienst nicht übernehmen kann, oder will; sondern es ist seinem
freien Willen überlassen, ob er eine nicht von seinen Aeltern auf
ihn vererbte freie Stelle durch Kauf, Tausch, Verheiratung, Vermächtniß oder sonst erwerben und den Militairdienst davon übernehmen, oder ob derselbe sich der Vertheidigung seines Vaterlandes
entziehen und auf die Erwerbung eines Grundstückes Verzicht
leisten will.

Hieran darf in Zukunft nichts geändert und den Mitbürgern
der Supplicanten nicht zugemuthet werden, mehr als es das bisherige
rechtliche Verhältniß mit sich bringt zur Vertheidiguug einer solchen
Classe von Unterthanen Leib und Leben zu wagen, von der sie sich
eine gleiche Hülfe nicht versprechen können.

Potsdam, den 10ten April 1802.

Friedrich Wilhelm.

An die Deputirten der Preußischen Mennoniten-Gemeinde Wieler
und Reinke zu Königsberg.

12.

Se. königl. Majestät von Preußen u. s. w. ertheilen den Ost-
und Westpreußischen und Lithauischen Mennoniten-Gemeinden auf
die von deren Deputirten unterm 16ten d. M. übergebene Vorstellung,
deren Anlagen hiemit zurückerfolgen zur Resolution, daß die Declaration vom 17ten December 1801 ihre Befugnisse über ihre Grundstücke sowohl unter den Lebendigen, als auf den Todesfall nach
rechtlicher Willkür zu disponiren im geringsten nicht einschränkt,
sondern nur festsetzet, daß wenn die Grundstücke an Fremde gelangen,
diese neuen Besitzer nicht ferner die Kantonfreiheit für ihre Nachkommen genießen sollen. Wie wohl nun hierin durchaus keine
unbillige Härte gegen die Mennonisten, noch weniger aber ein Zwang
in Glaubenssachen liegt, so wollen Se. Majestät in der Schonung
doch noch weiter gehen und um den Supplicanten auch den entfern-
testen Vorwand zur Klage über die Bedrückungen zu benehmen noch

ferner geschehen lassen, daß wenn die jetzt in den Händen der Mennonisten befindlichen Grundstücke an einen Fremden, es sei durch Erbschaft, Heirath, Tausch, Verkauf oder Testament übergehen, dieser neue mennonistische Besitzer ebenfalls für sich und seine in der Ehe erzeugte Söhne von der Kanton-Pflicht befreit bleiben soll. Dabei versteht es sich aber von selbst, daß alle diejenigen von dieser Freiheit ausgeschlossen bleiben sollen, welche nur erst zu dem Glauben der Mennoniten übergehen. In Gemäßheit dessen haben Allerhöchst-dieselben dato die nöthigen Befehle erlassen.

Potsdam, den 24sten November 1803.

Friedrich Wilhelm.

An die Mennonisten-Gemeinden in Ost- und Westpreußen und Lithauen.

13.

Meine lieben Staatsminister Groß-Kanzler v. Goldbeck, Freiherr v. Schröter und General-Lieutenant Freiherr v. Goltz: Ich habe mich durch die beikommende Vorstellung der Mennoniten-Gemeinden von Ost- und Westpreußen und Lithauen bewogen gefunden denselben durch die abschriftlich anliegende Resolution noch die Schonung angedeihen zu lassen, daß wenn die jetzt einmal in Händen der Mennonisten befindliche Grundstücke an fremde Mennonisten gelangen, auch dieser neue mennonistische Besitzer und eheleibliche Söhne von der Canton-Pflicht befreit werden sollen. Ich befehle dahero in Gemäßheit dessen das weiter Erforderliche zu veranlassen, dabei aber auch sorgfältig darauf zu achten, daß keine mehrere Grundstücke, als gegenwärtig in den Händen der Mennonisten sich befinden, von Mennonisten ohne Uebernahme der Canton-Pflicht erworben werden.

Wenn nun auf der einen Seite hiedurch der weiteren Ausbreitung der Mennonisten zum Nachtheile der Cantons Schranken gesetzt sind, so will ich auf der anderen Seite auch allen unbilligen directen und indirecten Druck von denselben entfernt wissen und insonderheit Euch dem Staatsminister Freiherrn von Schröter die Sorge dafür zur Pflicht machen, indem ich Euch zugleich befehle, auf die Ordre vom 16. Mai d. Jahres darüber zu berichten, was es mit der wachsenden Auswanderung der Mennonisten für eine Bewandniß habe.

Ich verbleibe Euer wohlaffectionirter König

Friedrich Wilhelm.

Potsdam, d. 24sten November 1803.

An den Großkanzler v. Goldbeck, Minister Freiherrn v. Schröter und den General-Lieutenant Freiherrn v. Golz.

14.

Statistische Uebersicht der Mennonitischen Bevölkerung im Verhältniß zur Gesammt-Bevölkerung des Staats.

Zählungs-Jahr.	Prov. Preußen. Zahl der Mennoniten.	Gesammtbevölkerung des Staats.	Die Mennon. betrugen pro Mille der Gesammt-bevölkerung.
1816	13,175	10,349,031	1,27
1817	13,513	10,572,205	1,28
1818	13,171	10,796,874	1,22
1819	12,869	10,981,934	1,17
1820	13,422	11,272,482	1,19
1821	13,154	11,480,815	1,14
1822	13,240	11,664,133	1,13
1825	14,293	12,256,725	1,16
1828	13,919	12,726,110	1,09
1831	13,079	13,038,960	1,00
1834	12,847	13,509,927	0,94
1837	12,976	14,098,125	0,92
1840	13,009	14,928,501	0,87
1843	12,858	15,471,084	0,83
1846	13,126	16,112,938	0,81
1849	12,970	16,331,187	0,18
1852	13,045	16,935,420	0,17
1855	12,693	17,202,831	0,13
1858	12,515	17,739,913	0,70

Wären die Mennoniten in demselben Verhältniß gewachsen wie die Gesammtbevölkerung des Staates, so mußten sie 1558: 22,584 Seelen haben; statt dessen haben sie factisch 12,515 Seelen, sie haben sich also im Vergleich zur Gesammtbevölkerung des Staates um 10,069 Seelen vermindert.

Die Procentverhältnisse der Mennoniten zur Gesammtbevölkerung des Staates sind immer geringer geworden; die abnehmende Zahlenreihe

127, 125, 122, 117, 119, 114, 113, 116, 109, 100, 94, 92, 87, 83, 81, 78, 77, 73, 70,

stellt ganz genau das Verhältniß dar, in welchem die Mennoniten im Vergleich zur übrigen Bevölkerung des Staates sich verringert haben.

Betrachtet man die Gründe dieser Abnahme genauer (nämlich Auswanderung, Mischheirathen, vollständiges Fehlen eines Zuwachses aus anderen Confessionen) so kann man aus der bisherigen Richtung des Stromes der Mennonitenbevölkerung in dem Zeitraum von 42 Jahren gewiß Resultate über dessen ferneres Verhalten ziehen. Die große Regelmäßigkeit in dem Schwächerwerden dieses Stromes spricht für die Dauer dieses Zustandes auch in der Zukunft. Es ist mithin keine Gefahr, daß durch Wachstum der mennonitischen Bevölkerung die Wehrkraft des Landes künftig geschwächt werde.

Register.

Druckfehler.

Wegen Krankheit des Verfassers während des Drucks sind mehrere Druckfehler stehen geblieben, unter denen er die nachstehenden sinnentstellenden bemerkt hat und zu verbessern bittet:

S. 6 Z. 14 v. u. lies N. Storch statt M. Storch.

S. 6 Z. 4 v. u. lies Teil an Zwinglis statt an Zwinglis.

S. 18 Z. 4 v. u. lies 1528 statt 1828.

S. 20 Anm. * lies Gresbecks statt Gresbrecks.

S. 24 Z. 2 v. o. lies Johannes a Lasko statt Johannes Lasko.

S. 24 Z. 3 v. o. lies 1554 statt 1534.

S. 31 Z. 5 v. u. lies Spaten und einen Korb statt Spaten und einen Mann.

Auf S. 41 tilge Z. 12 nach den Worten: „demselben bei", Z. 12—21 von „Auch die Mennoniten im Kanton Bern — das Vaterland zu beschützen und zu beschirmen" und füge diese Sätze S. 42 Z. 2 v. u. ein vor: „Eine Zeitlang gelinder betrieben".

S. 42 Z. 1 v. u. lies sich die Verfolgung statt sie sich.

S. 47 Z. 14 v. u. lies 1818 statt 1817.

S. 57 Z. 15 v. u. lies Schauenburg statt Schaumburg.

S. 58 Z. 10 v. u. lies 10 Rbthlrn. oder 6 Rthlr. 12 ß Cour. statt 10 Rthlrn. oder 6 ℳ 12 ß Cour.

S. 109 Z. 8. u. 12 v. u. lies breiten Quartiere statt breiten Quartiers.

S. 128 Z. 5 v. o. lies Westpreußen, Ostpreußen und Lithauen statt Westpreußen und Lithauen.

S. 151 Z. 7 v. o. lies ältesten statt Aeltesten.

S. 177 Z. 3 v. o. lies auf dem Throne zugesichert, indem sie ausdrücklich statt auf dem Throne ausdrücklich.

S. XXIII Z. 12 v. u. lies Orlofferfelde statt Liegenhagen.

S. LXV Z. 1 v. o. lies jussimus statt dessimus.

Fremdwörter-Erklärung.

—

Angarien: Frohndienste, Fuhren des Gutsunterthanen.

basiren auf etwas, gründen auf etwas.

Conflikt: Zusammenstoß, Kampf, Streit, Widerspruch.

connivendo: aus Nachsicht, mit Zulassung.

Denomination: Benennung, Abteilung, Partei.

Dissidenten: Die Andersdenkenden, abweichenden Glaubensgenossen, in Polen die Nichtkatholiken.

ethisch: sittlich, zur Tugendlehre gehörig.

Fundamentalartikel: Hauptgrundsatz.

Idee: Anschauung, Vorstellung, Begriff, die Grundvorstellung, das Urbild von etwas.

idealistisch: die Dinge anschauend, wie sie ihrer Grundvorstellung, ihrem Urbilde nach sein sollen, nicht wie sie in Wirklichkeit sind.

implicite: einbegriffen, unentwickelt eingeschlossen, stillschweigend darunter begriffen.

interimistisch: einstweilig.

Mystik: Das Streben nach dem Geheimnißvollen, Dunkeln, Unbekannten.

offensiv: angreifend, angriffsweise.

Prädikant: Prediger.

Privileg: Einzelrecht, Ausnahmerecht.

sanguinisch: leichtblütig, hoffnungsreich.

spiritualistisch: von der Anschauung eingenommen, daß Alles Geist sei und auch das Körperliche aus dem Geiste hervorgehe.

statuiren: festsetzen.